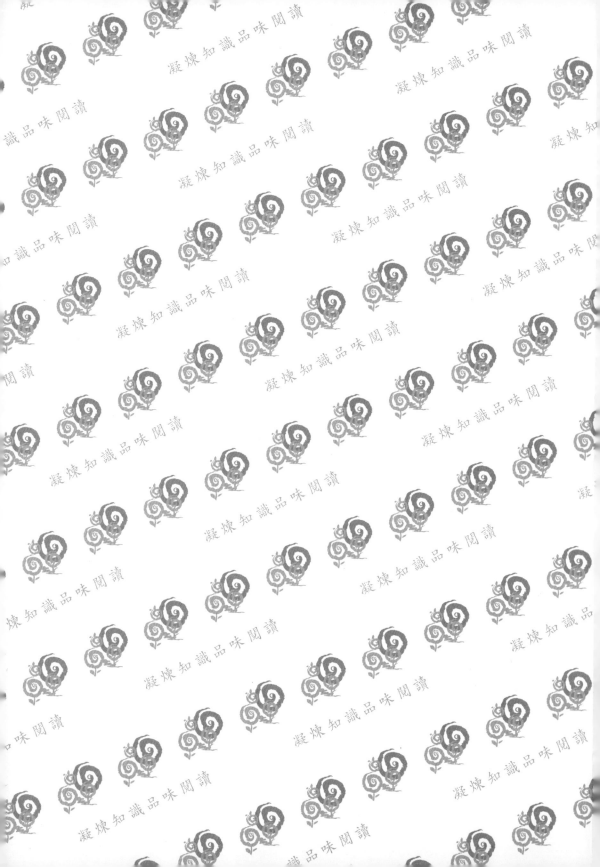

第三版

政治的
意識形態

海伍德（Andrew Heywood）著

陳思賢 譯

五南圖書出版公司 印行

推薦文

　　每年夏天我都會開有關政治學與民間文化的課程，這時我都會用海伍德《政治的意識形態》做教材。我們對政治的看法通常來自於各種「主義」，而本書對這些「主義」做出了清楚的介紹，甚至在最新的版本中，包含了近來熱門的「民粹主義」。這本教科書其實對於初學者很容易上手，但同時也能滿足高程度的學生之需求。

尼可拉斯譚皮歐　美國福德翰大學　Nicholas Tampio,
Fordham University, USA

　　海伍德《政治的意識形態》又出了新版，它反映出我們這個時代的最新挑戰與發展：有「民粹主義」的專章，女性主義專章中也包含有「多重弱勢」（或譯「多元交織性」）理論、「跨性別理論」以及「酷兒理論」，對「後殖民主義」的深度分析，對現時某些熱門議題的研究，以及對於每一種意識形態未來發展的討論。這真是一本對教與學都有幫助的書。

安德里亞薛柏　英國司特靈大學　Andrea Schapper,
University of Stirling, UK

　　若老師採用本書來教學，學生不但可以學習到百家爭鳴的各種意識形態，並且會受鼓舞做出自己喜歡的選擇，這正是本書難得之處。海伍德教授有系統的介紹方式可以讓讀者輕易認識到眾多不同的意識形態，並一目了然。

約翰烏爾　澳洲澳洲國立大學　John Uhr,
Australian National University, Australia

　　《政治的意識形態》一直是對老師與學生都很有幫助的課堂文獻。海伍德對於影響當代政治與社會的諸多意識形態都做了很好的解說，能夠幫助我們清楚理解它們。

邁可基里亞科　英國東英吉利大學　Michael Kyriacou,
University of East Anglia, UK

　　《政治的意識形態》一書反映了作者的深厚學養，但是卻以深入淺出方式表達。尤其是用生動的圖表來呈現與比較，對讀者更是方便。書中對各種意識形態發展過程之追溯特別精彩，可幫助學生（及其他人）了解現今眼花撩亂的各種名稱與流派，學生應會想要用心讀這本書。

珍妮佛貝莉　挪威挪威科技大學　Jennifer Leigh Bailey,
Norwegian University of Science and Technology, Norway

　　海伍德這本書一直是介紹政治的意識形態的書之佼佼者，其最大優點在於詳盡而易懂地說明了複雜的觀念。而書中的「政治意識形態在現實中的展現」這一單元，更是鼓勵了讀者去思考理念與實際現象間的關聯。

朱蒂艾金斯　英國亞斯頓大學　Judi Atkins, *Aston University, UK*

　　這本書是關於政治意識形態的基本讀物。它詳細地介紹意識形態的起源、主要概念、流派與內部緊張關係，而現在這個最新版本更是含括了意識形態中最新的發展，例如民粹主義、跨性別與酷兒理論等。本書的一個主要特色乃是處理了意識形態與當前一些議題間的關係，好比說學校課程內容的去西方化、疫情與民族主義、網路與無政府主義等。簡言之，這本書品質高且主題包含廣，內容與時俱進又深具啟發。

保羅福蘭理　英國普茲茅斯大學　Paul Flenley,
University of Portsmouth, UK

　　我在大學教導師範生一些通識課程。因此我需要一本通俗但必須內容齊備的教科書。《政治的意識形態》同時滿足了這兩個目標，因為它羅列

了所有重要主題且做了意識形態間的生動對比，同時也關照到與當前若干
問題間的關聯。

彼得杜爾斯勒　美國賓州布魯斯伯格大學　Peter Doerschler,
Bloomsburg University of Pennsylvania, USA

第七版序

　　政治意識形態的世界裡永遠充滿了驚奇。2016年11月川普當選美國總統，以及該年初的英國通過脫歐公投，都是意料不到之事。這兩個例子中，主流的保守派與民粹民族主義竟然匯流，這大大出乎專家的預測。有一部分原因是因為民粹主義在大部分已開發與若干開發中國家紛紛興起——當然每個國家程度不同——而扭轉了二戰後自由主義抬頭的意識形態之主流走向。即便如此，我們還是不知道這波民粹主義的勃興能否持久下去，抑或只是暫時的？不確定的原因可能因為最近同時也有其他的意識形態爆發了，例如由「黑人的命同樣珍貴」（black lives matter）引發的種族正義問題，更別提2020年以來新冠肺炎疫情導致的各種價值爭議。

　　本書的第七版從頭到尾做了有系統的改寫與更新，它在好幾個重要的方面與先前版本不同。我們擴大對於民粹主義的處理，特別以專章（第8章）來介紹。以往專注於伊斯蘭基本教義主義的討論，現在放在同時處理各種宗教基本教義主義的第12章中。早先最後一章是關於「意識形態終結」的辯論（目前這主題被包含在第1章中），現在則是以第13章來討論「政治意識形態為何重要」。這個新版也改寫了女性主義的專章，納入最新的對於生理性別與社會性別的理論，例如多元交織性、跨性別與酷兒理論等。此外，多元文化主義的章節也經過了改寫，以便更深入討論後殖民理論。每章中關於「政治意識形態在現實中的影響」這個部分處理了它對當今事物造成的衝擊，而非僅在歷史上的影響。而每一章的最後也會討論該意識形態的前景。

　　作者要感謝出版此書的紅地球出版社，特別是藍門（Lloyd Langman）與艾金森（Peter Atkinson）兩位，他們從頭到尾都提供了深具鼓舞、有建設性與有見地的意見。同時也要感謝藍茵（Matt Laing）先生協

助進階閱讀這個部分，以及在各階段提供意見的匿名審查人。我與若干朋友或同事的討論，使得本書的立論更加完善，要感謝Karen and Doug Woodward, Angela and David Maddison, Barbara and Chris Clarkson, Kate and Barry Taylor, Gill and Collin Spraggs以及Gill Walton。本書獻給內人珍，沒有她的鼓勵、建議與支持，現今與之前的所有版本都不可能出現。

海伍德（Andrew Heywood）

導讀

　　若要說當代政治思想的內涵，大抵就是各種意識形態的陳列與交鋒。所以說海伍德（Heywood）這本介紹政治意識形態的專書，其實就是現代政治思想的總匯。

　　這本書在全球大學校園是討論意識形態時最常用的教科書，如今已是第七版，足證其流行。此版對先前版本的修改，最主要的是：增加了〈民粹主義〉這一個意識形態類型；每章中增加了「政治的意識形態在現實中的影響」這個專欄，通常是舉一個新聞事件來說明；而最後就是，把已往的結論章改為〈政治的意識形態為何重要？〉這個章名，來表達作者對於意識形態會長存的毫不懷疑，與對其功能的肯定。當然，作者在每章結尾所列的進階閱讀書目都做了最晚近的更新，更是本書值得讀者重視的一個設計。

　　論本書特色，大概就是四個字：易懂、詳盡。閱讀本書幾乎不需要任何前提或背景知識，因為作者娓娓道來時，把沿路任何讀者有可能不明白的概念或詞語，都在頁邊專欄說明，各種意識形態代表人物之簡介也隨進度呈現。而詳盡更是本書特色，對於某一觀念或議題，作者常作系統式說明（如圖表與主題式的對比整理），更常反覆致意，多所舉例，前後互見，所以其內容各種背景的讀者應都能理解。

　　凡介紹現代政治思想的書籍，關鍵的一環就是主題的寬窄。有些較傳統的現代政治思想或是當代意識形態教科書，只討論了自由主義、保守主義、社會主義及法西斯或極權主義等經典意識形態議題，這就是所謂較窄的選材；但是本書羅列了十一種意識形態類型，幾乎當代所能見到的問題都在其中，不能不謂取材寬廣。當然取材寬窄本身也就某種程度反映了作者自身的「意識形態特色」；願意討論如此豐富的題材，當然顯示出作者本身是不拘泥於傳統的、有包容心態的與具廣泛視野的。

　　作者還有另一特色，貫穿全書，那就是他頗爲中性的敘述立場與經常能夠不拘限於西方中心主義的評論。做意識形態的介紹與討論，其中必然包含許多極爲敏感的議題與陳述；所以，我們可以說，連介紹意識形態這件工作本身經常都是離不開意識形態立場的。如果目標是作爲一個「中立的」敘述者，作者在此方面是頗爲勝任的，他總是正反並陳，面面俱到，儘可能提供詳細資訊而讓讀者自行判斷。與他寫作本書時的選材很寬廣一般，他在介紹議題時也是希望讓讀者能夠有鳥瞰問題的視野。

　　由於以上幾點寫作上的特色，使得本書在坊間介紹意識形態的書籍中可謂獨樹一幟；意識形態此時不再是由艱澀難懂的術語所構成的「哲學」，不再是由幾本經典原典所堆積成的「觀念體系」，更不再是某些人宣揚一己理念與爲特定價值立場辯護的場域。海伍德教授彷彿在遠方凝視著歷史，然後用英國老鄉紳慣有的不疾不徐、冷靜而不外露感情的聲調細細道來。這時我們看到了整個世界是一個分析對象：人類種族有多樣性，文化有多樣性，不同歷史時代有不同風貌與思潮。但其實這些都只是反映出人性如同萬花筒般，可以在同一本質下變幻出許多表象。異中之同爲何？同中有異又何故？我們可能從作者寬容同情、務實、理性中立風格中所學到的其中一點，就是跳開每一個人的先天立場與自我侷限，試著去尋訪人類作爲萬物之靈的最高可能性在哪裡。

　　在本書所介紹的十一種意識形態中，有一些是傳統的，也是20世紀中所常見與常被討論的。例如，自由主義、社會主義、保守主義、無政府主義、民族主義與法西斯主義等。這些意識形態無疑單獨或共同地塑造了20世紀的人類歷史，於是我們乃有今天的世界；但是女性主義、環境生態主義、宗教基本教義主義、多元文化主義與民粹主義等雖非今日才初有，卻是21世紀全球化時代要面對的新課題。而全球化乃是所有新課題背後的主要因素。女性主義幾世紀以來一直都在醞釀，但是隨著全球化下思潮傳播與人類社會結構的大幅變動，可以預見其更加蓬勃（現在連伊斯蘭國家都有女性戰鬥機飛行員，雖然在頭盔下還帶著頭巾）。而環境生態、宗教基本教義、多元文化與民粹主義等議題則幾乎是全球化世界所特產，也即是說，全球化是因，這四個意識形態是其直接的果：全球化經濟結構導致

環境生態的快速惡化；全球化的地緣政治狀態再度刺激了宗教基本教義主義的迸發；國際難民／移民／移工造成晚近尖銳的多元文化與民粹主義問題。全球化更讓突發事件瞬間影響每個人，有兩個例子我們印象深刻：2019年1月突然從中國武漢開始爆發的COVID-19疫情，讓全球人類經歷了數年身心威脅，也大大影響了經濟與生活形態；2022年春天俄國入侵烏克蘭，讓很多國家通貨膨脹與物價上揚，彷彿普丁一個人足以讓千萬人陷入夢魘，這就是地球村的禍福與共本質。隨著數位科技不斷更新，人工智慧（AI）的介入，地球村的「蝴蝶效應」會更加明顯，國際政治、經濟與文化的紛擾其影響幅度只會更大。終於造成了21世紀的人類除了要繼續面對前一世紀中常見的意識形態之困擾外，還需要在環境、文明衝突、族裔融合與區域安全等議題上大傷腦筋。人類生活的集體秩序真不容易維持！

　　思考這些問題對我們有什麼助益呢？政治意識形態影響今世甚巨，如果說20世紀是意識形態的世紀，那在21世紀全球化紀元中應也不遑多讓，因為吾人對政治、經濟、文化、宗教等各種不同的態度立場在在決定我們的互動模式。人類有時是理性的，有時則否。意識形態是一種價值，信仰或是情感取向，它從深處影響人的行為，它也是思想、文化、傳統、宗教等的綜合。其實我們每一個人都活在某種意識形態之下，可能我們自覺，也可能不自覺。但是不變的是：它主宰了我們看待世界的視角；它是一層眼鏡，透過它世界呈現在我們眼前，因此每一個人看到的世界樣貌不同，但是每一個人卻都相信自己看到的是世界的真實相貌（本書作者用「典範」這個概念來形容）。因此，我們對於意識形態問題的廣泛接觸與思考，可以讓人與人之間比較了解彼此看問題的角度方式，也就是把大家看世界的「眼鏡」之差異縮小，或是漸漸「對焦」。這時，我們寄望於所有先哲都相信人類所共有的天生理性，再一次地能發揮引導我們趨吉避凶的能力──把歧異化約至可控制範疇內，不讓偶發或不可預測的過激與極端宰制人類歷史的發展。

　　我們試著來看看今天在身邊所發生的事情──不管在台灣或是國際上──大概無一不跟本書中所處理的意識形態有關。台灣的統獨、族群問題及社會中所得差距擴大問題，西太平洋及南海主權爭議問題，陳年的中

東和平問題，國際移工移民、難民與多元文化、民粹主義問題，國際金融秩序與國際智慧財產權問題，空氣污染、水資源缺乏與地球暖化、氣候變遷問題，以致於同性結婚、大麻合法化問題等，都可以在本書中找到一個相對應的章節以援引討論之。人類的社會時時、處處都會有問題，而所有的問題如果是跟群體生活有關，則本書除了緒論與結論外的十一章幾乎算是天羅地網般把所有可能狀況都涵蓋了。作者喜好並善於舉例討論，因此閱讀本書很像是在閱讀人類近一、兩世紀以來的報紙總覽：政治版、社會版，甚至是文化、生活版等。所以我們等於在這十章的內容中檢視了人類數百年來文明的變遷及其影響，因此範圍不可謂不廣，主題不可謂不嚴肅；然而閱讀過程中讀者很可能不會感覺沈重，反而是會被作者娓娓道來的風格所逐漸吸引，願意跟著他一起探索由意識形態的角度所看到的人類歷史。

　　現代政治意識形態因此是普通公民與政治學研究者都需面對的議題。後者面對它，是尋求理性的共識論述之建立，以避免社會全部或一部分走向偏激；前者面對它，則是加深我們對周遭的人所思所行之原因的了解，而不再單純僅以「他者」視之。如果每一個人都離不開政治，則為了做好一個公民的本分，每一個人都應該對政治意識形態有基本了解，才能勝任投票。有關政治意識形態的知識已經變成像是平均國民所得、膽固醇、生物多樣性及垃圾分類等名詞一般，應該占據每一位現代公民的心中。這本書的撰寫及討論方式的確引導我們朝此前進，因此它是我們一直所盼望的「理論與實踐結合」的良例。而如果從更高的自我要求立場來看，則進行對人類整體文明發展建立鳥瞰式了解，在現今世界正面臨著文明（自由民主、人性尊嚴）與反文明（野蠻好戰、專制暴力）對決的關鍵時刻，更是每一個現代人的道德義務。不管我們選擇從哪一個層次出發，希望能一起順著全書的介紹開展這個旅程。

陳思賢

2023年6月

目錄

第一章　了解政治意識形態

本章簡介

　　所有的人都是政治思想家。不管我們有沒有意識到，其實每一個人在表達意見或是說出內心感想時，都多少使用了某些政治概念。我們日常語言中充斥著「自由」、「公正」、「平等」、「正義」及「權利」這些詞彙；同時，我們也用「保守的」、「自由派的」、「社會主義的」、「共產主義的」及「法西斯式的」這些字眼來描述我們或是他人的立場。然而，縱使這些詞彙很眼熟甚至變得司空見慣，我們仍常常不知如何精準地使用它們，也不知其精義所在。例如，怎樣才叫做「平等」？我們常說人人平等，究竟是什麼意思？表示人生而平等，也因此社會應視每一個人為平等的嗎？然後，每個人都應有同等權利、同等機會、同等政治影響力，以及同等薪資嗎？同理，「社會主義的」或是「法西斯式的」也常被誤用。稱某人「法西斯」究竟是什麼意思呢？那些「法西斯者」信仰什麼呢？又他們為什麼信仰那些？再者，社會主義者與自由主義者、保守主義者或是無政府主義者有何不同呢？本書考察當世幾種主要意識形態的理念及信仰。

　　本章旨在探討政治意識形態的本質。其中包括了檢視這個概念本身的歷史與其（有時蠻曲折的）時代背景，意識形態思想的結構，所謂「古典」意識形態與「新」意識形態間的差異，意識形態可否適當地區分為「左」與「右」，以及意識形態是否已終結或是將會終結？（第13章會討論政治意識形態為何重要以及有多麼重要。）

各種看待意識形態的觀點

　　本書主要在研究各種政治意識形態，而非是要對意識形態作為一種人類思想類型之本質做分析。作為總稱的意識形態（ideology）與各式各樣個別的意識形態（ideologies）雖然相關，但實則不同，這點常引起混淆。總稱的意識形態是政治思想中的一個特別類型，它當然與政治科學或是政治哲學不同。所以，研究政治意識形態即是研究其作為一種政治思想的性質、角色及意義，以及何種理念或者是論述可以被稱為政治意識形態。例如，意識形態究竟是合理還是錯謬？它解放我們的觀念或者反而是一種壓迫？它會無可避免一直存在，還是只是一時的現象？此外，環境生態主義與多元文化主義，它們的關懷面較為狹窄，也可如同自由主義與社會主義一般被稱為意識形態嗎？因為後者明顯地是對未來生活方式的一種整體期盼。

　　而另一方面，所謂研究各種意識形態，其實就等於在分析政治思想的內涵，去明白不同的意識形態傳統中所蘊含的理念、原則或是理論。例如，關於自由，自由主義告訴了我們什麼？為何社會主義者總是傾向支持平等？無政府主義者如何辯護無政府的社會是可能的？為何法西斯主義者總認為鬥爭及戰爭是好事？然而，為了明白此類「內容」性的東西，我們得要考慮它作為政治思想的一種「形態」問題。在討論所謂意識形態當中蘊含的理念及說法時，我們首先要想一想，為何這些想法已經被歸類為意識形態了？更重要的是，這樣的區分象徵什麼意義？例如說，我們創發出自由主義、社會主義、女性主義與法西斯主義這些詞，而我們能從這樣的分類中得到何種啟發？

　　在討論意識形態的本質時，我們首先面臨的問題是：這個詞本身就沒有一個公認或明確的定義，有的只是一堆雜沓甚至相對立的看法。如同麥克里蘭（David McLellan, 1995）所言：「在社會科學當中，意識形態堪稱是最微妙難言的概念。」很少有政治學詞彙引起如此激烈辯爭，有兩個原因導致如此。第一，因為只要是屬於意識形態的理念都會強調理論跟實踐間的關聯性，所以意識形態這個詞彙本身無可避免會牽連到理念在政治中

的角色，或是信念、理論與生活實踐間關係的種種激辯。第二，意識形態這個概念本身原本就難以和存於各種意識形態間的衝突脫鉤。意識形態這個詞，長久以來一直被許多人用作爲譴責對手理念或是信仰體系的政治性武器。直到20世紀後半葉，一個中性、客觀的意識形態之概念才被廣泛使用，但即使如此，人們對它的社會角色及政治意義還是有所爭議。意識形態所包括的意涵如下：

◆ 它是一種政治上的信念體系
◆ 它是爲了催生行動而生的一種政治理念
◆ 它代表統治階級的理念
◆ 它代表某一種社會階級或團體的世界觀
◆ 它是表明階級或是社會利益的政治性理念
◆ 它是被剝削或是被壓迫階級的錯謬意識
◆ 它使人產生歸屬於某種社會群體的感覺
◆ 它是官方所認定的政治理念，用來增加體系正當性
◆ 它是號稱獨享眞理的全方位政治教條
◆ 它是抽象但高度體系化的政治理念

　　但是此詞彙的源起卻是清楚的。Ideology這個字在法國大革命時被狄特哈西（Antoine Destutt de Tracy, 1754-1836）所提出，而在1796年首度使用。對他來說，*idéologie*意味著一個新的「關於理念的學科」，也就是「理念」（idea）加上「學科」（-ology）。由於受到**啟蒙思想**中追求理性之熱情的影響，他相信我們可以用這種新方式客觀地找出各種理念的源起，而且這種新的學科可以像生物學及動物學般是可靠的知識。狄特哈西甚至更大膽地主張，由於所有的學問都由觀念而來，若將此邏輯推到極致，ideology也許還可說是所有知識之母。然而，即使當初對此名詞有如此高的期待，這些原始意涵卻並未在後世留下太多的影響。現在我們對此名詞的了解同時受到了馬克思主義學派與非馬克思主義學

啟蒙思想
（Enlightenment）
18世紀達於頂峰的一個標舉理性與進步的知識運動，它挑戰傳統的宗教、政治與知識觀。

派兩方面視野的衝擊。

馬克思主義式的觀點

　　意識形態作為一個重要的政治語彙，其歷史約略是從馬克思（見本書第105頁）的著作才開始的。這個詞在當代的社會及政治思想中盛行，大抵歸功於馬克思及馬克思派的思想家。但是馬克思使用此詞與主流社會科學中之政治分析是不同意涵的。馬克思在其早期著作《德意志意識形態》（*The German Ideology*, [1846] 1970）中使用這個詞，而這本書是他與一生盟友恩格斯（Friedrich Engels, 1820-1895）合著的。在此之中，他清楚地描述他對意識形態的看法：

> 在每一個時代統治階級的理念，就是統治性的理念。換句話說，
> 在每一個時代中統治性的物質力量，即成為統治性的知識力量。
> 掌握物質生產工具的階級，就掌握了精神生產的工具。也因此，
> 總結說來，缺乏精神生產工具的階級，也只好受制於這種統治性
> 的精神力量。（Marx and Engels, [1846] 1970）

　　馬克思的意識形態概念有若干重要的特色。首先，它是一種虛幻與迷幻化：它意指人陷入了一種錯謬的世界觀中，而稍後恩格斯稱此為**虛假意識**。馬克思使用意識形態一詞乃是視之為一個批判性概念，它的作用在揭發系統性的迷幻化過程。而馬克思把他自己的理念視為科學的，因為它們要正確地揭露歷史及社會的本質。意識形態與科學的對比，也就是錯謬與真理的對比，因此對於馬克思而言是非常重要的。其次，意識形態與階級制度密切相關。馬克思認為意識形態中隱含的對現實之扭曲，來自於它只是反映統治階級之利益與觀點。因此資本主義社會的意識形態乃是**布爾喬亞意識形態**。統治階級不願意承認自

虛假意識
（False consciousness）

一個馬克思主義的詞彙，意味臣屬的階級因為受著虛幻感的蒙蔽，因而不覺自身受到剝削。

布爾喬亞意識形態
（Bourgeois ideology）

這是馬克思主義的用語，意味掩飾資本主義內在弊病而為資產階級利益服務的觀念與理論。

己是壓迫者，同理，也很希望能使被壓迫者馴服、不以為忤。果如是，階級壓迫之事實就被扭曲地認知了，在人的眼中整個被翻轉，猶如光學鏡片之顛倒影像般。自由主義認為權利只能由有產階級及特定人享有，便是意識形態的好例子。

第三，意識形態是權力的表現。只要是階級社會都會有內部矛盾，而意識形態隱匿了資本主義賴以存在的內部矛盾，它也就使被剝削者看不清自身被剝削的事實，因而使階級不平等現象一直持續下去。於是乎，意識形態真的可謂是一個時代的「統治」理念。最後，馬克思視意識形態為一個暫時現象。它只存在於階級社會中。無產階級──馬克思認為它是資本主義的埋葬者──不可能建立起另一個階級社會，反而會因為推行集體擁有制而廢除了階級不平等。無產階級的利益與社會整體的利益是一致的。簡言之，無產階級並不需要意識形態，因為它是唯一不需要幻象的階級。

之後的馬克思主義者，絕對比馬克思對意識形態這種東西來得有興趣。這是由於馬克思對資本主義最終的崩潰過度樂觀，致使其信徒們只得聚焦於意識形態，以解釋為何資本主義生產模式竟能夠頑強支撐至今。但無論如何，這個詞彙的意涵已發生重大變化，尤其是所有的階級都具有意識形態這一點最為明顯。對列寧以及大部分馬克思主義者來說，意識形態乃是代表某一階級所特別具有的理念，而不管其階級位置如何，此理念都有助於此階級的利益。然而，與任何階級一般，無產階級以及資產階級各自都有意識形態，而此時意識形態這個詞，已經沒有了負面或嘲諷的意涵。

將馬克思意識形態理論做最深遠發展的可說是葛蘭西（Antonio Gramsci）了。他認為資本主義下的階級系統不僅僅是靠著不平等的經濟及政治力量維繫，而且是靠資本主義的理念及理論所形成的**文化霸權**來延續（Gramsci, [1935] 1971）。所謂「霸權」意指領導及支配，而所謂意識形態霸權，乃是指布爾喬亞理念更替其他理念的能力，甚至變成某一時代的主要觀念。葛蘭西特別強調意識形態會滲透到社會的每一個層級中，在藝術文學

> **文化霸權（Hegemony）**
> 某一組價值或觀念凌駕其他之上。對馬克思而言，文化霸權意味某種意識形態的支配。

領域、在教育及媒體、在日常語言甚至通俗文化中。他強調，這種布爾喬亞式的「文化霸權」，只能靠政治及智識上的覺醒來挑戰它；也就是說，靠建立起與其敵對而立基於社會主義原則與價值之上的「無產階級文化霸權」（proletarian hegemony）方有可能推翻它。

　　資本主義會藉著建立起心理上的正當性來維持其穩定的作法，也引起法蘭克福學派的關切。這個學派主要是由逃離納粹德國而到美國定居的一些新馬克思主義者所組成。馬庫色（Herbert Macuse）（見本書第129頁）是其中最有名的。他在《單向度人》（*One Dimensional Man*, 1964）一書中指稱，先進發達的工業社會通常會邁向一種「極權」性格，藉由其意識形態來操控思想，並壓制反面意見的自由表達。他認為，即使是自由主義式的資本主義也有壓迫的一面，因為它在外表上的鼓勵自由辯論，實則是遮蔽了隱含在此社會中的價值洗腦及意識形態控制。

重要人物

葛蘭西（Antonio Gramsci, 1891-1937）

　　義大利馬克思主義者與革命家，他企圖矯正官式共產主義過度看重經濟與物質因素的作法。主要著作是《獄中札記》（*Prison Notebooks*, 1929-1935），其中拒斥了對馬克思主義的「科學」決定論解釋，反之他強調「文化霸權理論」（hegemony，意指政治與智識戰場上的鬥爭）。當然他並未忽略「經濟核心」這個因素，但他認為布爾喬亞的價值觀應該被敵對的「普羅文化觀」替代。

非馬克思主義式的觀點

　　非馬克思主義者中最早進行意識形態研究的是德國社會學家曼海姆（Karl Mannheim, 1893-1947）。像馬克思一般，他承認人的思想意識乃是受到他所處的社會環境之影響，但不同的是，他力圖把意識形態中負面的

意涵去除。在《意識形態與烏托邦》（*Ideology and Utopia*, [1929] 1960）一書中，曼海姆定義意識形態為一種為特定社會秩序辯護，同時也是表達統治團體利益的思想系統。另一方面，烏托邦則是從被壓迫團體的利益出發的一種想像，它是一種對未來的理想化與對劇烈社會變革的期待。「特定意識形態」（particular ideologies）是某些個人或群體的理念或信念，而「整體意識形態」（total ideologies）則是某個階級、社會或是歷史階段的整體世界觀。在此意義下，馬克思主義、自由主義的資本主義及伊斯蘭基本教義派都可看成是「整體意識形態」。但是曼海姆還是認為包括烏托邦在內的所有的意識形態，其實都是偏頗的。因為他們都只是局部，而且以自我利益為主地看待社會現實。雖如此，他也認為，我們還是有機會揭開客觀真理。客觀性是公正不倚的知識分子的專利，因為他們沒有實際的經濟利益牽扯其中，所以能夠公正且嚴謹地討論問題。

　　意識形態這個概念接下來的歷史受到一、二次世界大戰之間興起的極權獨裁政治之影響，也受到1950到1960年代間的冷戰之影響。自由主義的理論家們尤其視義大利法西斯、德國納粹及史達林的俄國為歷史上從未有過的專制極權現象。他們指出，在這些地方官方意識形態對言論自由進行壓迫，以及企圖建立強制性、一致性的服從。有些學者例如巴柏（Karl Popper, 1945）、鄂蘭（Hannah Arendt, 1951）、塔蒙（J. L. Talmon, 1952）及克理克（Bernard Krick, 1962）等人，以及本書第12章中認為意識形態已結束的一些理論家們，傾向於把意識形態只限定用於像法西斯及共產主義這樣的例子上。在這種用法下，意識形態是「封閉」的思想系統，拒絕其他或是相反的看法，而意圖獨占真理。於是乎意識形態變成了「俗世宗教」，圖謀對人之全盤指引而成為令人臣服歸順之社會控制的工具。當然，若依此定義，並非所有的政治信念都是意識形態。像自由主義就是一種「開放」的思想系統，尊重自由、寬容及多元（Popper, 1945）。

　　也有一種保守主義式的對意識形態的定義，它源自於長久以來保守主義對於抽象理念的不信任，因為它深深地懷疑理性主義（見本書第38頁）及其進步觀的大膽推理方式。保守主義認為世界太複雜，超越人類的能力可理解。當代持此觀點最著稱的代表是英國的政治哲學家歐克夏（Michael Oakeshott, 1901-1990）（見本書第77頁）。他在其名著《政治中的理性主義》（*Rationalism in Politics*, 1962）中提到：「從事政治，就像航行在一個無垠無際的大海上，難有任何指引。」因此，對他來說，意識形態是一種抽象的思想系統，它過度地簡化與扭曲社會現實，以致於宣稱能夠解釋那些原本不易理解的現象。因而意識形態被他等同於教條主義：僵化的信念與複雜的現實世界在此脫節。保守主義者所以拒斥意識形態式的政治，就是因為它企圖使用抽象或是預設好的原則想要改造世界。其實，直到被新右派（見本書第86頁）的意識形態政治觀影響之前，保守主義者一直偏愛採用歐克夏稱之為「傳統主義」的立場，它不重視意識形態，而傾向於實用主義，視歷史與經驗為指引人類行為的明燈。

主要概念

實用主義（Pragmatism）

　　廣義來說，實用主義乃是指依照實際情況與目標來決定行動，而非根據不變的原則或是某些意識形態的考量。有名的實用主義者威廉詹姆士（William James, 1842-1910）與杜威（John Dewey, 1859-1952）是這種哲學的代表人物，實用主義不拘泥於形上學沉溺於概念是否明確的辯論，而看重事物的實際結果。在政治上，實用主義的優點是政策或主張可以根據實際結果來判定優劣，避免了謹守意識形態卻偏離現況而成為一種空想希冀。然而批評者卻認為採用實用主義就等於缺乏原則或是盲目從眾。

　　然而自1960年代開始，意識形態一詞之涵義在重新適應社會與政治分析的需要而調整後，開始被廣泛地使用。自此它被看成是中性客觀的概念，而以往加於其上的政治包袱也被拿掉了。例如席利格（Martin Seliger, 1976）就將其定義為「人類用以規範、解釋或合理化社會行為的一套理念，不管這些行為是要保存、改變、推翻或是重建既存的社會秩序」。由此來看，意識形態乃是要激發出社會行為的思想體系。既然如此，意識形態就沒有好壞之分、真偽之別，或是開放與封閉、解放與壓迫之差異——它們都有可能。

　　這種社會科學式的定義之優點乃是它可包含所有的「主義」，從自由主義到馬克思主義，從保守主義到法西斯主義等。稍早那些對意識形態較負面的定義法之缺點是，它們太狹隘了。馬克思視自由及保守的理念爲意識形態，而將他自己的理念稱爲科學的；自由主義者將共產主義及法西斯主義視爲意識形態，卻不承認自由主義本身也應是其中一種才對；傳統的保守主義者譴責自由主義、馬克思主義及法西斯主義爲意識形態，卻將保守主義輕描淡寫爲一種心態與氣質。但是，中性的定義法也是有危險的。特別是，當除去了政治包袱後，意識形態這個詞也許因爲涵義太泛泛以致失去批判性。如果意識形態可與「信念系統」、「世界觀」、「主義」及「政治哲學」等詞交替互用，那我們爲何還要假裝它有著獨特的意涵？

各家看意識形態

自由主義者：特別在冷戰時期，他們視之爲官方所核可的一套價值——自認爲科學的，也自比爲眞理——因此其必爲壓迫與極權的。共產主義及法西斯主義即是例子。

保守主義者：傳統上視意識形態爲理性主義下的傲慢之表徵。意識形態危險且不可靠，並且由於抽離現實，其原則經常不可行，且導致壓迫。因此，社會主義及自由主義就屬於意識形態。

社會主義者：他們服膺馬克思將意識形態視爲是企圖將階級社會之矛盾遮蓋的一些理念，因此在被剝削階級中造成虛假意識及政治上之懦弱。自由主義是標準的統治階級之意識形態。後期馬克思主義者用比較中性的眼光看待此概念，視之爲包含勞工階級在內的任何社會階級中的特定理念。

法西斯主義者：慣於嘲諷意識形態而視之爲學院式枯燥無味的政治觀，過度重視理性而在熱情及意志上不足。對比之下，納粹常稱他們自己的理念爲「世界觀」，並不將其以完整有系統的哲學稱之。

環境生態主義者：視所有的政治立場與觀點爲工業主義的產品。而意識形態只不過是其中以人本主義及經濟成長包裝的思想。自由主義及社會主義就是好例子。

宗教基本教義主義者：把宗教經典當成意識形態，因爲它是神的話語，也是整體社會改革的指引。俗世的意識形態不可取，因爲並非立基於宗教原理上，故缺乏道德性。

意識形態的輪廓

　　任何嘗試對意識形態做一簡單明確定義的人都會發現，其實引發出的問題比解答多。但是，這種方法還是有優點，就是它畢竟提供了一個好的出發點。所以本書也列出一些有助於我們了解它的定義。

　　　所謂意識形態就是一組內部理路連貫的理念，它可以用來導引政治行動——無論這行動是要保存、修正或是推翻現行的權力結構。所有的意識形態都有以下特色：
(a)通常以「世界觀」的形式，對現存秩序提出解釋。
(b)提出未來理想的藍圖，即所謂的「美好社會」。
(c)解釋如何帶來政治變遷——如何從(a)到(b)（見圖1.1）。

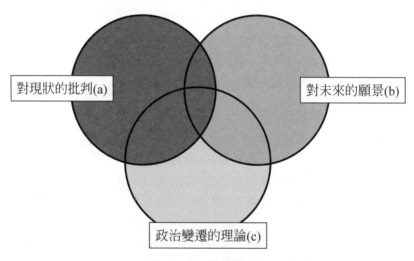

圖1.1　意識形態的特質

　　說實在以上定義既不新穎也無原創性，而是完全符合社會科學的用法。雖如此，它還是讓我們注意到意識形態的某些重要的特色。在這樣的定義下，政治理論／哲學與政治意識形態成為兩種研究政治思想的方式。政治理論研究政治思想中重要的想法與概念。傳統上，這是以政治思想史

的形式來進行，研究像是從馬基維利到羅爾斯這些重要思想家，以及經典著作。這種政治理論很明顯是研究道德或是**規範性**問題，例如「我爲何要服從國家？」以及「個人自由的界限何在？」這種研究途徑有著文本分析的特色：它主要是討論過去一些重要思想家的論述，他們如何發展與證成他們的觀點，以及他們生存時代的特色。

> **規範性（Normative）**
> 對價值或行爲標準的設立或訂定；著重於「應然」而非「實然」。

政治意識形態與政治理論至少有三方面不同。第一，政治意識形態並不聚焦於分析國家、權威、平等與正義等概念，也不探究過去某些重要思想家的著作，反而是非常注重不同政治思想間的對比，因爲每一種意識形態都指向了對政治世界不同的理解方式。意識形態由若干觀念、原則與理論組成，因此每個意識形態都有獨特看待個別政治概念或是分析政治思想作品的視角。因此意識形態可被看成政治知識形成的框架，也就可被視爲是「典範」（見本書第369頁）。

其次，政治理論處理道德或規範問題（因此我們可明顯區分政治理論與價值中立的政治科學），但意識形態卻橫跨**描述性**與規範性思想，並不區分「實然」與「應然」。這就表示了意識形態同時包含對現狀的了解(a)與對社會未來的期望(b)。第三，雖然政治理論會對政治行動的目標與手段加以

> **描述性的（Descriptive）**
> 對事物的敘述不含價值判斷，而只是陳述實然的狀態。

檢視，但是意識形態更甚於此。後者會關注於可以改變現狀的想法，若干可以具體實現的想法，這就是將(b)與(c)連結了。所以意識形態不是政治哲學，而較像是應用政治哲學。

然而值得注意的是，把意識形態看成是應用政治哲學會有將其過度理性化與系統化的危險。其實它們缺乏政治哲學理論的清晰形貌與內在容貫性，意識形態並不是嚴謹的一個體系，它通常只是與其他意識形態有交集的一些鬆散觀念的集合而已。這不但促成意識形態的發展，也說明了爲何會有混合型的意識形態，例如保守主義式的民族主義（見本書第187-190頁）、社會主義式的女性主義（見本書第271-273頁）與自由主義式的文化多元主義（見本書第330-331頁）等。此外，每個意識形態內部都有分

歧變異的現象。因此我們常可以見到同一意識形態內的派系衝突甚至比不同意識形態間的敵對還激烈，這是因為每一方都想要爭奪該意識形態的「正統」地位，例如什麼是「眞正的」社會主義、自由主義或是無政府主義？

這些意識形態之間或是內部的衝突，常會讓人有摸不著頭緒的感覺，因爲他們都使用一些共同的詞彙，例如「自由」、「民主」、「正義」與「平等」等，但卻有各自不同的定義。這些詞彙就是葛利（W. B. Gallie）所稱的「本質上可爭辯性概念」（essentially contested concepts），意味這些概念容許不同觀點的詮釋與分析，因此不可能、也不適合有一致的定義出現。也因此，所謂「意識形態」一詞當然也屬於「可爭辯性概念」範疇，而本書中每章內的「各家看……」所分析的概念也當屬之。

但是很顯然，意識形態中的思想也不能毫無組織與系統。如果放棄了某一個原則，或是竟接納先前反對的主張，則一個意識形態之立場可能會走樣，甚至變成原先敵對之意識形態。如果自由主義不再維護自由，則還能稱爲是自由主義嗎？如果社會主義擁抱暴力與戰爭，則還可算是社會主義嗎？依照福里丹（Michael Freeden）的說法，我們可以循著意識形態的主要概念來建構它的樣貌、形態以及結構，使我們能夠辨識此意識形態，正如同我們看見像俱的擺設而知道這是廚房、臥室或是客廳。因此每個意識形態都由一組核心理念與周邊的次要概念所構成，當我們認爲某一理論或教條屬於某個意識形態時，並非上述所有的理念或概念都需要同時出現。例如雖然近年來有所謂的開放式廚房或是用餐區的設計，它們與傳統不同了，但是廚房終究還是廚房，它的本質沒有變。

然而，意識形態可依其概念架構嚴謹程度區分爲「厚」或「薄」。自由主義、保守主義與社會主義均有完整的價值、學說與信念；相對來說，無政府主義與女性主義等就在核心理論上較爲狹窄或是與其他意識形態交疊，也經常從「厚」意識形態中汲取元素（參見圖1.2）。這也說明了爲何一直有一些（也許難以解決的）爭議，關於民族主義與多元文化主義它們本身是否可稱爲意識形態，或只是對於「寄生之母體意識形態」的一種增添修飾。

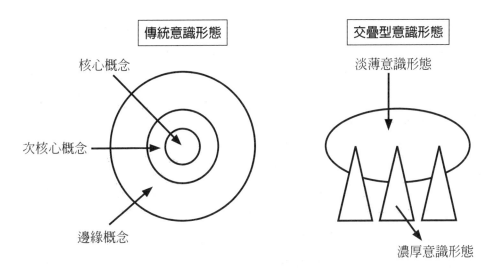

圖1.2　意識形態結構之對照

從「古典」到「新」意識形態

　　自從18世紀晚期以來（通常都說是1789年法國大革命開始），意識形態就被認為是與政治分不開的；隨著1960年代以後社會變遷速度加快，現今意識形態的內涵較之往昔已發生很大改變。新的意識形態頻頻出現，有些曾經顯赫一時的意識形態如今也已不再重要，而幾乎所有的意識形態都經歷過重組或重生。政治意識形態多半是由封建過渡到工業資本主義的歷史時期所發生的。簡單來說，最早或是最「經典」的意識形態──自由主義、保守主義及社會主義──都因應於工業社會之管理而生。自由主義追求個人主義、市場化及最小政府，保守主義就相對地捍衛「舊制」（*ancient regime*），而社會主義提出了非常不同的社會圖像，強調群體、平等及合作。

　　隨著19世紀來到，這些意識形態各自色彩益形明顯，並與某一特定階級產生連結。簡單來說，自由主義是崛起中的中產階級的意識形態，而保守主義屬於貴族，社會主義屬於那些人數逐漸增加的勞動階級。同時，政

黨也興起了，它們代表不同的階級之利益，也給不同的意識形態充當具體表達的工具。這些政黨因此常照特定的藍圖規劃而行事。

例如，在這段時間中，主要的意識形態辯論主題乃是資本主義與社會主義作為兩種經濟哲學的對比，於是政治意識形態開始強烈聚焦於經濟，市場經濟與國家規劃經濟，資本主義與社會主義的對立從1917年俄羅斯革命後更形尖銳，因為俄國成為世界第一個社會主義國家。我們通常將20世紀稱為是從動盪到動盪的「短世紀」（從1914年的一戰到1989到1991年的共產主義崩潰），而其中的「冷戰時期」（1945-1990）國際政治主要的形態是資本主義的西方對抗共產主義的東方。

但到了1960年代，意識形態的景象又變了。傳統的意識形態內部發生了變化。例如，新左派（見本書第129頁）、新右派（見本書第86頁）的出現，以及教條式共產主義的崩解。此外，新的意識形態紛紛出現。最重要的幾種可見於圖1.3。將這些稱為「新」意識形態，其實有些不妥，因為它們都根源於19世紀。況且，它們都與現存意識形態息息相關，因此具有折衷混合的特色〔如激進女性主義（見本書第273-276頁），或深的生態主義（見本書第306-309頁）〕。然而，它們還是被稱為「新」，是因為它們為某些以前從未被人關注的領域發聲，例如性別平權、環境永續與多元文化等，也在此過程中改變了世人的目光焦點或是帶來若干新的意識形態論辯。這些為什麼出現呢？有三個主要因素：

「古典」意識形態	「新」意識形態
自由主義	女性主義
保守主義	環境生態主義
社會主義	多元文化主義
民族主義	宗教基本教義主義
無政府主義	民粹主義（？）
法西斯主義（？）	後殖民主義

圖1.3　「古典」與「新」意識形態

◆ 第一，大家的目光從經濟轉移到文化。自由主義、社會主義與保守主義都與經濟體制有關，或至少它們以某種道德視野來看待不同的經濟模式。相較之下，新的意識形態看重文化而非經濟：主要的關懷現在開始放在人們的價值、信仰及生活方式上，而非經濟福祉甚或是經濟正義。會如此改變，一部分原因是資本主義與社會主義間的意識形態鴻溝顯著縮小了，市場經濟已經成爲普世共識。

◆ 第二，因爲尊重多元的風潮吹起，大家開始把焦點從傳統政治轉移到認同政治（見本書第323頁）。認同問題把個人與其群體連結起來，因爲視個人爲「鑲嵌」在特定的文化、社會、制度與意識形態脈絡中，也擴大個人的選擇與自我認同空間，反映出朝向尊重**個體化**的社會趨勢。如此一來，像是女性主義、環境生態主義與宗教基本教義主義等新的意識形態，都提供一些個人價值上的選擇空間，而不是像以前一樣根據他們的社會地位來打造「適合」他們的某種政治制度安排。此即意味著，現在政治活動所努力的目標變成了生活方式的選擇。

> **個體化**
> （Individualization）
> 鼓勵人將自己視爲是獨立主體的一種過程，當然這樣就可能影響人所會有的社會／道德責任感。

◆ 第三，在「教室課程的去殖民化」趨勢下，那些古典意識形態受到嚴格檢視。這不僅是反映於後殖民主義（見本書第316-318頁）理論逐漸抬頭，同時也由一些重要思想家受重新評價看出來，例如康德（見本書第33頁）。康德的貢獻在於啓蒙思想與提出「**普世主義**」的權利義務理論。但這些現在都需要被重新評估，因爲他曾經贊同殖民與奴隸制，他如果沒有認爲這些是歷史與文明進步過程中必然會出現，至少他也認爲是可接受的。大家現在也認

> **普世主義**
> （Universalism）
> 忽視各地的歷史、文化及其他差異性，而認爲人類可以發現適用於所有社會／種族的價值或原則之想法。

為康德是「科學的種族主義者」，因為他曾在著作中企圖以學術方式表達白人較亞洲人與非洲人優秀的想法。

教室課程的去殖民化

事件：南非學生發起了一系列「拆除羅德肖像」（Rhodes Must Fall）運動，並在2015年3月開始了第一次抗議遊行。這場抗議本來是針對在開普敦大學校園內的羅德肖像，他是英國礦業鉅子與1890到1896年開普敦領地的總理。雖然肖像順利的在當年4月被移走，但是抗議活動蔓延到其他大學，甚至擴及其他國家。「拆除羅德肖像」運動呼籲英國牛津大學也拆除校園內他的肖像，但是在2016年1月時被拒絕了。抗議者認為，羅德乃是南非種族隔離政策的主謀者，也是英國那充滿種族主義與血腥的殖民史上的重要代表人物。

意義：這個運動其實連接到一個更大的目標，就是「教室課程的去殖民化」（decolonizing the curriculum）。「去殖民化」這個名詞源於二戰後歐洲殖民地國的瓦解現象。因此，它代表了殖民母國之文化與思想遺產必須移除的過程，特別在教育領域。這個又通稱為「心靈的去殖民地化」，它致力於挑戰那些打造文化與種族階層化的態度與預設，並且尋求讓我們有較開闊多元的視野來看待各種民族與文化。對許多人而言，這代表我們必須要改正以往有色人種與弱勢族裔在學術界受歧視的情況，終結一貫以來「白人男性了無新意的」獨占聲音。

有些人認為政治的意識形態領域也須要去殖民化，因為意識形態是啟蒙運動的產物，因此先天上就是西方智識傳統的一部分，因此不能代表非西方文化（例如中國、印度、非洲與伊斯蘭等）的生活內容。而當初自由主義乃經由西方的擴張而傳播，這更讓此說法有說服力。自由主義者經常堅持他們的價值與制度應該要普世化，但是有時候卻忽視自由主義歷史中若干黑暗（例如過去殖民統治與剝削所立基的種族歧視心態）。但無論如何，經過一段時間後政治意識形態已經有了非西方（甚至是反西方）文

化的觀點與聲音。二戰後，非洲社會主義、阿拉伯社會主義與中國共產主義都顯示此點。近年來的後殖民民族主義、多元文化主義（見本書第329頁）以及各類宗教基本教義主義（見本書第12章）也紛紛興起了。

左、右與超越

　　將政治的意識形態分類的另一種方法是根據左右的光譜。政治上所謂左與右的稱謂來自1789年法國大革命時，三級會議中激進派與貴族的座次安排方式。因此左與右的分野原本是用來鮮明地指稱革命或反動。但是後來卻被廣泛用在政治思想或政治場域上，形容某種意識形態的屬性或是意識形態間的相對關係。左與右變成政治光譜的兩極，所以人們可以使用「中間偏左」或是「極右」這樣的字眼。我們在圖1.4中可看見這個分布。然而應注意的是，左與右還可以有不同的意涵。

左 ◄──────────────────────► 右

共產主義　　社會主義　　自由主義　　保守主義　　法西斯主義

圖1.4　線性光譜

　　若從左與右的原始意涵推衍，則它們可以代表對於變遷的不同態度：左代表歡迎變遷，相信**進步**的價值，而右代表抗拒變遷與維持**現狀**。受到1950年出版的《權威人格》（*The Authoritarian Personality*）一書的影響，人們開始用心理需求、動機與慾望等來解釋爲何人有意識形態的差異，以及對變遷有不同看法。因此保守意識形態可能來自於對於不確定與不穩定的害怕（第3章會討論）。而另外一種對左與右涵義的用法是關於經濟體制或國家角色的。左就表示贊同國家干預與集體制（見本書第109頁），

> **進步（Progress）**
> 不斷向前進展；相信人類歷史可以藉由累積知識與智慧因而不斷進展的想法。

> **現狀（Status quo）**
> 事物目前的狀態。

右代表了支持自由市場與個人主義（見本書第32頁）。此外又有另一種方式看待左與右：包比歐（Bobbio, 1996）認爲左與右代表對於「平等」的不同看法，左翼贊成平等，而右派認爲追求平等不可能或是不可取。由於「大哉不平等問題」（great problem of inequality）在國內與國際上持續的引起爭議且難以解決，左與右的對立將持續。

可是用線性光譜這樣的圖表來分析各種意識形態的特質與彼此關係，還是會有一些缺點。例如，所有的意識形態內部難免會有一些對立或矛盾元素存在，因此只用單一元素爲標準來建構一個線性光譜的作法其實不理想，因爲要用此把一個意識形態的特質完整表達極其困難。例如無政府主義可能是極左也可能是極右的，因爲它內部可以包含有無政府共產主義或是無政府資本主義兩種截然不同傾向。同時也有人認爲，在光譜兩極的意識形態，有時候它們在某方面的相似性竟然高於其與中間的意識形態的相似性。例如在冷戰期間，大家都認爲共產主義與法西斯主義在極權政治（見本書第216頁）這一點上非常相似。這樣說來，政治意識形態的光譜似乎應該是馬蹄形而非線性（圖1.5）。

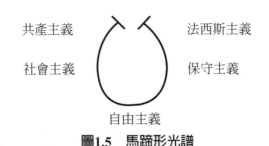

圖1.5　馬蹄形光譜

更且，因爲政治意識形態在不同地區呈現不同樣貌，因此很難得出一個大家都一致同意的左右光譜。例如在歐洲，民粹主義意味著反移民與仇視外來者的政策，因此具有極右傾向，但歷史上拉丁美洲的民粹主義卻是贊成國家介入的福利經濟與使用充滿左派氣味的詞彙。

左右光譜的最後一個缺點是，隨著近年意識形態間的辯論與摩擦逐漸加劇，線性光譜的分類法愈來愈顯得過度簡化與籠統，因爲左右的區分

只能表現出複雜的政治場域內的一個因素而已。這就給了一個二元座標分
類法出現的契機：在左／右分類的橫軸之外再加上一個自由／權威的縱軸
（圖1.6）。

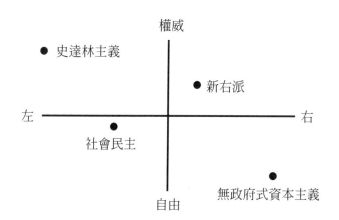

圖1.6　二維意識形態光譜

　　然而無論如何，愈來愈多的人開始認為當代意識形態已經超越了左右
的區分。對於那些「新」意識形態來說，它們的焦點在於文化與認同，而
不是經濟結構，因此並不與傳統的左右對立相關，也就不在資本主義與社
會主義之間定位。對英國理論家紀登斯（Anthony Giddens）而言，全球化
（見本書第30頁）下的經社發展已超越了左與右的意識形態可以描述的範
圍，因為此時人們的生活不斷受到遠方發生事件的衝擊，社會變得充滿流
動性與複雜化，已非從傳統的意識形態立場可以想像。政治因此超越了左
右，從1990年代起原本流行的「議會社會主義」（也就是社會民主、福利
國家的體制）的逐漸淘空現象就特別說明了此點。

　　全球化現象創造了一個互相依存、緊密聯繫的世界，但它並不會讓意
識形態開始不存在，反而是用「開放」與「封閉」的對比取代原本左／右
的對比（圖1.7）。有「開放」心態的人通常會贊成全球化，歡迎文化多
元性與包容移民，而且抱持擁護自由主義的價值。反之，「封閉」態度者
反全球化且害怕異文化入侵，對移民不友善，持保守心態與價值觀。

開放		封閉
向外看	v	向內看
包容	v	排外
多元	v	單一
普世主義	v	民族主義
自由主義政策	v	保守主義政策
自由貿易	v	保護主義
國際協商	v	國家主權

圖1.7   開放與封閉的對比

重要人物

紀登斯（Anthony Giddens, 1938-）

　　英國社會理論家，曾任工黨布萊爾首相（Tony Blair）之顧問。他的「結構化」理論對社會理論影響至大，因為其超越了以往的「結構」與「行動者」的對立。在其著作《超越左右》（*Beyond Left and Right*, 1994）、《第三波》（*The Third Way*, 1998）與《失控的世界》（*The Runaway World*, 1999）中，他想依據當代出現的最新變化，例如「全球化」、「挑戰傳統的浪潮」以及「肆應變化重新定位自身」等現象，來重新打造社會民主制度。

意識形態的終結？

　　意識形態可能會有終結的一天嗎？或是，不論是好或是壞，意識形態將永遠在政治中？「意識形態終結」這個觀念在1950與1960年代特別流行。貝爾（Daniel Bell, 1960）是此說最有名的代表者，而這樣的說法更被二戰後西方國家的情況所背書：當時各國主要政黨在基本政策上立場相近且未見什麼意識形態上的爭辯。法西斯主義與共產主義失去了號召力，而

其他的政黨只有在選擇什麼樣的意識形態最有利經濟發展、促進繁榮一事上有點兒差異。事實上，經濟已經壓過政治了。政治上大抵只討論追求發展的技術性手段問題，而不會陷入以往那些哲學性與道德性的大問題：什麼是一個「好的社會」？從每一方面來看，似乎意識形態已經是不相關的問題了。

重要人物

貝爾（Daniel Bell, 1919-2011）

美國學者與專欄作家，在《意識形態的終結》（*The End of Ideology*, 1960）一書中，認為理性主義式研究政治的方法可能無以為繼了，同時在該書1988年版的後記中，警告某些烏托邦幻想可能會主宰人類未來。他大力提倡「後工業化」這個概念，認為其中會出現一個「知識階級」來支配將來到的「資訊社會」。在《資本主義的文化矛盾》（*The Cultural Contradictions of Capitalism*, 1976）一書中，他分析了內在於資本主義的「生產性」與「消費性」傾向的矛盾。

　　然而貝爾要告訴我們的，與其說是「意識形態終結」，不如說是主要政黨間的價值漸趨一致，因此意識形態的辯論也暫停了。緊接二戰後的數年，西方主要的三種意識形態──自由主義、社會主義與保守主義──都接受了「管理性資本主義」作為共同目標。但這個目標本身，卻是一種意識形態。例如，它反映了對於市場經濟、私有財產與物質誘因的信賴，再佐以社會福利制度與適度的政府干預。因此實際上，一種「社會福利資本主義」或是「社會民主」已經勝出而替代其他制度，雖然這只是暫時性的現象。

　　激進的「新左派」（New Left）思想在1960年代興起，代表了對馬克思主義與無政府主義的興趣又回來了，同時像是女性主義與環境生態主義這些「新」意識形態也抬頭。但1970年代的經濟蕭條提醒了大家久被淡忘

的自由市場經濟，且激發了「新右派」（New Right）理論的發展，以致於戰後的共識受到挑戰。最後，「意識形態的終結」這個命題其實僅指涉西方工業國家的狀況，但忽略了其實1950與1960年代蘇聯、東歐與中國等是共產體制，而革命浪潮也在亞、非、拉丁美洲地區風起雲湧。

　　福山（Francis Fukuyama）在1989年發表了〈歷史的終結〉文章，稍後發展成《歷史的終結與最後一人》（*The End of History and the Last Man*, 1992），對此問題做了更廣泛的分析。跟貝爾不同的是，他不認為政治思想已不重要，而是主張西方的自由主義思想已經獲得最後勝利。法西斯主義在二戰結束時就滅亡，而福山顯然相信1989年東歐共產政權的瓦解代表馬列主義作為意識形態的結束。福山使用「歷史終結」來表示政治思想間的競爭結束了，所以意識形態的辯論也終結。現在全世界都贊同「自由主義民主」（liberal democracy，見本書第62頁），也就是立基於開放政治體系上的資本主義市場經濟。

各家看「歷史」

自由主義者：認為歷史是進步的，透過知識累積而使每個世代持續向前發展。自由主義者相信進步來自於漸進的改革而非激烈的革命。

保守主義者：由傳統與延續兩觀念去看待歷史，不贊成所謂進步這個觀念。人類可以從過去學得對現在及未來的指引。反動的保守主義者認為歷史是退化的，因而希望回到過去的美好時光。

社會主義者：贊同進步史觀，也就是認為個人與社會都有進步的可能。他們相信階級衝突是歷史進步的動力，而無階級的共產社會乃是歷史進步的終點。

法西斯主義者：通常認為歷史是一個從過去的「黃金紀元」開始倒退衰敗之過程。但是他們還是能接受循環的史觀，相信透過武力鬥爭與戰爭可以帶來國家民族的重生與偉大。

宗教基本教義主義者：對歷史愛恨交織。雖然他們認為與先前的黃金時代比起來當下是腐敗墮落的，但是卻會憧憬目前社會的重生，因此他們拒絕保守的傳統主義。

重要人物

福山（Francis Fukuyama, 1952-）

　　美國社會思想家與政治評論家，1989年發表〈歷史終結？〉一文，認為東歐共產主義的崩潰代表意識形態的競爭結束了，而自由主義民主獲勝，成為「人類終極的政治形式」。在1996年的《信賴》（*Trust*）與1999年的《大爆發》（*The Great Disruption*）中，他討論了經濟發展與社會凝聚間的關係，聚焦於不同形態的資本主義發展模式。其他著作包括《政治秩序的起源》（*The Origins of Political Order*, 2011）、《政治秩序與政治衰退》（*Political Order and Political Decay*, 2014）與《認同》（*Identity*, 2018）等。

　　無疑地，東歐在1989到1991年間的革命浪潮，大大地鼓舞了全球對於民主化的追求，同時像中國這樣殘餘的共產政權所做的劇烈經濟改變，的確讓意識形態辯論的戰場情勢大變。然而，我們還是不能確定這些會帶來「歷史的終結」。特別是，當這個名詞被提出後，我們馬上看見了跟西方自由主義民主無關聯的意識形態爆發出來。首先就是1990年代，在前南斯拉夫的種族問題震驚世界，這好似在宣布共產主義失敗之後，瀰漫全球的將不是自由主義而是民族主義。類似非自由主義甚或是反自由主義抬頭的證據，就是各種宗教基本教義主義的興起。這不禁鼓勵了一種悲觀的看法，就是21世紀不是自由主義的廣布，而是「文明衝突」（Huntington, 1996）。

主要概念

民主化（Democratization）

　　民主化意味從威權主義轉型到自由民主制。它須要經過三個可能會重疊的階段：一、舊統治政權的瓦解，通常是由於正當性危機與軍警的拒絕效忠；二、建立起自由民主結構與過程的「民主轉型」；三、這些結構與過程所代表的價值能夠深入植根在菁英與民眾心中，因而民主成為唯一的政治選擇，這稱為「民主鞏固」（Przeworski, 1991）。

問題討論

- ⮑ 馬克思對意識形態的看法與主流社會科學有何不同？
- ⮑ 意識形態一定是虛假的嗎？如果是，何故？
- ⮑ 世上可不可能有超越意識形態的「中立知識分子」？
- ⮑ 是否所有的政治理念都屬於意識形態？或是僅有某些才是？
- ⮑ 不同的意識形態在概念結構上有什麼程度的不同？
- ⮑ 政治意識形態與政治理論有何不同？
- ⮑ 我們應該如何畫出意識形態的光譜？爲何？
- ⮑ 所謂「新」意識形態，爲何是「新」的？
- ⮑ 何種程度上意識形態的認同，變成了生活方式的選擇？
- ⮑ 「新」意識形態的出現乃意味「舊」的已不需要了嗎？
- ⮑ 用左右來區分意識形態對我們有幫助嗎？
- ⮑ 意識形態永不滅亡嗎？

進階閱讀

Ball, T., Dagger, R. & O'Neill, D. *Ideals and Ideologies: A Reader* (2019).重要文獻的大範圍選輯，包含古典與當代的研究，也含括所有的意識形態類型。

Freeden, M., Sargent, L. & Stears, M. *The Oxford Handbook of Political Ideologies* (2015).這是多位作者研究之合集，把政治意識形態主要發展及最新研究都涵蓋進去了。

Ingersoll, D., Matthews, R. & Davison, A., *The Philosophic Roots of Modern Ideology* (2016).對於主要意識形態的理念起源與相關辯論都做了詳細地介紹，聚焦於某些理論家與其著作。

Žižek, S. *The Pervert's Guide to Ideology* (2012).作者是當代著名哲學大家，在這本獨特且富啓發性的書中，他檢視了意識形態如何滲透進入現代

生活與文化各層面中。

The Political Compass, www.politicalcompass.org.這個網站已有相當歷史，
　　讀者可以在回答問題中得出自己在意識形態座標圖中的位置，其中也
　　有進階文獻的推薦。

第二章　自由主義

本章簡介

　　從14世紀開始，就有「自由的」（liberal）這個詞，但它有多重涵義。拉丁字*liber*意為自由人階級；換句話說，就是既非農奴也非奴隸的人。它也可以表示慷慨的，例如慷慨地分配一份食物及飲料。在指涉態度時，它可意味作風開明的。當然，這個詞也漸漸地被與自由跟選擇等觀念連結起來。「自由主義」作為一種政治的態度是較晚出現的現象：大概在19世紀上半葉，於1812年第一次在西班牙被使用。在1840年代，這個詞在歐洲已被公認為是指一種獨特的政治理念。但在英國，它卻發展得較晚；雖然在1830年代，輝格黨人已經開始自稱自由派了，但第一個自由派政府卻直到1868年由格來史東（Gladstone）執政時才出現。

　　自由主義的意識形態中最主要的一環乃是對個人的重視，以期建立一個人們可以滿足自身利益，以及獲致自我實現可能性的社會。自由派的人相信人類是一個個獨立的個體，懷抱有理性。這表示人人都應有最大的自由，而且彼此相同。但是，雖然每個人都有法律上及政治上同等的權利，他們應該以各自能力及工作意願強弱獲致相符合的報酬。自由社會乃是立基於憲政主義及同意之上，這主要是要保護公民免於受到專制暴政的威脅。雖如此，古典的自由主義與現代自由主義間還是有重要差異。古典自由主義要的是只負責維持秩序及保障個人安全的最小政府，但是現代自由主義卻認為國家應該幫助營造能讓公民們自立的環境。

起源及歷史發展

作為一個系統性的政治思想，自由主義的歷史可能不會早於19世紀。但是在此之前的三個世紀內的一些理念及理論卻成為其根源。事實上，如西布萊特（Paul Seabright, 2004）所言，自由主義的根源也許竟可追溯至古早的農業社會，那時人們開始群居，並且首度必須嘗試著與外來的陌生人交易與共同居住。然而，自由主義作為成熟的意識形態，卻是歐洲**封建制度**崩潰之後，因為市場及資本主義社會興起才有的事。在許多方面，自由主義反映了當時逐漸出現的中產階級的心聲，他們的利益跟專制君王及封建貴族是衝突不相容的。自由主義的理念無疑是激進的：中產階級渴盼根本性的變革，甚至是革命性的轉變。即使自由主義一詞當時還未成為政治術語，17世紀英國的革命與18世紀美國與法國的革命都無疑蘊含了自由主義的成分。自由派們挑戰在**君權神授**理論支撐下的**絕對王權**。為了反對專制，他們立憲及設立代議**政府**（本章後面會討論）。自由派們批評封建貴族所享的政經特權，以及出生即決定一個人社會地位的封建制度。同時，他們也支持信仰自由及質疑教會的權威。

19世紀，從各方面來說是一個自由主義的世紀。在西方國家中隨著工業化普及，自由思想得以蔓延。自由派們推行一種工業化及市場化經濟制度，且不受政府干預；在其中企業得以自由追求利潤，而國家間也可以自由貿易。像這樣的工業資本主義從18世紀中葉起，首先在英國開始，然後在19世紀初大盛。稍後此制度傳衍至北美然後回傳到歐洲，先是西歐然後到東歐。而當政治及社會發展的程度都是以西方觀點來衡量時，難免從20

世紀開始，工業資本主義會大大吸引了非洲、亞洲及拉丁美洲的開發中國家起而效尤。但有時某些開發中國家也會因爲其政治文化強調群體而非個人，因此導致他們拒斥自由主義式的資本主義。這種情況就有利於發展社會主義、民族主義或是宗教基本教義主義，而非西方的自由主義。

　　自由主義無疑是西方政治傳統中最強有力的意識形態。但是，19世紀以來的歷史發展大大地影響了自由主義的性質及內涵。「崛起的中產階級」成功地支配政治及經濟之後，自由主義的特質已經改變。原本激進甚至革命性的特性，已隨每一次自由派的成功而消褪。自由主義開始趨向保守，不再倡議改革及變遷，而是固守它所支持的現行——自由主義的——制度。另一方面，自由主義的理念也並沒有停滯。從19世紀起，不斷工業化的過程，使得自由主義者開始質疑或是修正早期自由主義的理念。早期的自由主義或**古典自由主義**（有時稱爲「19世紀自由主義」）希望政府愈少干預人民的生活愈好，**當代自由主義**（有時稱爲「20世紀自由主義」）則期待政府應該有適當的社會福利措施，並且要控管經濟。也因此，有人就認爲自由主義內部不一致、甚至矛盾，尤其是對**國家**角色的看法。

> **古典自由主義**
> （Classical liberalism）
>
> 自由主義中的一支，主張個人自由之極大化，以及最小政府和市場經濟。

> **當代自由主義**
> （Modern liberalism）
>
> 自由主義的一支，主張政府可適度地（相較古典自由主義）進行經濟及社會干預，以促進個人更好地發展。

> **國家**（State）
>
> 在一個特定領土範圍內施展統治主權的政治組織，它通常獨占強制性權力。

　　冷戰（1945-1990）期間以美國爲首的西方資本主義陣營力圖鞏固自由主義，這個陣營在全球的擴展受到了蘇聯領導的共產主義的東方與第三世界的排斥抵抗。自由主義的鞏固在兩方面很明顯。第一是西方式自由主義民主（見本書第62頁）的散播。從1943到1962年有一波民主化的浪潮，這包括了西德、義大利、日本與印度。1974年第二波民主化浪潮開始，影響了希臘、葡萄牙、西班牙與拉丁美洲大部分地區。而自由主義鞏固的第二種方式是經由所謂的「寧靜革命」，它從1960年代開始而且特別影響了一些先進工業國家，這些自由化的價值觀例

如兩性關係、同性戀議題、是否嚴守宗教、刑法處罰範疇與文化多元性等。

　　冷戰的結束帶來了對自由主義更為重要的變化，以致有些人宣稱此時為世界歷史上的「自由主義時刻」。東歐共產政權的瓦解當然是帶來戲劇性的民主化過程，這些國家開始了多黨政治與市場經濟。在1973年，全世界151個國家中只有45個國家符合自由民主制的特徵，但是到了2003年，全球63%的國家與70%的人口，都生活在自由民主制中了。難怪福山這位「歷史終結」的理論家要宣稱，自由主義民主已經是人類最後的政治形態。實際上，這種觀點假設了自由民主制是人類社會「默認」（default）的生活方式。冷戰結束同時也為經濟全球化注入了強大動能。人類首度可以想像一個單一、各國互相依存的世界經濟體的出現，而且是沿著自由主義——或更正確地說，新自由主義——原則建構的（經濟自由主義將在本章稍後討論）。

主要概念

全球化（Globalization）

　　全球化是指一個互相關聯的網絡之出現，在其中我們的生活受到另一處所發生的事或所做的決定的影響，因此有著人們發生「超越地域」連結的現象。然而這是一個非常複雜有各種表徵的過程。經濟全球化是指單一國家的經濟被程度不一地吸納入全球經濟體系中。文化全球化是指一地的資訊、商品與影像流行於全球以至於會把原本各地文化差異泯除掉。政治全球化是指政策制定的責任從各國政府轉移到國際組織上。

　　但無論如何，21世紀的前段已看到了自由主義的退卻。自從2006到2008年自由主義的頂峰以來，可以顯見西方自由主義的擴展趨勢已經逆轉，世界上紛紛出現威權理論與現象。例如，2011年阿拉伯之春時大家曾期待會出現如1989年的東歐民主化情況，而使得北非與中東若干地方產生**民主**，但是稍後數月獨裁在這些地方又恢復了。對自由主義另一個挑戰來自於某些

民主政治（Democracy）

由人民統治之謂。人民普遍參與公共事務管理；但是有許多不同形態。

先進國家中自由價值的頓挫，這些國家曾在1960年代以來由於文化原因而沒全面跟上自由價值的浪潮。當碰到有關民族意識──例如移民問題與多元文化問題──的狀況下，自由價值的「寧靜革命」就須面對一波保守價值的反撲，後者主要是由右翼的民粹主義所代表。最後，自由主義又被2007到2010年的全球金融危機所傷，那是自1930年代以來最嚴重的蕭條，許多銀行面臨倒閉危機由政府救援。這讓人覺得自由主義政治與利益集團的關係遠較與人民密切，於是易流於金權政治（第8章有列出關於民粹主義與自由主義間關係的完整討論）。

核心理念

從某一方面言，自由主義可說是高度工業化的西方之代表性意識形態。其實自由主義與西方文明幾乎是成為一體的，因為西方的政治、經濟及文化幾乎都在它的精神下建構，以至於甚至難以察覺出其影響。18及19世紀的自由主義思想家由於受到啟蒙思潮中普遍理性此一觀念的影響，經常會護持追求個人發展及成就自身為目的的價值觀，而這正是視個人自主性為根基性價值的一種自由主義形式。這種形態的自由主義當然會傾向於做出普世性的自我宣稱，也就是說它相信自由主義的理念以及制度，終將在人類歷史中獲得最後勝利。而所謂進步，就是具備自由主義的精神。

然而到了20世紀，自由主義被廣泛視為是道德上中性的一種思想。因為開始有人認為，自由主義乃是將「權利」置於「善」之上。換句話說，自由主義希望能夠讓各人可自行定義什麼是「所嚮往」的生活，而不介入任何對於「好」的定義。從這點來看，自由主義不只是意識形態，而是企圖成為「後設意識形態」（meta-ideology），也就是一組關於政治及意識形態爭辯的規則。但是，這並不意味自由主義就是「做你自己的事」的哲學觀。自由主義固然宣揚開放、辯論及自決，但是其中亦有某種強烈的道德堅持。自由主義的道德及意識形態立場存在於對以下這些價值的重視：

◆ 個人主義（individualism）

- ◆ 自由（freedom）
- ◆ 理性（reason）
- ◆ 正義（justice）
- ◆ 寬容（toleration）

個人主義

在當代世界，由於個人這個概念我們太熟悉，以致其政治上的重要性反而常被忽略。在封建時期，不認為個人是可以獨立地擁有自身利益及自我認同的。個人被視為是家庭、村莊、地方社群或階級中的成員。他們的生命及自我認同多半被所歸屬的團體之特性來決定，一代傳一代很少改變。但在封建結構逐漸被市場導向的社會所取代後，個人面臨了眾多的選擇或改變的可能性。有史以來第一次周遭環境鼓勵他們為自己設想，或是從自己的觀點想。例如，世代居住及工作都圍限在同一地點的農奴，此時開始變成一個「自由人」而得以自行選擇雇主，甚至離開當地到新發展的城鎮尋求工作。

主要概念

個人主義（Individualism）

個人主義即是，將個人的重要性置於任何群體之上的一種信念。方法論上的個人主義，意味個人應是政治或社會理論的核心，任何關於社會的陳述，應以組成社會的個體為基礎。另一方面，倫理上的個人主義講求的是社會的存在以造福個人為宗旨，個人的權利、需要及利益無比重要。古典的自由主義者以及新右派主張唯我式的個人主義，強調個人的自利及自我依靠。而現代自由主義者則致力於（個體）發展式的個人主義，宣揚個人的成長應重於利益的滿足。

當封建的僵固性高牆逐漸崩潰時，一個新的智識氛圍出現了。理性思維及科學解釋漸漸取代傳統的宗教理論，而大家也逐漸開始從個人的觀點來看待這個社會的本質。每一個人都具備了某些與眾不同的特質，也都有

其獨特價值。這顯現於後續我們會討論的17及18世紀的自然權利理論中，這也就是古典自由主義興起的背景。德國哲學家康德（Immanuel Kant）認為個人的存在「本身應是目的」（ends in themselves），而絕不能成為「達成他人之目的的手段」（means for the achievement of the ends of others），也就是我們應同樣地視每個人為平等而有尊嚴的個體。然而，強調個人的重要性會有兩種相對立的後果。第一，它把注意力導向每一個人的獨特性：個人之社會存在乃是由其內在特質所決定；其次，每一個人卻都與他人是平等的。自由主義內的一些辯爭，事實上衍生自每個人都很獨特，但又應與所有其他人都平等這一組對立的概念。

重要人物

康德（Immanuel Kant, 1724-1804）

德國哲學家，他的「批判」哲學認為知識不只是感官印象的總和，而是來自於人的悟性中存在的先驗概念工具。康德的政治思想主要由其道德理論所構成，他認為理性給了我們定言律令，而其中最重要的乃是不得將他人視為工具而應是目的的一種道德責任。他的最重要著作包括了《純粹理性批判》（*Critique of Pure Reason*, 1781）與《道德形上學》（*Metaphysics of Morals*, 1785）。

當然，重視個人是自由主義的特色，但是它也在幾個方面影響了自由主義。它使得某些自由主義者將社會視為不過是個人的集合，而其中的個人，本就是不斷地要滿足自身的需求及利益。這種觀點常被與**原子化論**相提並論，也會導致我們相信社會本身其實不存在：社會只是一群自我具足的個人的集合罷了。這種極端的個人主義立基於一種很特別的「人觀」之上：人是自我中心的，追求自我滿足並且也能自我依靠。馬克弗森（C. B. Macpherson, 1973）將早期的自由主義稱之為「占有式的個人主義」（possessive

> **原子化論（Atomism）**
> 認為社會主要是由追求自利及自我具足的個人所組成，如同原子般分散而各自獨立。

人性（Human nature）

人類內在及基本的特質，係天生而非由社會所形塑而成。

自利心（Egoism）

關心自身的福祉或利益，或是認為人追求自利乃是首要道德律之心態。

自由（Freedom, liberty）

個人可以任意思想或行動的權利，但也可以適用於團體或是國家。

individualism），因為它視每一個人為自己身體及能力的擁有者，在此方面上個人並不虧欠社會。對比之下，後世的自由主義者對**人性**較為樂觀，他們相信人的**自利心**，可以被社會責任感沖淡些，尤其是面對弱勢群體之時。但無論是主張人性本自私，故順其自然無妨，或是主張此私心應被社會責任調和，所有的自由主義者都一致希望建立起一個所有人可以充分發揮潛能、實現自我的社會。

自由

對個人的極端重視自然地會導致對個人自由的重視。個人的**自由**，對自由派而言是最高的政治價值，而且在許多方面是自由主義意識形態中最核心的概念。對早期的自由派而言，自由是天賦人權，也是人類生存的最起碼條件。它同時也給個人得以經由選擇來獲得追求自身利益的機會：例如，居住何地、為誰工作與購買什麼東西等。稍後的自由主義者擴大地把自由看成是個人發展智能及實現潛能的唯一可能條件。

但是，自由派們並非認為個人都應該享有絕對自由。如果自由無限制，則會變成「放縱」──對他人的不尊重。彌爾在他的《論自由》（*On Liberty*, [1859] 1972）中強調「以權力限制一個群體中某位個人行為的唯一正當理由，是當他可能侵犯其他人之自由時」。彌爾的立場我們稱之為「自由放任主義的」（libertarian）（見本書第85頁），因為他只接受對個人行為最小程度的限制，而且還是當它會影響他人時。他清楚地區分每個人的行為是「涉己」或是「涉他」。前者乃是無關別人，故應有絕對自由；而後者乃是指可能影響或傷害他人之行為。彌爾不接受因為某人可能傷害他自己的精神或肉體，就限制他的自由這種觀念。因此，這樣的立場不會接受政府強制人民乘車繫安全帶、騎機車戴安全帽之類的作法，認為

這跟採行文化新聞檢查制度來限制人民閱聽內容同樣是不對的。極端的自由放任主義者還可能基於同樣原因，捍衛人民吸食毒品的自由。雖然個人是他自己身心的最高主宰，但每個人須尊重其他人也有同樣的自由。羅爾斯（John Rawls）（見本書第55頁）在他的書中也表明此一原則，就是每個人都應同意，人們彼此享有同樣多的自由。

各家看自由

自由主義者：他們會視自由為個人最高的價值所在。古典的自由派支持消極自由，也就是無外在限制的自由或是選擇的自由，現代自由派們贊成積極自由，也就是強調個人發展與成長的思想。

保守主義者：傳統上都支持一種對自由的較薄弱定義，也就是視自由為承擔責任與義務，而非為所欲為，因為這樣會危害社會之穩定。新右派則支持在經濟面的消極自由，也支持在市場經濟中的自由選擇。

社會主義者：基本上用積極的觀點來看待自由。例如認為它是透過自主、創造性的勞動或是社會合作，所激發出之個人自我實現。社會民主黨人大都引用當代自由主義的觀點，視自由為個人潛能的實現。

無政府主義者：當然是視自由為絕對價值，相信任何政治形式的政治權威都會限制人的自由。自由意味人在理性下自我意願及自主性的取得，而非僅是不受人干涉而已。

法西斯主義者：拒斥任何形式的自由。真正的自由乃是絕對服從領導者，以及把個人置於國家民族之下。

生態主義者：特別是那些色彩較鮮明而積極的，都視自由為個人與宇宙或外在生態環境的合一。與政治自由相對比，這樣的自由有時被稱為「內在」自由，也就是「自我的真實存有化」（self-actualization）。

宗教基本教義主義者：視自由為內在精神上的特質。自由表示與上帝意志合一、精神上的圓滿與對宗教領袖的順服。

重要人物

彌爾（John Stuart Mill, 1806-1873）

　　英國的哲學家、經濟學家及政治家。彌爾多樣且複雜的著作對自由主義的發展極爲關鍵，因爲它們成爲古典自由主義與現代自由主義的分水嶺。他對群體性的傾向及傳統之反對，固然源自於19世紀的觀念，但是他對個人生活素質與個體性的強調，以及對婦女選舉權或是工人合作社的同情，卻開啓了20世紀之後的新發展。彌爾的主要著作包括《論自由》（*On Liberty*, 1859）、《效用主義》（*Utilitarianism*, 1861）及《論代議政府》（*Considerations on Representative Government*, 1861）等。

　　雖然自由主義者們同意自由很重要，但是往往對自由的定義有歧見。英國思想史學者柏林（Isaiah Berlin）（見本書第332頁）在他的《自由的兩種概念》（*Two Concepts of Liberty*, [1958] 1969）中，區分了**積極自由**與**消極自由**。早期的自由主義者都贊同消極自由，因爲他們深覺自由即是每個人免於受外力干擾，自由從事任何事情的狀況。這種對自由的觀念被稱爲「消極」，乃是因爲沒有外力的拘限。而當代的自由主義者卻比較認同積極自由，也就是柏林所認爲的做自己的主人、每個人都達到自主性下的自由。能做自己的主人，意味人需要發展智能、擴大視野及成就自己，也就是強調人有發展及最終自我實現的能力。

> **積極自由**
> （Positive freedom）
> 個人具備自主性及能夠自我實現之自由狀況。

> **消極自由**
> （Negative freedom）
> 個人免於受外力干預或限制之自由狀況。

像以上這些對立的自由概念，不但在自由主義學術圈引起論辯，也讓自由派之間，對於個人與國家之關係到底應如何，看法不同。

理性

　　自由派們對自由的看法，當然與他們對理性的信仰密切相關，因爲自由主義從以往到現在都是啓蒙運動的一部分。啓蒙運動的核心思想即是意

圖使人從迷信及無知中走出來，進入一個理性
的紀元。主要的啓蒙思想家，乃是如盧梭（見
本書第181頁）、康德、亞當斯密（見本書第
48頁）及邊沁（見本書第46頁）等人。啓蒙理
性對自由主義的影響是多方面的。首先，它增
強了後者對個人及自由的信念。只要人是理性

> **父權思想（Paternalism）**
>
> 對從屬者進行指導或管
> 束、照顧的權力關係，像
> 父親對兒女般的是由上而
> 下的。

的、會思考的，人就能知道及追求自身利益。自由主義者並非認爲人在此
事上不會出錯，但是對理性的信仰使得他們對**父權思想**反感。父權思想不
但阻礙人獨立從事道德抉擇且藉此學得如何改正錯誤，反而誘使在上位者
或主事者濫用其權力，以遂行其利益。

　　理性主義的另一個影響是自由派們傾向於擁有進步史觀。進步的字面
意義即是前進、向前移動之意。在自由派眼中，特別是經由科學革命而來
的知識的擴展，不但使人可以了解與解釋世界，還使人有能力改善它。簡
言之，理性的力量使人類得以主導自己的生活與掌握自己的命運。理性使
人掙脫過去的束縛，也自傳統或習慣中解放出來。每一個世代都因知識的
累積而超越上一個世代。這當然也就說明了爲何自由主義總是重視教育。
人可藉助於教育來改善自身修養或是使自己進步，因而遠離偏見與迷信。
特別是在當代自由派眼中，教育本身就是一種善。它是促使自我發展與進
一步達成社會與歷史發展的關鍵性手段。

　　理性使人類認識到討論、論辯及論述的重要。自由派們通常對人性持
樂觀看法，認爲人是理性的動物，但他們卻不會陷入人可被完善化的那種
烏托邦主義中，因爲他們認識到人總會有自私的一面。當然，人際之間的
競爭及衝突也就無可避免。例如人們互搶資源、公司間競逐利潤，而國家
間爲了安全及戰略利益而爭鬥等。自由派們很自然地以爲這些衝突可透過
辯論協商解決。這時理性的最大好處是敵對雙方所持的立場可被評量──
這些理由站得住腳嗎？合理嗎？此外，理性還讓我們知道不用和平手段解
決的代價是什麼？就是暴力、流血及死亡。因此自由派們通常會咒罵使
用武力及侵犯的方式對待他人，例如，當戰爭成爲最後的手段或選項時他
們才能容許。自由派們的觀點是，武力的使用只有在自衛或是反壓迫時才
可被採用，而且還是在理性及論辯都無效時才行。

主要概念

理性主義（Rationalism）

　　理性主義相信世界是一個理性的結構，此結構可被人類理性及智性探求能力所發現。作爲一種哲學理論，理性主義相信知識來自理性而非經驗，故與經驗主義相對。作爲一種知識原則，理性主義強調人類了解、解釋世界與解答問題的可能。理性主義固然不決定人類行爲之目的，但是卻當然地框限如何達成這些目的的手段。它依賴若干原理及對人類行爲是理性的此一假設而運作，有別於依賴傳統、風格或是非理性的衝動等行爲模式。

正義

　　正義是一種道德判斷，在當代而言，尤其是關於分配問題公正與否的判斷。簡言之，正義就是給每個人其所應得。社會正義這個詞狹義來說，就是對社會中物質報酬或利益的分配。例如，薪資、利潤、住宅、醫療及社會福利等。自由主義對正義的看法立基於**平等**的信念。首先，個人主義的理念意味著追求立足點平等。人人生而平等，因而有同樣人格尊嚴，這是自然權利或**人權**觀念中所本有。因爲人權觀念凌駕國家主權觀念，因此自由派的人相信普世正性正義與去殖民地化這些觀念。

　　其次，立足點平等表示，在制度上每個人在社會中所享之各種權利及地位都應該是平等一致的。因此，自由派們堅決反對社會中有基於性別、種族、膚色、信仰或社會背景等「非理性」因素而來的特權。不應根據某些特殊標準來決定待遇，例如男人、白種人、基督徒或是有錢人。這就是爲何我們可說自由主義是「無視差異的」（difference blind）。最重要的制度上的平等是法律及政治上的平等，前者

正義（Justice）

有關公平及公正的一種道德衡準。社會正義常指社會中財富與資源的公正分配。

平等（Equality）

概念上指所有人類應享相同待遇的道德觀，但可以有很多不同實際指涉。

人權（Human rights）

身而爲人就應有的權利；人權是普遍、基本與絕對的。

強調「在法律前人人平等」，而且任何非法律因素都應被排除在司法過程之外；後者是體現於「一人一票，票票等值」（one person, one vote; one vote, one value）這個理念上，這也構成了自由主義對民主的基本看法。這種想法因而有助於催生女性主義。沃爾史東克芙特（Mary Wollstonecraft）與傅立丹（Betty Friedan）就是自由主義式女性主義倡議者。

重要人物

沃爾史東克芙特（Mary Wollstonecraft, 1759-1797）

　　英國社會理論家，她是女性主義思想家的鼻祖，當初乃是受到法國大革命的啟發而進入激進政治的行列。1972年發表了《為女權辯護》（*A Vindication of the Rights of Women*），基於「生而為人」的觀念，強調男女應平權，特別在受教育方面。她的論述立基於啟蒙運動中的自由思想對於理性的強調，但同時也發展出複雜的理論，將女性視為慾望的主體與對象。她把家庭內的關係看成是社會關係的典範。

　　第三，自由派們贊同機會均等這樣一個信念。每一個人在社會中都應有同樣的起落的機會。也就是說，「生命的球賽」，應該在同水平的球場上舉行。但這並不是說結果或報酬一定要相同，或是生活條件以及社會環境一定要相同。自由派們相信人為的社會平等難以做到，因為人天生就不同。聰明才智不同、技能不同、勤惰程度也不同。他們相信對於有能力及有意願奮鬥的人應有鼓勵——事實上，自由主義者認為若不如此則人不會有動機去善用其天賦或發掘自身潛能。平等應是指每一個人各自發展其天賦能力的機會平等。

　　於是大家開始相信**功績制度**，它的意思是一個社會中，財富及地位的不平等，實在是反映了人們天賦及技能的差異，或至少是立基於非人所能操控的因素。例如，運氣、機會等

功績制度（Meritocracy）

原意為由有能力者統治。現指社會地位由能力與努力來決定之謂。

〔雖如此，有些自由主義者還是認爲包括人的天賦資質不一等都屬於運氣，而凡與運氣有關的項目都不應由分配正義來處理。這種立場稱爲「運氣的平等主義原則」（Dworkin, 2000）〕。這樣的社會是公平的，因爲它不以性別、膚色或是宗教，而是以人的才智及努力意願來判定人。後者就是馬丁路德金恩（Martin Luther King）所說的「人的內在面」（the content of their character）。從另一方面說，人爲的社會平等顯然不對，因爲它強制把不同的人視爲一同。雖如此，自由派們還是對於如何把以上有關正義的理念付諸實施有不同見解。古典的自由主義者基於經濟及道德理由嚴守「功績制度」。他們在經濟上強調誘因，在道德上認爲不同的人不應予齊一對待。反之，現代自由主義者基於各種理由不贊成功績制度。

首先，功績制度爲那些難以辯護的經濟不平等背書。例如羅爾斯（John Rawls）在他1970年的著作《正義論》（*A Theory of Justice*）中強調，經濟上的不平等只有在最弱勢者可得到照顧時才有正當性（本書稍後討論社會自由主義時會觸及此點）。第二，功績制度只聚焦於自由市場，經濟效率與GDP等概念，卻忽視人們對於公益所可能做的貢獻。功績制度內隱含的假設是：貧窮者懶惰，可能也能力不足。這些都會讓那些弱勢者自尊受創，因而對富裕者及菁英產生仇恨。這也就是沈岱爾（Michael Sandel, 2020）所稱的「功績的暴政」（tyranny of merit）。

重要人物

傅立丹（Betty Friedan, 1921-2006）

　　美國政治運動者，被視爲婦女解放運動之母。在《女性迷思》（*The Feminine Mystique*, 1963）一書中（本書被視爲啓發了第二波女性主義），她攻擊了維護傳統家庭結構的文化迷思，指出美國郊區中產階級家庭主婦的挫折與絕望。在《第二個階段》（*The Second Stage*, 1983）她卻警告道，女性追求平權時不應忽略家庭的責任。

寬容

　　自由主義的社會倫理觀通常是擁抱道德、文化及政治上的多元。事實上，**多元主義**可說是根植於個人主義，以及個人是獨特的個體這種假設上。然而，自由主義中所具有的多元傾向更可能是由於寬容的緣故。法儒伏爾泰（Voltaire, 1694-1778）一般被認爲以提倡寬容著稱，他曾有此名言：「我不同意你所說，但誓死捍衛你如此說的權利。」**寬容**是倫理上的理想，也是一種社會原則。一方面，它代表了個人**自主性**這個目標；另一方面，它也成爲人際互動的準則。其實自由主義中最早對寬容的重視乃是從米爾頓（John Milton, 1608-1674）

> **多元主義（Pluralism）**
> 指對歧異及不同的重視，在政治上意味權力應該分散。

> **寬容（Toleration）**
> 願意接受不同意見的忍受及修養。

> **自主性（Autonomy）**
> 從英文字根看，就是自己管理，即是不受外力影響而掌握自己命運的能力。

及洛克倡議的宗教自由開始。洛克認爲政府之職責在於保護人民的生命、自由及財產，它對人民有關「靈魂的照拂」（the care of men's souls）一事不應置喙。也因此，延伸此觀念到所有關於「個人」（private）的事物，正如同宗教事務一般都屬於道德議題範疇，應適用寬容這一原則而由個人決定。

重要人物

洛克（John Locke, 1632-1704）

　　英國哲學家及政治家。他一貫反對專制王權，也常被視爲在英國建立起君主立憲的1688年「光榮革命」背後的理論家。因此，一般將洛克當作早期自由主義的代表。他主張人生而自由平等，並由社會契約論的觀點，提出了憲政主義、有限政府及革命權的學說；但是由於對財產權的強調，洛克並未支持政治平權或是近代意義的民主。他最重要的政治作品是《政府論兩篇》（*Two Treatises on Government*, 1690）。

在《論自由》（*On Liberty,* [1859] 1972）一書中，彌爾發表了對人應持寬容態度的更全面性的理據。他認為，寬容無論對個人或是社會都是重要的。從個人而言，寬容主要是作為個人自主性之保證，也因此有助於人的道德自我發展。但同時，寬容也有助於社會整體的活力及健康；由於好理念會自然替代壞理念，而無知將逐漸被揚棄，故唯有在理念的自由市場上，真理才會浮現。競逐與論辯是多元及分殊化的產品，但也是社會進步的動力。對彌爾來說，有時在民主之中服從多數的「盲從」（dull conformism），反而對文明進步是個威脅。他寫道：

> 如果全人類中只有一人與其他人意見不同，其他人要他閉嘴其實
> 跟他要求所有其他人閉嘴一樣不對。（Mill, [1859] 1972）

政治意識形態在現實中的展現

多元社會中的言論自由

事件：2020年6月，哈利波特的作者羅琳寫了一篇網路貼文，主張性別是先天的，由生理來決定。這是因為先前她曾經針對一篇網路文章的內容發過推特評論所引起的。那篇文章提到「女性」時不用相關字眼（如女人、女孩等），而是稱之為「會來月經的人」（譯註：此事件背景為新冠疫情期間，該文作者為來月經女性發聲，認為他們在疫情下月經期間的個人護理需要可能會受政府公衛政策、出入場所管制、醫療及個人衛生用品缺乏等的影響。但作者不用「女性」一詞，因為跨性別者不會有月經）。於是羅琳被跨性別團體猛烈攻擊，認為她「只有生理才決定人的性別」之立場是恐懼跨性別者的表徵，於是他們發起了杯葛羅琳作品的運動，希望造成她的經濟損失。到了2020年7月時，152位學界人士要求支持反羅琳的美國《哈潑》（*Harper's*）雜誌公開辯論，因為他們認為羅琳有言論自由，而此自由乃是護持自由社會的血脈。

影響：自由主義意識形態的核心理念之一就是言論自由。但這不表示自由主義者相信言論可以無上限，他們應該是認為如果言論會造成實質或身體的傷害（例如國家安全或仇恨犯罪）才能夠禁止。這種對言論的自由主義式寬容，其基礎在於懷疑論，也就是說某些問題很難真正獲致答案，

所以所有的宣稱都需要經過檢視。因此，因獲得解答而促進社會進步的唯一方法乃是讓不同的理念公開競爭，而如這過程愈是嚴謹其實就會檢視愈多的言論想法。所以即使「壞的」與「邪惡的」理念都有其作用，不能被法律或是社會壓力所禁止。

然而，多元社會內有愈來愈多的歧異出現，從族裔、文化到性／別問題，在在都帶來縮減言論自由空間的壓力。此趨勢與其說我們從自由主義立場撤退，不如說是自由主義文化內部派別的更加區隔化現象。呼籲對言論自由更加謹慎一方的核心論點是：如果多元社會內要避免衝突，各方都要避免批評他方的基本信念。對於那些邊緣化與弱勢群體來說，這會慢慢地導致大家保留「安全空間」——也就是某些議題不能碰觸。根據這樣的想法，所謂言論自由應該是每個人都能平等地享受到此種自由的優點。

自由主義的類型

自由主義存在各種不同樣式，包括：

◆ 古典自由主義（classical liberalism）
◆ 當代自由主義（modern liberalism）
◆ 自由主義式民主（liberal democracy）

古典自由主義

古典自由主義是自由主義傳統最早出現的類型。它在歐洲社會從封建轉變成資本主義時產生，而在工業化早期的19世紀時達於頂峰。因此，古典自由主義者有時被稱為19世紀自由主義者。古典自由主義的搖籃是英國，因為在那裡資本主義及工業革命最為發達。它的諸多理念也是在英國及美國根植最深。但是，古典自由主義並不是一種19世紀的自由主義，而目前只有歷史價值，它的原則及理論在20世紀後半葉竟逐漸復甦了。新古典自由主義或是新自由主義，最初雖然是在英國及美國最有影響，但是隨著全球化的浪潮，現在已經散布開來。

古典自由主義汲取不同的理念而成，其中最重要的如下：

- ◆ 自然權利（natural rights）
- ◆ 效用主義（utilitarianism）
- ◆ 經濟自由主義（economic liberalism）
- ◆ 社會達爾文主義（social Darwinism）

自然權利

17及18世紀的**自然權利**理論家，如英國的洛克及美國的傑弗遜等人，都對自由主義意識形態之發展影響深遠。當代政治辯論中充滿著對「權利」一詞的使用。所謂權利，其最簡單的定義即是個人行動或是被他人看待的方式。如此的定義有道德及法律兩種層面。對洛克及傑弗遜而言，權利是天生而來的或是上帝所賜與的，故是「自然」的。現在自然權利通常被稱爲人權。用傑弗遜的話說，它是「不可割離」（inalienable）的，因爲人只要是生而爲人就擁有它：它不能被剝奪。也因此自然權利被視爲是每個人存在的基本條件。對洛克言，有三種基本權利：生命、自由及財產。傑弗遜不認爲財產是上天賦與的自然權利，而是人類爲了便利生活發展而造成的。在他起草的《美國獨立宣言》中，他列出的不可割離的權利爲生命、自由及追求幸福。

自然權利或人權的觀念在若干方面影響了自由主義的思想。例如，對此種權利的重視程度區分出了威權主義理論家霍布斯及早期自由派思想家洛克。如前所述，霍布斯及洛克都相信政府乃由「**社會契約**」而成立。但是霍布斯（Hobbs, [1651] 1968）卻認爲只有建立起強而有力的統治權威，最好是專制君王，才能建立社會秩序及安全。他因此主張，君王應要有絕對權力，以免陷入「**自然狀態**」的危險。國民應接受任何形式的政府，即使是壓迫型的政府

自然權利
（Natural rights）

由上天所賜與的權利，因此對人而言是神聖而不可剝奪的。

社會契約
（Social contract）

一群人爲了逃避自然狀態所簽訂的（假設性）契約。

自然狀態
（State of nature）

在有政治社會之前，人類群居的狀態。其中無權力結構，且人的自由無限制。

也比沒有政府好。反之，洛克反對專權或是極權政府。對他而言，政府乃是為了保護自然權利而設立。當政府克盡職責時，人民固當服從之；但如果政府侵犯人民之權利時，人民大可以反抗。因此洛克贊成17世紀的英國革命，也樂見1688年的君主立憲制度的確立。

洛克以為，國家跟人民之間的契約是特定而有限的，其目的在於保護一系列的自然權利。所以，洛克主張有限政府。政府的正當角色乃是，為了保護人民的生命、自由及財產。所以政府的作為不能超過以下這些最小功能：

◆ 維護公共秩序、保護人民財產
◆ 抵禦外侮
◆ 確保人民間之契約被履行

至於其他，則應是民間或是個人的事。一個世紀後傑弗遜也有類似的看法，他說：「最好的政府，就是管最少的政府。」

效用主義

自然權利理論並不是自由主義唯一的理論基礎。19世紀初，英國的效用主義理論家邊沁及詹姆士彌爾提出了另外一種很有影響力的人性論。邊沁視「權利」為無稽而且將自然權利理論稱為「高蹺上的空談」（non-sense on stilts）。他用另外一種他自認為較科學、客觀的理論來代替，也就是認為人都是追求自利的，而這些利益的本質乃是愉悅、快樂以及遠離痛苦，並可用**效用**一詞來涵蓋。效用原則，基本上算是一種很特殊的人類道德原則，它認為任何行動、政策或是制度是否是「對」的，都可以用它們是否能增益吾人之快樂來看。每一個人都可以憑藉快樂數量的多寡，來判斷某一行為是否是有裨益的；同理，對一個社會而言，「最大多數人的最大幸福」就是衡量某一政策或是制度的標準。

> **效用（Utility）**
> 即是使用價值；在經濟學上指消費貨物或勞務所得到的滿足。

重要人物

邊沁（Jeremy Bentham, 1748-1832）

英國的哲學家、司法改革者及效用主義創立者。他認為人類是理性自利的，而且時刻都追求最大效用，並以此發展出一套道德與哲學體系。他使用「最大多數人的最大幸福」這個效用觀念來支持「自由放任」經濟、憲法改革及政治民主化等措施。他的主要著作為《散論政府》（*A Fragment on Government*, 1776）與《道德及立法原則概論》（*An Introduction to the Principles of Morals and Legislation*, 1789）。

效用主義對古典自由主義有很大的影響，特別是，它提供了解釋人類為何及如何行動的道德哲學基礎。效用主義的人性論，立基於人是理性自利的動物，這種立場被後來自由主義的思想家採用。它並且假設每個人皆能夠察覺其自身最佳利益為何。所以，如果國家以父權的姿態要來界定什麼是個人的最大利益，這樣是行不通的。邊沁認為，個人總是會選擇對其有利的方式行動，沒有其他人了解某個人的快樂何在或是有多大。因此，如果只有本人才知道其快樂的來源，則他自己才能判斷他的行為之「對錯」。另一方面，效用主義的理念有時卻會有反自由主義的意涵。邊沁認為效用原則不但可以適用於個人，也可用於社會。制度或是法律都可以用

主要概念

效用主義（Utilitarianism）

效用主義是邊沁及詹姆士彌爾發展出的一種道德哲學。它視快樂為「褍益」或「善」，而痛苦或不快樂為「惡」。每一個人都朝向極大化自身的快樂與極小化痛苦而行，這些都是以物質所帶來的效用作為衡量的單位。「最大的快樂」原則可用來衡量法律、制度甚至政治體系。「行為效用主義」（*Act* utilitarianism）單純地視快樂或痛苦之數量，來決定行為的對錯；而「規則效用主義」（*Rule* utilitarianism）則是加上了一些共同承認的行為規則之考量。

是否能創造「最大幸福」來衡量其好壞。但是，這種立場必然會朝向以「多數決」思維來看什麼該不該做，因此自然就讓多數人的偏好或利益，凌駕少數人或個人權益之上。

經濟自由主義

18世紀末及19世紀初見證了以亞當斯密（Adam Smith）及李嘉圖（David Ricardo, 1770-1823）等政治經濟學家爲代表的古典經濟理論之發展。亞當斯密的《國富論》（*The Wealth of Nations*, [1776] 1976）算是第一本經濟學的教科書。他的觀念來自於自由主義及理性主義對人性的假設，而且對關於政府在人民經濟生活中，應扮演什麼角色的辯論影響很大。

亞當斯密寫作時，正逢近代史上政府管制經濟的高峰期。16及17世紀盛行的**重商主義**，鼓勵每一國的政府進行經濟控制、鼓勵出口限制進口。亞當斯密極力攻擊重商主義，認爲政府不要管制經濟，反而會有更好效果。

> **重商主義**
> （Mercantilism）
> 強調國家應控管國際貿易，並負擔追求經濟繁榮責任的一種經濟思潮。

他認爲整個經濟體系是一個**市場**，或是一連串相關的市場。而市場是依其中自由判斷的個人之行動而運作的。自由市場意味自由的選擇：企業選擇生產什麼、工人選擇何處就業、消費者選擇購買什麼商品或是勞務。市場中的關係──僱傭或是買賣──都是自願且約

> **市場（Market）**
> 讓買賣雙方進行商業交換的體系，其運行並不由任何人掌控，而由「市場力量」所決定。

定的，他們發生在追求自利且視消費或累積財富爲快樂的個人之間。此處經濟理論立基於效用主義，這就是一種「經濟人」（economic man）的概念，視人爲自私且追逐物質利益的。

古典經濟學吸引人之處在於，雖然每個人都在物質生活上自私自利，但是整個經濟卻是照著一個客觀的市場規律而行，而且最後竟然會促進經濟繁榮及帶來福祉。例如，沒有生產者能個別地決定價格，因爲是由市場決定，由買賣供需之間的狀況來決定。市場有一個自律的機制，它不需外來指引。市場應免於受政府操控，因爲有一隻亞當斯密所謂的「看不見的

重要人物

亞當斯密（Adam Smith, 1723-1790）

　　蘇格蘭經濟及哲學家，被認爲是「陰鬱的學科」（經濟學）的創始人。在《道德情感論》（*The Theory of Moral Sentiments*, 1759）中，他發展了一種人類行爲的理論，希望能解決人類自利與社會自然達到秩序之間的關聯性。他最著名的作品《國富論》（*The Wealth of Nations*, 1776），是第一個以市場來解釋經濟的體系性嘗試。雖然他常被視爲自由市場理論家，亞當斯密還是了解「自由放任」政策的侷限。

手」（the invisible hand）會自行調整。所以，這種市場的自我管理機制，正好符合了自由主義者們相信社會中競逐的個人，最後會趨於自然和諧的這樣一種信念。亞當斯密對這種觀念用經濟比喻加以解說：

> 我們的晚餐並非來自屠夫、釀酒人或是烘焙師傅的慈悲，而是因爲他們想要追求自己的利益。（Smith, [1776] 1976）

　　這種想法後來被李嘉圖（David Ricardo）與所謂的「曼徹斯特自由主義學派」的柯布登（Richard Cobden, 1804-1865）與布萊特（John Bright, 1811-1889）所繼續發揮。現在我們稱之爲「**商業自由主義**」，其主要的信念乃是**自由貿易**。自由貿易可帶來經濟利益，因爲各國根據「比較利益」（comparative advantage）原則來分工，決定他們適合專門生產的產品或勞務。然而要注意的是，自由貿易使得國家間在經濟上緊密地相互依賴，所以一旦彼此發生戰爭，則後果難以承受（譯註：2022年爆發的俄烏戰爭讓全球能源短缺、物價上漲就是最好例子）。柯布登與布

商業自由主義
（Commercial liberalism）

是自由主義的一種形態，強調自由貿易有裨於經濟福祉與各國繁榮，且能帶來國際間的和平。

自由貿易（Free trade）

指國家間的貿易不受關稅或是保護主義的限制之謂。

萊特認為自由貿易可以把不同的種族、文化與語言融合一爐而打造出「永久和平的紐帶」。

　　自由市場的觀念在19世紀時，成為英國及美國的經濟主流思潮。這股自由市場的信念，其頂峰乃是一個所謂**自由放任**的原則，其義即是「放手讓他去吧」。它主張國家不應扮演任何經濟上的角色，而應讓經濟自由運作、讓企業家自行操作。這種原則反對政府任何形式地對工廠立法管制。例如，不得僱用童工、不得超過工時，以及對勞工工作環境的要求。此種經濟上完全訴諸個人主義式選擇的措施，來自於相信無止盡追求利益的心態，最後會導致整體的福祉。在英國自由放任原則在整個19世紀都盛行，而在美國直到1930年代前也都未被挑戰。

　　到了20世紀末葉，由於新自由主義的興起，對自由市場的信心再次恢復。新自由主義是反對經濟革命的：它的目標是攔阻、甚至逆轉從二戰後以來支配多數西方國家的「大政府」趨勢。這種趨勢一開始時對於19世紀自由市場理論發源地的英國及美國影響最大，但從1980年代以後，兩國中新自由主義的勢力最為龐大。新自由主義對政府伸出「黑手」干涉經濟的攻擊，其核心是一種「**市場至上主義**」（market fundamentalism）的心態。從這點看來，新自由主義可說是超越了古典經濟理論對市場的立場。而美國的「雷根式經濟」與英國的「柴契爾式經濟」企圖讓新自由主義成為「新右派」立場的一部分，也就是把自由放任經濟與保守社會哲學結合起來，這樣一來整個事情變得更複雜了。到了第3章我們會討論此點。

自由市場
（Free market）

意指讓市場自由競爭，政府不加干涉的政策或原則。

自由放任
（*Laissez-faire*）

字面上的意思就是「放任不管」，意指經濟行為應該不受政府干涉的一種理論。

市場至上主義（Market fundamentalism）

對市場機制的絕對信心，認為依靠市場可以解決所有的經濟問題。

社會達爾文主義

　　古典自由主義的特色之一，乃是它看待貧窮及社會平等的態度。個人主義式的政治信念，通常會用個人才智及努力的角度來審視社會現況。每一個人都為自己的欲求而努力，有能力及努力的人會成功，能力差或是懶惰者則否。這種看法在司邁爾（Samuel Smile）的書《自助》（*Self-Help*, [1859] 1986）中曾清楚表達，而其首頁即是屢試不爽之俗諺「天助自助者」，在19世紀時，「自由放任」原則的支持者也不斷引用此意味著成敗個人自負責任的觀點。例如，英國經濟學家及政治家柯布登雖主張改善勞工的工作環境，但是這首先必須要「來自他們自己的爭取及自助，而非法律的幫忙」。他要他們「不要寄望於國會，而是自己」。

　　有關個人自助的觀念到了史賓賽（Herbert Spencer, 1820-1904）的《個人與國家》（*The Man versus the State*, [1884] 1940）時達到頂點。這個英國哲學家及社會思想家發展了可以強力辯護「自由放任」原則的說法，他使用了英國科學家達爾文（Charles Darwin, 1809-1882）的《物種起源》（*The Origin of Species*, [1859] 1972）中之概念。達爾文提出演化論的觀點，用以解釋地球上物種的複雜性。他認為所有物種都經過一連串隨機的形體或是意識上的改變，某些改變使得此物種繁盛，某些則否，可能會導致此物種滅絕。於是，「自然選擇」的理論說明了為何某些東西本質上適合生存而得繁盛，某些則因不適應而衰絕。

　　19世紀末，這些觀念已經從生物學蔓延到社會及政治理論中。史賓賽用這種自然選擇理論發展出「適者生存」的社會學說。在人類社會中最適合生存者，居於上位；而不適者則居於底部。財富、社會地位及政治權力的不均，都是自然而無可避免的，所以政府不應干涉。史賓賽的美國學生孫木楠（William Sumner, 1840-1910）在1884年時更大膽地申論此原則，因而主張「臥倒水溝中的醉漢，一點也不足憐，他本來就應該在那兒」。

當代自由主義

　　當代自由主義有時被稱為「20世紀自由主義」。正如同古典自由主義

起源於19世紀之工業資本主義，當代自由主義的理念是這種工業化過程更加深化後的結果。工業化固然致使某些人大量累積財富，但同時也造成貧民區、貧窮、文盲無知與疾病等的蔓延。而當數量逐漸擴大的工人階級，在惡劣工作環境下過著低工資、失業及困苦的生活時，社會不平等這個議題就難以迴避了。這些現象自19世紀末起，衝擊了英國的自由主義，但是在其他地區則晚得多，例如美國直到1930年代的經濟大恐慌時，這些因素才被注意到。在這些歷史變化下，自由派們發現，他們難以再倡議工業資本主義一定會給每個人帶來繁榮及自由這種論調。於是，許多人開始修正早期自由主義所認為追求自利反而可以帶來繁榮與公平這種想法。而當這種經濟個人主義逐漸遭受攻擊後，自由派們也重新思索他們對國家的看法。古典自由主義中的最小國家理論，並無法匡正社會上出現的不公義及不平等。所以，當代自由派們就打算以功能性國家的概念取代之。

　　當代自由主義的特色有這幾項：

- ◆ 個體性（individuality）
- ◆ 積極自由（positive freedom）
- ◆ 社會自由主義（social liberalism）
- ◆ 經濟管理（economic management）

個體性

　　彌爾的思想通常被稱為是「自由主義的核心」。這是因為他的想法成為古典跟當代自由主義理念間的橋樑：銜接了19世紀初跟20世紀之間的自由主義理念。彌爾的興趣廣泛，從政治經濟學到婦女爭取投票權都介入，但是他在《論自由》（*On Liberty*, [1859] 1972）中所提出的主張，對當代自由主義貢獻最大，這本書對個人自由的提倡最為激進。他認為「個人對其自己、對他的身與心而言，都是絕對的主人」。這種對自由的看法，屬於消極自由的觀念，也就是把自由看成是免除對個人自我行為的外在限制。但彌爾認為，這僅是自由的必要條件，而非充分條件。他認為自由是一種正面的與建設性的力量，它可使個人掌握自己的生活，獲得自主性與自我實現。

彌爾深受歐洲浪漫主義的影響，因此認為人僅是追求最大利益的動物，這種看法是淺薄而無說服性的。他對人的**個體性**非常看重。自由的

> **個體性（Individuality）**
>
> 透過個人特質或能力，以達到個人自我成就。

重要在於它能使人發展智能，而且使他們的感知更為精緻。彌爾不同意邊沁的效用主義。因為邊沁認為，人的行動只能以痛苦及快樂衡量之。對彌爾而言，快樂也有層級之別。他認為有助於吾人智能、道德及美感的快樂應該多提倡。他宣稱寧可做個不快樂的蘇格拉底，也不要做笨人；因此鼓勵大家追求個人成長，棄絕一味追求享樂。也因此，他乃成為成長式的個人主義之鼻祖。這種個人主義強調，自由之目的在於追求個人能力的發揮，而非僅僅是慾望或利益的滿足。

積極自由

19世紀末葉，英國哲學家格林（T. H. Green, 1836-1882）發表了與早期自由主義截然不同的看法，而他對霍布豪斯（L. T. Hobhouse, 1864-1929）及霍布松（J. A. Hobson, 1854-1940）這些所謂的「新自由派」（new liberals）很有影響。他認為古典自由主義主張無止盡地追求利潤，這造成了新形態的貧窮及不公義。少數人的經濟自由卻影響了多數人追求幸福的可能。他繼承詹姆士彌爾的看法，拒絕早期自由派的人是追求效用最大化的生物之主張，而較為積極地看待人

> **利他（Altruism）**
>
> 基於理性自利或是人類一體的看法，因而關懷他人的利益或福祉之行為。

性。格林認為，人會互相同情，人有可能是**利他**的動物。個人除了自身責任外，還有社會責任，因此人與人間存在著關懷及同理心。這種人性觀很明顯受到宣揚人的社會性及合作本能的社會主義之影響。所以格林的思想被稱為「社會主義式的自由主義」（social liberalism）。

格林同時也挑戰古典自由主義對自由的看法。消極自由僅是移除對個人自由的外在限制，使個人有選擇的權利。就企業而言，消極自由觀使他們得以僱用最低工資之勞動者。例如，僱童工而非成人，或是僱婦女而非男子。但經濟自由會導致剝削或是「工人飢餓的自由」。也因此，市場上

充分選擇的自由，竟導致對個人自由的不完整保障。

　　格林提出積極自由概念來代替消極自由。此時，自由變成獲致個人發展及個體性的能力，它包括了個人實現潛能、獲取知識及技能，以及成就自身想望的能力。因此，消極自由只關切對個人自由的法律及身體上的限制，而積極自由認為社會不公義及不平等都會影響個人之自由的實現。這樣一來，對國家的看法也要改變。如果國家幫助掃除破壞個人幸福生活可能的社會不公義現象，則就是增進了人民的自由，而非減低。因此相對於他們老前輩主張的最小政府，當代自由主義的理論家們提倡肩負更積極社會及經濟責任的功能性政府。

　　這樣的看法，雖然對古典自由主義的理論有所修正，但是卻未必意味要放棄某些基本的自由派立場。當代自由主義更靠向社會主義，但是並不會到將社會置於個人之上的地步。例如，就格林來說，自由最終而言在於個人的道德自主性。國家不可能強迫人成為善的，國家至多能夠創造讓個人可以順遂進行道德抉擇的環境。當然，此時國家與個人間的比重有所改變，但是對個人利益及需要的關注還是沒變。當代自由派繼承他們前人對於個人自主的重視，唯一的差異只是現在較為注重外在較公平的、有利於此目的的社會環境的創造。因此，當代自由主義的中心關懷可謂是幫助個人達成自助之目的。

社會自由主義

　　20世紀中有許多西方及發展中國家都經歷了國家角色的逐漸吃重。這種國家干預介入的情形，主要是在社會福利事項上：國家企圖幫助其國民擺脫貧困、疾病及文盲無知。如果19世紀盛行最小政府，則20世紀的現代國家大都變成了**福利國家**。這是由一連串的歷史及意識形態因素引起的。例如，政府會想要增進國家生產力，提升國民健康，與打造一支更強健的軍隊，所以就普遍地照顧國民。當然，選舉的考量也是有的。因為工人、農民成為選民後，他們當然會要求社會改革。其實不

福利國家
（Welfare state）
照顧國民、給予社會福利的國家及政策，通常包含健康、社會保險及教育等。

只有某一種意識形態才會顧及到社會福利，社會主義者、自由主義者、保守主義者、女性主義者甚至有時法西斯主義者，都提到於此。在自由主義中，社會福利的概念是由當代自由派們提出的，此顯然與古典自由派們有別，因爲後者一直強調自助及個體責任。

當代自由派們是在機會平等的基礎上，來爲支持社會福利辯護。如果某些個人或是群體是弱勢的、處於不利的社會情境，則國家有責任除掉這些不利的因素，而使他們至少能有公平競爭的機會。公民可以擁有一些社會權或是福祉。例如，工作權、教育權，以及住宅的權利。社會福利屬於積極的權利，因爲他們只可能來自於政府的作爲。例如，老人年金、健保及國民教育的提供等。20世紀的自由黨或是自由派政府，紛紛向社會福利制度靠攏。例如，1942年的貝弗利吉報告（the Beveridge Report）打下了英國全面實施社會福利制度的基礎。這個報告誓言要消滅「五害」，也就是匱乏、疾病、文盲無知、髒污及懶惰。作爲一個國家福利政治的里程碑，它保證要「從搖籃到墳墓」照顧好國民。而美國在1930年代的羅斯福總統時期，自由派的福利政策開始誕生，直到1960年代時甘迺迪的「新疆界」（New Frontier）及詹森的「大社會」（Great Society）政策時，達於頂峰。

社會自由主義在20世紀後半葉時，隨著所謂的「社會民主式的自由主義理論」（social-democratic liberalism）之出現而有大進展，這種理論見諸於美國學者羅爾斯（John Rawls）的著作。「社會民主式的自由主義理論」以支持社會平等著稱，而這本是社會主義的招牌。在《正義論》（*A Theory of Justice*, 1970）中，羅爾斯發展出一個立基於「公平式正義」（equality as fairness）的說法，來爲政府介入所得重分配及社會福利做辯護。他認爲，在社會中當人們不知自己與他人的相對優劣位置時，都會把平等的資源分配看成是較公平的，因爲人們想要避免萬一陷入貧困惡劣處境的心態，更勝於希圖富裕優渥。所以，他提出「差等原則」（the difference principle），其意義爲社會財富分配的不平均的確可以誘使人努力工作累積財富，但應該以能提升最弱勢者之福祉爲原則。到了1993年，羅爾斯在《政治自由主義》（*Political Liberalism*）一書中對「公平式正義」稍

做修改，此時平等主義的氣味被沖淡一些。他承認正義原則除了需具備強烈的哲學證成外，也需要獲致公民們的同意，而這點在多元社會下似乎不易達到。

羅爾斯（John Rawls, 1921-2002）

　　美國政治哲學家。羅爾斯採用社會契約的理論來調和自由個人主義與社會正義／重分配理念之間的差距。在他的主要著作《正義論》（*A Theory of Justice*, 1970）中，他發展出一個「公平即正義」（Justice as Fairness）的概念，也就是如果在一個「無知之幕」（veil of ignorance）之後，大部分人都會接受大家都擁有同樣自由權的看法，也會接受我們應該照顧社會最劣勢者的社會正義原則。

經濟的管理

　　除了提供社會福利之外，20世紀的西方國家政府也開始思考，是否應該介入經濟之管理，以給國民創造福祉。當然，這又違反了古典自由主義自由市場的原則及自由放任的理念。放棄自由放任理念始自於自由派們發現工業資本主義的複雜性，導致了純憑市場運作無法確定可帶來想要的福祉與目標。1929年美國華爾街股市崩盤後所引發的1930年代經濟大恐慌，在西方世界及開發中國家中都造成高失業，這不正是自由市場失靈的明證？所以二戰之後，幾乎所有西方國家都採行經濟干預政策，以避免回復到戰前那樣可怕的高失業率。這些干預措施，也幾乎都是在英國經濟學家凱恩斯（John Maynard Keynes, 1883-1946）的著作《就業、利率及貨幣的一般理論》（*The General Theory of Employment, Interest and Money*, [1936] 1963）之導引下進行。凱恩斯企圖挑戰古典經濟學立場，因而否定了自由市場的自律功能。古典的經濟學家們一般都認為，任何經濟問題，包括失業問題在內，都可用「市場」來解決。但是凱恩斯卻相信，總體的經濟活

動，包括失業率，都與總需求有關。所以，政府可以透過對總需求的影響來管控經濟，政府支出即是在經濟體系中挹注了需求。而稅收，就是抑制需求及減緩經濟之行為。在高失業時，他建議政府應該做一些對經濟「打氣」的事。例如，增加公共支出或是減稅。政府如果進行干預，像是大量支出甚至到財政赤字的地步，自然可以創造就業。但明顯的，此時失業的降低，並不是靠資本主義所相信的看不見的手（意指市場機制），而是由於政府的干預政策，像是「赤字預算」，這就表示政府其實「過度開支」了。

自由主義內部的緊張關係

古典自由主義		當代自由主義
經濟自由主義	⟷	社會自由主義
自我性個人主義	⟷	發展性個人主義
極大化效用	⟷	個人成長
消極自由	⟷	積極自由
最小政府	⟷	功能性政府
自由市場經濟	⟷	管理經濟
基於權利的正義	⟷	公平即正義
嚴格的功績制度	⟷	弱勢關懷
個人責任	⟷	社會責任
安全網福利	⟷	從搖籃到墳墓的社會福利

　　凱恩斯這種以政府創造需求的經濟學，使得政府可以操控就業率與經濟成長，也使得經濟繁榮。所以，就像對於社會福利的贊同般，現代自由派們也將政府進行經濟管理看成是有助於社會和諧及繁榮的。凱恩斯並不反對資本主義，反而在許多方面還是它的拯救者。他只是認為在複雜的

工業社會中，完全無控管的私人企業，並不是好事。首次將他的理念施行的是在羅斯福總統的「新政」（New Deal）時，而到二戰結束時，凱恩斯主義在西方世界已是經濟學上的主流正統，替代了先前的「自由放任」路線。1950及1960年代西方經歷了一個「長時期的繁榮」（long boom），社會非常富裕，而世人多歸因於凱恩斯主義。但是，1970年代新的經濟瓶頸出現，使得大家又開始懷念古典經濟理論中的一些作法，而慢慢遠離了凱恩斯主義。而1980及1990年代自由市場運動維持經濟成長的失敗，又再度讓凱恩斯復活。此時，所謂「新政治經濟學」或是「新凱恩斯主義」登場。雖然，1950及1960年代的「雛形」凱恩斯主義在全球化浪潮下已不適用，但是我們如今已知道完全不受管控的資本主義會有缺點，例如低投資率、短期盛衰效應，以及社會階層化現象。

主要概念

凱恩斯主義（Keynesiannism）

　　凱恩斯主義狹義來說，即是凱恩斯（J. M. Keynes, 1883-1946）的經濟理論；廣義來說，是這些理論所引導出的經濟政策。凱恩斯主義是新古典主義經濟學的替代，尤其他是對於自由放任資本主義的「無政府式經濟」的尖銳批判。他認為，經濟成長與就業水準是由總體需求之水準來決定。政府也可以透過管制需求，如調整財政政策，來創造充分就業。雖然凱恩斯主義後來就被與「課稅然後花費」政策連結，但是這顯然是對其複雜的經濟學理論的曲解。有一種形式的新凱恩斯主義在全球化影響下，開始放棄了由上到下的經濟策略，但是卻仍然承認市場會被不確定性、不平等，以及資訊的差異所影響。

自由主義民主

　　自由主義民主是已開發國家中的主要制度，同時也在開發中社會有重要的影響（例如印度就是世界上最大的自由主義民主式的國家）。這種制度擴散最大的浪潮是在共產主義瓦解時，由1989到1990年東歐的革命所代表。然而自由主義民主先天有一種混合的特質。它一方面強調課責與最小

政府，但同時又鼓勵人民參與自由、公平充滿競爭的選舉活動。因此在其中產生了兩種政治風格：

◆ 憲法治理（constitutional rule）
◆ 民主治理（democratic rule）

憲法治理

　　雖然自由主義者承認需要有政府，但是卻深深地警覺政府可能的危險。他們認為政府對個人會有潛在的暴政可能。這是因為一方面政府權威對人民自由一向是一個威脅；而另一方面，所謂自由主義者顧名思義就是害怕權威的一群人。人類是自利的生物，如果有權力時——也就是能夠影響他人行為時，他們自然會以此追求自身利益而損害到他人。簡言之，自由主義認為自私加上權力等於腐化。艾克頓爵士早就說過：「權力易腐化，絕對的權力絕對會腐化。」而且他結論道：「偉大的人幾乎都會變成壞人。」因為自由主義者畏懼專權的政府，所以傾向於贊成有限政府的原則。政府權力只能靠憲法來制約或是「馴服」，或是——也就是下一段要談的——靠民主。

　　憲法是訂定政府各部門職權與分配權力的法規。因此，其中有規範政府運作的條文，也就是一方面明定權力，一方面也限制其施用。憲政主義藉由兩種形式展現。第一是，以外在的法律來限制政府權力，這就要靠**成文憲法**，其中載明了政府各機構的職權。第一部成文憲法是美國憲法，而在19與20世紀，除了英國、以色列與紐西蘭外，所有自由主義民主的國家都採用成文憲法。許多成文憲法中包含有「**人權條款**」，其中明定了人民所具有的權利，並且清楚界定人民與國家間的關係。這種關於人民權利的集體條文最早見諸於1789年法國大革命時國民會議所頒布的《人權宣言》。而目前，基

> **成文憲法**
> （Written constitution）
>
> 有書面條文記載之一國最高階法律，明定政府機構的權責與功能。

> **人權條款**
> （Bill of Rights）
>
> 憲法中載明個人權利與自由的一組條文，因此也界定個人與國家間的關係。

本的人權規章乃是國際法中所存在的《世界人權宣言》。但如果像英國一般，當沒有成文憲法或是人權條款存在於憲法層次時，自由主義者就會強調「**法治**」原則而用一般法律來約制政府權力，像是1998年的《人權法》（Human Rights Act）。

> **法治（Rule of law）**
> 個人與政府人員都需服從法律體系的一種政治原則。

此外，憲政主義也可以靠在政府內設立「制衡」機制來約束政府權力太大。法國的政治哲學家孟德斯鳩（Montesquieu, 1689-1775）說：「權力要靠權力來制約。」（Montesquieu, [1748] 1969）因此，所有自由民主制體系都有內在的權力區分機制。這也就是所謂的「**分權**」，是由孟德斯鳩所提出的。這可以防

> **分權**
> **（Separation of power）**
> 政府中的行政權、立法權與司法權應該分別獨立的政治原則。

止某個人或是一群人藉著同時控制行政、立法與司法三種機構而成為獨裁。司法被賦予特殊的角色。司法機構負責解釋憲法或是一般法條，藉此對政府的權力範圍進行審查，因而它必須有獨立的地位且政治中立，這樣才能保護國民不受政府權力侵害。其他政府分權的方式包括了內閣政府（避免首相專權）、議會政治（以免行政權獨大）、立法兩院制（避免一院獨大），以及中央地方政府間的分權例如聯邦制（避免中央政府獨大）。

主要概念

憲政主義（Constitutionalism）

狹義的憲政主義是指藉由憲法來限制政府的權力。因此如果實行憲政，那就可說是憲政主義。而廣義的憲政主義是指這樣的一種期盼或價值：藉由外在或內在於政府的機制來限制政府權力，以求保障人民自由。它通常是經由特定的憲政安排來達成此目標：例如制定成文憲法、人權條款、政府分權制、立法兩院制與聯邦制或地方分權主義。因此，憲政主義乃是自由主義政治的一種表現方式。

主要概念

聯邦主義（Federalism）

聯邦主義（Federalism從拉丁文*foedus*而來，後者意即「盟約」）是指處理上下兩層級之間如何適度分配權力的一種政治制度，通常兩層級互不臣屬。最大的特色乃是主權共享原則。古典的聯邦制很少：美國、瑞士、比利時、加拿大與澳洲。但其實很多國家都有聯邦制的特徵，這種國家多半幅員很大且由數個文化不同之群體所合併而成。聯邦制也可以有國際層級的，爲的是達成區域整合，例如歐盟。

民主治理

民主意味由人民統治（雖然在古希臘「人民」*demos*是指貧困的庶民）。然而「人民統治」這個概念很模糊，且有令人困惑的不同解釋方式。或許我們可以從1863年林肯總統的蓋茲堡演說所提到的「民有、民治、民享」這個定義開始。雖然我們可以說這個定義含括了最重要的民主原理，但是其實分開來說，民有、民治與民享。這種模式可稱爲直接民主，或是古典民主、激進民主，大眾直接與持續地參與政治，因此一般所謂的**市民社會**與國家間的區別就不明顯了。對比之下，而民享的意思就追求公共福祉乃是民主政治之本質。通常這種模式與代議政治連結（代議士有專業與智慧），要代表人民者必須以他們良好的表現來爭取當選。因此，這模式就叫做**代議民主**。

市民社會（Civil society）

由自主的組織或團體所構成的社會部門之一，它們由公民組織而成且不受政府管理，所以企業、俱樂部與家庭等都是。

代議民主（Representative democracy）

是一種間接式民主，人民本身不參與管理或掌權力，只是選出能代表他們的人。

自由主義民主的多元制度特性反映出自由主義內部基本上存有對於民主的愛恨交織心態。這是因爲個人主義價值觀的本質所致，它一方面害怕集體權力的膨脹，另一方面追求人際間的政治平等。19世紀時，自由主義者經常視民主爲危險與具威脅的。從這方面看，他

們的心態與古典時代政治思想家如柏拉圖與亞里士多德很像，這兩者認為民主是欠缺水準的貧民與廣大庶民專政的制度，通常不具智慧也敵視有財產的人。因此，自由主義的核心關懷一直來自視民主為個人自由之敵。何故？因為所謂「人民」者，並非一個單一同質的群體，而是由一群不同看法與利益分歧的人所構成。對爭議做出所謂「民主式解決」的方式乃是訴諸人數，也就是「多數決」：少數應該服從多數。最後民主成為了51%的統治，對這種情況法國社會思想家托克維爾（Alexis de Tocqueville, 1805-1859）有個著名的詞語：多數暴政。因此，個人自由與少數者的權利就藉「人民」之名被犧牲了。美國先賢麥迪遜在1787年費城制憲會議時表達類似看法，他認為要防範「**多數決主義**」的缺點，我們需要有制衡的機制，使得政府可以回應少數者的需求，也保障少數富裕者免於大多數無產者的可能侵犯。

> **多數決主義**
> （Majoritarianism）
>
> 對於多數決統治的信仰，它相信多數應該支配少數，或是少數應聽從多數人做出的判斷。

重要人物

麥迪遜（James Madison, 1751-1836）

　　美國政治家及政治理論家，並在制憲時擔任重要角色，也是美國第四任總統（1809-1817）。麥迪遜是多元主義及制衡政治的著名擁護者，所以在規劃美國的政治制度時，他極力鼓吹聯邦制、國會兩院制與三權分立。於是，所謂麥迪遜主義，就是特別強調制衡作為防止暴政的機制。他最著名的政治著作為被收入《聯邦論》（*The Federalist*, 1787-1788）的數篇文章。

主要概念

自由主義民主（Liberal Democracy）

　　自由主義民主指的是一種特別的政治體制，其中保障「自由」的最小政府信念與全民參政的「民主」信念混合在一起。主要的特色是：(1)在成年人普遍選舉權下參政者透過贏得公平的定期選舉而有權力；(2)藉憲法約束政府權力，政府機構間存在權力制衡與著重保障個人權利；(3)存在蓬勃發展的市民社會，包括了私人企業、獨立的工會、行會與媒體。自由派認為自由主義民主應是普世價值所趨，因為只有它能允許多元價值的表達，但反對者認為它是西方價值下或資本主義體制下的產物。

　　自由派對於民主的保留，不只因為多數決的危險，也因為現代工業社會裡構成多數的人的素質。例如彌爾（J. S. Mill）認為，政治智慧並不會平均分布在所有人身上，而是與教育水準有關。教育程度低者容易只追求狹窄的階級利益，而教育程度高的人會運用智慧與經驗來造福他人。因此他主張被選舉出來的人應該根據自身判斷而行動，不要在乎選民的意見，他甚至規劃了一種選舉制度，讓不同教育程度與社會地位的人投票時有不同的比重，也就是票票不等值。西班牙社會思想家加塞（Ortega y Gasset, 1883-1955）在《群眾的反叛》（*The Revolt of the Masses*, 1930）一書中更為激烈地表達了對於無知大眾的畏懼。他警告道，群眾性民主已經造成文明社會與道德秩序的瓦解，這種民主只是訴求群眾最低的本能，最後會變成為獨裁者鋪路。

各家看民主

自由主義者：用個人主義立場將民主視為是以選票表達同意，民主就是定期與公平選舉。民主固然可防止濫權，但是也必須在憲政架構下運作以避免多數暴政。

保守主義者：有條件地支持自由民主制，他們強調財產權不能被大眾「多數決」所侵害。可是新右派卻又不喜歡選舉式民主，將其與政府擴權與經濟停滯連在一起。

社會主義者：傳統上他們支持大眾參與的激進民主，並且要用國家來控制經濟。他們認為自由主義民主只是一種資本主義民主。但無論如何，當代社會民主政黨的人已經深深肯定自由民主制的體制。

無政府主義者：支持直接民主也呼籲大眾參與式的政治及最大程度的地方分權。認為選舉式民主或代議民主只是菁英統治的遮羞布，企圖讓大眾接受壓迫而已。

法西斯主義者：支持極權式民主，認為真正的民主乃是絕對獨裁式的，因為領導人代表了意識形態的智慧因而可以知道人民的真正利益何在。政黨政治與公開選舉只是朝向墮落與退步。

民粹主義者：喜歡非自由主義式的民主，包括了不受憲法約束的、不保證公民自由與權利的民選政府。這樣一來，專制獨裁與民主的區分就被模糊了。

環境生態主義者：支持激進與參與式民主。深綠者批評選舉式民主，認為他不過是追求現在世代的利益而犧牲了以後世代與其他物種的利益。

但到了20世紀時，大部分的自由派都已經認為，如果滿足一些條件，則民主是好的。民主最早的自由主義式理據來自於**同意權**，以及它作為公民們可免於受政府權力侵害的方法。17世紀時，洛克發展了一種保護性民主理論，

> **同意權（Consent）**
> 同意或是允許之意。在政治上，乃是指達成被統治或管理的協議。

也就是有產階級應有投票權，這樣他們的天賦權利才能免於受政府侵害。如果政府經由徵稅來侵犯到人民的財產，人民應該有權利控制決定稅率的機構，也就是國會。美國獨立革命時就喊過這口號：「在國會沒有代表，我們就不繳稅。」效用主義理論家邊沁與詹姆士彌爾把民主視為是對人民保護的機制，因此推出普遍選舉權的理論。效用主義認為人明白其利益何在，也會藉投票來增進或至少維護自身的利益。邊沁相信普遍選舉權（在他當時乃是指成年男子選舉權）是促進「大多數人的最大利益」的唯一方法。

贊同民主的更激進理由是涉及政治參與的好處。這本由盧梭所提出，但是卻被彌爾發展為自由主義式的解釋。彌爾本人就代表了自由主義者對於民主的愛恨交織情結。如果民主不受節制，則會通往暴政；但如果沒有

民主，無知與暴力會無所不在。對彌爾而言，民主的最大優點是能將人類的能力「用和諧的方式發揮到最極致」。經由參與政治，公民們可以提升智能、增強感性能力，且成就更高的個人發展。發展式民主認為民主是很好的教育經驗。因此，彌爾雖然不贊成政治平權，但他認為選舉權應該擴大（但不含不識字者），也包含女性在內。

共識（Consensus）

對於基本原則的概括性同意，但是特殊事項或細節則無所謂。

無論如何，從20世紀中葉以後，自由派民主理論的焦點從同意權與大眾參與轉移到了社會上要有**共識**之上。多元主義理論家的著作顯示出此點，他們認為有組織的團體而非個人，才是主要的政治行為者；他們也把當代工業社會描繪成逐漸複雜化，充滿敵對利益競爭的場域。從這個觀點來看，則民主的吸引人處乃在於，它是唯一可以讓複雜又流動性高的當代社會維持平衡或均衡的政治制度。均衡式民主能給予敵對的政治立場發聲的機會，它能使不同立場都融入體系內而維持了政治穩定。

自由主義的未來

自由派們一直對於未來充滿信心。雖然他們知道時代的潮流或有起伏，但是相信會有一股無可抗拒的基本力量推動著歷史，而最後自由主義的價值與體制將會獲勝。從這觀點來看，自由主義不只是意識形態之一種而已，它會是人類最終結的意識形態（如同第1章所討論的）。但是雖然有人認為共產主義瓦解導致了「歷史終結」，因為對於西方自由主義最嚴重的挑戰已經除去，但是這種看法馬上被否定了；原因不是它的理路

進步論（Progressivism）

相信歷史一定會向更好邁進的信念，人類會從野蠻入於文明。

錯誤，而是太早下定論了。我們不禁要問，為何可以有信心自由主義會是人類歷史最後的走向？從哲學的角度來說，這就是一種**進步論**，相信不論快或慢，世界與人類的歷史會持續進步。這個過程是由理性與知識累積所推動，因

此每個世代都會比前世代進步。從政治的角度來說，它立基於自由主義帶來好處——自由與繁榮——這個假設，這是其他意識形態所無法相比的。自由主義民主讓公民自由最大化，保護個人不受國家或其他人的侵犯，而經濟自由主義帶來成長與持續的繁榮，因為市場機制可以讓資源最有效地發揮作用。

　　然而自由主義這種百利無一害的形象，與將會逐漸從西方傳播到全世界的看法，也不是沒有受到挑戰。有從各方面對自由主義的批評，馬克思主義者認為自由主義旨在國內或國際層面來保護資本主義。自由主義雖然強調人人平等，但是實際上卻是隱藏與合理化了階級差異的現實。因此自由主義沒法保障社會公義。而所有批評中最主要的目標乃是在於自由主義的核心特質——個人主義。社群主義者譴責自由主義立基於「非社會、原子化與失去人群脈絡（unencumbered）」的人類存有模式，這不但不實際，且無助於建立社會秩序所需要的道德基礎。社會主義者則認為自由主義式的個人主義強調自利與自立，這樣會削弱人的社會責任感，也強化了財富代表能力的迷思。保守主義者，特別是傳統的保守派，宣稱過度的個人主義有害於社會團結，且使個人陷入脆弱與孤立中。女性主義者則有他們特別的觀點，認為個人主義的人觀當初其實是建立在男性形象上，而這是有害於性別平等的。

　　最後，我們實在有理由擔心，未來的世界有可能不會朝向自由主義而是**反自由主義**前進，特別是威權主義的肆虐。從1990年代中葉以後，威權主義從理論與實際兩方面蔓延全球。最明顯與令人訝異的發展來自於某些政權用威權方式來發展經濟，而謀求與自由主義民

> **反自由主義**
> （Illiberalism）
>
> 反對或是不使用自由主義，用威權主義來代替自由民主的憲法治理。

主競爭。事實上，如果照目前的經濟成長率繼續下去，到了2023年時像中國、俄羅斯與沙烏地阿拉伯這些威權政體統治的國家，他們的經濟總產值將超過西方自由民主國家了。生活的富裕對於中產階級的政治取向很有影響。他們往昔曾是人類追求民主的中流砥柱，但是現在這些受過良好教育的中產階級因為受益於生活水準的提升，轉而支持威權政體。因此，在歷

史上兩次挑戰自由主義的例子（法西斯主義與社會主義）都以失敗收場，但這次「新」威權主義的挑戰情形也許會不一樣了。

問題討論

- ➲ 自由主義為何與啟蒙運動有關？
- ➲ 為何自由主義者並不贊同無限制的自由？
- ➲ 自由派們認為人是理性的動物，這種說法有多可信？
- ➲ 自由派們贊成哪一種形式的平等？反對哪一種？
- ➲ 為何自由派們認為權力一定會腐化？他們認為如何可以防止？
- ➲ 古典自由派們如何地為完全無管制的資本主義來辯護？
- ➲ 當代自由主義者們，在何種程度上願意接受政府對社會及經濟的介入？
- ➲ 自由主義式的憲政主義與民主可以契合嗎？
- ➲ 當代自由主義者們，是否有對國家的整體性看法？
- ➲ 自由主義民主是人類政治體制的終極答案嗎？
- ➲ 自由主義的沒落注定會持續下去嗎？
- ➲ 自由主義的原則普世都適用嗎？

進階閱讀

Charvet, J. Liberalism: *The Basics* (2018). 不錯的入門性質書籍，對於核心的自由主義價值與實踐方式都有極佳的討論。

Fawcett, E. Liberalism: *The Life of an Idea*, 2nd edn (2018). 對從19世紀初到今日的自由主義思想之歷史有流暢與激發思考的陳述。

Traub, J. *What Was Liberalism? The Past, Present, and Promise of a Noble Idea* (2019). 簡明易懂的自由主義思想史，尤其注重從實際政治中展現出來

的方式。同時本書也爲當今政治中自由主義不可或缺之角色做了有啓
發性地辯護。

Wall, S. (ed.) *The Cambridge Companion to Liberalism* (2015). 當代知名學者
的論文集，討論自由主義的各面向與主要的分支流派與遭受的批判。

Learn Liberty www.youtube.com/c/LearnLiberty. YouTube上的頻道，蒐集了
知名學者關於自由主義的演講，尤其是有關它與政治、哲學與經濟的
關係。

第三章　保守主義

本章簡介

在日常語言中，「保守的」（conservative）一詞有多重涵義。它可以指行為溫和審慎，也可指傳統的、甚至是囿於成規的生活方式，或是抗拒變遷、不願意改變，一心想要「保留」什麼的心態。起先，「保守主義」被用以指19世紀初期的一種政治立場或是意識形態。在美國，這意味了對公共事務的某種悲觀態度。到了1820年代時，它被用來指對法國大革命所代表之精神的反對態度。在英國，「保守的」逐漸代替了「托立」而成為與「輝格」相對的政黨之代稱，而到了1835年「保守黨」的名稱正式成立。

作為一種政治意識形態，一般認為保守主義意味對現狀之固守、保存，並且懷疑、甚或抗拒變遷。雖然抗拒變遷是保守主義中常出現的聲音，但是讓保守主義與激進政治不同的卻是一些較深層的原因：特別是對傳統之於人類社會的看法、對人性不完善此一事實的看法，以及想要維護社會原本存在的自然差異等問題。而保守主義內部又存有不同的傾向及派別，保守主義中主要分為傳統保守主義及新右派，前者捍衛既存制度及價值，因為它們保存了社會的內在結構與自然本質，使得人居於其中有安全與著根感；新右派由新自由主義與新保守主義代表，則相信小而有力的政府，主張經濟上的自由化及對社會行為的嚴加管理措施。

起源及歷史發展

　　保守主義起於對法國大革命以來政治、社會及經濟快速變遷的反彈。它最早也最經典的理念，可見諸於英國人柏克（Edmund Burke）在1790年所著的《論法國大革命》（*Reflections on the Revolution in France*, [1790] 1968）書中，對前一年巴黎等地所發生的暴動及破壞「舊制」（*ancien régime*）的情況深感憂心。19世紀時，西方國家紛紛需要面對由工業化所帶來的各式變遷——例如，自由主義、社會主義及民族主義等——所帶來之衝擊。這些意識形態都要求改革，並且有時亦支持以革命手段為之，於是保守主義乃起而捍衛逐漸被毀壞的傳統社會秩序。

重要人物

柏克（Edmund Burke, 1729-1797）

　　本籍愛爾蘭都柏林的英國政治家及政治理論家，被公認為英美保守主義之父，著有《論法國大革命》（*Reflections on the Revolution in France*, 1790）。他強烈反對法國採用如自由、平等、博愛等抽象的理念，來導引實際政治，因為智慧其實來自於經驗、傳統及歷史。柏克對傳統的改變有一個很實用性的立場，就是「可以為更妥善保存而改變」，這可從他對1688年英國光榮革命的態度看出。

　　保守主義思想隨著國情與社會傳統的不同，而差異甚大。例如，英國的保守主義受柏克影響很大，但是他並非一味反對變遷，而是主張「為了更妥善地保存傳統而進行改變」。19世紀的英國保守主義者，技巧地費心維護若干遭受極大挑戰的傳統政治及社會秩序，特別是從17世紀的英國革命後就面臨重大挑戰的君主制。這種務實的立場後來也影響到了大英國協其他國家中的保守黨。加拿大的保守黨在1942到2003年間採用「進步保守」為名，就是為了要與「反動」的保守主義區隔。在歐陸，某些國家的

君主制延續到了20世紀，所以他們有著非常不同且威權化的保守主義，堅定地捍衛君主制之價值觀，並且不斷抵擋改革之潮流。而一直等到二戰結束，在義大利及德國等地的**基督教民主**黨成立後，其保守派才開始願意接受民主及社會改革。而另一方面，保守派的價值觀卻對

> **基督教民主（Christian democracy）**
> 歐洲保守主義的一支，致力於社會市場與有限的國家干預。

美國影響不大。美國的政治體系及政治文化立基於自由及進步價值，民主及共和兩黨都不願意與「保守」之名稱為伍，直至1964年才有高華德（Barry Goldwater）這樣旗幟鮮明的保守派總統候選人出現，他帶領著追隨者致力反對共和黨內那些與民主黨大政府主義的「新政」（New Deal Policies）同謀者。在1980年代時保守主義者終於完成了全面占據共和黨，雷根總統是高華德的子弟兵，而稍後的布希與川普總統接連鞏固保守勢力，雖然川普的保守主義反反覆覆，在墮胎與移民問題上較明顯，但是在政府經濟與財政政策上看不太出來。

　　因為保守主義源出於對法國大革命與西方現代化過程的反動，所以我們很難在歐洲及北美以外的地方標示出類似西方的政治保守主義。在亞、非、拉丁美洲，我們可看到一些抗拒變遷及圖謀保存傳統的政治運動，但是它們卻很少採用西方保守主義所使用的論述及價值觀。可能的例外是，從1955年開始支配日本政治的自民黨（Liberal Democratic Party, LDP），它與企業關係緊密，而且致力於建立一個強有力的私部門；同時，它也力圖保存日本的傳統價值及習俗，因此提倡如忠誠、責任及**社會階序**等價值觀。從21世紀開始，不同形態的保守主義在西方與其他地方興起，在民族主義、經濟發展與捍衛傳統價值這些議題上，促成了強人政治建立的中央權威與廣泛動員群眾這兩種現象結合在一起而形成一股政治潮流。在非西方世界，

> **社會階序（Hierarchy）**
> 像金字塔形狀的階層體系，其中的社會地位與能力並無關聯。

印度的莫迪（Modi）（見本書第362頁）、土耳其的艾爾段（Erdogan）與巴西的伯索拉諾（Bolsorano）都可作代表。這種保守主義與右翼民粹主義結合，第8章會討論。

柴契爾主義
（Thatcherism）

前英國首相瑪格麗特柴契爾所持的意識形態立場，主張自由市場與壯大國家武力，是新右派思想的英國版本。

當代保守主義從1970年代以來有重大變化，是因為對於政府過度介入市場與福利國家龐大支出的擔憂。英國的柴契爾政府與美國的雷根政府是其代表，他們的作法都非常旗幟鮮明地保守與意識形態化，一般被稱為新自由主義（見本書第86頁），這是往昔「新右派」（見本書第86頁）的一個分支。新自由主義極度地相信市場經濟原則，而這立場在保守主義內部導致分裂。有些觀察家甚至認為其實**柴契爾主義**、雷根主義以及所謂的新自由主義並不適合稱為保守主義，因為它們深深地被古典自由主義經濟影響。新自由主義者雖挑戰傳統的保守主義經濟理念，但是他們還是固守在保守意識形態之內。首先，他們並未放棄傳統的保守主義社會思想原則，例如對秩序、權威與紀律的信仰，且有時甚至強化他們。新自由主義者對自由市場的執著顯現出保守主義被自由主義影響的程度很深。從19世紀末以來，保守主義分裂成贊成父權國家式的政府干預經濟與自由放任主義的尊重市場機制兩種立場。因此新自由主義的重要性在於，它在二者中傾向於自由放任（見本書第85頁）而使得傳統保守主義的立場能在現代民主選舉中存活。

核心理念

　　保守主義的特性為何？這一直是讓人爭辯的焦點。例如，有人認為保守主義知道它不喜歡什麼，卻不知道它要什麼。從這層意義說，保守主義算是一種消極的哲學，其目的僅在於宣說對於變遷的反對或是懷疑。但是，如果保守主義關心的僅是對於現狀的維護，那它充其量也只能算是一種政治態度，而已非意識形態。事實上，有些人因反對改變而被我們稱之為保守，但是他們並不具有保守主義政治信念。例如，某些社會黨人反對取消社會福利及國營企業，我們可稱其行為保守，但是絕不認為他們在政治理念上亦然。在保守主義中固時常有抗拒變遷的想法，但是保守主義者

與敵對立場者不同之處，不在於抗拒變遷，而是在於他們如何看待人類社會中的變遷。

第二個問題是，只要是將保守主義說成是意識形態，這件事本身就會引起保守主義者的反彈。因為，他們傾向認為自己所持的是一種「心態」或是「人本有的常識」，而反對別人將他們的想法視為一種「主義」或「意識形態」。另有一些保守主義者則稱，保守主義的特點乃是強調歷史及經驗，以及對抽象理性主義思維的拒斥。所以，保守主義者通常會排拒「高懸理念之政治」，而採取依傳統而行的政治態度。當然，他們的敵對者也就抓緊此點，而指稱保守主義只是一意為菁英或是既得利益者辯護而已。但無論如何，雙方可能都輕忽了在所謂保守主義「常識」後面的一些理論深度。其實，保守主義既不是簡單的實用主義而已，更不是機會主義。它是立基於對人性、對社會及對某些政治價值之特定看法的一種政治態度。所以，跟自由主義及社會主義一樣，它是應被歸類為意識形態的。它最核心的信念如下：

- ◆ 傳統（tradition）
- ◆ 人性的不完善（human imperfection）
- ◆ 社會有機論（organic society）
- ◆ 階層及權威（hierarchy and anthority）
- ◆ 財產（property）

傳統

保守主義中最核心且常見的信念就是「保存」，尤其是對於**傳統**的維護。傳統乃是指任何經歷相當時間或是代代相傳的價值、措施或是制度。對某些保守派來說，對傳統的重視乃是出於宗教的虔信。如果世界是上帝的

> **傳統（Tradition）**
> 已經歷時間考驗的措施或制度，並從以前無間斷傳承至今。

精心創造，則社會中流傳的傳統習慣及措施都應被視為「天賜」（God-given）。柏克認為，社會乃是由「我們造物主的法律」所形塑而成，他

也因此稱之爲「自然法」。如果人類挑戰世界現存的形貌，無異於挑戰上帝的旨意，也就會搞亂了這個世界。然而從18世紀以來，認爲傳統是由上帝旨意所構成的說法已難以立足了。歷史變遷加速地進行，舊的傳統被新的取代，而這些新傳統——例如，選舉及普遍投票權等——很明顯是人創造出，而非「天賜」的。話雖如此，當代一些相信上帝透過經典而啓示人類的宗教基本教義派們，還是持著宗教理由來反對變遷。在第12章中我們將討論此點。

可是，大多數保守派並不藉助宗教理由來捍衛傳統。例如柏克，他認爲一個社會乃是由「以往的、現存的及以後的世代」所共同組成的夥伴關係。英國的小說家及散文家徹斯特頓（G. K. Chesterton, 1874-1936）把這種觀念解釋如下：

> 傳統意味著讓屈居最末的階級——我們的祖先——有發言權。它
> 乃是死人的民主。尊重傳統即是拒絕讓現存的人只因爲活著，就
> 能享有壟斷的特權。（Chesterton, 1908）

所以，傳統代表了過去智慧的累積，過去的制度及措施都經歷了「時間的考驗」。因此，爲了現存者及以後的世代，他們應被保存下來。這種對傳統的觀點很像是達爾文主義，也就是說這些制度及習慣乃因爲被認爲有價值、禁得起時間的考驗，而得以流傳至今。他們經由了一種「自然淘汰」過程，而被認定爲值得保存。舉例來說，英國的保守主義者認爲，君主制因爲蘊含了歷史智慧及經驗因而應被保存。特別是，王室可以超越黨派政治，而成爲英國人民國族認同及尊崇的中心象徵。簡言之，它一直都成功，爲什麼不保留？

保守派們頌揚傳統，也是因爲它能使個人或社會產生認同感。當人們能夠指認出某些傳統或是措施時，這些舊東西令人熟悉且帶來某種慰藉感。傳統給人們著根及歸屬感，而當它的確有歷史根據時，感覺又會特別地強烈。它也把人們跟他們自己的過去連結在一塊兒，因而產生集體認同及社會凝聚。另一方面，變遷乃是遷徙到未知之地，帶來不確定性及不安感，也會影響現在的幸福。其實，傳統不只是歷經時間考驗過的政治制度

而已，它還包括許多讓我們有安全感及歸屬感的習慣及社會措施。例如，法庭上穿戴的袍子及假髮，甚至信箱及路旁電話亭的顏色等。

人性的不完善

在許多方面，保守主義可視爲是一種「人性不完善論之哲學」（O'Sullivan, 1976）。許多其他的意識形態都認爲人性本善，或是如果環境適合，則可以向善。推到極端，這些信念變成烏托邦或是理想社會中的理想人類。保守主義認爲，這些充其量只是理想、夢想，而堅持主張人類是不完善及不可能完善的。

人的不完善可從數方面來說。首先，人是心理上脆弱及有依賴性的生物。保守派們認爲人害怕孤單及不穩定，心理上很自然地會朝向有安全感及熟悉的事物靠近。這種對人性的描述當然跟自由派們所理解的自足、具企圖心、追求最大效用的人性有很大差距。保守派們由於相信人需要安全感及歸屬感，這使得他們強調社會秩序，並且對自由深感懷疑。秩序使得人類生活穩定而可預測，在不確定的世界中提供了安全。而另一方面，自由雖使得個人得以選擇，但是會有不確定性及變遷的可能。因此，保守派們常會引用霍布斯犧牲自由，以換取社會秩序的主張。

許多其他的政治思想把不道德或犯罪行爲歸咎於社會，但是保守主義卻認爲這是個人的問題。保守主義持有一個悲觀的或是霍布斯式的人性觀，認爲人天生即是不完善的。人類本質是自私、貪婪的，根本就不完善；如霍布斯所言，人最大的渴望乃是「不斷追求權力」。有些保守主義者用舊約聖經中的「原罪」來解釋此點。社會主義者及當代自由派們認爲，犯罪多是因爲社會不平等或是劣勢造成之心理反彈，但是這些保守派們卻認爲是人的天性使然。人只能藉由強制力量，才能免於爲惡或是反社會行爲，也只有嚴格執行的法律，才能有效地隔絕人爲惡的可能。這就說明了爲何保守派們偏好強有力的公權力，以及嚴刑峻罰的司法制度。對他們而言，法律並不是護持自由，而是要維繫秩序而用。就保守者觀之，法律與秩序這兩個概念幾乎已是同義了。

　　人類的智能是有限的。如第1章所言，保守派們傳統上都相信這個世界太複雜，並不是理性所能完全掌握。正如英國政治哲學家歐克夏（Michael Oakeshott）所言，政治彷彿是一個「無垠無邊」的海洋。保守派們因此對於宣稱可以透析政治這麼困難的範疇的任何抽象學說或系統性思考，都加以懷疑。他們寧可立基於傳統、經驗及歷史，用審慎、溫和及實用的態度來發展出面對這個世界的方式，盡可能地避免獨斷教條式的或是陳義過高的理念。那些喊得震天價響的政治口號，例如「人權」或是「平等」、「社會正義」等，其實是危險的。因為，他們乃是企圖根據某種藍圖來改造這個世界。保守派警告：改革或是革命只會帶來更多苦難，而非減輕之。對他們來說，與其做一些改變，不如什麼都不做還來得好；用歐克夏的話來說，保守主義者一定要確定「解藥不會比疾病還可怕」。然而，保守主義對傳統主義及實用主義的支持受到新自由主義崛起的影響，畢竟還是減弱了。首先，新自由主義可算是激進的，因為他們拋棄了社會福利及國家干預的政策而擁抱自由市場。第二，新自由主義採行了理性主義及經濟自由主義的某些抽象原則與理論。所以它對保守主義的一貫立場產生衝擊。

> **重要人物**
>
> ## 霍布斯（Thomas Hobbes, 1588-1679）
>
>
>
> 　　英國政治哲學家霍布斯，其經典作品《利維坦》（*Leviathan*, 1651）用社會契約理論來捍衛專制政府，認為它是唯一可以避免無政府狀態及失序的方法，因此，公民們也應絕對服從國家之命令。雖然他對於人性的看法以及為威權辯護充滿了保守性格，但是霍布斯那種理性主義與個體主義式的方法論，卻成為早期自由主義之源頭。他認為人性基本上會尋求權力，這樣的主張常被用在解釋國際體系中個別國家的行為。

歐克夏（Michael Oakeshott, 1901-1990）

　　英國政治哲學家。歐克夏主張一種非意識形態的政治，並爲謹慎漸進的改革方式提出強有力的辯護。他反對類似社會主義般的規劃經濟，稱之爲政治中的理性主義；傾力護持傳統價值與習慣，認爲這種保守主義的立場是「取熟悉而遠離未知；取驗證過的而遠離未曾試過的；取事實而遠離迷思；取現實的而遠離可能的」。最聞名著作爲《政治中的理性主義》（*Rationalism in Politics*, 1962）與《論人類行爲》（*On Human Conduct*, 1975）。

各家看人性

自由主義者：視人性爲人類天生的一些特質，而不考慮社會及歷史之影響。將人看成是自利自爲的生物，受理性拘束，也能夠透過教育而自我發展。

保守主義者：相信人類的有限性，而且人是不斷尋求安全感，喜歡熟知之事物及驗證有效果之事物。人的理性不可靠，而且人性中會有道德傾頹的傾向。新自由主義者則是喜歡宣稱人終究是自私自利的。

社會主義者：視人爲基本上社會性的存有，而人的能力及行爲乃是受到後天培育或學習而成，並非天生決定。人具有合作、社會性及理性的傾向，表示了人的發展與成長空間很大。

無政府主義者：以高度樂觀的心態看待人性。他們對人的本質有兩種看法，一是認爲人是社會性、群居與合作的，可以經由集體的努力維繫住秩序；另一則是認爲人是自私但充分理性的。

法西斯主義者：認爲人是受到意志及其他非理性感受所驅策，尤其是由民族性或種族所激發的歸屬感。一般大眾只能使由之不能使知之。可是民族國家中的菁英，卻可經由建立對民族與種族的認同與奉獻心，而發生內在轉變而成爲「新民」（new men）。

女性主義者：通常認爲男人與女人有一樣的天性，所謂的性別差異都是後天文化上或社會造成的。但是極端的女性主義者，卻認爲男人有支配及殘暴的基因，而女人天性有同情心、富創造力與愛好和平。

環境生態主義者：特別是那些色彩較重的，視人類爲生態系統中的一部分，甚至是自然本身的一部分。物質主義、貪婪及自私都反映了人與大自然萬物的疏離，那也就是與他們本性的疏離。人應該回到自然才能圓滿自身。

社會有機論

　　如先前所言，保守主義者相信人類是互相依賴，而且需要安全感的生物。這也意味人類不能離群索居，需要歸屬及有根的感覺。個人不能離開社會，而且是教養他的社會團體的一個部分。例如，家庭、朋友、同儕、同事、鄰里甚至民族等。這些群體給了個人生命安全感及意義，這樣的觀點可稱爲是「**社會保守主義**」。也因此，傳統的保守派們不願意接受「消極自由」的觀念，把個人孤獨地放置在那裡，造成法國社會學家涂爾幹（Émile Durkheim, 1856-1917）所說的「**失序**」。他們認爲，所謂自由乃是個人主動積極地願意接受社會義務與規約，認可它們的價值。自由是「盡個人之責任」。例如，當父母管教孩童時，並非限制其自由，反而是在給他們未來受用的好處；做一個盡責的兒女、符合父母親的期待，即是在明白自身義務下的一種自由。保守派們認爲，如果社會中的人只知權利而不知義務，則會是失根而且各行其是。將社會維繫住的乃是人與人間的責任及義務。

> **社會保守主義（Social conservatism）**
>
> 相信社會原本是一個脆弱的人際關係網絡，需要依靠責任感、傳統價值與各種建制來維繫此網絡。

> **失序（Anomie）**
>
> 隨著個人孤獨、寂寞和虛無而來的價值與規範的瓦解。

　　這些觀念就是植根於**社會有機論**。保守主義一直都將社會視爲有機體，它的各個部分就如同人的心、手、肺、肝一般協同合作。有機體跟機器或是無生命的物體不同之處在於，第一，有機體並不像後者般只是個別部分的集合，而且可以任意拆解；有機體並非其每部分之加總即成，有機體包含了部分與部分間特別的關係，這些關係如受損，可能導致有機體本身的死亡。所以，人體絕不能像腳踏車般拆解組合。第二，有機體是由天然因素而非人爲所造成。有機的社會最終乃是由自然力量所造成。例如，家庭制度並非哪一個社會思想家所發明，而是由像是愛、關懷或是責任這些自然

> **社會有機論（Organicism）**
>
> 認爲社會像一種生物有機體，因此整體大於各部分機械式的總合。

的感情動力所形成。家庭中的小孩並非因爲同意而加入，他們是生於斯長於斯的，在其中被撫育與接受教養。這種視家庭爲有機體的態度，可以解釋爲何保守派們反對同性婚姻。

政治意識形態在現實中的展現

同性婚姻

事件：1989年，丹麥通過一個「註冊伴侶」合法化的法案，成爲世界第一個承認同性配偶權的國家。在1990年代，類似承認「法律配偶關係」的立法紛紛在挪威、瑞典、冰島，荷蘭、比利時與法國通過。在2000年時，荷蘭通過世界第一個同性婚姻法。然而，也有許多國家反對此
立場，特別是美國。在2003年，憲法修正案中擬增加關於婚姻的條款——載明法定婚姻只限於異性間——的一個法案被送入眾議院，而審議過程中有23州在2004到2006年間明令禁止同性婚姻。但到了2019年時，有30個州承認同性婚姻了。

影響：在美國此事頗受注目，自從1990年代初開始就成爲保守派與自由派間的爭議點。保守派基於數個理由反對。例如，他們主張，婚姻乃是「自然」的——也就是「生物性的」——制度。它的目的在於生育下一代，所以如果不是以此爲目的，則婚姻的道德性瓦解，可能變成自私的甚至自戀的行爲。此外，因爲保守派認爲男人與女人「平等但不同」，所以異性婚較同性婚穩定且「平衡」，因爲夫與妻，父與母，這些都是互補的角色。最後，此反對立場更鮮明的一看法是，不管在婚姻中與否，同性戀本身就是「錯」與「邪惡」的。

無論如何，同性婚的辯論不只存在於保受派與自由派間，其實保守派內部也立場不一。因此，雖然英格蘭與威爾斯在2014年保守黨政府執政期間（柯麥隆首相）通過了同婚法案，許多右翼保守派的後排資淺議員還是深表痛心。有三個理由保守派願意接受同性婚。第一，它可以推廣婚姻的價值——例如家庭凝聚與社會穩定——於全社會中；第二，如果反對同性婚的理由是基於宗教信仰的話，則俗世的婚姻關係或是配偶、伴侶關係當然不受其價值觀拘束；第三，新自由主義的保守派視婚姻爲單純兩個個人之間的契約，因此嚴格說來性別問題不重要。

使用有機的觀點來理解社會，的確有著深深的保守主義意涵。自由派及社會主義者所使用的機械觀點，主張社會是由明白自身利益何在的理性個人所構成。因此就認為社會可以透過某些機制加以改造及改善。當然，這也就致使他們相信，透過改革或革命，進步是可能的。如果社會是有機的，它的結構跟制度都是由人所無法控制，甚至了解的力量所形塑，那麼當然人就應該尊重保存這些精妙的肌理、結構而不應攪亂它。有機說同時也讓我們特別看重社會現存的個別制度，也就是所謂整體中的「部分」。從**功能論**的角度來看，某種制度的存在及發展必有其理由，那就是它幫助維繫社會整體的持續存在。換句話說，只要制度存在，就表示它有效用且應該保留，想要改革它甚至取消它，都是危險的。

> **功能論**
> （Functionalism）
>
> 以在整個社會體系中所扮演的功能來評估某社會制度與措施之意義的一種社會理論。

但是，新右派的崛起削弱了原本保守主義內對於有機說的支持。較自由派的保守主義者及較自由的新右派們，採用古典自由主義中的鮮明個人主義理念，開始認為社會是由自利自為的個人所組成。這樣的立場，柴契爾夫人曾借用邊沁的觀念說了這麼令人難忘的一句話：「其實沒有所謂社會，只有個人及他們的家庭。」

階層及權威

保守派們一直相信社會中自然有等第之分，也就是傳統以來的階層秩序。他們認為，社會平權是不可能也不可欲的，因為權力、位階及財產都不可能是平等分配的。保守派與自由派一致同意人與人之間有天然差異，有些人較聰明與靈巧，有些人則否。但是自由派根據此而相信功績制度（meritocracy），也就是根據個人的努力及能力決定命運。但傳統上，保守派相信不平等有其更深的理由，不平等是有機社會中的必然現象，不只是個人差異的結果。民主時代之前的保守派，例如柏克，就倡議「**天生貴族**」概念。如同頭腦、心臟及肝臟各自在人體內有不

> **天生貴族**
> （Natural aristocracy）
>
> 認為才能、智慧及領導能力是與生俱來的秉賦，無法經由學習或訓練而獲得。

同功能，社會中的各個階層也在社會中有不同角色。社會中一定會有領導者及跟隨者之分，有經理及工人之別，也一定要有人外出賺錢、有人在家帶小孩。眞正的社會平等只是迷思，事實上，社會中財富及權位的不平等，反映了能力及責任的不平等。工人階級當然沒有他們雇主一般的生活享受，但是他們也不需肩挑許多人的生計。所以說階層及社會有機論都使傳統的保守主義有濃濃的父權（見本書第96頁）氣味。

對保守派而言，對階層的信念會因爲強調**權威**而更被強化。保守派們並不接受自由派的所謂權力是由於自由的個人訂約授權的結果這種看法。自由派的理論中，認爲國家權力是爲了保護個人的利益而存在的。相反地，保守

> **權威（Authority）**
> 施加影響力於他人的一種權力，而此權力被社會認可。

派們認爲像社會的出現一般，權力也是經由實際需要自然而產生。例如，父母對小孩的權威：他們幾乎控制小孩各方面的生活，但卻沒有訂約。此時權威來自於自然的需要，也就是需要照顧小孩，使其免於危險，能有健康的飲食，及定時起居等。這種權威必須由上而下，理由很簡單，因爲小孩尚不能自主。但不能由下而上，因爲我們無法說小孩同意了被管束的關係。因此，權威是源自於社會本質之所需，也是任何社會機制中所需要。學校中，由老師行使權威；在職場，是雇主；而在整個社會中，即是政府。保守派們相信權威不但是自然而且是有助益的，因爲每個人都需要知道，自己在社會中的角色及社會對他的期待是什麼。而這種指引、支撐及安全感都有賴於權威，權威可以克服失根與疏離感。

因此，保守派們也就特別重視領導統御及紀律。任何社會中，領導統御都是重要的，因爲它能適當的指引及鼓舞他人。紀律並不是盲從，而是心悅誠服地服從權威。權威主義的保守派們更視權威爲絕對與不可質疑的。但是，大多數的保守派卻相信權威應有適當的界限，這個界限不是由人爲的契約來決定，而是由這個權威所帶來的責任所自然決定。父母對小孩有權威，但是並非可以隨興任意而爲。這個權威含有一種撫養、引導及必要時懲處的義務，但不意味父母可以做虐待小孩的事，或是甚至販賣兒童爲奴。

各家看社會

自由主義者：並不把社會視爲一個獨立的整體，反而將其看成是一群個人的集合，他們認爲社會是由自利的個人自願訂約所組成，儘管如此，社會中會達到一種利益的平衡而產生和諧與均衡。

保守主義者：認爲社會是有機的，像一個活的生命體。社會不只是許多個人的聯合，似乎在個人之外還有看不見的凝聚元素存在一般。例如，社會由傳統、權威及道德所聚合而成。新右派則接受自由主義的原子論社會觀。

社會主義者：傳統上以階級不平等來描述社會。他們認爲經濟及財產的差異，遠比保守主義者相信的社會凝聚力來得眞實。馬克思主義者認爲，社會中充滿階級鬥爭，唯有無階級社會才能是穩定及有凝聚力的。

無政府主義者：他們相信，因爲人天性會互助合作，所以社會是自然和諧不需任何管制的。社會衝突及不和諧都不自然，是政治壓迫及經濟不平等造成。

民族主義者：把文化及種族的差異看成是不同社會的特色。社會由相同信仰及價值構成，最終表現爲民族認同。這意味著任何多元文化國家或是多民族國家，都會是不穩定的。

法西斯主義者：認爲社會是一個有機的整體，這也意味如果個人不爲了集體的存在而奉獻，則生命無意義。但是，只有同一種族或是國族的人，才夠資格成爲社會中的成員。

女性主義者：傳統上以父權制及公私領域的區分來理解人類社會，認爲社會只是支撐父權體系的虛假形式化結構。

多元文化主義者：視社會爲由若干不同族裔、宗教或歷史認同而形成的文化群體的組合。要結合這些不同的文化團體，可能只有靠公民意識與國家認同的建立。

財產

財產對保守派而言有極大的、甚至神祕性的意義。自由派認爲財產反映了人的能力：辛苦工作及有才能的人，理當累積財富。財產是辛苦「賺」來的。這論調對於視累積財富爲一種重要經濟誘因的保守派來說特別有吸引力。無論如何，保守派們都會認

財產（Property）

個人或是團體、甚至國家對於某些財貨或是財富的擁有。

為，財產有若干的心理及社會裨益。例如，它提供了安全感。在一個不確定及不可預測的世界中，財產給人信心及保證，也就是一種「依靠」。擁有財產，不論是房子或是銀行存款，都給人「保障」。因此保守派們相信儉樸——處理金錢時的謹慎——本身是一種美德，而且鼓勵個人存錢並且投資。擁有財產可以促進若干重要的社會價值，擁有財產的人也會尊重他人的財產，同時也明白唯有法律及秩序才能保護財產。有產者於是在社會中有「現實利益」（stake）需被維護，因此他們也會特別致力於法律及秩序之維護。所以，財產權可看成是有助於提升一個社會對法律、權威及秩序的重視，而這些正是傳統上保守主義所重視的價值。

　　另一方面，保守派們支持財產權的一個更深層原因，是財產其實可看成是個人人格的延伸，人藉由所擁有的財產來「實現」或是反映他們的自我。人擁有的物品，不只是外在的物件有其效用。例如，房子可以保暖，車子可以載送人，卻也同時反映了擁有者的人格特質或個性。這也是為什麼保守派們痛恨偷竊，因為不但受害者損失財物，他們的人身彷彿也受到侵害。家是個人最私密的擁有物，它依據主人個人的品味及需求愛好而擺設布置，因此當然也反映了主人的個性。既然如此，傳統上社會主義者所提倡的財產公有，在保守派眼中是很危險的建議，因為這樣可能會產生一個沒有靈魂、沒有個人特色的社會。

　　雖如此，保守派們還沒有達到像自由放任主義的自由派們一樣，願意承認個人可有絕對的權利處置其私產。自由放任主義的保守派們及自由主義的新右派們，都支持自由主義式的財產觀。但是傳統上保守派們會認為，包含財產權在內的所有權利都同時蘊含某些義務在內。財產不單對個人重要，對社會來說也是如此，這在若干跨越世代的社會紐帶中可看出。財產不是這個世代創造出的，其中的許多成分——如土地、房屋及藝術作品等——都是從前面世代傳下來的。所以，現在的世代只是國家整體財富的現任監管人而已，他們有責任為了後代而好好保存與保護這些資產。1957到1963年曾任英國首相的保守主義者麥克米倫（Harold Mac-millan）就曾持此立場批評柴契爾政府推行的**私有化**政策，認為這樣無異於「變賣家產」。

私有化（Privatization）

財產從國家轉移到私人部門，表示了國家公有部門的縮減。

保守主義的類型

保守主義有以下幾種類型：

◆ 自由放任主義式保守主義（libertarian conservatism）
◆ 威權式保守主義（authoritarian conservatism）
◆ 父權式保守主義（paternalistic conservatism）
◆ 基督教民主（Christian democracy）

自由放任主義式保守主義

雖然保守主義中含有前工業化時期的社會有機論、階層化及責任觀等思想，但它也深受自由主義的影響，特別是古典自由主義。這是20世紀晚期的發展，新自由主義者爲了宣揚古典自由主義而「綁架」了保守主義。可是，其實有關於自由市場的一些自由派觀念，早在18世紀末時，保守派中就有人主張了，而且可看成是與父權式保守主義相對立的一個傳統。這些觀念可歸爲是自由放任主義立場的，因爲它主張最大程度的經濟自由，以及最少的政府干預。自由放任主義式的保守主義並非是向自由主義轉向，而是相信自由經濟應可與相信權威及責任的傳統、保守的社會哲學共存。這在保守主義創始人柏克的作品中很明顯，而他是一個鮮明的亞當斯密**經濟自由主義**的擁護者。

> **經濟自由主義**
> （Economic liberalism）
> 相信市場具有自我控制機制，自然地能帶給所有的人經濟繁榮及更多機會。

自由放任主義式的保守派們對自由的主張其實並不連貫，他們相信經濟個人主義及政府不應干預，但是卻不願意在其他社會生活面向上承諾更多自由。保守派──甚至是自由放任主義式的保守派，普遍都對人性持較悲觀看法，因此需要有強大的國家機器來維護公共秩序。而事實上，在某些方面，自由放任主義者甚至是因爲自由市場能維護社會秩序而接受它的。自由派們相信市場經濟能維護個人自由，而保守派們有時卻是因爲它可成爲一種社會穩定機制而接受它，因爲市場的力量規範與管制了經濟及

社會行為。譬如說，它們可能藉由失業之威脅，而使工人們不敢要求調整工資。這樣看來，市場可以和強制的機制如警察或是法庭一樣，變成社會穩定的工具。另外，某些保守派深怕市場資本主義會帶來不斷的創新，以及無止盡的競爭，這樣會使社會凝聚力受損；其他人則認為，它因為是由非關個人的「自然法則」而非官僚操控，故可以帶來「市場秩序」。但無論如何，由於新自由主義的興起，使得保守主義與經濟自由放任主義間的關係愈來愈深化。

主要概念

自由放任主義（Libertarianism）

　　自由放任主義是指某些極端重視（消極）自由的思想，將其視為比權威、傳統及平等還重要。自由放任派思想家希望要將個人自由最大化，並且儘量排拒公共權威對於個人的干涉，通常將國家視為對個人自由最主要的威脅。雖然社會主義者有時也擁抱這種立場，但是最有名的兩類自由放任主義是主張完全維護個人權利（以諾席克為代表）及自由放任經濟學（以海耶克為代表）。自由放任主義與自由主義不同處在於後者（即使是其古典形式）拒絕將自由看成比秩序重要。然而，自由放任主義與無政府主義不同處在於，前者還是贊同一個最小政府的存在，所以常自稱為「最小政府主義者」（minarchists）。

新自由主義

　　在二戰後的初期，西方世界中實用主義及父權思想曾支配了保守主義。威權保守主義的殘餘勢力，隨著1970年代葡萄牙及西班牙獨裁者的倒臺而崩解。正如19世紀之際，保守主義開始接受民主一般，在二戰後它也逐漸接受有限度的社會民主。這種傾向由戰後成功的「長繁榮」（long boom），證實了它是一段快速又持續的經濟成長，也驗證了「管理化的資本主義」（managed capitalism）的成功。然而在1970年代，保守主義中有若干激進的思想，直接挑戰凱恩斯／福利經濟的模型。這些新自由主義的主張先是在英國及美國產生影響，後來擴大到部分歐陸、紐西蘭、澳洲，最後在大部分西方國家中起了效用。（在美國，尊重市場經濟的觀念

通稱爲「新保守主義」，這與在其他地方的涵義不同。）

　　新自由主義中的自由成分是從古典而非當代自由主義中來的，特別是當代的新自由主義。它主張最小政府，而且呼應這個簡單的口號：「私有是好的，公營是壞的。」所以，新自由主義是反對國家介入的。國家被視爲是強制性及不自由的領域，而集體化限制了個人的創造性及有害自尊。政府不管多精良，都會對人類事務有妨害；相反地，個人及市場卻可以稱職地帶來進步。社會應該鼓勵個人自立自足，進行理性選擇以謀自身利益。市場則是可以將無數個人選擇融合成進步與利益的機制。因此，新自由主義圖謀在保守主義中，將自由放任的思想凌駕在父權式思想上。

主要概念

新右派（New Right）

　　新右派由兩種對立觀念組合。第一是古典自由主義經濟學中的自由市場理論，它在20世紀後半葉因對大政府與經濟干預主義的批評而興起。這也稱爲經濟上的新右派，或新自由主義。新右派中第二個元素是英國首相「迪司瑞里時代之前的」（pre-Disraelian）傳統保守主義的社會觀，重視秩序、權威與紀律，這被稱爲保守的新右派，或是新保守主義。因此新右派在意識形態上如有一致的基本立場，就在於主張一個在社會秩序維護上有強大權威（大政府）但是經濟上不干預自由市場的國家（小政府）。

主要概念

新自由主義（Neoliberalism）

　　新自由主義（有時稱爲新古典自由主義）被普遍認爲是古典自由主義——特別是古典政治經濟學——的最新近版本。它的核心理念是：當政府不干預時，經濟會運作地最好，也就是說它堅信自由市場經濟學與原子化的個人主義。資本主義市場經濟不受外力干預時會帶來效率、成長與高度繁榮，然而若是政府伸出「致命的手」來干預時，就會抹殺企業精神與積極牟利的動力。簡言之，新自由主義的哲學是：自由市場是好的，政府干預是不好的。新自由主義的主要政策包括了私有化、政府開支縮減（特別是社會福利）、減稅（特別是營業稅與直接稅）以及解除管制化。新自由主義通常被等同於「市場至上主義」，也就是對市場機能抱持著絕對的信心，認爲它可解決所有的經濟與社會問題。

這當中反對國家干預的理由，是來自於意識形態上對自由市場的支持。晚近的經濟學家愛蘭德、海耶克及弗利德曼（Milton Friedman, 1912-2006）即是代表。愛蘭德自稱爲「激進的資本主義支持者」，在她的小說中，她提出了贊成私營企業的道德原因。她顯然受到尼采「超人」概念的影響，極力地擁護「自私」或是「倫理學的自我主義」觀念，因爲人生就是追求頂峰的過程，只有不斷地尋求理性自利的人才能成功。只有自私才能讓人傑出與達成生命目標（財富被看成是成功的表徵），不自私的人等於失敗，因爲他們犧牲掉讓自己成功的機會。

重要人物

愛蘭德（Ayn Rand, 1905-1982）

　　愛蘭德是出生於俄羅斯的哲學家，21歲時移民美國，在成爲專欄作家與小說家前曾爲好萊塢寫劇本。她的「客觀主義」哲學要求將人的眞正本質認眞看待而非一味把人理想化，也就是正視人是理性自利的生物。因此，她贊成自私的行爲而譴責利他。愛蘭德捍衛純粹與自由放任的資本主義，因爲它可以保護自由且容許自由競爭，這樣一來可以產生眞正優秀者來領導社會。她最著名的作品是暢銷小說《泉源》（*The Fountainhead*, 1943）與《阿特拉斯聳肩》（*Atlas Shrugged*, 1947），後者描繪反烏托邦式的美國社會。

在1970年代，當政府在維持經濟穩定及持續成長上遭遇困難時，自由市場理論就重新被重視。大家都開始思考是否政府眞有辦法解決經濟問題。海耶克及弗利德曼都挑戰所謂「管理」或是「計畫」經濟的概念。他們認爲在複雜的工業化社會中，要人爲去成功地做資源調配，實是官僚體系能力之外的事。市場的好處是它可以像是一個經濟體的中樞神經，把對貨物及勞務的需要及供給加以媒合，它能把資源有效利用而使消費者滿足。在失業及通貨膨脹的1970年代，海耶克及弗利德曼宣稱政府是經濟問題的原因，而非解決者。

海耶克（Friedrich Von Hayek, 1899-1992）

　　奧地利的經濟及政治哲學家。他曾任教於倫敦政經學院、芝加哥大學、弗萊堡及薩爾斯堡大學，並曾獲得1974年的諾貝爾經濟學獎。他是所謂奧地利學派的代表人物，主張個人主義及市場秩序，而且對社會主義極為憎惡。《到奴役之路》（*The Road to Serfdom*, 1944）是將政府經濟干預，視為是潛在性極權主義的首部作品。而其後的作品如《自由的內涵》（*The Constitution of Liberty*, 1960）及《法律、立法與自由》（*Law, Legislation and Liberty*, 1979）則支持一種修正的傳統主義與英美憲政主義。他的思想對新右派的崛起影響極大。

　　凱恩斯主義是新自由主義最主要的批評對象之一。凱恩斯認為資本主義經濟並不能自我調控。他把重心放在需求面，認為經濟活動及就業水準都與「整體需求」（aggregate demand）有關；而另一方面，弗利德曼認為社會中本來就有一個「自然失業率」，它並非任何政府可以控制。所以，如果想要採行凱恩斯模型來消除高失業，常常只會製造出更嚴重的問題，那就是**通貨膨脹**。通貨膨脹就是物價上漲，它使貨幣價值貶抑。新自由主義者相信，通貨膨脹會威脅整個市場經濟的基礎，因為對整個貨幣的價值失去信心後，大家就會對經濟行為趨於保守卻步。然而，凱恩斯卻鼓勵政府多印鈔票以增加貨幣發行，即

> **通貨膨脹（Inflation）**
> 指一般物價的上漲，使得貨幣價值貶低。

使其動機只是為了製造高就業水準。以自由市場來解決通貨膨脹的方式，是透過削減公共支出來控制貨幣供給，這是雷根及柴契爾在1980年代所使用的方法。兩個政府都使失業率大為增加，但他們相信市場最終可以解決這個問題。

　　新自由主義也反對混合經濟及公營事業，並且實施供給面經濟。私有化的政策將公營企業轉為民營，瓦解了混合經濟及集體化經濟，這是1980年代柴契爾首先在英國實施的，後來遍及許多歐洲國家，而到了1990

年代，在許多後共產國家更是如火如荼地展開。因為國營企業普遍缺乏效率，不若私營者般會受到利潤的檢驗。新自由主義強調的供給面經濟學，來自於相信政府應該透過鼓勵生產、而非鼓勵消費，以刺激經濟成長。但是對於生產面經濟文化產生的最大障礙在於高稅率，他們認為，稅賦拖累企業而且侵犯財產權，這種立場有時被稱為「**財政保守主義**」。

> **財政保守主義**
> （Fiscal conservatism）
> 指主張降低稅率、刪減政府支出與減少公債的一種政治經濟學立場。

　　新自由主義不但基於經濟效率及反應度來反對國家干預，也由於它所奉持的政治理念是維護個人自由而如此做。新右派一直聲稱捍衛自由，反對「無聲息的逐漸集體化」（creeping collectivism）。如果過度伸張，這些理念可導致極端的無政府式資本主義，也就是一種認為包括法庭及秩序等所有的貨品及勞務，都應該由市場決定的主張（第5章會討論）。新右派中的自由派、自由放任主義派及甚至無政府主義派都捍衛消極自由，也就是把個人外在的限制除去。既然政府的公權力是個人自由的主要威脅，則自由只能透過「將國家限制住」的方式保住。這也就意味了「把社會福利限制住」。除了以經濟的理由來反對社會福利外──例如，社福支出將導致增稅，社福機構因為是公營，因此一定效率不彰──新右派還基於道德理由來反對社會福利。第一，福利國家常被批評是製造出「依賴文化」，它消解了個人打拼的精神，而且讓人容易失去自尊與尊嚴。因此社會福利反而是弱勢的原因，而不是解決之法。這樣的理論提醒了人們，有一種人是「無法令人同情的窮人」（undeserving poor）。慕瑞（Charles Murray, 1984）認為，因為社會福利使得女人不用依靠男人，所以它是使家庭瓦解的主要因素，製造了大量的單親媽媽及無父親的兒童這樣一種弱勢階級。新右派還有一種反對社會福利的論調是基於對個人人權的維護。諾席克（Nozick, 1974）對社福制度反對最力，他主張所有社會福利及因此而涉及財產重分配之政策，都是對個人財產權的侵犯。在他看來，只要財產是合理取得，則任何不經同意即移轉給他人的行為就是「合法的偷竊」。這種觀點背後乃是一種「自我式的個人主義」（egoistical individualism），也就是主張個人不虧欠社會什麼，而社會也不能向個人主張什麼，根據這種立場，社會這個東西根本不存在。

諾席克（Robert Nozick, 1938-2002）

　　美國學者與政治哲學家。其主要著作《無政府、國家與烏托邦》（*Anarchy, State and Utopia*, 1974）被認為是近代政治哲學經典作品，而且深深影響新右派理論及信念。諾席克發展出一種立基權利的自由主義，而與羅爾斯的學說相對立。他採用洛克及美國個人主義思想擁護者史普納（*Lysander Spooner*, 1808-1887）與塔克（*Benjamin Tucker*, 1854-1939）的學說，而主張人的財產應被嚴格地保護，只要它們是正當得來。這種立場當然就支持最小政府以及最少賦稅，並且反對福利國家及所得重分配。但是後來，諾席克把他的極端的自由放任主義做了一些修正。

權威式保守主義

　　幾乎所有的保守主義者都宣稱尊重權威這個概念，卻很少有人會承認保守主義其實很有威權性格。儘管當代保守主義者都小心翼翼的企圖展現他們對於民主，以及自由民主原則的支持，但保守主義內部的確一直有一股支持威權主義的傳統，尤其是在歐陸。在法國大革命時，有一位積極捍衛王權的政治思想家迪麥斯特（Joseph de Maistre, 1753-1821），他猛烈地批評法國大革命，而且還熱切希望要恢復專制君權，這點就與柏克不同。他不單是個反動保守的人，而且拒絕接受任何對於「舊制」的更動，但是「舊制」在1789年已被推翻了，他的政治哲學立足於對君主自願的完全臣服。在《論教皇》（*Du Pape*, [1817] 1971）一書中，他甚至宣稱在俗世政府之上更有一個管轄精神的絕對統治者，就是教宗。當然，他的核心關懷乃是秩序，有了秩序，人類的生存及安全才有可能。革命，或即使是改革，都會把維繫住社會的鎖鍊及規範人行為的框架破壞，最後導致社會秩

序崩解，而發生人人交相侵害壓迫之情事。

主要概念

威權主義（Authoritarianism）

威權主義是對於由上而下統治方式的一種信念或是實踐，可能經過、也可能不經過被治人民的同意。威權主義跟權力不同，後者有正當性，也就因此是由下而上的。威權主義的擁護者通常信賴領導者的智慧，或是認為只有絕對服從才能有社會秩序。但是，威權主義跟極權主義（見本書第216頁）又是不同的。由上而下的統治可由專制君主、獨裁政治或是軍事統治來代表，通常都會壓制反對者與限制政治自由，但不會激烈到如後者般，甚至連市民社會與國家之間的界線都泯除。

橫亙整個19世紀，歐陸的保守派們都醉心於王權政治中嚴格階層化社會下的價值觀，而且頑固力拒逐漸高漲的自由主義、民族主義及社會主義浪潮。在俄國，威權主義的心態最為明顯；沙皇尼古拉一世（Tsar Nicholas I, 1825-1855）宣揚「道統、王權及民族性」（orthodoxy, autocracy and nationality）三個觀念，來對抗法國大革命中的「自由、平等、博愛」口號。尼古拉的繼任者們都頑強地抵抗憲政及議會民主等限制他們權力的制度。在德國，當憲政制度要開始發展時，首相俾斯麥（Bismarck）卻奮力要讓它成為只是個空殼子。而在別處，威權主義在天主教國家中是相對較為明顯的。當義大利統一後，教宗就失去他的俗世權威，庇護九世（Pius IX）甚至宣稱他只是「梵諦岡囚徒」。不僅如此，教宗在教義上的至高權威，也受到了來自俗世政治意識形態的攻擊。在1864年時，教宗庇護九世抨擊：包括自由主義、社會主義及民族主義在內的所謂激進思想，稱他們是「我們這個不快樂時代中的謬誤思想」。而在面臨教皇附屬國連串獨立求去的情況時，他也在1870年再度重申「教宗永不犯錯論」（papal infallibility）。歐陸的保守派們直到20世紀還是不願意接受改革跟民主政府，例如義大利和德國保守的菁英分子就聲援法西斯主義而把議會民主推翻了，最後的結果是幫助了墨索里尼（Mussolini）及希特勒上臺。而最近這

些年我們看見社會保守主義與威權主義連結徵候，就歸因於新保守主義的影響。

新保守主義

新保守主義於1970年代在美國興起，算是對1960年代的價值與理念的反彈。它的核心是一種對於社會分化與解體的畏懼，而自由主義與其「**放任主義**」觀念可能帶來這種結果。與新自由主義相反的是，新保守主義強調政治的重要性而且想要強化社會中的領導力量與權威感。會注重權威，乃由於其對於社會脆弱性的極度敏感，而這樣的心態正好表示新保守派源出傳統的或是社會有機論的保守派。但它卻與同是吸收社會有機論的父權式保守主義不同。例如，當父權式保守主義相信改革與減少貧窮有助於維繫社會，新保守主義卻謀求恢復權威力量及強化社會紀律來穩定社會。新保守主義的威權式觀點，在這一點上竟然巧妙地與新自由派的自由放任主義一樣。他們倆者都同意國家在經濟上的角色應該縮減。

> **放任主義**
> （Permissiveness）
>
> 容許人自行做道德選擇，並且不承認任何權威性價值存在的道德立場。

新保守主義發展出獨特的國內及外交政策。新保守主義的兩大內政焦點是法律秩序及公共道德。新保守派認爲犯罪率升高、少年問題及反社會行爲等，都是1960年代後普遍在西方社會可見的權威解體現象之後果。人類需要有知道「身處何處」之安全感，這種安全感靠權威的存在而來，在家庭裡由父親、在校由老師、在職場由雇主、在社會由法律及秩序體系供給。「放任主義」的態度，盲目崇拜他人，以及「有什麼不可以」的心態，都減弱了傳統的社會結構，因爲它鼓勵人們質疑權威。新保守派因此服膺社會威權主義，這可以從他們呼籲強化家庭得知。而家庭很自然是階層化的——兒童必須尊敬與服從長上——與父權式的，丈夫是賺錢者而妻子是持家的人。這種社會上的威權主義與國家的威權主義相仿，後者就是希望有一個強的國家機器來維繫法律與秩序。在英國及美國，這導致了對於管訓及長刑期監禁的強調，而且相信「監獄是有效的」。

　　新保守主義對於公共道德的關心，是為了要重新確立政治的道德基礎。新保守派的矛頭特別指向「恣意而為的1960年代」與「想做什麼就做」的青年次文化。英國的柴契爾特別聲言她支持傳統的「維多利亞式價值觀」，而在美國像「道德大眾」（Moral Majority）這樣的組織就宣稱要回到「家庭價值」。新保守主義對「放任主義」式的社會提出兩點警告：第一，隨意選擇自己的道德觀或是生活方式，可能會導致腐化或邪惡的生活。例如，在保守的新右派思想中，的確是有一股宗教元素在內，特別是美國（第10章會討論）。第二，「恣意而為」會導致道德立場及價值的多元。對自由派來說，道德多元是健康的，因為會有多元化聲音及理性辯論出現，但是對保守派而言，這會破壞社會的凝聚力。「放任主義」的社會中缺乏倫理規範及一致的道德標準，就像一個無路徑足跡的沙漠一般，它對於個人或家庭無法提供任何指引。如果每一個人都隨性而為，則人類將不可能以文明的方式行社會互動。

　　新保守派的國內及外交政策之匯集處在於，提升國家意識以及在內憂外患之際對國家認同的強化。從新保守主義的觀點來看，國家的價值在於維繫住社會，並給予其共同文化與公民意識，因為這在有共同歷史及傳統的基礎上會增強很多。同時，愛國心（見本書第171頁）可以增強人民的政治意識。而對一個國家而言，最大的內部傷害乃是多元文化論，因為它影響政治社群的建立及導致族群衝突，所以它會削弱國家中的凝聚性。新保守主義一直要求控制移民數量，以及對原先的主流文化加以保障，給予優勢地位。保守派對於多元文化論的批評將在第11章仔細討論。而從外部來的威脅則有多種，在英國，主要是來自於歐洲統合運動。英國保守主義對併入歐洲有敵意，這種心態被稱之為「**歐洲統合懷疑主義**」，它在1980年代從柴契爾首相開始而到了2020年「脫歐」（Brexit）時達到高峰。然而到了21世紀開始時，新保守主義已經愈來愈與右翼民粹主義結合了（有關民粹主義的興起與意涵請見第8章）。

> **歐洲統合懷疑主義**
> **（Euroscepticism）**
>
> 對於歐洲統合保持懷疑或反對態度，因為相信此舉會威脅國家主權或是國家認同。

> **主要概念**
>
> ## 新保守主義（Neoconservatism）
>
> 　　新保守主義是指保守主義當中涉及國內與外交政策的某種發展走向。國內方面，它主張最小政府但是國家機器要有權威，等於將傳統保守主義與經濟個人主義、自由市場理念結合在一起。新保守主義者尋求恢復穩定的公共秩序，強化「家庭」與「宗教」價值，且鼓舞國家認同。外交方面，由911之後的美國小布希總統所代表。它主要目標在於藉助軍事力量與推廣民主來保持與強化美國全球影響力。

保守主義內部的緊張關係（I）

新自由主義		新保守主義
古典自由主義	⟷	傳統保守主義
原子化個人主義	⟷	社會有機論
激進主義	⟷	傳統主義
自由放任主義	⟷	威權主義
經濟動能	⟷	社會秩序
自利／牟利精神	⟷	傳統價值
機會平等	⟷	先天階層化
最小政府	⟷	強大政府
國際主義	⟷	封閉性民族主義
讚同全球化	⟷	反全球化

父權式保守主義

　　雖然歐陸的保守派們堅決反對變遷，英美傳統下有一支以柏克為代表的保守主義卻較為彈性，最後也較成功。柏克從法國大革命中學到的一課乃是：有時變遷是自然而且無法避免的。他認為「如果國家無法涵容變遷，則無法長存」（Burke, [1790] 1968）。柏克式保守主義的特色是

審慎、溫和，而且實際。它質疑對不管是革命的或是保守的理念，做作僵化教條式的遵守。正如吉爾莫（Ian Gilmour, 1978）所說：「聰明的保守派應減輕身上背負的重擔」。保守派最看重的價值——傳統、秩序、權力及財產等——唯有在衡諸實際環境及經驗下制定出的政策中才能落實。因此，這種立場不會同意任何劇烈的及激進的變遷，而是審慎地遵守「為了保存所以變遷」的原則而行。務實的保守派原則上並不會特別站在個人或國家任何一方，而是兩者均無不可，但最常做的是端視實效而維持二者間某種平衡。在實踐上，保守主義之中圖謀改革的動力，經常與「新封建父權」價值有關，而特別是顯現在「一國之內的保守主義」（One-Nation conservatism）思想中。

一國之內的保守主義

大家常認為，英美的父權保守主義傳統來自於19世紀後半葉之英國首相迪司瑞利（Benjamin Disraeli, 1804-1881）。他的政治哲學蘊含於他出仕前寫的兩本小說《西貝爾》（*Sybil*, 1845）和《康寧比》（*Coningsby*, 1844）中。這些小說強調社會責任，與當時流行於政治圈的極端個人主義思想形成尖銳對比。迪司瑞利寫作於日益工業化、經濟不平等及（至少在歐陸）革命動盪的歐洲，因此他希望大家能了解英國有可能陷入分裂為「富人／窮人」的兩個國度狀況中。他的論證是屬於保守主義中最佳的一支傳統，立足於審慎及尊奉原則而行的兩大信念。

另一方面，持續惡化的社會不平等使得革命隨時會發生。迪司瑞利深怕貧苦及被壓迫的工人階級，不會認命屈服於這種情況，而1830年與1848年爆發的歐洲革命，似乎坐實了這種憂慮。因此改革很有必要，如果它終究能阻止革命發生，那還是符合富人的利益的。同時，迪司瑞利也訴諸道德價值，他主張財富及特權應包括社會責任，特別是對於那些貧苦及弱勢者要照顧。這樣的主張無異於接受了保守主義中的社會有機說，承認社會責任及義務之重要性。他相信社會依其自然乃是階層化的，但是享受愈多的財富及特權，就包含了應負愈多的社會責任，這就是代價。

其實，這種理念來自於封建主義中的騎士精神，認為貴族應該有榮

譽感，並慷慨大方照顧他人。例如，封建貴族們應該以大家長的姿態好好
照顧農民，正如同國君照顧全國百姓般。迪司瑞利認爲貴族的這些責任不
應放棄，但是在新的工業化世界中，可以用社會改革的方式來表達。他的
這些理念就被融入了「一個民族」這個口號中。當他在位時，迪司瑞利
推動了讓工人可以投票的1867年《社會改革法案》（Second Reform Act of
1867），以及有關住宅及公共衛生的社會福利政策。

主要概念

父權主義（Paternalism）

　　從字義來看，父權主義就是像父親對子女一樣，當用在政治上指權力
時，乃是指照顧被治者的福祉及對其加以保護。其實，像是強制繫安全帶
這種法條，以及某些社會福利措施都算是父權主義的好例子，「軟性」父
權主義的特色是接受者通常同意，但是「硬性」父權主義則否，所以會跟
威權主義類似。父權主義的理據是智慧及經驗並非人人皆有，而那些在上
位者知道該如何最好。當然，反對者認爲不可給予掌權者過多權力，而父
權主義會傷害自由，以及讓社會「嬰兒化」而不能自立。

保守主義內部的緊張關係（II）

父權式保守主義		自由放任式保守主義
實用主義	⟷	堅守原則
傳統主義	⟷	激進主義
社會責任	⟷	自我中心
社會有機論	⟷	原子式個人主義
社會階層化	⟷	功績制
社會責任	⟷	個人責任
自然秩序	⟷	市場秩序
「中道」經濟學	⟷	「自由放任」經濟學
有限的社會福利主義	⟷	反對社會福利主義

　　迪司瑞利的改革理念深深地影響了保守主義，因爲它們在保守主義內形成了一個激進的改革傳統，這個傳統喚醒了隱藏於保守派們腦中人人本應有的實用主義本性，以及社會責任感。在英國，這些理念促成了「一國之內的保守主義」，其支持者自稱「托立」（Tories）以追念工業化前的階級社會及父權價值。迪司瑞利的理念在19世紀末被邱吉爾（Randolph Churchill）採行，而稱之爲「托立民主」（Tory democracy）。邱吉爾在日益高漲的民主浪潮下，爲了贏取更多的支持，雖強調應對如君主制、上議院及教會等傳統制度加以維護，但同時，他也採用了迪司瑞利的社會改革政策來爭取工人階級的選票。所以「一國之內的保守主義」其實可看成就是一種「托立社會福利主義」。

　　「一國之內的保守主義」其頂峰出現於1950和1960年代，這時英國與其他地方的保守主義開始採行凱恩斯社會福利民主的原則，把充分就業，以及擴大社會福利視爲經濟目標。「高」托立主義意味一種新封建主義，相信社會應有一個統治階級，並抱持「前民主時代」的對社會舊制度的信仰。托立主義對於福利政策及改革思想有時也表歡迎，只要那有助於社會紐帶之持續即可。這種立場來自於在自由放任式自由主義及社會主義國家調控兩極端之間的非意識形態性「中間道路」。所以保守主義此時變成是中道與溫和路線，企圖調和激烈的個人主義及過度的集體主義（見本書第109頁）。英國的麥克米倫（Harold Macmillan）寫了《中間路線》（*The Middle Way*, [1938] 1966）一書，清楚地表達了此種理念。他後來當上首相，任期從1957到1963年，大力推廣他所謂的「計畫性資本主義」（planned capitalism），其意涵就是「一種融合國有化、管制經濟與私人企業競爭精神的混合制度。」

　　這種理念後來重新興起，被稱爲「熱情保守主義」（compassionate conservatism），雖然有時落得被人視爲是「口惠實不至」，但在美國由布希（George W Bush）總統、英國由柯麥隆（David Cameron）首相、紐西蘭由柯依（John Key）總理宣布推動。然而，父權式保守主義其實只允許有限度的社經干預，而一國之內的保守主義卻是要鞏固而非解消階級，它想要照顧弱勢者的意圖只是源自於避免他們引發社會動盪失序而已。

主要概念

托立主義（Toryism）

　　在18世紀的英國，「托立」被用來指稱國會中的一個擁護君權與英國國教的黨派（與輝格黨相對），他們比較代表擁有土地的鄉紳階級。在美國，這個詞代表了對英國母國王室的忠誠。雖然在19世紀中葉，英國保守黨從托立黨轉變而來正式成立，但在英國，「托立」一詞還是被廣泛使用（雖然無多大助益）作為「保守」的同義詞。托立主義最重要的意涵是作為保守主義中的一支意識形態立場，其特色為擁護階層化、傳統、責任及社會有機論。托立傳統並不特別反對社會福利政策或是改革的理念，只要這些能夠維繫現行社會的樣態，但所謂「高」托立主義，則代表了提倡建立一個統治階級的新封建思想，以及對民主出現前的傳統制度的擁護。

基督教民主

　　基督教民主乃是出現於西歐、中歐與——程度上稍弱些——拉丁美洲的一種政治與意識形態的運動。它雖然常被歸類為激進的保守主義（有時教義並不明確），也有人把它視為是自由保守主義的一支，或是獨立成一種意識形態。二戰後，比利時、奧地利、荷蘭、德國與義大利都出現基督教民主黨，其中最重要的乃是當時仍為西德的基督教民主聯盟／基督教社會聯盟，與1993年之前的義大利基督教民主黨。對於法國、比荷盧、北歐與一部分東歐前共產國家的中間偏右政黨來說，這種立場還是有相當影響力。當然，自1999年起在歐盟議會中最大政黨——中間偏右的歐洲人民黨（European People's Party, EPP）中，它也有影響力。至於拉丁美洲，智利、委內瑞拉、厄瓜多爾、瓜地馬拉與薩爾瓦多等國也有強大的基督教民主黨。

　　基督教民主的意識形態開始出現的時間，最早可能在二戰前，最晚亦不遲於歐陸保守主義與威權主義在後法西斯時期分道揚鑣時。基督教民主的思想在19世紀時開始成形，因為當時的天主教會想要處理工業化帶來的社會問題，特別是自由主義式資本主義的興起所帶來的價值衝擊。其實這個問題早在法國大革命時就出現，當時教會權威面臨挑戰。天主教會逐漸

地接受了民主體制，但也表達出對於猖獗的資本主義價值觀帶來的威脅之擔憂。1870年成立的德國中央黨，就是爲了要保護天主教會的利益而設，但同時也想要提倡社會福利。1891年教宗里奧八世的〈新事物〉教諭也表明了教會願意接受新思維，也就是關懷工人階級的艱辛與強調勞資雙方彼此的責任。

　　大家認爲這種立場來自於基督教義獨特的社會理論。喀爾文派基督新教強調經由個人努力來連結到精神的救贖，因此其社會理論都會支持個人主義、辛勤工作、競爭與責任感。社會學家韋伯也將「新教倫理」視爲資本主義意識形態的源流之一。相對來說，天主教的社會理論將重心放在社會、團體而非個人，且強調平衡、有機的和諧而非競爭。法國哲學家馬里旦（Jacques Maritain, 1884-1973）是基督教社會民主理論的主要人物，他用「集體人本主義」（integral humanism）來表達這樣的立場。這個概念強調用合作來達成目標，也暗示了無限制的資本主義可能無法獲致「公益」。

社會市場

　　雖然基督教民主對「自由放任式」資本主義迭有批評，但它當然不會完全拒絕資本主義本身。它其實擁抱一種市場資本主義與社會主義外的「第三條路」，一般稱爲「社會資本主義」。因此基督教民主與原始社會民主思想間有若干共通處，我們會在第4章討論。社會資本主義運用了李斯特（Friedrich List, 1789-1846）等人的較彈性與實用取向的經濟理論，而非亞當斯密與李嘉圖那種嚴守市場經濟的古典政治經濟學。李斯特是德國「關稅聯盟」（*Zollverein*）理論的代表人，他強調政治力量在經濟中的角色，例如他認爲國家應保護幼稚工業免於受國外競爭。這種立場的核心概念就是「**社會市場**」，也就是一方面著重市場機制，一方面維護社會凝聚力與團結。此時市場成爲一個創造財富的手段而不是目的本身，爲的是要達成更廣的社會目標。

> **社會市場**
> （Social market）
> 指由市場規律所導引而免於政府干預的經濟，而且通常是在一個有全面性社會福利制度與官僚體系的環境中運作。

保守主義的未來

　　從表面看來，討論保守主義這個強調過去而非未來的意識形態之「未來前景」，似乎有點兒奇怪，因爲它對變遷充滿疑慮，而大力尊崇傳統。保守的傳統主義這個名詞其中一個意涵也許就是：這種意識形態是過時的，它想要存留在一個不斷變化的時代裡是注定要失敗的。因此保守主義彷彿被迫陷入了一個永無止境的意識形態更新遊戲中而無以自處。很多保守政黨就碰到了這樣的處境：他們面對性別平權、同性婚、跨性別者權利與少數族裔權利問題時，他們要爭取到這些群體的選民是困難重重。愈來愈明顯的事實是：保守主義注重過去，這並未使得它在意識形態的競爭中被邊緣化，更不用說會滅亡。實際上，對過去的執著也許正好是保守主義在意識形態上的韌性所在。在快速變遷的世界中，「傳統」也許比那些僅是表面上「時髦」的東西來得耀眼與有內涵。對於一個想要在未來有前景的意識形態而言，「陳舊」也許並不是最壞的一個特質。

　　如要說保守主義應該會持續地重要，那可能要將它與實用主義連結在一起來看。不像自由主義與社會主義這些「理性主義式」的意識形態一般，保守主義並不願意只受限於一套固定的觀念。它算是智識上最爲低調的意識形態，從不高舉某些理念大旗，因此可以很有彈性地面對變動的歷史情境之挑戰。這種變色龍般的意識形態調整能力已經在歷史中多有展現。例如在19世紀時，英國保守黨（當時還稱托立黨）起先是與地主鄉紳的利益站在一起，後來因應工業化的衝擊後就主張社會福利，甚至比當時自由黨還要激進。另一個例子就是英國保守黨在二戰後急遽地採行社會民主原則，然後又在1980年代柴契爾當政時迅速地譴責戰後的社會民主。然而，這樣的作法對英國保守主義的未來可能會有深遠影響。柴契爾的新自由主義革命不僅帶來了經濟立場上的重大變革，也讓我們看見了保守黨在政策制定上的更意識形態化。從此以後，自由市場經濟的立場在黨內將更牢牢站穩，縮減了日後務實彈性調整的空間。然而這並未阻止強森（Boris Johnson）首相的保守黨政府，在2020年新冠肺炎疫情期間的擴大舉債與支出以刺激經濟，這已創下英國在承平期間的政府花費紀錄了。

　　雖然保守主義一定會持續成為主要的政治意識形態，但以何種形態面對世人就不確定了。我們可以預見有兩種明顯對立的形態之可能：第一是它持續地與「全球化」連結。這種保守主義將焦點放在經濟，而且強調個人主義與市場。自由放任與反政府干預的立場會壓過父權的傾向。這種新自由主義的保守主義在20世紀末盛行過。它之所以能夠出線，是由於比社會主義或是自由主義更能成功回應全球化的衝擊，因為它不受凱恩思福利國家思維與政策的綑綁。第二種可能的面貌是從21世紀開始出現的，這就是主流保守主義受到了右翼民粹主義的衝擊而與之連結。這樣一來，這種保守主義就會反全球化。它會與反自由主義的民族主義站在一起，反對移民與反對文化多元主義，而且有時候還會採行經濟保護主義政策。

問題討論

- 保守主義為何？以及在何種程度上，支持傳統？
- 保守主義是一種「心態」，還是政治意識形態？
- 為何保守主義被稱為是關於不完善的哲學？
- 社會有機論有何理論意涵？
- 保守主義跟自由主義的財產觀有何不同？
- 保守派們何種程度地擁護權威？
- 保守主義只是統治階級的意識形態嗎？
- 保守主義多大程度上重務實而輕理念原則？
- 傳統保守主義與基督教民主有何異同？
- 新自由主義為何及如何批評福利國家政策？
- 新自由主義與新保守主義有何共通處？
- 哪一種保守主義未來會取得主流地位？

進階閱讀

Fawcett, E. *Conservatism: The Fight for a Tradition* (2020). 完整介紹從19世紀到現今保守主義思想之歷史的著作。

Muller, J. (ed.) *Conservatism: An Anthology of Social and Political Thought from David Hume to the Present* (1997). 最好的一本傳統保守主義思想文獻集。

Scruton, R. *Conservatism: An Invitation to the Great Tradition* (2018). 對保守主義思想之發展有極深刻的探究，並且做了公允的辯護與評價。

Sedgewick, M. *Key Thinkers of the Radical Right: Behind the New Threat to Liberal Democracy* (2019). 對21世紀日漸重要的極右或另類右翼之思想淵源做討論的文獻集。

The Hoover Institute www.hoover.org. 胡佛研究所是著名的美國保守主義智庫，也是發表眾多保守主義立場文章的媒體機構。最著名的是它的訪談系列「不尋常知識」（Uncommon Knowledge）與政策頻道（PolicyEd）。

第四章　社會主義

本章簡介

　　「社會主義的」（socialist）一詞是從拉丁文*sociare*而來，意思是聯合或是分享。最早使用此詞是在英國，1827年時從一本叫做《合作雜誌》（*Co-operative Magazine*）開始。到了1830年代初期，英國的歐文（Robert Owen）跟法國的聖西門（Saint-Simon）二人的追隨者開始把他們自己的信仰稱爲「社會主義」，而到了1840年代，這個詞彙已經在若干工業化國家中流行，例如法國、比利時及德國。

　　社會主義作爲一種意識形態，一般都會與資本主義做對比，而被看成是嘗試提供比後者人道與較合於人類希冀的社會制度。這種理論的核心是一種人性觀，它認爲人是社會性的存有，具有共通性。這就表示了個人其實是從社會內人際互動中，找到其認同及歸屬感的。因此，社會主義者慣於強調合作，而非競爭。社會主義的中心價值是平等，特別是社會經濟面向上的平等。他們相信社會平等是社會穩定及凝聚的基礎，而同時也因爲這種平等，致使個人物質生活有保障及個人發展有可能，所以它也可說促進了自由。但是，社會主義内派別繁多，令人目眩；然大致可分爲依「手段」的不同（如何達成社會主義）及「目的」的不同（未來理想社會主義世界應是如何）而異。例如，共產或馬克思主義者通常尋求以革命方式來推翻資本主義，然後建立起一個共有財產的無階級社會。相對地，民主的社會主義者或是社會民主黨人，卻願意以漸漸消除貧富差距，以及消滅貧窮來漸進地改造資本主義，使其更「人性化」。20世紀大部分時間，社會主義分裂成兩個敵對陣營。但是這兩種社會主義都在該世紀末經歷了危機，而最戲劇性的變化乃是在蘇聯東歐這些國家中共產主義的瓦解。

起源及歷史發展

　　雖然社會主義者常將其思想淵源上推至柏拉圖的《國家篇》（*Republic*）或是莫爾（Thomas More）的《理想國》（*Utopia*, [1516] 1965），但其實與自由主義或是保守主義一般，社會主義的起源在19世紀。社會主義是針對歐洲工業資本主義興起後的社經狀況而產生的。它的理念與此時剛出現並大幅成長的工人階級息息相關，他們在工業化初期，經常飽受貧窮及屈辱之折磨。雖然社會主義及自由主義都起源於啟蒙運動，而且都信仰理性及進步，社會主義卻成為自由主義之下的市場社會之對立主張，而意圖成為工業資本主義的替代制度。

　　初期社會主義的一些特色，受到工人階級悲慘的生活、居住及工作條件影響很大。通常他們的薪資很低，婦女及童工比比皆是，工時長達12小時，而且隨時會被解僱。此外，這個新出現的工人階級經常對其環境適應不良，他們通常剛移來都市，不熟悉城市生活的種種，而且也無任何機制可以幫助他們找到適應及安頓心靈之可能。因此，早期的社會主義者只好尋求根本的、甚至革命性的資本主義替代方案。例如，法國的傅立葉（Charles Fourier, 1772-1837）及英國的歐文（Robert Owen）（見本書第110頁）都贊同成立實驗性質的分享式及合作式**烏托邦主義**團體。德國的馬克思及恩格斯則是發展出了複雜及系統性的理論，使其立基於「歷史鐵律」之上，因而宣稱資本主義被社會主義革命推翻是不可避免的。

> **烏托邦主義**
> （Utopianism）
>
> 對人類潛能與發展懷有無比信心，也寄望於未來能有一個完美理想的烏托邦社會出現。

　　來到19世紀末時，由於工作環境的逐漸改善及政治民主的擴大，社會主義發展上的特色也跟著受到影響。工會、工黨的成立，以及各種運動或是娛樂社團的出現，使得工人的生活更有保障而生活上也有了調劑，得以適應工業社會帶來的改變。在西歐先進的工業社會中，工人階級已不再熱衷於革命了。由於更多的工人們可以參與投票，所以社會主義政黨開始採取法律或是憲政策略來謀其福祉。到了第一次大戰前夕，社會主義陣營

主要概念

資本主義（Capitalism）

　　資本主義是一種經濟制度也是財產擁有制度。有以下幾個主要特色：第一，它立基於商品生產。所謂商品，就是為了交換而產生的貨品或是勞務──它具有市場價值而非使用價值。第二，在資本主義制度下，生產工具所有權都在私人手中。第三，經濟行為由市場機制決定，特別是供需定律（生產者能生產之量與消費者願意購買之量）。第四，資本主義經濟中，追求自身利益最大化乃是設立企業與辛勤工作的主要動機。但在所有的資本主義體系中，仍可見到或多或少的國家干預現象。

重要人物

馬克思（Karl Marx, 1818-1883）

　　德國哲學家及經濟學家，終其一生是革命者。他被認為是20世紀共產主義之父。馬克思思想的核心是對資本主義的科學式批判，提醒世人注意在這一如以往般的階級性社會裡，資本主義的不公平及不穩定本質。馬克思堅守歷史唯物論的信念，認為人類最後一定會發展出沒有階級的共產社會。他的眾多著作包括三卷的《資本論》（*Capital*，分別出版於1867、1885及1894），及與恩格斯（1820-1895）合著的《共產黨宣言》（*Communist Manifesto*, 1848）。

已分為兩派，一是主張漸進改革，透過選舉贏得權力來實現理想；另一則是持續認為革命有其必要。1917年的俄國革命更是讓這種分裂加劇：還是主張革命的社會主義者就效法列寧及布爾什維克，而自稱為**共產主義**者；而改革派則使用社會主義者或是**社會民主主義**派來自稱。

　　20世紀時，社會主義開始擴散到了亞、非、拉丁美洲部分地區。第二次大戰末期蘇聯紅軍急遽向西推進，而將東歐強迫納入了蘇維

共產主義（Communism）

主張財富共同擁有或是集體化生產的一種經濟制度，通常被看成是「馬克思主義的實踐」。

> **社會民主**
> （Social democracy）
>
> 溫和而改良式的社會主義，主張市場與國家干預間的平衡，不主張消滅資本主義。

埃陣營中，以致在1949年成立了尊崇社會主義的華沙公約組織。非洲、亞洲與拉丁美洲國家的社會主義是由二戰後的反殖民鬥爭中發展出來的，其本質實非階級鬥爭。在這些國家中，殖民壓迫取代了階級剝削，而使民族主義與社會主義混同，這在第5章中會述及。在毛澤東領導下的中國共產黨，發動共產革命於1949年取得政權，隨後這種革命散布到北韓、越南、柬埔寨、寮國及其他地方。在某些開發中國家，也出現了較溫和的社會主義形態，例如，印度的國大黨。在非洲及阿拉伯世界，傳統的部落生活及價值觀，或是伊斯蘭的教義，都使當地的社會主義有不同的面貌。1960及1970年代的拉丁美洲，社會主義革命紛紛爆發，以對抗親美的軍事獨裁政權。

> **重要人物**
>
> ### 毛澤東（Mao Zedong, 1893-1976）
>
>
>
> 　　中國的馬克思主義理論家與中華人民共和國領導人（1949-1976）。1935年參與創立中國共產黨，後來成為領導人。他在政治理論上的貢獻是：將馬列主義移植到傳統的與農業的中國社會。他留給後世的最大印象是文化大革命（1966-1970），這是一個激進的民粹運動，反對菁英主義與「走資派」（向資本主義勢力低頭者），最後遭致社會動盪、壓迫與大量人喪命。

　　從20世紀後期開始，社會主義經歷了一連串巨大變革，其中最戲劇性的改變，是1989到1991年之間東歐共產主義政權歷經一連串和平革命之後的崩解，其高潮乃在1989年11月柏林圍牆的倒塌。到了1991年底蘇聯瓦解，且其他地方，最顯著的是中國，也開始了經濟改革。而西方世界的社會民主也發生顯著的改變。在1980與1990年代，世界上許多社會民主政黨開始歷經意識形態上的退卻，這是因為二戰後支持政府進行所得重分配政

策的經濟榮景不再，且勞動階級人數因產業外移的失業而銳減。英國、德國、荷蘭、澳洲與紐西蘭等有社會主義政黨或是社會福利色彩濃厚的國家，也只好接受全球化的現狀而讓自由市場扮演更大角色。

　　但令人費解的是，隨著21世紀的來到社會主義卻開始復甦。例如2015年科賓（Jeremy Corbyn）帶領英國工黨意外贏得選舉，以及桑德斯（Bernie Sanders）在2016與2020美國民主黨總統初選所帶來的衝擊，還有希臘與西班牙左翼民粹派的崛起。對這些現象，有兩種解釋。其一是這些其實都是對「**縮減支出**政策」的反彈，這種政策乃是因為2007

> **縮減支出（Austerity）**
>
> 作為一種經濟政策，它意味為了減少預算赤字而縮減支出，採行此作法與信任自由市場的心態有關。

到2009年的金融海嘯後經濟蕭條與稅收銳減後的結果。第二，極左派勢力趁機利用此時逐漸湧現的反體制激進主義，或稱為「反政治運動」（見本書第234頁），它的其中一個特色是不再執著於往昔左右政黨的意識形態差異了，於是左派就又進場了。

核心理念

　　想對社會主義做分析，其中一個難處是這個詞至少有三種用法。第一，它是一種經濟制度，主張集體化跟中央規劃式經濟。由此看，它是與資本主義對立的，所以傳統上認為，在此兩者中做選擇乃是經濟問題中最關鍵的。但是，純資本主義與純社會主義是不可能的，因為任何經濟體制都是此二者的不同程度混合。事實上，當代的社會主義者已漸漸不認為社會主義是資本主義的對立形態，而是將它看成能把資本主義拉往社會公義的力量。第二，社會主義是勞工運動的工具。如此看來，則社會主義代表了勞工的利益，而且提供了能使勞工獲得政治及經濟權力的方案。社會主義變成了**勞工利益主義**，其目的是為了要使勞動團體的利益獲得保障。若由此觀之，社會主義的重要性就會隨著全世界工運的

> **勞工利益主義（Labourism）**
>
> 某些社會主義政黨只重追求勞工團體利益之提升，而非意識形態上之目標。

起伏而起伏。然而，雖然社會主義與工人階級的關係無可置疑，但它也跟手工匠、農人，甚至政治菁英或是官僚都有關係。也因此，本書將採用第三個定義，它涵義較廣，可作爲政治意識形態，包括了一組信念、價值及理論。其中最重要的如下：

- ◆ 社群（community）
- ◆ 合作（cooperation）
- ◆ 平等（equality）
- ◆ 階級政治（class politics）
- ◆ 共有制（common ownership）

社群

　　社會主義的核心乃是人作爲社會性存有的信念。人靠著社會來面對生存所須解決的經濟及社會問題，而不是僅靠自身即可。這是一種集體主義的理念，它強調人可以合作的能力，人們願意一起追求某些目標的達成，而不是必然就自私自利。大多數的社會主義者，都同意英國詩人唐恩（John Donne, 1571-1631）所說：

　　人不是孤島，
　　每個人都是大陸的一塊，
　　任何人的死亡對我都是傷害，因爲人類是一體的，
　　鈴聲響起，爲了就是你。

四海一家（Fraternity）
是指人類像兄弟姊妹一樣友愛。

　　因此人類是「同志」、「兄弟」、「姊妹」，彼此互相緊密依存。這就是所謂**四海一家**的友愛原則。

　　社會主義者較不像自由主義者或是保守主義者般，認爲人性天生是固定的。反之，他們認爲人有可塑性，透過生活經驗及社會環境而變化。有一個歷史久遠的辯論，就是人性到底是後天還是先天決定，而社會主義者一定認爲是後天決定的。從出生以來——甚至從母體開始——每個人的個

性都是被經驗所形塑。人類所有的技能及特性都是從社會中學習而來，正如同我們學習語言一般。自由主義者相信個人與社會的區隔，而社會主義者則認為個人無可分離於社會：人無法自給自足，我們實無法相信人可以個別地如孤島般存在。每個人都屬於某些團體，而我們也可以透過其所屬團體來了解這個人。所以，人的行為其實是反映出他所屬的團體的特性，而不是他身體心智中某些深藏或是不變的本性。

社會主義中最特出的部分不在於它相信人是如何，而在它認為人可以變成如何。所以社會主義者發展出烏托邦的社會觀，期待在一個美好的社會中，每一個人可以獲得真正的解放及自我實現。非洲及亞洲的社會主義者經常強調，他們原先的社會傳統中，早就有了對社會性及群性的注重。因此，在這些社會中，社會主義其實是在保存傳統價值，對抗西方啟蒙工業化後帶來的個人主義。從1964到1985年擔任坦尚尼亞總統的奈亞瑞（Julius Nyerere）說：「其實在非洲，就像我們不需被教導『民主』一樣，我們也並不特別需要再信仰社會主義。」因此，他稱自己的觀點為「部族社會主義」。

主要概念

集體主義（Collectivism）

　　廣義而言，就是相信人類集體努力的成果，在實際上跟道德上都勝於個人努力的一種信念。它反映出人有社會性的天性，而且任何社會組織，不管是階級、民族、種族，或是其他任何種類，都是有意義的政治單位。但是，這個詞卻有多種用法。巴古寧及其他無政府主義者，以此來指稱由自由的個人所組成的自治公社。另外，有些人把集體主義完全視為是個人主義的對立，因為集體的利益應該凌駕個人利益之上。又，有些人把國家看成是實現集體利益的機制，所以只要國家權責擴大，就表示集體利益的增加。

在西方，在工業資本主義出現於民眾生活中數個世代之後，往昔傳統生活中常見的社會性，其實需要被重新找回。19世紀的烏托邦社會主義者傅立葉及歐文於是籌組實驗性的公社，就是以此為目標。傅立葉希望能

創建每個約1,800人的模範公社；而歐文也設立若干實驗公社，其中最有名的是1824到1829年在美國印第安那州的「新和諧」（New Harmony）公社。但最有名的公社應是以色列的「基布茲」（*kibbutz*），它基本上是在鄉村合作經營的集體農場。但在1960年以後，「基布茲」的集體色彩漸漸被沖淡。例如，集體養育小孩的制度已被取消了。

重要人物

歐文（Robert Owen, 1771-1858）

　　英國社會主義者、實業家以及合作社運動的前驅。他的著作《對社會的一個新看法》（*A New View of Society*, 1816），認為環境改變就可以促使人性改變，因此社會的進步需要先打造一個理性的社會體系。他譴責市場資本主義是不人道的制度，而應該用小規模合作社式的經濟來替代，其中的財產是公有的，而基本物資則免費供應所有成員。

合作

合作（Cooperation）
集體努力、協力工作，而裨益所有人。

　　如果人類是社會性的存有，社會主義者相信人的自然關係應是**合作**而非競爭。他們認為競爭使人與人相對抗，讓人放棄而非擁抱本然的天性。因此，競爭只會使人得到一小部分社會心理上的滿足，但是卻帶來自私及侵略性。另一方面，合作則具有道德及經濟涵義。互相合作而非競爭，才使得同情、關懷與情誼的心理產生。如此，不只是個人，連群體的量能都可被釋放與疏導。俄國無政府主義者克魯泡特金（Peter Kropotkin）就認為，人類作為一個物種，其之所以能生存下來並在地球上繁衍壯大，乃是由於具備了「互助」的能力。

　　社會主義者相信人不只受物質誘因，更可以受道德誘因而行動。理論上來說，資本主義獎賞績效，愈是努力或是技能高者，獎賞愈大。但是辛苦工作的道德誘因則在於為了群體的共善而盡力，尤其是出於為了弱勢

者而付出的一種同情心及責任感。很少有社會民主派的人會認為把物質誘因完全取消是可行的，他們多半認為物質及道德誘因參半更是需要的。例如，他們會認為追求經濟成長的道德誘因，是可以有經費支持社會福利去照顧弱勢者。

　　社會主義者對於合作的熱忱，刺激了合作社事業的發展。它是用來替代在資本主義下快速增長的競爭性及階層化組織之企業。生產合作社及消費合作社都是要調節不同群體中的人的經濟動能，以滿足相互之利益。在英國，合作社在19世紀初時興盛。這些合作社大量買進一些物資，再便宜賣給勞工社員。「羅德先鋒」（The Rochdale Pioneers）在1844年成立了一個日用品店，隨後整個英格蘭及蘇格蘭很快地跟上這股潮流。由工人組成的生產合作社，在西班牙北部及前南斯拉夫很普遍，而且某些工廠由工人們自行管理。前蘇聯的集體農場，雖然有地方上黨幹部的控制及中央的規劃，但也算是兼具合作社與自行管理兩特色的組織。

平等

　　社會主義作為意識形態的最大特色，即是注重平等，也是它與自由主義或是保守主義最大差異處。社會主義中強調的**平等主義**乃是指社會經濟條件的平等，或是所得的平等。社會主義者為此提出了三種論據。第一，社會經濟上的平等才符合正義或公平。社會主義者不

> **平等主義**
> （Egalitarianism）
> 意欲促進平等的理論或是措施；它認為平等是最重要的政治價值。

願承認財富的不平等是由於人的天生能力之差異，他們相信由於資本主義推動競爭及自利行為，所以人的不平等多是來自於社會結構的不平等。他們當然不會天真地認為人生而平等，但是平等主義不是指每一個學生考試時都獲同樣分數。它是認為人的不平等經常源自於社會給每個人不公平的對待，而非每個人天生有差異。從社會正義的角度看，所謂公平即是不管在酬勞上或是物質環境上，社會給予每一個人公平地或是比以前公平地對待。在政治及法律的意涵上，形式平等是絕不足以稱為公平的；因為，它忽略了資本主義之下的結構性不平等。另一方面，所謂機會的平等，卻因

為實質上承認了人的天生差異，因而正當化了不平等。

第二，社會經濟上的平等會使社群更凝聚，也會加強人的合作。人如果生活在平等的社會狀態中，他們較會彼此認同，而且為公益攜手合作。平等的結果會強化社會**凝聚**。同理，不平等導致衝突及不穩定。這同時也解釋了為什麼社會主義者會批評機會平等說，他們認為它會孕育鼓勵「適者生存」心態。例如，英國社會哲學家托尼（R. H. Tawney, 1880-1962）就斥之為「蝌蚪哲學」，強調社會就像蝌蚪演變成青蛙般，彼此競逐生存資源及機會。

第三，社會主義者會支持社會經濟上的平等，乃是因為基本需求的滿足，是任何人自我實現的基礎。所謂基本「需求」就是指它是必須的，不是一時虛幻的希冀或是想像，像食物、水、住屋、朋友等的基本需求，都是人活下來所必須。所以對社會主義者而言，他們的滿足正是自由的前提。因而，馬克思在他關於分配的共產理論中如此表示，「人盡其能，各取所需。」既然，所有的人都有類似的需求，如將財富根據需要做分配的話，自然就會朝向平等主義思考了。但同時，根據需要的滿足來分配也會有朝向不平等的意涵。例如，對於那些天生缺陷的人而言，他們自然需要更多。

各家看平等

自由主義者：基於上天賦予人同樣的生靈，因此他們相信人應是天生平等的。這意味形式平等，也就是法律及政治上的平等，以及機會的平等。他們也認為社會經濟上的平等，將會威脅到自由及對有能力者不公。古典自由派強調，嚴格的功績主義及經濟誘因，現代自由派則認為，真正的機會平等需要相對的社會經濟平等做基礎。

保守主義者：傳統上都是認為社會天生是階層化的，因此認為平等是憑空想像且不可能的。然而，新右派強烈主張機會平等，卻又認為財富不均有經濟優點。

社會主義者：視平等為基本價值，尤其擁護社會經濟之平等。雖然社會民主派開始朝向主張機會平等，但是社會經濟的平等，還是被認為是最終之社會凝聚所必須，也會使自由擴張，最後並通往正義社會。

無政府主義者：特別注重政治平等，亦即個人的絕對自主及自由，而認為任何政治不平等都形同壓迫。無政府主義的共產主義者則相信共產之下的絕對社會經濟平等。

法西斯主義者：相信在領導者、被領導者之間及種族之間，人類有根本上的不平等。然而，對民族及種族的強調，會讓他們至少在社會認同上視每一位成員為平等。

女性主義者：關懷的是性別平等，意指在性別上的平權及機會平等，或是社會經濟及經濟權力上的兩性平等。亦有一些激進的女性主義者認為，要求平等會使女人被「視為男人」。

環境生態主義者：主張生物中心的平等，也就是所有生物都有同樣權利生存繁衍。他們認為傳統的平等觀念是以人為中心的，不公平地排除了其他的生物。

雖然社會主義者都一致肯定社會經濟平等的重要性，但是他們卻對達成之程度及方法看法歧異。馬克思主義者及共產主義者相信，要有絕對的社會經濟平等，這可以靠取消私有財產及生產資財的**集體化**來達成。然而，社會民主黨人卻追求相對的社會經濟平等，這基本上要靠福利政策及**累進稅率**來達成。社會民主黨人想要節制資本主義而非消滅它，這無疑反映了經濟誘因的持續被重視，以及先前所談及的「需要之滿足」乃是針對消滅貧窮，而非無限上綱。如此一來，就模糊了原本經濟平等與機會平等的界線了。

集體化（Collectivization）

通常是經由國家強制規劃，取消私有財產，建立普遍的共同擁有制之經濟體制。

累進稅率（Progressive taxation）

有錢人比窮人付更多所得稅的一種賦稅制度。

無條件基本收入

事件：阿拉斯加「永久基金」設立。它從此成為世界上唯一一個持續實施實踐無條件基本收入的制度。此基金由阿拉斯加的石油與天然氣收入支應，每年給予確實定居此地的成年人及兒童一筆款項，在2019年時金額為1,606美元。這筆錢是完全無條件給付的。然而，不像其他的無條件基本收入方案一般，阿拉斯加的「永久基金」所給付的金額每年不固定，也並不夠基本生活開銷。芬蘭的無條件基本收入方案最為出名，它從失業者中任意挑選2,000人，每月給付560歐元，曾經從2017年1月到2018年12月整整實施兩年，沒有任何條件。

重要性：在新自由主義全球化下與自動生產衝擊就業下，社會大眾（尤其是左派與社會主義者）把這種制度看成是減少所得差距擴大的良方。贊成者認為，固定額度的無條件給付有助於社會正義（對貧者之助益大於富者）且能消除貧窮（如果金額足夠多）。這種思維背後的觀念是，無條件基本收入增加購買力因而刺激經濟成長，相應的稅收增加後也可以有助於繼續發放之財源。並且，這種制度對於勞資關係有影響，通常是有助於勞方，因為這樣一來資方要加薪才請得到人。

可是無條件基本收入也被批評。第一，在意識形態上它會激發與社會主義的平等思想對立的主張。例如美國的自由市場經濟學家傅立德曼（Milton Friedman）提出與它類似的方案，叫做「負所得稅」（也就是國家給付給國民而非國民繳稅），這樣就可以瓦解社會福利制度而同時鼓勵人自立更生。第二，縱使無條件基本收入制度可以減少所得差距，但是這個工具並不十分有效。理由之一就是它會占用了政府其他用來照顧弱勢的資源——例如醫療與教育，這二者其實對於弱勢者是較穩定的幫助。最後，無條件基本收入不僅會影響工作意願，而且也不能保證人們拿到錢後一定會審慎支用。

階級政治

社會主義者傳統上視社會階級為最深且最具政治意義的社會分化。

社會階級的政治有兩方面。第一，**社會階級**是
一個分析工具。社會主義者相信，至少在「前
社會主義」的社會中，經濟地位或是利益一致
的人，通常會一起思考及行動。換句話說，階
級、而非個人，才是歷史的主角，而因此成為
了解社會及政治變遷的關鍵。馬克思相信歷史

> **社會階級**
> **（Social class）**
>
> 基於經濟或是社會因素所
> 形成的社會區分，一個階
> 級指一群社經地位相類似
> 的人之組合。

的變化都是由於階級的衝突所致，就是這種思維最好的例證。社會主義階
級政治的第二種形式聚焦於工人階級，議題是關於他們的政治鬥爭及解放
問題。社會主義一向被視為是工人的階級利益之表達，而工人也是社會主
義得以實現的媒介。雖如此，階級並非是一個社會必要及永遠的特色，因
為已經實現社會主義的社會，不是已沒有階級，就是階級不平等大大減
少。工人階級在從資本主義的剝削中解放出來後，也自然地就會從它身為
無產階級的意識中解放出來，而成為自然、正常而完整的個人（fully de-
veloped human beings）。

　　社會主義者對於社會階級的本質與重要
性，其實看法不盡相同。馬克思主義者認為階
級跟經濟力量有關，也與個人對生產工具的擁
有與否相關。以此來看，階級的劃分是根據
「資本」與「勞動力」，或是**布爾喬亞**及**普
羅**。也就是說，根據擁有生產機具者及靠出賣
勞動力者這一組對比來區分。馬克思兩種階級
的模型是立基於布爾喬亞與普羅之間無可解消
的衝突而來，因此，也無可避免地最後要以無
產階級革命推翻資本主義來解決問題。然而社

> **布爾喬亞（Bourgeoisie）**
> 馬克思主義的詞彙，指一
> 個資本主義社會中的統治
> 階級，擁有生產工具。

> **普羅（Proletariat）**
> 馬克思主義的詞彙，指靠
> 出賣勞動力為生的階級；
> 但嚴格來說，普羅並不完
> 全等同於手工勞動者。

會民主黨人，卻大致上把階級區分為「白領」或非勞力工作者（中產階
級），以及「藍領」或勞動者（工人階級）。由此來看，社會主義本身的
進展可以用階級區分之慢慢改變來解釋：由於經濟及社會的變化，中產階
級與勞動階級的區分逐漸窄化了。因此，社會民主黨人相信社會改良與階
級和諧，而非階級對立與階級戰爭。

　　社會主義與階級政治之間的聯繫，從20世紀中葉以來已經逐漸泯滅。
這當然是由於階級凝聚力本身之削減，特別是由於傳統的工人階級與都市
無產階級之萎縮。階級政治的逐漸消退肇因於「去工業化」，也就是傳統
上勞力密集的產業如煤礦、鋼鐵、造船等之沒落。這不但使傳統的社會主
義政黨改弦易轍，轉而設法吸引中產階級；另一方面，他們也重新地去思
考往昔的激進主張，從階級解放轉變到如女性主義、環境生態主義、和平
或是國際發展等議題上。

各家看經濟

自由主義者：認爲經濟是市民社會中極爲關鍵的一部分。而對市場經濟及立基
於財產權、競爭及物質誘因的資本主義式經濟有著強烈的偏好。然而，古典自
由主義者喜歡「放任自由」式資本主義，但當代自由主義者卻承認市場的限
制，而接受有限度的政府管制。

保守主義者：明確地支持私營企業，但是傳統上卻是歡迎政府有限度的干預。
因爲，他們不喜歡完全地「放任自由」可能帶來的後果。新右派則擁抱不受政
府干預的資本主義。

社會主義者：馬克思主義的傳統是贊成共有制及絕對的社會平等，而經由國家
集體化與中央規劃來實現它們。社會民主黨人則支持福利政策及管制經濟式的
資本主義，他們接受市場，但是不願受其完全控制。

無政府主義者：拒絕任何形式的政府管制或管理。無政府主義的共產主義者，
支持共有制及小規模自營企業。無政府主義的資本主義者卻認爲，應該完全交
由市場決定。

法西斯主義者：在資本主義及社會主義之外尋求「第三條路」，而通常是以團
合主義（corporatism）的理念引領之，也就是把資本及勞動力聯合在一個有機
的經濟整體中。支持國有化及中央計畫經濟，因爲他們最終要把利潤整個交付
給國家或民族之用。

環境生態主義者：對於市場資本主義及國家集體化的經濟都反對，認爲他們一
味追求成長，而且不顧環境生態。認爲經濟學應該要顧及生態學，並改變不顧
一切追求利潤的心態，轉爲尋求人類與自然的長期和諧與共生關係。

共有制

社會主義者經常將人類競爭及不平等這些現象溯源至私有財產這個制度上，在此私有財產乃是指生產性財產或是資本，而不是一般個人所擁有的衣服、家具、住宅等財產。這種對財產的態度，使得社會主義與自由主義或保守主義產生很大區隔；後兩者視財產為自然且應當的。社會主義者基於幾個原因批評私有財產制：

◆ 第一，財產私有並不公平，因為財產乃是由社會整體所共同努力而產生的，因此不應由某些私人去獨占擁有。

◆ 第二，財產會使人醞釀占有心態，因此對德性養成有害。私有財產鼓勵人重視物質，讓人錯誤地以為追求財富可以使人快樂與成就自己。以至於有財產者希望更多，無產者希望有產。

◆ 第三，財產會製造分裂，助長了社會中的爭執與衝突。例如，資方與勞工間、雇主與受僱者間，以及富者與貧者間等。

因此很自然地，社會主義者就提出乾脆廢除私有財產，或者以共產制度代替之。當然，還有較溫和的方式，就是從社會整體利益觀點對私產加以調節限制。**基本教義派的社會主義**者，例如馬克思及恩格斯，希望廢除私有財產，而藉此形成一個沒有階級的共產社會來替代資本主義。很顯然他們相信財產應該共有，而且應為眾生的福祉而服務。但是他們卻對應如何做沒有明確交代。當列寧及布爾什維克透過1917年革命掌權後，他們相信可以用**國有化**方式來完成社會主義。這個過程卻一直到1930年代才完成，是由史達林藉著「二次革命」將中央計畫經濟引入，它就是建立在國有化、集體化下的經濟及財產制度。其實「共有制」表示了國家擁有，用前蘇聯的話來說，就是「社會主義國家的財產」。於是，蘇聯乃

> **基本教義派的社會主義**
> （Fundamentalist socialism）
>
> 希望完全消除資本主義，建構一個新社會的社會主義。

> **國有化**
> （Nationalization）
>
> 指國家或大眾共同擁有企業或資產，指個別企業，也可以指整個經濟。

國家社會主義
（State socialism）

社會主義的一種形式。國家為了人民福祉而控制或主導經濟。

混合經濟
（Mixed economy）

公有制與私有制兼具的經濟體系。

發展成一個**國家社會主義**體制。

　　社會民主黨人也對國家能扮演的角色感興趣，他們希望透過國家使得財富可以被集體擁有，而經濟能做中央式的理性規劃。但是，西方國家推行國營企業化卻是審慎選擇性的辦理，目標不是全面國有化，而是保留一些私有企業的**混合經濟**。例如在英國，1945到1951年的艾德禮（Attlee）工黨政府把號稱經濟上有「戰略位置」的企業收歸國有，例如媒、鐵、電及瓦斯等。政府希望透過這些企業可以間接地調控整個經濟，而不需全面國有化。但是，自從1950年代以後，國會中的社會主義政黨已經慢慢地不再主攻國營或私營議題，而是以追求平等及社會正義的議題來取代推動國營與公有制。然而在2007到2009年的全球金融海嘯後，社會主義思想陣營內開始重新評估資本的重要性，例如法國的經濟學家皮克提（Thomas Piketty）。

重要人物

皮克提（Thomas Piketty, 1971-）

　　法國經濟學家，研究焦點為所得分配問題。他的暢銷書《21世紀資本主義》（*Capital in the Twenty-First Century*, 2014）提出一個理論，就是資本收益大於經濟成長，因此所得差距一定會持續惡化，除非用一些非常手段設法減少富人的人數。他因而倡議「全面的累進稅」。這種思維在他2020著作《資本與意識形態》（*Capital and Ideology*, 2020）中繼續發展，本書中他分析了「所得不平等體制」，且建議推行高累進的三稅（所得稅、財產稅與繼承稅），稅率可高達90%。

社會主義的類型

社會主義有兩種：

◆ 共產主義（communism）
◆ 社會民主（social democracy）

共產主義

社會主義中有一支共產主義的傳統，它反對私有財產並且很明顯地偏好一切資源的共有制。它有許多不同的類型，甚至與無政府主義都有重疊處。例如，第5章將會探討到的無政府共產主義。但歷史上最有名的共產主義無疑是馬克思主義。嚴格說來，「馬克思主義」作為一個思想體系，大致上是等到馬克思本人1883年過世以後才開始；馬克思的生前好友恩格斯、考茨基及俄國理論家普列卡諾夫（Georgi Plekhanov, 1857-1918），把他的思想整理成適合當時社會主義運動來使用的一種體系及世界觀。這種被正統化的馬克思主義思想，通常被稱為**辯證唯物論**（但是馬克思本人卻從未使用過這個詞，它是普列卡諾夫發明的），後來成為了蘇聯共產主義的基礎。有些人視馬克思為經濟決定論者，另外有人則

> **辯證唯物論（Dialectical materialism）**
>
> 簡單化的及決定論式的馬克思主義之形態，在共產主義國家中是官方文化立場。

主要概念

共產主義（Communism）

用最簡單的話來說，共產主義就是共同經營社會生活，尤其是財產共有。對馬克思主義者言，共產主義乃是最理想的境界，在其中沒有階級，有最理性的經濟結構——物盡其用。而且，因為沒有階級衝突，國家逐漸萎縮。但所謂「官式」共產主義乃指20世紀以馬克思主義為名義所建立起的社會主義體制，在其中，馬克思列寧主義是官方意識形態，共產黨以指導引領的角色獨攬大權，計畫性經濟及集體化是其經濟體制上的特色。

認爲他是人道社會主義者。此外，有人宣稱他早期與晚期著作不同，也就是所謂的「青年馬克思」與「成熟馬克思」之間的差異。然而，有一件事是再清楚不過的，那就是馬克思認爲自己創發了一種新的社會主義。他認爲它是科學的，因爲它立基於找出社會與歷史發展的本質與規律，而非對資本主義提出道德性批判。

我們可歸結出三種馬克思主義：

◆ 古典馬克思主義（classical Marxism）
◆ 官式共產主義（orthodox communism）
◆ 新馬克思主義（neo-Marxism）

古典馬克思主義

哲學

古典馬克思主義——也就是馬克思的馬克思主義——的核心是一種獨特的歷史哲學，它討論爲什麼資本主義終將潰敗；而基於它是科學的分析結果，社會主義必然可以取而代之。但是，爲何馬克思自己如此相信他的學說是科學的呢？他批評先前的法國社會主義思想家聖西門（1760-1825）、傅立葉及英國的歐文等人的學說爲烏托邦，因爲他們的社會主義思想是建立在一種想要全盤改造社會的希望上，但是卻與社會實際的階級鬥爭及革命無關。對比之下，馬克思費心地做了人類歷史及社會過去的實際發展之研究，希望能夠對未來發展的方向與本質得到了解。但是，很令人好奇的卻是也不知是否出於馬克思本人的意願，馬克思主義本來是一種用科學方法探查人類歷史的社會研究體系，到後來卻彷彿變成追隨者的一種宗教信仰。恩格斯宣稱，馬克思已經發現了歷史與社會發展的鐵律，就是這種轉變的一個清楚的指標。

> **歷史唯物論（Historical materialism）**
>
> 馬克思主義的理論，認爲物質與經濟狀況決定法律、政治、文化與其他社會存在。

馬克思與其他社會思想家在研究方法上最大的不同在於，他使用恩格斯所謂的「唯物史觀」，或是稱爲「**歷史唯物論**」（見圖4.1）。馬克思拒斥了德國哲學家黑格爾（Hegel, 1770-1831）的唯心論，這種唯心論

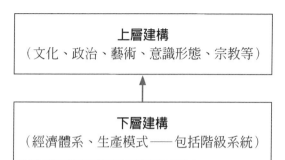

圖4.1　歷史唯物論

認為歷史即是「世界精神」（*das Geist*）逐步展現之過程；而馬克思認為具體的物質生活條件，才是各種形式的社會及歷史發展的基礎。這就表示維生物資的生產是人類所有活動中最重要的。人類既然不能離開食物、水、住屋等，則這些東西的生產方式就決定了人類生活的其他面向。簡言之，「社會存有決定了我們的意識」。在1859年《政治經濟學批判》（*Contribution to the Critique of Political Economy*）的序言中，馬克思提出了唯物史觀最簡明的表述，他說任何社會意識及法律或政治的「上層建構」都由經濟的「下層建構」所產生出來。所謂「下層建構」就是生產模式，也即是封建式、資本主義式或是社會主義式經濟等。所以，馬克思結論道：政治、法律、文化、宗教、藝術及生活上的其他面向都可由經濟因素決定（見本書第4-6頁，了解如何將其應用於馬克思的意識形態理論）。

　　雖然馬克思對黑格爾有所批評，但他還是繼承了後者的此一信念：歷史變遷背後的驅動力是**辯證法則**；也就是說，進步是內部衝突的結果。對黑格爾來說，正命題與其對立——即是反命題，二者之矛盾所帶來的綜合命題代表了更高一層次的發展。這就是所謂經由衝突而來的「絕對精神自我實現」之必然過程，而最後會臻於「世界精神」。恩格斯說，馬克思「把黑格爾倒轉過來」，意即他把黑格爾的辯證法使用在唯物論的歷史解釋上。馬克思把無產階級視為「資本主義的埋葬者」，因

> **辯證法則（Dialectic）**
> 事物發展的一種過程。兩種對立的力量演化成更高階段之存在，而歷史變遷是由於社會內部的矛盾所致。

爲資本主義內部就蘊含了它本身的對立──無產階級必然誕生於其中。所以，馬克思用這種內部衝突解釋了「生產模式」之內的必然歷史變遷。資本主義和無產階級之間的衝突因此會帶往一個更高階段的發展，也就是社會主義，甚至最終到共產主義的建立。

　　所以，馬克思的歷史理論是目的論式的，意即它視歷史爲具有某一意義或目的。對他而言，人類最終價值爲無階級的共產社會。但這只有當歷史經由一連串的階段逐漸演變才有可能，而每一階段都有其相應的階級結構特色。在《德意志意識形態》（*The German Ideology*, [1846] 1970）一書中，馬克思指出有四種歷史階段：

◆ 原始共產或是部落社會，其中物質的缺乏成爲衝突的原因
◆ 奴隸社會，在古典時代或古代社會都存在，它的特色是主人與奴隸之間的衝突
◆ 封建社會，地主與農奴之間的敵對
◆ 資本主義社會，布爾喬亞階級與無產階級之間的鬥爭

　　因此，人類歷史是一長串的壓迫者與被壓迫者、剝削者與被剝削者之間的鬥爭。然而，像黑格爾一般，馬克思也憧憬一個歷史的終結。在這最後出現的一種社會中，沒有內在的矛盾或是敵對。對馬克思而言，這就是共產主義，建立在生產工具共有制上的一個無階級社會。共產社會建立後，馬克思原本所稱的「人類的史前期」於是得以告終。

經濟

　　在馬克思早期的著作中，他對資本主義的批評主要在**異化**這一概念上。因爲，資本主義是一個爲交易而生產的經濟制度，人們跟他們自己

> **異化（Alienation）**
>
> 意味與個人眞正的、基本的本質分離。在馬克思主義中，用以指涉在資本主義下工人的勞動力變成一種不屬於他自己的商品。

生產的產品之間產生「異化」。他們生產非自己所需或是有用的產品，而是用來銷售獲取利潤的「商品」，所以他們也可說是跟勞動過程本身產生「異化」。因爲，他們是在管理人員的監督下被強制生產工作。更且，他們的工作並非是社會性的，他們在資本主義之下變得自

私自利，因而也跟其他人疏離「異化」。最後，勞動者與他們自己「異化」，因為此時他們的勞動已經變成計價而給付的商品，工人們無法進行有創造性和有成就感的勞動。

　　然而，稍後馬克思不用「異化」，而用階級鬥爭及剝削來分析資本主義。馬克思以經濟力量來界定階級，特別是人與「生產工具」的擁有權之間的關係。他相信，資本主義社會正逐漸被分割成兩個大的對立階級：布爾喬亞與普羅。對馬克思及後世的馬克思主義者而言，對階級體系的分析是歷史研究的鎖鑰，也使得我們可以預測資本主義的未來。用《共產黨宣言》（*Communist Manifesto,* [1848] 1968）的話來說，「迄今所有出現過的社會的歷史，都是階級鬥爭的歷史」。階級，而非個人、政黨或是任何其他運動，乃是歷史變遷的主要因素。

　　馬克思相信階級之間的關係是無法調和的敵對性，**統治階級**一定會壓榨剝削臣屬階級。馬克思用**剩餘價值**來解釋。資本主義之下，利潤的追求只有靠壓榨勞工的剩餘價值，也就是付給他們的工資低於他們的勞動力所帶來的價值。因此，經濟剝削是資本主義生產模式中的一個基本特色，與雇主個人本身慷慨與否蓋無關係。馬克思不只想要揭露資本主義因為階級衝突所帶來的不穩定性格，也想要分析資本主義式經濟發展的本質為何。特別是，他想要探討資本主義陷於不斷加深的經濟危機的傾向。這些是由於週期性的過度生產，使得經濟遲滯以致失業擴大，而勞工困頓。每一次危機都日益嚴重，因為長期來說利潤率是遞減的。最後的結果，就是逼使社會上最大的階級──無產階級，在生活條件日益惡化下走向革命。

> **統治階級**
> （Ruling class）
>
> 馬克思主義詞彙，指某一個階級因擁有生產工具，所以掌握了政治經濟權力。

> **剩餘價值**
> （Surplus value）
>
> 馬克思主義的詞彙，指勞動者被資本主義機制剝削的某一部分勞動力之價值。

政治

　　馬克思最重要的預測，就是資本主義必會被無產階級革命所推翻。這不僅是推翻統治菁英與國家機器的政治革命，也是建立起新的生產模式

的**社會革命**，最終實現共產主義。他期待這個革命會在資本主義最發達的地方產生。例如，英國、德國、比利時及法國。因為，在那些地方生產力已經達於資本主義體系中的極限。然而，革命並不是只由客觀環境決定，無產階級的「階級意識」也決定了主觀的因素。也就是

社會革命
（Social revolution）

社會的結構發生質變：對馬克思主義者而言，社會革命乃指生產模式及所有權制度發生改變。

說，當主客觀因素都成熟時，革命就會發生。當階級間的敵對加劇時，普羅大眾就會認清自己被剝削的事實，因而變成一股革命的力量，即是成為一個會具體導致歷史變遷的階級。這樣說來，革命就變成一個自發性的事情，由自我引領及自我領導的無產階級來推動執行。

　　這種無產階級革命的初始目標是布爾喬亞國家。在它看來，國家是一個由經濟上強勢階級所操控的壓迫工具。如馬克思在《共產黨宣言》中所說，「現代國家的掌權者，只不過是資產階級事務的管理委員會」。不過，馬克思不認為可以直接從資本主義轉型到共產主義，只要階級對立存

無產階級專政（Dictator-ship of the proletariat）

馬克思主義的詞彙，指資本主義崩解到全面共產主義建立前的過渡階段，是由無產階級當政的政治結構。

在，過渡性的社會主義發展階段就有需要。馬克思稱此為**無產階級專政**。無產階級國家的目的，在於確保革命的成果，不會被私產被沒收的布爾喬亞階級之反革命行為破壞。然而，只要階級對立隨著共產主義世界的來到而消退時，國家就會「萎縮」——當階級制度不存在時，國家就失去存在的理由。共產主義社會是

沒有國家的，也沒有階級的。因此，貨品的生產會依照人類的需求，而非市場決定。

官式共產主義

　　俄國革命及其後續發展塑造了20世紀人們對於共產主義的印象。由列寧領導的布爾什維克黨，在1917年10月一次軍事政變中奪權，而次年就採用了「共產黨」的名稱。因為這是歷史上第一個成功的社會主義革命，所以直到至少1950年代為止，布爾什維克的領袖們在共產世界中享有無可置

疑的權威。全世界各地的共產黨因此都接受莫斯科在意識形態上的領導，也加入1919年成立的「共產國際」。東歐在1945年、中國在1949年、古巴在1959年以後成立的共產政權，以及其他的共產政權，都仿效蘇維埃的結構。因此，蘇聯共產主義變成共產政權中最主要的模式，馬克思列寧主義成為共產世界支配性的意識形態。

然而，20世紀共產主義的發展與馬克思及恩格斯的理念和期待不盡相同。首先，雖然20世紀成立的共產黨是立基於古典的馬克思主義而來，但是他們都被迫將這些理念修改，以適應於奪取政權這個第一要務。20世紀的共產主義領袖們需要比馬克思本人更為注重領導統御、政治組織、經濟管理等課題。其次，每個共產政權都是由各自特定的歷史環境中所產生，因此他們並非如馬克思所言，由西歐資本主義發達國家中產生，而是從像俄羅斯及中國這種落後的農業國度裡誕生。所以，這些國家中的都市無產階級力量都很弱小，根本不能推動真正的階級革命，共產政權也都由共產黨內菁英來操縱。蘇聯的共產統治，乃是由前後任的布爾什維克領導人列寧及史達林來掌權。

列寧可算是同時身為政治領導者與政治思想家，他的理論反映了建立一個共產政權時奪取權力的優先性。**列寧主義**的核心特色就是一個新形態的革命政黨或是**前鋒政黨**的必要性。與馬克思不同，列寧並不相信普羅大眾會自發地產生革命的**階級意識**，因為他們都會被布爾喬亞所宣導的理念所蒙蔽。他認為，只有「革命政黨」才能帶領工人從「工會意識」進步到革命的「階級意識」。這個政黨應該是由職業革命家所組成，它能夠帶領工人是因為它在意識形態上的認識，尤其是對馬克思主義的了解。這個政黨可以作為無產階級的「前鋒」，

列寧主義（Leninism）

列寧對馬克思主義的最主要理論貢獻之一，主要指藉著革命的或是前鋒的政黨，來喚起無產者的階級意識。

前鋒政黨（Vanguard party）

指一個能領導無產階級建立起革命所需的階級意識的政黨，這是列寧所創發的名詞。

階級意識（Class consciousness）

馬克思主義的詞彙，是指為資產階級利益服務的思想與理論，通常都會掩飾資本主義社會內部的矛盾。

列寧（Vladimir Ilich Lenin, 1870-1924）

俄羅斯馬克思主義理論家及革命者。他是蘇維埃的首任最高領導人（1917-1921）。在《該做什麼？》（*What is to be Done?* 1902）中，他強調成立一個嚴密組織的前鋒政黨的重要性，由它來領導普羅階級進行革命。在《帝國主義：資本主義的最高階段》（*Imperialism, the Highest Stage of Capitalism*, 1916）中，他對殖民主義進行了一個經濟分析，宣稱可以將帝國主義引發的世界性戰爭轉變爲階級戰爭。《國家及革命》（*The State and Revolution*, 1917）則顯示出列寧欲堅定地走革命之路，而拒絕選舉式民主或是布爾喬亞式議會路線。

民主集中制（Democratic centralism）

列寧對共產黨組織的設計，希望能兼顧決策前的自由討論與之後的行動統一。

因爲有馬克思主義的引領，它得以察知工人的利益，也能致力於喚醒無產階級的革命潛能。列寧更進一步宣稱，前鋒政黨應該依照**民主集中制**的原則組成。可是列寧對於共產黨的理論也遭致其他馬克思主義者的批評。特別是羅莎盧森堡（Rosa Luxemburg）認爲「前鋒政黨」會產生不斷「代替」問題，也就是它執政後就代替了無產階級的聲音，到最後，黨的最高領導人就又「代替」了黨本身。

當1917年布爾什維克掌權時，就是依此原則組成，而且以無產階級之名爲之。如果布爾什維克黨是代表工人的利益，那麼反對黨必然是代表敵對階級的利益，也就是布爾喬亞。無產階級專政意味此番之革命，必須防止階級敵人之顛覆。因此，也就意味革命必須鎮壓一切除了共產黨以外的政黨。到了1920年時，俄羅斯已經變成一個一黨專政的國家。列寧的理論其實就是意指一個專制壟斷權力之政黨，由它完全代表無產階級之利益，而且領導革命朝向最後的目標邁進——建立起一個共產社會。

蘇聯共產主義也受1924到1953年的史達林統治之影響甚大，甚至超越列寧。如果我們將1930年史達林的「二次革命」與列寧的「十月革命」

重要人物

羅莎盧森堡（Rosa Luxemburg, 1871-1919）

　　波蘭裔社會主義者，她主張革命馬克思主義，也是從民主立場第一個對布爾什維克做出批評的馬克思主義者。她強調民主機制，故譴責列寧的中央領導前鋒政黨為企圖控制工人階級的作法。她認為前鋒政黨就是專制政治，因此準確地預測了俄國革命的日後發展。她同時也譴責伯恩斯坦與其他人的修正主義路線，所以秉持的立場應屬於20世紀兩大社會主義傳統之間，也就是並非官式共產主義也非社會民主。她與萊布轟司特共創斯巴達聯盟，也就是稍後德國共產黨的前身。該聯盟在柏林起事時她被逮捕處死。

相比，就可發現前者對俄國的影響更顯著。所以，可見史達林個人所造成的衝擊非常巨大。史達林做得最大的意識形態修改見於「一國社會主義」這個觀念中。它原先由布哈林（Bukharin）在1924年提出，意即俄國蘇維埃可以不需要國際共產革命的推波助瀾就能自己建立起一個共產主義社會。當史達林掌權後，他主導了劇烈的經濟及政治改革，由1928年宣布的一個五年計畫開始帶動。他的五年計畫帶來了快速的工業化及私有企業的消滅殆盡。從1929年開始，農業展開了集體化的耕作，以致於成千上萬的農人被迫離開自己家園，加入集體農場或公社。這就是「經濟**史達林主義**」，也就是「國有集體化」或是「國家社會主義」。資本主義的市場現象完全被消除，而由中央規劃經濟所代替；這是由「國家經濟計畫委員會」所主導，它乃是由一些設在莫斯科的非常有權力的經濟小組所組成。

史達林主義（Stalinism）

由全面及嚴峻的政治壓迫所帶來的中央規劃式經濟，由史達林時期俄羅斯來代表。

　　伴隨「二次革命」而來的是巨大的政治變革。在1930年代，史達林粗暴地使用他的無上權力，藉著祕密警察來進行一連串的整肅異己的行動。共產黨員人數驟減，只剩下一半，上百萬的人死亡，其中甚至包括列寧時代政治局的委員在內。此外，也有好幾百萬人經歷被囚禁於勞改營的悲慘

命運。政治上的史達林主義因此是一種極權主義式的獨裁，透過一個專制政黨來箝制社會，但是此政黨內部卻也經由恐怖領導來消除任何批評反對的聲音。

新馬克思主義

　　當馬克思主義——或是更常被稱呼的馬克思列寧主義——被東歐的共產黨奉持為近乎宗教式的信念時，在西歐一股微妙的轉變發生了，而產生出一種新形態的馬克思主義思潮。它被稱為當代馬克思主義或是西方馬克思主義、**新馬克思主義**，這是一種想要保留原始馬克思主義若干重要方法論之立場，但卻對其理念做了修改以符合現狀的企圖。

> **新馬克思主義**
> （Neo-Marxism）
>
> 修正式的馬克思主義，反對決定論、經濟為主的思維以及無產階級的優越性。

　　當代馬克思主義有兩個特色。第一，原始馬克思主義預言資本主義即將崩潰，當代馬克思主義卻想要重新檢視其階級分析之理論。特別是，他們更重視黑格爾的思想，也重新看待馬克思早期著作中所言「人是創造者」這個觀念。因而，當代馬克思主義者除去了下層建構／上層建構這個枷鎖，所以他們不再把階級鬥爭視為社會分析的起點或是終點。第二，當代馬克思主義者不喜歡布爾什維克式的官式正統共產主義，當然也常被後者排斥。

　　匈牙利的馬克思主義者魯卡奇（Georg Lukács, 1885-1971）是第一位將馬克思主義視為人本哲學的人。他強調「物化」這個概念，認為資本主義將工人貶為消極的物體一般，只是在市場上販售勞動力的一種類似於商品的東西。葛蘭西則提醒人們注意，不只不公平的政治力及經濟會維護階級制度，布爾喬亞的「文化霸權」（hegemony）——它是精神上及文化上統治階級的主宰及支配力——會在市民社會中透過媒體、教會、青年運動、工會等起著散布及鞏固資本主義價值與信仰的作用。另外，法蘭克福學派是一個深具黑格爾色彩的馬克思主義團體，領導者包括阿多諾（Theodor Adorno, 1903-1969）、霍克漢默（Max Horkheimer, 1895-1973）、馬庫色（Herbert Marcuse）等人。法蘭克福學派理論家發展出所謂的批判理論，這是馬克思主義政治經濟學、黑格爾哲學，以及佛洛伊德精神分析的

混合。這種理論對於**新左派**影響很大。法蘭克福學派的「第二代」代表人物是哈柏瑪斯（Jürgen Habermas），他的論述廣博，其中包含了對資本主義社會的「危機傾向」——資本累積與民主間產生的緊張關係——所做的分析。

重要人物

馬庫色（Herbert Marcuse, 1898-1979）

德國政治哲學家及社會理論家。馬庫色作品中核心的部分是他對先進資本主義社會所做的描繪——他把它視為一個全面性的壓迫機制，壓制論述與辯論並設法吸收含納各種反對力量。他融合馬克思、黑格爾及佛洛伊德的觀念，呼籲用烏托邦式個人的及性的解放，以脫離宰制，且不倚恃傳統的勞動階級作為革命力量，而以學生、少數族裔、婦女及第三世界的工人來組織對抗力量。他最重要的作品包括《愛與文明》（*Eros and Civilization,* 1958）《單向度人》（*One-Dimensional Man,* 1964）等。

主要概念

新左派（New Left）

新左派興起於1960與1970年代，指稱一些思想家與他們代表的一種社會思潮運動，其目的主要是振興社會主義理論並且批判先進工業社會。這個運動拒絕「舊」左派，例如蘇維埃式的國家社會主義與欠缺激進的西方社會民主。他們受到了馬克思年輕時期著作的影響，以及無政府主義與激進的現象學、存在主義等之啟發，所以其實立場分歧。共同的堅持包括了反對壓迫式的傳統社會建制，與透過「解放」來致力提升人的自主性與自我實現。他們對於勞動階級能成為革命力量的可能性感到失望，也同情各種認同政治，偏好權力分化與參與式民主。

社會民主

　　社會民主主義作爲一種意識形態的立場，約在20世紀戰後初期形成，那時社會民主價值的熱潮興起於社會主義國家之外，許多西方國家都有了一種建立社會民主的共識。然而，1970及1980年代以後，在新自由主義的挑戰與經社環境變動下，社會民主面臨選舉挫敗的壓力與政治可行性問題。到了20世紀末時，全球的社會民主政黨都在意識形態立場上逐漸退卻了。

主要概念

社會民主（Social Democracy）

　　社會民主是主張在市場資本主義與政府干預型經濟間求取平衡的一種意識形態立場。因爲要調和市場與政府，社會民主通常缺乏一套系統性理論，而且經常是模糊地遊走這兩極間。但它還是可歸結出以下特色：1.還是需要靠資本主義來產生財富，但是它在處理分配問題上是不好的，因爲無法解決貧窮及不平等；2.資本主義的缺失可由經濟及社會干預來彌補，由國家守護公共利益；3.應經由和平及合憲方式從事社會變革。

倫理社會主義

　　我們需知道，實際上道德與宗教比科學分析提供了更多社會民主思想的理論基礎。社會民主派的人並未接受唯物史觀及馬克思與恩格斯的體系性思想，而是提出了對於資本主義的道德批判。簡言之，社會主義被認爲是較資本主義有道德優越性。因爲人是倫理性的生物，藉由愛、同情心與熱情彼此相連。這些理念經常使得社會主義具有烏托邦性格。在倫理社會主義之下的道德觀是立基於人本及宗教原則。法國、英國及大英國協國家的社會主義強烈受到傅立葉、歐文及莫里斯（William Morris, 1854-1896）的人道主義的影響，而不是馬克思「科學」社會主義的影響。同時，倫理社會主義也從基督教汲取信念。例如，英國有一個長遠的基督教社會主義傳統，在20世紀托尼的著作中可見。影響英國社會主義的基督教倫理是四海之內皆兄弟這樣的觀念，就是所有人皆爲上帝所造，出自於聖經上「愛

鄰人如自己」的訓示。在《貪婪的社會》（*The Acquisitive Society*, 1921）中，托尼譴責資本主義，因爲它是由「貪慾之罪」驅動，而不是由「四海一家」的信仰所支持而來。

社會民主思想不採科學分析，而偏向從道德及宗教來批判現狀，當然會減弱其本身的理論性。社會民主主義一直關切社會中財富的公平分配，這也正是社會民主思想中最重要的一個原則——**社會正義**——的內涵。社會民主主義其實內含廣泛的理念光譜，從左翼的追求平等及國有化，到偏右翼的追求市場效率，以及個人自足這種與自由主義及保守主義難分的立場都有。有一些人想爲社會民主主義尋找理論基礎，爲此，他們嘗試重新檢視資本主義或是重新定義社會主義的目標。

> **社會正義**
> （Social justice）
>
> 財富分配合於道德直觀的情況，通常指財富更平均。

改革式社會主義

社會主義中最原始的、最基本的目標是生產工具的共同擁有，於是它們就可以被使用於大眾的共同利益上。這需要先取消私有財產及透過革命的方式，將資本主義生產模式轉變爲社會主義的模式。由它的角度來看，資本主義是罪大惡極的，它是階級剝削及壓迫的體系，所以應該完全被廢止，而不是改革。然而，隨著工人階級待遇逐漸改善與民主參與機制的擴大，從19世紀後期開始愈來愈多的社會主義團體或政黨開始接受**改革主義**。其核心思想乃是「馴服」而非消滅資本主義。1884年成立的費邊社（Fabian Society）就是英國在這方面的代表。它由韋布夫婦（Beatrice and Sidney Webb）所領導，成員包括一些著名的知識分子如蕭伯納（George Bernard Shaw）與威爾斯（H. G. Wells）。費邊社之名來自古羅馬將軍Fabius Maxim，他乃是以耐心與戰術聞名（擊敗漢尼拔大軍）。在他們看來，社會主義最終也會獲勝，由自由主義的資本主義慢慢演變而來。他們堅信民主最終會保證社會主義的勝利，費邊社成員因此擁抱「無可避免的**漸進主義**」。

> **改革主義**（Reformism）
>
> 指透過改革來改善，而非執著於革命性的改變現狀。

　　費邊社也影響了1875年成立的德國社會民主黨。在理論上他們服膺馬克思主義，實踐上則受拉薩爾（Ferdinand Lassalle, 1825-1864）影響而採行漸進路線。拉薩爾認爲隨著政治民主化，國家必須回應勞動階級的聲音，他因此預期可經由國家善意地推動漸進的社會改革，而終於實現社會主義。這種想法由伯恩斯坦（Eduard Bernstein）集大成，他的《演化式社會主義》（*Evolutionary Socialism*, [1898] 1962）算是馬克思主義中**修正主義**的第一本重要著作。伯恩斯坦認爲資本主義會逐漸複雜與分化，特別是股票市場制度使得擁有財富的人增加，而公司老闆也從之前的一個人變成數目廣大的股東了。因爲受薪者、技術人員、政府人員與專技人士數目大增，中產階級規模也膨脹，這些人既不是資本家也不是普羅階級。在他看來，這意味著可藉由把主要產業國有化與促進勞動階級的法律地與福祉，資本主義被和平地與民主地逐漸轉化。

重要人物

伯恩斯坦（Eduard Bernstein, 1850-1932）

　　德國社會主義政治家與理論家。他企圖把原始馬克思主義加以改造以適應現代社會。在1898年的著作《演化式社會主義》一書中，他認爲資本主義的經濟危機並沒有更加劇，反而是減輕了。而且，勞動階級的狀況有穩定的改善。基於此，他主張和平漸進地過渡到社會主義，不需要採革命手段，並且認爲自由主義與社會主義其實沒有很大差異。最後，他完全脫離了馬克思主義。

　　西方社會主義政黨其實在作法上都在修正，即便是理論上沒有宣稱。他們要「馴服」資本主義，而非取消它。在某些個案中，他們仍維持形式

上的對社會主義目標的堅持。例如，英國工黨在其1918年黨綱中載明：
「致力於生產工具、分配及交換的共同所有制。」但是，隨著20世紀的演
變，社會民主派已經放棄對於計畫經濟的堅持，因為他們察知到資本主義
市場的效率及活力。瑞典的社會民主勞動黨在1959年哥登堡大會（the Bad
Godesberg Congress）上，採納了「可能時允許競爭、必要時就用計畫」
的原則。在英國，1950年代末期正式改採修正主義的提議失敗了，因為勞
動黨全國大會否決了當時領袖蓋斯葛（Gaitskell）所提議的廢除黨綱第四
條款案。雖如此，勞動黨掌權時，卻從未認真地要將重要企業國有化。

社會主義內部的緊張關係（I）

社會主義式民主		共產主義
倫理社會主義	←→	科學社會主義
修正主義	←→	基本教義主義
改革主義	←→	烏托邦主義
演化／漸進	←→	革命
「人性化」資本主義	←→	消滅資本主義
重分配	←→	共同擁有制
緩和階級衝突	←→	階級社會
相對平等	←→	絕對平等
混合經濟	←→	完全國有化
經濟管理／管制	←→	中央規劃
議會民主政黨	←→	前鋒政黨
政治多元主義	←→	無產階級專政
自由主義式民主的國家	←→	無產階級／人民的國家

放棄計畫經濟及大規模國有化，使得社會民主主義可以有三個更溫和的努力目標。社會民主支持：

◆ 混合經濟。就是讓公營與私營同時存在，也就是走市場資本主義與國有制的中間路線。社會民主黨人倡議國有化時，總是小心翼翼地選擇那些占據經濟置高點的企業項目，或是明顯有獨占傾向的項目來執行。例如，1945到1951年艾德禮的勞動黨政府，將水、電、瓦斯、鋼鐵及鐵路等國有化，但是卻讓大部分英國企業維持私營。

◆ 管理式經濟。社會民主派人士想要管制及管理資本主義經濟，是爲了維持經濟成長及控制失業。在1945年後，大部分社會民主黨都轉而採用凱恩斯主義來控制經濟，與追求充分就業的目標。

◆ 福利國家。社會主義者視福利政策爲改良資本主義，使其更人性化的主要手段。福利國家被認爲是一種重分配機制，可以幫助提升社會公平及消除貧窮。資本主義不需要被取消，只要修改成爲改良式或是福利式資本主義即可。

英國政治家及社會理論家克勞斯蘭（Anthony Crosland, 1918-1977）嘗試對上述發展給予理論支撐，也算是賡續伯恩斯坦的努力。在《社會主義的未來》（*The Future of Socialism*, 1956）一書中，他相信當代資本主義和19世紀時，馬克思所見者差異極大，所以就以**管理主義**而非有產／無產階級來解釋現代社會中的權力結構。克勞斯蘭指出，一個由管理者、專家及技術官僚組成的新的階級，已經顛覆了舊的資本家階級而成爲支配所有工業社會的勢力，不論是資本主義還是共產主義。

> **管理主義**
> （Managerialism）
>
> 指相信技術官僚或是專業管理人士，實際上在控制資本主義或社會主義社會。

在股票制度下，財富的所有權與控制經營已分開。股東擁有企業，他們關心利潤，但是進行日常操作的專業經理人卻有更廣泛的目標，包括維持公司內部和諧及公司良好形象。

在此，馬克思主義無能爲力，因爲資本主義此時不是剝削體系，國有

化及計畫經濟完全不相干。所以，克勞斯蘭將社會主義重塑爲追求社會公義的政治，而非改變擁有權的政治。財富不必共同擁有，因爲它可以透過福利國家重新分配，並由累進稅率來支持此財政。但是，克勞斯蘭注意到經濟成長對於打造社會主義的重要性。經濟的成長對稅收極其必要，否則無以支應更多社會福利開銷；想要富裕的人願意繳更多稅來支應濟助窮人的社會福利，前提是經濟不斷地成長，能持續提升他們的生活水準。

社會民主的危機

在二戰後的初期，凱恩斯主義式的社會民主主義或是所謂的傳統社會民主主義，取得了勝利。它的長處是可以享受市場機制的好處，卻不用受到不公平及不穩定所困擾，這是馬克思認爲會覆滅資本主義的經濟現象。一方面，它接受了市場，以之作爲唯一可靠的財富來源。這種無奈的接受，表示了社會民主派人士知道他們沒有辦法找到可代替市場的東西。也就是說，社會主義重新出發，想要改革，而不是代替資本主義。另一方面，社會主義倫理可藉著追求社會正義的形式被保留下來。這又與一種弱的平等觀相關，即是分配上的平等。其意爲藉著財富重分配將貧窮減少，以及將不平等縮小。

在凱恩斯式社會民主主義的核心，存在著經濟效率與平等主義之間的衝突。在二戰之後的「長繁榮」時期，社會民主黨人並未被迫面對此衝突。因爲經濟持續成長，低失業率及低通貨膨脹率，使得每一個社會階級的生活水準都提高，也使得政府有能力提供很好的社會福利措施。但是，一如克勞斯蘭預期，1970年代及1980年代的經濟不景氣，使得社會民主主義產生內部緊張。因爲社會主義思想分裂爲明顯的左與右兩種立場。不景氣使得福利國家發生財政困難：因爲不景氣自然導致失業增加，而需要社會福利的人變多。這樣一來，國家財政支出增加，但是不景氣卻讓企業獲利不佳而稅收減少，所以一來一往之間財政益形緊繃。因此，社會民主黨人面臨一個困難問題：他們應該藉由減稅及降低通貨膨脹來恢復市場效率，或是維持、甚至擴大社會福利，以幫助窮人及低收入者？

社會民主主義的危機在1980年代及1990年代更形嚴重，這是因爲各種

複雜因素的結合。首先，社會民主派在選舉中的優勢，在反工業化趨勢中因工人數目減少大受影響，而工人階級是凱恩斯式社會民主主義的基礎。二戰後的初期，民主的浪潮曾隨激進政治而擴大，但是從1980年後，政治已朝向符合蓋爾布雷斯（Galbraith, 1992）所謂的「滿足的大多數」之利益發展。在這個過程中，社會民主黨派付出很大代價。例如，英國勞動黨在1979到1992年間連續四次選舉失利，德國民主社會黨在1982到1998年間都敗選，而法國社會黨更是在1993年及2002年總統選舉中慘敗。第二，社會民主制度下的經濟活力被經濟全球化所傷害。各國經濟被整合成更大的全球資本主義體系，這不只使得凱恩斯主義行不通，也激化國際競爭，使得各國需要減稅及減少公共支出以因應。第三，共產主義的崩潰，使得社會民主主義在理念上的可信度大受傷害。這些變化導致了世界上目前並無任何重要的非資本主義國家，同時也讓人不再相信紀登斯（Anthony Giddens）所謂的「控制模型」式社會主義，意即國家像大腦一般作爲經濟及社會改革的主要驅動者。從以上觀之，凱恩斯式的社會主義其實可說是由上到下的國家社會主義的一種較溫和的類型，但是在1989到1991年的革命中遽然被拋棄了。

> **第三條路（Third way）**
> 在國家社會主義與自由市場之外的另外經濟體制，其實保守主義者、社會主義者與法西斯主義者都曾嘗試過尋找。

從1980年代起，全球改革派的社會主義政黨——特別是英國、荷蘭、德國、義大利、澳洲與紐西蘭——都經歷了改革的浪潮，有時被稱爲「新修正主義」，如此的路線使得他們或多或少與傳統的社會民主主義原則保持距離。其結果被稱爲是「新」社會民主、**第三條路**、「激進核心」、「積極核心」，或是「新中間」，不一而足。然而，這些新修正主義在意識形態上的意義，以及他們與傳統社會民主主義或是整個社會主義的關係，卻是充滿爭議。新修正主義的核心是發展所謂的第三條路。第三條路大意乃是，人類可以有資本主義及社會主義之外的選擇。準確地說，第三條路的當代樣貌應該是一種在舊式的社會民主與新自由主義之外的制度選擇。

社會主義內部的緊張關係（II）

社會主義式民主	⟷	第三條路
意識形態的	⟷	務實的
民族國家	⟷	全球化
工業社會	⟷	資訊社會
階級政治	⟷	社群
混合經濟	⟷	市場經濟
充分就業	⟷	充分就業性
結果平等	⟷	機會平等
照顧弱勢	⟷	功績制度
社會正義	⟷	福祉／機會全面提升
消除貧窮	⟷	將弱勢者納入社會
社會權	⟷	同時強調權利與責任
從搖籃到墳墓式的照顧	⟷	照顧之使其有工作能力
社會改革式國家	⟷	競爭／市場式國家

社會主義的未來

　　不管是社會主義的敵人或朋友恐怕都承認，20世紀大部分的歷史都與社會主義牢牢相扣。由於選舉權的擴大到勞工階層，這大力促使社會民主得以出現。1917年的俄羅斯革命展現了革命型社會主義的威力，因為建立起世界第一個社會主義國家。二戰之後，社會主義的影響力擴大了。當官式共產主義在東歐、中國與古巴等地出現時，依照凱恩斯社會民主經濟理論而行的社會民主政黨主導了政策，也讓自由主義與保守主義政黨開始認真思考社會主義的立場。然而，社會主義的風潮在20世紀末時開始倒退，

一方面因爲共產政權戲劇性地瓦解，另一方面許多社會民主政黨開始有立場上的退卻。從那時起，關於社會主義未來的辯論就圍繞在它是否已死亡這個假設之上了。

　　從20世紀末開始社會主義聲勢突墜，這代表了社會主義作爲意識形態的歷史應該是結束了，持這種看法的人多半都認爲，這不過反映了以處理經濟事務來看，資本主義優於社會主義。在這種看法下，資本主義可能是創造社會財富唯一有效的模式，因此也帶來繁榮，理由是因爲它依靠能把資源做最有效使用的市場機制。對比之下，社會主義主要的缺點就因此是國家進行管理與對市場的干預限制，無論是全盤計畫性經濟或是退一步的混合式經濟。對於複雜的現代經濟體的管控與規劃，豈是容易之事？不管官僚受過多好訓練或是多兢兢業業，其實都很難做好。這種困難一直都存在，但是1980年代全球化以後更是明顯。時間對社會主義不利。全球化拉大了資本主義與社會主義的距離。在全球化之下，資本主義體系受惠於更自由的貿易、新的投資機會與更尖銳的競爭，但是全球化卻使得社會主義國家要做經濟管控更爲困難。

　　雖如此，社會主義的前景未必悲觀。資本主義內部有一些長期存在與先天的缺陷，這些可能提供社會主義翻身的機會。

　　米力班（Ralph Miliband）在《懷疑年代中的社會主義》（*Socialism for a Sceptical Age*, 1995）中說：「如果說資本主義已經完全轉型，而且已成爲人類最優良的經濟制度，這無疑是對全人類的大侮辱。」換句話說，社會主義注定要存在來作爲人類絕對可以超越狹隘的市場個人主義之提醒與明鑑。更且，其實全球化不單是爲社會主義帶來挑戰，也帶來機會。正如資本主義被全球化所轉化，社會主義也可以被轉化成一個對全球剝削及不平等的批判。最後，過去數十年來各國國內所得差距的惡化，也給予讓社會主義復興的急迫性一些契機。除非這種惡化能被有效控制住，否則將使得社會分裂加大，且政府管理失效加劇。

問題討論

- ➲ 社會主義的平等觀，其特色爲何？
- ➲ 爲何社會主義喜歡集體化、國有化？他們如何達成？
- ➲ 階級政治是社會主義的基本特色嗎？
- ➲ 若以革命方式來達成社會主義，其影響爲何？
- ➲ 社會主義對私有財產的批評，有說服力嗎？
- ➲ 若以民主方式來達成社會主義，其影響爲何？
- ➲ 馬克思主義者爲何預告資本主義會崩解？
- ➲ 官式共產主義與原始馬克思主義，差異何在？
- ➲ 在什麼程度上，社會主義可以被看成正好是資本主義的相反？
- ➲ 社會民主主義眞的屬於社會主義嗎？
- ➲ 社會民主主義所做的諸多「妥協」，是否必然會使它動搖立場？
- ➲ 資本主義與社會主義之間可能有第三條路嗎？

進階閱讀

Honneth, A. *The Idea of Socialism: Towards a Renewal* (2016). 探討社會主義思想如何可以在後工業社會中立足的一本書，企圖遠大可是影響力也不小。

Lamb, P. *Socialism* (2019). 對社會主義做清晰簡明地介紹，在哲學上與政治／意識形態上都有可觀處。

McLellan, D. *Marxism after Marx* (2007). 對20世紀馬克思主義做權威性與全盤性敘述，包含不少有用的傳記性資料。

Moschonas, G. *In the Name of Social Democracy — The Great Transformation: 1945 to the Present* (2002). 對社會民主做分析，包含其本質、歷史與影響，特別聚焦於「新社會民主」之出現。

Socialist Appeal www.socialist.net. 歷史悠久的英國馬克思主義媒體，包含了廣泛的影片、文獻與介紹性說明，爲的是全面性解釋社會主義與馬克思主義。

第五章　無政府主義

本章簡介

　　「無政府」（anarchy）一字來自希臘文*anarkhos*，其義爲「沒有管理」。而「無政府主義」一詞從法國大革命中產生，最初顯然是用在負面意涵，指文明狀態與秩序的崩解。在日常語言上，無政府狀態一般意味混亂與失序。故毫無疑問地，無政府主義者堅決反對他們抱持的理想與此意涵有任何相關。直到法國人普魯東（Pierre-Joseph Proudhon）在《何謂財產？》（*What is Property?* [1840] 1970）一文中驕傲地宣稱「我是無政府主義者」之後，這個詞才有了比較正面的及系統性的政治思想意涵。

　　無政府主義作爲一種意識形態，其核心信念乃是認爲所有的政治權威形態，尤其是國家，都是不好也不必要的。因此，無政府主義者希望能藉由取消政府及法律的約制，而建立起一個沒有國家的社會。在他們看來，因爲國家是一個主權機制，有強制的權威，因此必然侵犯人的自由與破壞人與人間的平等。無政府主義的核心價值，乃是個人無限的自主性。無政府主義者相信，國家並無存在必要。因爲秩序與社會和諧，可以自發性與自然地產生，不須靠政府由上而下的強制力量加諸於社會才能出現。這樣的信念來自於無政府主義思想中的烏托邦色彩；亦即是他們對於人性的高度樂觀假設。其實，無政府主義內部有兩種完全不同的意識形態根源：自由主義及社會主義。這導致了個人主義式及集體主義式兩種對立形態的無政府主義。雖然兩者都主張無政府，但是他們對未來理想的無政府社會之願景是不同的。

起源及歷史發展

有人把無政府主義的想法追溯自古代中國的道家、印度的佛教、希臘的斯多葛及犬儒主義，甚或是英國內戰時的掘地派（the Diggers）。但無論如何，歷史上對無政府主義思想所做的第一個也是最經典的陳述，來自於英國的古德溫（William Godwin）（見本書第160頁）所寫的《政治公義論》（*Enquiry Concerning Political Justice*, [1793] 1971），雖然如此，他自己從未說他是一個無政府主義者。在19世紀時，無政府主義其實是當時逐漸流行且內容包含甚廣的社會主義中的一支。在1864年時，一些普魯東（Proudhon）（見本書第156頁）及馬克思的追隨者一起設立了「國際工人聯盟」，也就是共產黨人的「第一國際」。但是這個組織在1871年瓦解了，因為馬克思主義者與由巴古寧（Michael Bakunin）所領導的無政府主義者之間的對立日益擴大。在19世紀末，無政府主義者企圖從俄國及南歐那些沒有土地的貧窮農民身上尋求支持，也更成功地從工人階級的無政府——**工會聯盟運動**中找到支持。

> **工會聯盟運動**
> **（Syndicalism）**
> 一種依據粗略階級鬥爭概念形成的革命性工會運動，強調直接行動以及大罷工的功用。

工會聯盟運動曾流行於法國、義大利及西班牙，而且在20世紀初時，它幫助了無政府主義成為一個真正的群眾運動。在法國，1914年第一次大戰前無政府主義者支配了強有力的CGT工會聯盟；同樣地，西班牙的CNT工會聯盟在內戰時號稱有超過200萬成員。在拉丁美洲，無政府／工會聯盟運動也在20世紀初紛紛出現，尤其在阿根廷及烏拉圭；此外，由查帕達所領導的墨西哥革命也深受工會聯盟運動的影響。但是，威權主義及政治上的高壓，逐漸瓦解了歐洲及拉丁美洲的無政府主義。1936到1939年的西班牙內戰，佛朗哥將軍的獲勝使無政府主義壽終正寢，再也無法作為一支群眾運動。CNT聯盟被壓制，無政府主義者及左翼分子也紛紛被迫害。另一方面，1917年列寧及布爾什維克革命的勝利，以及共產主義漸漸在社會主義革命運動中的竄起，都使得無政府主義的影響力衰減。

雖然有以上的挫敗，但是無政府主義仍然拒絕覆滅的命運。1960年代

的新左派之興起與1970年代新右派之興起，可能是它開始要復甦的一個前兆。新左派包含了新馬克思主義者、激進民主分子、**社會無政府主義**者與其他一些人，他們主張用群眾抗議與**直接行動**的方式來做各種積極性政治倡議。新右派則力圖恢復自由市場經濟，他們之中最激進的甚至主張**無政府資本主義**。從1990年代後期，因為反資本主義運動的興起，無政府主義獲得了更多的關注。這種「新」無政府主義最清楚地展現，在於他們發動的某些具戲劇性效果的政治抗議方式。第一個例子就是1999年所謂的「西雅圖之役」（約5萬名示威者走上街頭，因而迫使「世界貿易組織」（WTO）取消當年的大會開幕儀式），而之後在許多去資本主義運動的抗議場合中也出現，包括「占領華爾街」運動等。最後，有人認為網路以及數位通訊的出現也使得無政府主義的影響擴大。

社會無政府主義（Social anarchism）

結合社會主義集體化與反國家主義的一種無政府主義思想，以社會凝聚為核心理念。

直接行動（direct action）

在憲法或是法律之外的政治行動，它包含了從消極反抗到恐怖主義的各種選項。

無政府資本主義（Anarcho-capitalism）

希望每一方面用完全自由市場的運作來取代國家功能的一種無政府主義。

主要概念

反全球化（Anti-Globalization）

反全球化這個詞是在1990年代後期與「反全球化運動」（或「反資本主義」、「反企業」、「反新自由主義」、「另類全球化」或是「全球正義」）一起出現的。所謂「反全球化」是指一種揭露與挑戰新自由主義式全球化經濟理念與政策背後之企圖的意識形態立場，它力圖為全球資本主義興起後的受害群體發聲。然而，反全球化對於新自由主義全球化的批評並無融貫的整體批判立場，更無對未來的一致想像。其中有些人採用馬克思主義的立場來批判全球資本主義，另外許多人只想要除去全球資本主義最不好的面向就好，而還有人天真地只想要創造一個「更好的世界」而已。

核心理念

　　無政府主義最主要的定義，就是它反對國家以及跟國家有關的政府體系與法律。無政府主義者一向憧憬一個沒有政府的自由社會，人們在沒有強制與壓迫下依自由意志達成協議，來處理群體生活中的共同事務。然而，無政府主義一直被外界不正確的刻板印象與刻意扭曲所困擾。最常見的一種就是認爲無政府主義只是建立在「人性本善」信念上，以爲人都有道德天性。無政府主義者當然相信人類不需要外在統治者就可以經營好的、和平的生活，但是無政府主義的學說並不是僅靠對人性樂觀就可以達成（Marshall, 2007）。因爲第一，他們其實對人性沒有共識。例如，雖然古德溫與施帝納（Max Stirner）（見本書第161頁）都持個人主義至上的假設，但是前者強調理性與仁慈，而後者贊成自利心。第二，他們不認爲人性是固定不變的，所以大部分的無政府主義者相信雖然我們還是可以改變人性，但基本上它是環境的產物。因此，他們認爲人性來自於與他人的創造性與自發性的互動結果。第三，如果眞要說他們有什麼人性的理論，那其實是很實際的且有點兒悲觀的。這因爲他們非常了解權力可以帶來腐化。如果人天生是善的，那其實一開始就根本不應該會有階層、支配與國家的出現。

　　無政府主義本身並非體系性完整的學說，而毋寧可視爲是兩種對立思想——自由主義與社會主義——在反對國家一事上的交會重疊。所以，在圖5.1中我們可以看到無政府主義思想呈現出的雙重性格：它可算是「極端自由主義」，強調個人主義式的最大自由；也可以是「極端社會主義」，內含激進集體主義的性格。但無論如何，無政府主義還是可以被視爲是一個特殊的意識形態類型，因爲它的支持者仍舊普遍具備以下共同的信念：

- ◆ 反對國家（anti-statism）
- ◆ 自然秩序（natural order）
- ◆ 反宗教與教會（anti-clericalism）
- ◆ 經濟自由（economic freedom）

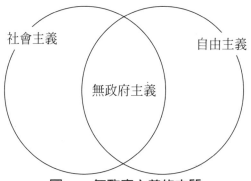

圖5.1　無政府主義的本質

無政府主義與網路

　　事件：1969與1989年間資訊與通信科技的革命誕生（也稱第三次工業革命），這是透過網路與個人電腦的發明而來的。而這也開啓了「資訊時代」。1991年時，我們稱之爲「數位空間」的WWW網路成爲全球性大眾資訊媒體，每個人都可以透過電腦上線而讀寫資訊。數位革命的其他產品包括了智慧手機、衛星或有線電視、網頁與部落格以及社群平臺。到2020年時，世界上67%的人透過數位科技與他人聯繫。

　　影響：一般都認爲網路空間乃是無政府主義的實驗場，它使得無政府主義者的夢想成眞。這當然滿足了許多網路世界早期代表人物的心願，特別是1990年代矽谷那些沉浸於駭客文化的人。這些人的作爲是「網路自由放任主義」（或「科技自由放任主義」）的例子，他們致力於將原本國家或機構才享有的權力平均分散給個人。網路是一個有絕對表達自由的地方，因爲政府難以管控。自由放任主義的夢想透過網路無政府主義得以實現。因爲有了匿名性的安全，透過自由市場機制下的電腦連線，使得這種無政府主義得以運作。網路無政府主義的例子，包括：比特幣以及其他的加密貨幣；還有線上營運企業，例如Uber與Airbnb。

　　可是，網路與無政府主義原本很自然的連結關係，現在愈來愈難以維持了。那些「科技巨獸」的出現，也就是Amazon、Apple、Google、

Facebook與Microsoft，使得網路被大公司所壟斷支配。結果，乃是這些網路科技公司與平臺開始排除競爭者，而且濫用其掌握的客戶敏感性資料，使得政府要出來管制與究責。另一方面，有時候網路公司不但不能遠離政府或公權力控制，反而成爲國家權力的工具。現在逐漸增多的數位化國家安全機制就是例子，而「網路戰爭」也開始出現，爲了戰略或軍事目的，敵對國家間使用數位科技彼此對抗。

反對國家

佛瑞（Sebastien Faure）在其1925到1934年間出版的四卷《無政府主義百科全書》（*Encyclopedic anarchiste*）中，將此種思想定義爲：「對任何權威的否定。」無政府主義者反對權威的理由簡單明確：任何形式的權威都是對個人自由及人際平等原則的威脅。無政府主義最特殊處在於，它擁抱完全的個人自由及主張極端的政治平權。在他們看來，權威即是建築在政治不平等原則上，也就是允許某（些）人對其他人有操控影響之權力；因此不啻是對人類的奴役及壓迫行爲，它摧殘受治者，而且會使掌權者腐化。既然人類天性上是自由自主的生物，創造出權威這種東西即是對人性的壓迫制約，使人陷於被迫依賴與服從之中。具有權力，即使是由知識而來的像醫生或老師般的專業權力，都是一種享有特權、控制或是支配的誘惑。權威之下應運而生關於支配與臣屬的「權力心理學」，依照美國無政府主義者及社會批評家古德曼（Paul Goodman, 1911-1972）的說法，於是在一個社會中「許多人變得殘忍而更多人活在懼怕中」（Goodman, 1977）。

各家看國家

自由主義者：認為國家是社會中不同群體競逐利益時的中立仲裁者，社會秩序的最後維繫者。古典自由主義者視國家為必要之惡，所以主張最小政府以執行類似守夜人之功能，但是當代自由主義者卻認可國家有積極功能。例如，可以增進自由及促進機會之均等。

保守主義者：視國家為使社會免於混亂及失序的權威機制，也因此主張強大之政府權力。但是，當傳統的保守派們期待在國家及市民社會二者間維繫平衡時，新自由派已經開始憂慮國家太積極的角色會影響經濟繁榮，因為官僚體系已成為一個追逐自身利益的怪獸。

社會主義者：對國家的角色有分歧看法。馬克思主義者將國家視為階級壓迫的工具，但是其他社會主義者視國家為促進共同利益的工具，因此熱衷於社會民主或是國有化的經濟體制。

無政府主義者：完全拒斥國家，認為是完全不必要的罪惡。他們把國家的主權者或是強制性權威，看成是有產者及強勢者合法化壓迫他人的機制。而且，所有的國家都不例外的具有邪惡及壓迫的性格。

法西斯主義者：尤其是義大利法西斯，視國家為倫理理想的最高實現，代表了民族群體的至高無私利益的凝聚，因此他們相信極權主義。但是，納粹卻是只將國家視為服務民族或是種族的工具而已。

女性主義者：視國家為男性宰制女性的工具，同時父權的國家也圖謀將女性排除於公共生活之外。但自由派的女性主義者，卻視國家為可以透過選舉及其他壓力改革兩性關係的工具。

宗教基本教義主義者：以積極的眼光看待國家，認為它可以帶來社會、道德及文化上的更新與重建。於是，基本教義派所建構的國家成為宗教理念的政治表達機制。

　　在實踐上，無政府主義對於權威的批評經常聚焦於政治性的權威，特別是在現代國家體制之內的。無政府主義既然源出於對國家權力的堅決反對，其屬性自然就和所有其他政治意識形態不同（馬克思主義例外）。這種立場的精髓，可從下列普魯東著名的批判政府及法律的話語中窺知：

> 被統治就是被一些既無權利、也無能力、更無德行的人，對我們
> 監視、檢查、窺探、支配、規約、整編、圈圍、洗腦、教誨、控
> 制、評估、評價、思想管控與命令。（Proudhon, [1851] 1923）

　　國家是一個「主權」（sovereign）體，就是在一特定區域範疇內至高的權威結構，統治其中所有的個人及團體。而無政府主義者傾向於強調國家的權力是絕對而無限制的：法律可以限制公共行為、限制政治活動，規範經濟生活，也介入私人道德或是價值觀的建構等。無政府主義者又強調，國家權力之本質乃是「威逼性」（compulsive）的。因此，他們拒斥自由主義者以社會契約及個人同意的方式，來看待政治權威的產生。他們認為個人其實是因為生於國家內或是被別國征服，而臣屬於某種政治權威之下。更何況，國家因為是「強制性」（coercive）體制，它的法律不得違抗，否則會有懲罰。俄裔美籍無政府主義者高德曼就說，所謂政府乃由「棍棒、槍、手銬及監獄」所代表（Goldman, 1969）。國家又是「掠奪性」（exploitative）的，它可以剝奪個人的財產、自由，甚至性命，國家也藉由稅收奪取人民的財產，而這是堂皇地以法律及懲罰作為後盾。無政府主義者經常認為，國家為富人及有權勢者服務，也因此必然壓迫窮人及弱勢者。最後，國家乃是「摧毀、破壞性」（destructive）的。如同美國無政府主義者伯恩（Randolph Bourne, 1886-1918）所言：「戰爭乃國家的活力之所繫」（Bourne, 1977）。國家中的個人被迫在戰爭中戰鬥、殺戮，甚或死亡。因為，國家經常會為了擴張或是民族榮光，而侵略別國、啟動戰爭。

重要人物

高德曼（Emma Goldman, 1869-1940）

　　俄羅斯革命宣傳家與政治行動者，在1890年後在美國無政府主義圈中很出名，直到1919年間被遣返俄羅斯為止。她對無政府主義的定義很特別：無政府主義就是凡是認為「政府都是一種暴力，因此有害且不必要」的理論，就屬之。她從克魯泡特金（見本書第154頁）的共產無政府主義與施帝納的個人主義得到靈感，同時也是第一個將無政府主義與女性主義連結的思想家，因為政治與經濟的自由若缺乏性別與社會自由就不完全。她不止批評國家是不道德與腐敗的，也認為父權家庭是女性依賴與性別不平等的原因。

無政府主義者對國家的這種批判，來自於他們的人性論。雖然他們對人類潛能樂觀，但同時也對政治權威及經濟不平等所帶來的人性摧殘效果深感悲觀。無政府主義者認為人類的好與壞，端視其政治及社會制度決定。如果社會中沒有人與人不平等的權力現象，則人的心性會是樂於合作、富同情心、有社群性的。換句話說，無政府主義者將自由主義者的箴言：「權力使人腐化，絕對的權力使人絕對地腐化。」（Lord Acton, 1956）改變為「任何形態的權力必然使人腐化」。因此，國家作為一種主權及強制性機制，簡直就是一個罪惡的濃縮體。然而，這種看法確實容易遭致批評。因為，如要說國家對個人的壓迫是來自國家中某些人因為在政治、社會環境中的腐化，而使其兇惡對待他人，這樣其實是一種循環論證，因為它無法解釋為何最初會有政治權威的出現。

自然秩序

無政府主義者不僅視國家為邪惡的，也視其為根本不必要的。古德溫把支持國家存在最有力的理論 —— 社會契約論 —— 翻轉過來，作為批評國家的理由。霍布斯及洛克的社會契約論，把政府出現前稱為「自然狀態」，而視之為人人相衝突、和平及秩序難以出現的情況。而這種衝突的根源在於人性，他們認為人性是自私、貪婪及富侵略性的。因此，只有主權國家可以約制人的衝突而保證社會秩序。簡言之，沒有法律是不可能有秩序的。但相反地，古德溫主張人基本上是理性的，由於教育及明智的判斷，使得他們服膺真理及道德定律而行。因此，人也有一個自然的傾向去追求和諧及和平。在他的看法中，不公義、貪婪及侵略來自政府及人為制定的法律，而非人性中的「原罪」。因此，無政府主義者認為，政府不是關於社會失序問題的解答，而甚至是原因。盧梭（Jean-Jacques Rousseau）（見本書第181頁）在《社會契約論》（*Social Contract*, [1762] 1913）開場白中，最有名的那段文字即是他們所深信的：「人生而自由，但是處處受到鎖鍊拘束。」

無政府主義思想的中心，是一股凜然具超越性的烏托邦主義。即是對人性的絕對樂觀、相信人性本善，或是有善之潛能。由此觀之，社會秩

序應可自發地油然而生，毋須建構某些維護「法律與秩序」之機制。也因此，唯有對人性維持高度樂觀、相信自然秩序與和諧會自行出現的政治理論家，才有可能達到類似無政府主義思想的結論。例如，集體主義式的無政府主義，一貫強調人類的社會性及合作的天性；但是另一方面，個人主義式無政府主義卻重視人類與生俱來的寶貴理性，認爲它會導致和諧秩序。

主要概念

烏托邦主義（Utopianism）

烏托邦〔起源於希臘字*outopia*，意爲「無處；無此地」（nowherere），或*eutopia*，意指「好地方」（good place）〕，是指一個理想或完美社會。

雖然烏托邦有各種形態，但是大多數都主張減除慾望、消弭衝突及免於壓迫與暴力。烏托邦主義作爲政治理論的特色是，它藉著建構一個理想世界來批判現存世界，無政府主義及馬克思主義就是好例子。烏托邦理論常是立基於人類具有無限的自我發展能力之信念。然而，烏托邦主義也經常被用作爲一個負面的語詞，指稱某些太不切實際或是根本無法達成的想法。

　　毫不意外地，相信自然或是宇宙的本質本來就會歸趨於自然秩序的人，也易於相信人性中有自發性趨向社會和諧之可能。由此之故，無政府主義者常會被東方佛教與道教思想所吸引，因它們強調統一性與互相依存性。這種趨勢在當代最具代表的首推生態學，尤其是布欽（Murray Bookchin）的社會生態學觀念（見本書第303頁），我們會在第10章談「生態無政府主義」時論及。然而，無政府主義思想不是單純地只相信人性之善而已，他們的人性論其實更複雜，也承認人性之中含有對立的元素。例如，普魯東、巴古寧以及克魯泡特金，都以不同方式接受了人可以同時是自私、具競爭性，與和諧、具社會性的雙重性格（Morland, 1997）。雖然，人本質上具有道德感與智性，但是每一個人都有腐化的可能。

重要人物

巴古寧（Mikhail Bakunin, 1814-1876）

　　俄羅斯反政府煽動者與革命家。他是提倡集體主義式無政府主義的主要人物，也是19世紀無政府主義運動的主角之一。巴古寧相信，政治權力本質上必然是壓迫性的，而人類也必然是具有社會性的，因此他主張人的自由唯有從「集體主義」中才可獲得保存，也就是說人要自願組成自我管理的社群，在其中沒有私有財產，依各自貢獻而各取所得。他一再稱頌，人其實具備一種「反抗的神聖本能」（sacred instinct of revolt），同時他也是無比堅定的無神論者。

　　其次，無政府主義者除了關注人性本質外，也特別注重社會制度。他們視人性為「具彈性的」，意即它會被社會、政治及經濟環境所影響。正如同法律、政府與國家塑造出支配／臣屬的結構，而其他的社會機制卻是培養出尊敬、合作與和諧的心態。因此，集體主義式的無政府主義宣揚公有制或是互惠式機制，而個人主義式無政府主義則支持自由的市場機制。儘管如此，對於穩定、和平以及並無政府存在的社會，加以義無反顧地信仰及憧憬，經常會被視為是無政府主義中最弱及最與現實脫節的面向。所以批評者就說，不管高遠的理想或機制如何吸引人，如果人性中必然有自私及某些負面的慾望，則所謂自然法及自然秩序云云，終究不過是一種幻想。這也是為何烏托邦主義在集體式無政府主義中被高舉，而在個人式無政府主義中被貶抑，而資本主義式無政府主義者則根本拒斥（Friedman, 1973）。

反宗教與教會

　　雖然國家是無政府主義的頭號敵人，但是它對國家的批評，其實可適用於任何一種強制性權力。事實上，在19世紀時，無政府主義者對教會的批評，不亞於他們對國家的撻伐。這或許可以解釋，為何無政府主義在宗教氛圍濃厚的國家反而特別興盛，例如西班牙、法國、義大利以及拉丁美

洲國家，在這些地方，無政府主義都助長了反宗教與教會的情懷。

　　無政府主義者對於宗教建制的反對，更是突顯了他們反對任何權威的一般性立場。大家普遍相信，宗教本身乃是權威的來源，上帝就代表了最高存有的概念，因此自然有最終極與絕對之權威。而對普魯東及巴古寧來說，無政府主義的政治哲學必須立基於對基督教的拒斥上。因為只有如此，人才可能是自由及獨立的存有。更何況，他們也懷疑宗教及政治權力經常勾結。巴古寧宣稱：「社會眞正的解放，必須來自於將國家與教會同時掃除掉。」所以很自然的，無政府主義者將教會看成是國家權力的支撐力量之一，因為教會處處要人順從臣服於宗教及俗世領袖。正如聖經中所說「讓凱撒的歸凱撒」；俗世領袖也常將宗教看成是在替他們的統治正當化，最明顯的例子就是君權神授說。

　　最後，宗教常會將道德原則灌輸於信徒身上，而建立起行為規範。宗教信仰通常要求人的行為根據「好」、「壞」標準而行，而這些標準又是由具有宗教權威者——例如，基督教、伊斯蘭或猶太教教士等，來訂定與執行。因此，個人無異於被剝奪了道德自律，以及做道德判斷的權利。雖如此，無政府主義者並不全然反對人有宗教情懷，因為他們的理念本身即具有某種神祕的性格。他們通常被認為是對人性抱持著類似宗教情懷的一種烏托邦式執著，相信人可以有完美自我發展的潛能，以及認為人與人間甚至與萬物間，可以建立和諧關係。早期的無政府主義者有時受**千禧年主義**影響；事實上，無政府主義常被認為是一種政治上的千禧年主義，當代無政府主義者常被道教及禪宗吸引，因為這兩種宗教致力於個人的開悟及宣揚寬容、互相尊敬及與自然間的和諧（Christoryannopoulos, 2011）。

> **千禧年主義**
> **（Millenarianism）**
>
> 相信即將來臨以千年為期的神之親臨統治。政治千禧年主義，指的是對受苦難及受壓迫者而言，突然間從悲慘及受壓迫狀態獲得解脫。

經濟自由

　　無政府主義者很少會將推翻國家本身看成是目的，他們有興趣的是挑戰現存社會及經濟生活上的結構。巴古寧（Bakunin, 1973）認為，「政

治權力與財富無法分開」。19世紀時，無政府主義者通常藏身於工人運動中，同時他們也接受社會主義的觀念，認為資本主義是階級的產品，這種制度其實也就是由「統治階級」剝削或壓迫大眾。然而，對他們而言所謂「統治階級」並非像馬克思主義般，僅以狹窄的經濟地位來定義，而是涵括在社會中具有財富、權力與特權的人。因此，國君、政治人物、法官、警察、主教及資本家等皆是。所以，巴古寧認為每一個已開發社會都可以看見三種群體：被剝削的大眾、剝削別人也被別人剝削的一小群人，以及非常少數純粹是剝削及壓迫者的統治菁英。於是19世紀的無政府主義者，將自己視為貧窮及受壓迫者之代言人，意圖藉他們之名發動一個社會革命，把資本主義及國家都掃除殆盡。

雖如此，其實對經濟制度看法的不同，乃是無政府主義內部最大的爭議所在。他們之中很多人因為討厭財產造成的人際不平等，因而同情社會主義，但是也有人捍衛財產權，甚至認為競爭性資本主義是好的。這就造成了無政府主義分裂為兩種傳統：一是集體的，一是個人的。前者贊同社會主義因而強調合作，後者支持市場及私有財產。

儘管有如此重大歧異，無政府主義者依舊一致對20世紀主要的經濟制度不滿。所有的無政府主義者都反對二戰之後流行於歐洲的「管理式」資本主義。集體式無政府主義認為，這樣一來，國家的干預只會表面上美化資本主義，其實卻使階級剝削更形惡化。而個人主義式無政府主義，卻又認為國家干預扭曲了市場，也使公私部門都被獨占所壟斷。而無政府主義者，更是一致反對蘇維埃式的國家社會主義。個人主義式的無政府主義反對它，是因為在計畫經濟之下，它侵犯個人財產權及自由；集體主義式的則認為，所謂國家社會主義本身就是一種矛盾，因為此時國家取代階級而本身成為剝削的來源。所有的無政府主義者都會喜歡這樣的經濟景象：個人可以有完全經濟自由，而國家不扮演任何管理或是所有權角色。當然，這也就使得他們之中的不同派別會贊成不同的制度，從無政府主義式的共產主義到無政府主義式的資本主義都有。

無政府主義的類型

集體主義式的無政府主義

集體主義式無政府主義的哲學根源在於社會主義而非自由主義，主張者認爲他們的理想，可以經由把社會主義集體化推向極致而得到實現。集體主義本質上乃是對「人是社會性存有」的一種信仰，認爲人人應該爲公益而合作，而不是競逐於自身利益。集體式的無政府主義，有時也叫社會主義式無政府主義，強調人與人形成凝聚的可能性，也就是克魯泡特金所謂的「互助」。如早先已經指出，這不等於是天眞地認爲人性是善的，而僅是強調人性中有此向善潛能。人類的心懷，本質上是社會性的、合群的與互助的。由此觀之，人與人間最自然的關係應是富同情心、充滿感情及和諧的。當人們依共同天性而凝聚時，他們實無必要再受政府管理。就像巴古寧（Bakunin, 1973）所言：「社會凝聚性是人的第一本能，自由其次。」所以，政府絕對是不必要的，更何況它也會破壞社會凝聚。

重要人物

克魯泡特金（Peter Kropotkin, 1842-1921）

俄羅斯地理學家與無政府主義理論家。克魯泡特金的無政府主義充滿科學精神，立基於與達爾文不同的另一種演化論觀念。克魯泡特金將互助視爲人類與動物發展的主要途徑，因此他宣稱提供了無政府主義與共產主義的經驗基礎，期待能在自我管理與分權制度的基礎上建構人類社會。克魯泡特金主要作品包括，《互助論》（*Matual Aid*, 1902）、《征服麵包》（*The Conquest of Bread*, 1892）與《田野、工廠與工作坊》（*Fields, Factories, and Workshops*, 1898）。

無政府主義者經常參與社會主義革命運動，這樣就使得無政府主義與社會主義，特別是馬克思主義，在哲學及意識形態上的交疊變得特別明顯。例如，1864到1872年的共產第一國際，其實就是由普魯東及馬克思的

跟隨者創建的。而且，在集體主義式的無政府主義中，可以看到一些與馬克思主義相類似的理論立場。他們都：

- ◆ 拒斥資本主義，將其視爲一種階級剝削且帶來社會結構不平等的制度
- ◆ 支持以革命手段促成政治變遷
- ◆ 主張財產的共同擁有制度與集體化的社會生活
- ◆ 認爲眞正共產社會必是無政府的，即是如馬克思所言的國家屆時將自然會「萎縮掉」（wither away）
- ◆ 同意在沒有國家機器、政治權威的狀況下，人類還是有規範管理他們生活的終極能力

　　但是，他們之間還是有一些差異的，最明顯的是關於議會式社會主義這個問題。無政府主義者認爲，議會式社會主義根本是理論上的矛盾。因爲，想要透過腐敗的國家機器及政治機制去改造或「人性化」資本主義根本不可能。何況，這種要擴張國家的角色與職責的政治方式，即使名義上是以公平及社會正義爲之，實則也是在加深壓迫。集體主義式無政府主義與馬克思主義間最尖銳的差異，在於他們對於如何從資本主義轉到社會主義看法歧異。馬克思主義要的是革命方式的「無產階級專政」，當資本主義中的階級對立被解消後，無產階級專制之國家就會「萎縮」消失。在這種觀點下，國家乃是某一種階級用來壓迫其他階級的工具。但是，無政府主義者卻不如此認爲。他們主張國家本身即是罪惡，它本質上即是腐敗的。所以，他們無法看出資本主義國家與無產階級專政國家有何差異。對他們而言，眞正的革命，不但要推翻資本主義，更是要推翻國家這個制度本身，不能等著國家隨著階級消失而自然「萎縮掉」，國家需要被推翻。無政府式的集體主義有以下幾種形態呈現：

- ◆ 互助論（mutualism）
- ◆ 無政府主義式的工會聯盟（anarcho-syndicalism）
- ◆ 無政府主義式的共產主義（anarcho-communism）

互助論

> **互助論（Mutualism）**
>
> 一種公平與平等的互惠體系。個人或團體在此體系中，彼此透過議價交易財貨或服務，而不是以獲利或剝削為目的。

　　無政府主義的社會凝聚信念，被用來合理化他們主張的各種社會合作機制。此觀點若推展到極端，就變成純粹的共產主義。但是，還有另一較為溫和的發展，就是普魯東所提出的**互助論**。其實，他的自由放任派的社會主義立場，乃是處於集體與個人主義式無政府主義之間的。而他的思想與美國個人主義者華倫（Josiah Warren, 1798-1874）很相似。在《何謂財產》（*What is Property?* [1840] 1970）一書中，普魯東發表了著名的「財產乃是偷竊而來」（property is theft）的觀念，也譴責立基於資本累積而來的經濟剝削體系，像是資本主義。

　　雖如此，普魯東卻不像馬克思一般，反對所有形態的私有財產，因為他區分「財產」與「擁有物」。他特別敬佩那些獨立及積極的小農、工匠及藝師。因此，他希望藉著互助論建立起一種可避免剝削及有助於社會和諧的財產體系。在這種體制下的社會互動是自發性、互利及和諧的，因此不需要政府的介入及管制。普魯東的追隨者希望能透過在法國及瑞士等地組織起信用合作社來實現這種理念，它是靠著以低利貸款給存戶為宗旨，利率的設定以維持營運成本，而不以利潤為考量。

重要人物

普魯東（Pierre-Joseph Proudhon, 1809-1865）

　　法國社會理論家與政治運動者，也是一個自學出身的出版商，其思想影響了很多19世紀無政府主義者、社會主義者與共產主義者。普魯東最有名的著作《何謂財產？》（*What is Property?* 1840），不但攻擊了傳統的私有財產權理論，甚至也包括共產主義。他提倡互助論以代之，這是一種在自治社群中的合作生產組織，以滿足需求，而不是追求利潤作為目標。但在《聯邦理論》（*The Federal Principle*, 1863）中，他卻主張這種自治社群可互相訂約組成聯邦，這個聯邦是一個小政府「讓事務得以運作」。

無政府主義式的工會聯盟

　　雖然互助論和無政府主義式的共產主義，在19世紀及20世紀初對於社會主義運動有很大影響，但是若是要成為群眾運動，無政府主義者唯一的選擇就是把成員組織起來，這就是工會聯盟（syndicalism）。所謂工會聯盟是一種革命的工會組織，它的名稱來自於法文的*syndicat*，意為組織或是聯盟。起初出現在法國，且在1914年之前受到強有力的CGT工會聯盟的支持。後來，工會聯盟的理念擴散到義大利、拉丁美洲、美國，以及最重要的西班牙。在那裡，它獲得全國最大的工會CNT的支持。

　　工會聯盟思想起源於社會主義，也抱持一種粗略的階級戰爭主張。它認為工人及農民受到壓迫，而資本家及地主、政客、法官、警察們都是剝削者。但工人可以依照行業別或是技藝別，藉著組織工會來保護自己。短期來說，這些工會就和傳統的工會沒什麼不同，例如爭取加薪、減少工時及改善工作環境。

　　但是，工會聯盟也是一個革命組織，它要推翻資本主義而且要使工人掌權。在《論暴力》（*Reflections on Violence*, [1908] 1950）一書中，法國工會聯盟提倡者索瑞爾（Georges Sorel, 1847-1922）主張藉由「空手的革命」——大罷工，來達成這個目標。他相信大

> **政治迷思**
> （Political myth）
> 能夠激發政治行動的一種信念，但卻是透過其中的強烈情感因素而非訴諸理性。

罷工是個**政治迷思**，是工人權力的象徵，也可以激發出大規模的反抗運動。

　　儘管，工會聯盟理論有時候欠缺體系性，甚至是混淆的，但是卻對希望能影響大眾的無政府主義者深具吸引力。所以，當無政府主義者進入到工會聯盟運動中以後，他們就發展出一種無政府主義式的工會聯盟運動。工會聯盟之中有兩個特色使它易與無政府主義結合。第一，工會聯盟運動視傳統政治為腐敗無效率的。因此他們相信，工人的力量應該透過直接行動表達，例如杯葛、罷工、破壞怠工，以至於大罷工。第二，無政府主義者視工會聯盟為未來形成一個權力分散式的、非階層性社會的良好模式。工會聯盟運動通常有草根性民主，而且與同地區或是同產業的其他工會形

成聯盟。

　　雖然，無政府主義式的工會聯盟運動，至少到西班牙內戰時為止都有群眾支持，但還是沒能革命成功。除了大罷工這個模糊的理念外，他們其實沒有發展出什麼清楚的政治策略或是革命理論，反而只是一直消極地盼望著那些受到剝削壓迫者能自發性的起而反抗。其他的一些無政府主義者曾經批評，工會聯盟運動太過聚焦於狹窄的、短期的工運目標，以致使得無政府主義失去革命動力，而朝向改革傾斜。

無政府主義式的共產主義

　　對社會凝聚的信仰推到極致，就是相信集體主義及完全的共產主義。人作為社群性及群居性生物，應該過著群體互濟的生活。例如，勞動本身是一種社會經驗，人類跟同伴們一起勞動，因此創造出來的財富應該是由群體擁有，而不是某一個人。在這個意義下，所有形式的私有財產都是偷竊，他們代表了對勞動者的剝削，因為是有了勞動者才創造了財富，而有產者卻不公義地擁有它。此外，私有財產鼓勵人的自私心；對於無政府主義者而言，最糟糕的是它還幫忙促成了衝突及紛爭。財富的不平等助長貪婪、嫉妒與憎恨，因此也導致犯罪及失序。

　　無政府主義式共產主義根源於對人性中合作互助傾向的高度樂觀，而這也就是克魯泡特金聞名的「互助理論」。他想要替社會凝聚提供一種生物學上的基礎，於是就重新檢視達爾文的演化論。像史賓賽（Herbert Spencer, 1820-1903）這樣的社會達爾文主義者，使用進化論來支持人類之間的競爭及侵略時，克魯泡特金卻主張物種能夠演化成功，乃是由於集體合作及互助求生存。所以其實演化的過程，是強化了社會性及助長合作而非競爭。像人類一樣的演化成功的物種，必然會有強烈的互相合作傾向。克魯泡特金認為，合作曾經是古希臘城邦及歐洲中世紀的特色，但是到了近代，卻被資本主義的競爭所替代，於是就會危及人類作為物種的演化。

　　雖然普魯東曾經宣稱，共產主義只能藉國家這個機制來實現，但是像克魯泡特金及馬拉泰斯塔（Errico Malatesta, 1853-1932）等人卻認為，真正的共產主義要靠國家的消滅才能達成。無政府主義式的共產主義憧憬中

世紀城邦，或是農民公社那種小規模自我管理的社群之生活方式。克魯泡特金認爲，一個無政府的社會要由一群自給自足的公社所組成，每一個公社都是共產的。

　　從無政府主義式的共產主義觀點來看，社會和經濟生活的共同組織具有三種利益。第一，由於公社是共產，所以會激發人的熱情及團結心，壓制貪婪及自私心態。第二，公社內決策是經由**直接民主**或參與性的自治政治達成，這也是無政府主義者能接受的政治的唯一形式。第三，公社是小規模或是合於「人性規模」的社群，可使人們在面對面狀況下處理共同事務。在無政府主義者心中，只要是集權就代表了非人性及官僚化。

> **直接民主**
> （Direct democracy）
>
> 人民自治，特別是指由公民直接與連續地參與政府運作。

個人主義式的無政府主義

　　個人主義式的無政府主義，其哲學基礎在於自由主義觀念中的自主性個人。在許多方面，無政府主義的一些結論，乃是把自由主義式的個人主義之立場，推到邏輯上的極端。例如，古德溫的無政府主義，就是一種極端的古典自由主義。自由主義的核心，是強調個人的價值與捍衛個人自由。在古典自由主義的立場下，自由的定義是採消極說，也就是對個人沒有任何外在限制。當個人主義推向極致時，就代表了個人自主原則，也就是規範人的行爲的最高與最終極的權力，乃是存在於每一個人身上。由此觀之，任何對個人的拘束都是邪惡的，而當這種拘束來自國家——有主權的強制性機制——時，這種邪惡就是絕對的。簡言之，在法律及政府之下，個人絕無可能成爲自主者。因此，個人主義與國家成爲兩個不相容的概念。誠如沃爾夫（Wolff, 1998）所說：「只要是自主的人，不可能臣服於他人的意志下。」

重要人物

古德溫（William Godwin, 1756-1836）

　　英國哲學家與小說家。他發展了對威權思想的澈底批判，建立了無政府主義理念的第一個完整論述。其中，採納了啟蒙運動以來對人性本質的理性及完善性——只要經由教育及社會環境的薰陶——的樂觀態度，因而主張人類可以漸趨於自我管理，也就是說，政府（以及伴隨而來的戰爭、貧窮犯罪及暴力）是不必須的。古德溫的主要作品是《政治公義論》（*Enquiry concerning Political Justice*, 1793）。

　　雖然這些看法崇尚自由，但是自由主義與個人主義式無政府主義間存有重大差異。第一，雖然自由派們持著個人自由非常重要的立場，但是他們無法相信在沒有國家的狀況下自由能獲保障。古典的自由派們認為，最小政府或是守夜人形態政府，可以防止自利自私的個人之間互相侵犯。例如，偷竊、恐嚇、暴力或甚至是謀殺等。因此法律維繫住自由，而不是限制它。當代自由主義者對此更進一步認為，國家如有更大的角色可能會促進積極自由。相對地，無政府主義者一直都相信，個人可以在沒有政府監管下和平、和諧相處，以及共榮生活。無政府主義者與自由主義者的不同，在於他們相信自由的個人一定會是理性及道德的，所以可以良好的在一起生活及工作。這種理性使得他們用仲裁及辯論，而非以暴力處理爭議。

　　第二，自由派們相信政府是可以經由憲政設計，或是代議政治加以「馴服」及控制的。憲法經由制衡設計以約束政府權力來保障個人，定期選舉也迫使政府向人民負責，或至少向大多數選民負責。但是，無政府主義者卻拒斥有限政府、憲政及代議政治。他們視憲政主義與民主為表象，背後實為赤裸裸的政治壓迫。所有的法律都無可避免地侵犯個人自由，不管他們當初是由民主程序，或是獨斷地制定出來。換句話說，國家一定都是侵犯個人自由的。然而，無政府式的個人主義有幾個不同形態，最重要

的有：

- 自我中心論（egoism）
- 自由放任論（libertarianism）
- 無政府主義式的資本主義（anarcho-capitalism）

自我中心論

建立在個人自主這一觀念上最極端的立場，乃來自於施帝納（Max Stirner）的書《自我與自身》（*The Ego and His Own*, [1845] 1971）。如同馬克思一般，德國哲學家施帝納深受黑格爾（G. W. F. Hegel, 1770-1831）影響，但是他們兩人卻得到完全不同的結論。施帝納的理論，代表了極端的個人主義立場。「自我中心論」可以有兩個涵義：它可以意味個人基本上是只關切「自我」的，個人有自利自為的傾向，這是霍布斯及洛克都主張的；但是，如果每個人都為自身利益打算，則衝突難免，因而國家公權力也不可或缺，以約束人人免於傷害或侵害他人。

重要人物

施帝納（Max Stirner, 1806-1856）

德國哲學家。他在自我主義（egoism）基礎上建立起極端的個人主義思想，反對任何對於個人自主性的限制。其他無政府主義者經常強調，正義、理性及社群等道德概念，但是施帝納卻只注重人類的「自我性」（ownness），把個人放在道德世界的最核心位置。這樣的思想影響了尼采（見本書第210頁），也啟發稍後的存在主義哲學。他最重要的政治著作是《自我及個人》（*The Ego and His Own*, 1845）。

在施帝納的想法中，自我中心論是一種將個人置於道德宇宙的中心的一種哲學與世界觀，個人應該在完全自由下行動，毋須受到法律、社會傳統、宗教或是道德原則的拘束。這種立場可能接近一種虛無主義，也就

是無所相信的立場。當然，這樣的觀點也清楚地指向無神論與個人主義式的無政府主義。然而由於施帝納的無政府主義是反啓蒙的，而且也不關注如何在無國家之下維持秩序，因此對後來興起的無政府主義影響有限。但是，他的想法依舊影響了尼采及20世紀的存在主義。

自由放任論

　　美國的梭羅（Henry David Thoreau）、史普納（Lysander Spooner, 1808-1887）、塔克（Benjamin Tucker, 1854-1939）、華倫（Josiah Warren, 1798-1874）等人，更全面地開展了個人主義式的無政府主義思想之論證。梭羅對精神境界與自我具足這一理想的追求，使得他曾離群索居數年，如同在他的著作《湖濱散記》（*Walden*, [1854] 1983）所載。而在他的政治性論述《公民不服從》（*Civil Disobedience*, [1849]1983）中，他雖然同意傑佛遜的名言：「管得最少的就是最好的政府。」但是，卻把它改爲無政府主義式的立場：「不管的才是最好的政府。」對他而言，個人主義一定通向公民不服從：如果個人忠於自身的信念或是服膺良心，則不應受到社會或是法律的拘束而行。他的無政府主義把個人良心置於政治義務之上，因此，他不服從維持奴隸制度以及侵略他國的美國聯邦政府。

重要人物

梭羅（Henry David Thoreau, 1817-1862）

　　美國作家，詩人與哲學家。他的著作對於個人主義式的無政府主義有重要影響，也影響了稍後的環境保護運動。他信仰心靈超越主義（transcendentalism），因此在其著作《湖濱散記》（*Walden*, 1854）當中，描述了他兩年的「生活實驗」：在無人煙處過著自給自足、冥想與親近自然的儉樸生活。在《公民不服從》（*Civil Disobedience*, 1849）中，他爲基於良知而反對不當法律之行爲辯護，強調政府之作爲不應牴觸個人良知，但是他從未公然主張無政府主義。

　　塔克將這種自由放任主義更向前推，他致力研究自主的個人如何可以和睦共處、不起衝突。他找到兩種答案：第一是強調個人理性。當衝突發生時，人們可以用理性討論化解。這也是古德溫的看法，他認為只要我們有心，真理一定會彰顯。第二是找到某種機制，使得許多自由的行為者在一起可以不起衝突。像華倫及塔克這樣的極端個人主義者，都相信此時市場機制可以發揮作用。華倫認為，個人對於其財產有絕對主權，但是受限於經濟邏輯，只好與他人一起工作，從分工中獲取利益。他提議乾脆用「以勞力換取勞力」原則，來成立「時間商店」，將某人投入的勞力，用另一人相等的勞力來交換。塔克顯然認為，「真正的無政府主義是曼徹斯特主義」，也就是19世紀時主張自由貿易、自由市場的柯布登（Richard Cobdem）及布萊特（John Bright）所主張的學說（Nozick, 1974）。

無政府主義式的資本主義

　　20世紀末對自由市場經濟的重拾興趣，導向了某些較激進的政治結論。喜歡古典經濟學的保守新右派，希望「政府不要干預企業」，而讓市場去自行調節。像是諾席克這種右翼的自由派，又重提最小政府主張，認為國家目的在於維護個人權利與私有財產而已。其他一些像是愛蘭德（Ayn Rand）、羅斯巴（Murray Rothbard）及傅利德曼（David Friedman）（1973）等人，則是希望徹底實現自由市場理念，因而可稱得上是無政府主義式的資本主義。他們認為政府可以取消，而由完全自由的市場來取代。自主的個人擁有財產，他就當然能夠隨自己的意願，在追求利益前提下，與他人訂任何交換契約。個人保持絕對自由，而不受任何人或團體影響的市場，則成為約制社會行為的公平機制。

　　無政府主義式的資本主義，其實已經超過了自由市場式自由主義。自由派們雖相信市場可以有效地創造效用，但是也相信它有極限。某些「公共財」，例如治安、國防及法治，都不是單純的市場競爭能處理的，而需要國家。然而，無政府主義式的資本主義卻相信，市場能滿足人類所有需求。例如，羅斯巴（Rothbard, 1978）就認為在無政府的國度，個人可以

重要人物

羅斯巴（Murray Rothbard, 1926-1995）

　　美國經濟學家與自由放任主義思想家。他主張無政府主義式資本主義，這是混合了極端洛克式自由主義與奧地利自由市場經濟學派的一種體制。他將私人所有權視爲是普世眞理，因此經濟自由絕對與政府權力不相容。也因此，他主張政府在國內外都不應進行任何干預：他痛恨福利國家或是國家介入戰爭（welfare-warfare state）。主要著作包括《個人、經濟與國家》（*Man, Economy and State*, 1962）、《新自由》（*For a New Liberty*, 1978）與《自由作爲道德》（*The Ethics of Liberty*, 1982）。

從社會中尋求保護。例如，民間的「保全組織」或是「私人法庭」，根本不需國家的司法或是警察。

無政府主義內部的緊張關係

個人主義式的無政府主義		集體主義式的無政府主義
極端自由主義	⟷	極端社會主義
極端個人主義	⟷	極端集體主義
至高無上的個體	⟷	社會團結
公民不服從	⟷	社會革命
原子式個人	⟷	社會有機論
自利主義	⟷	合作／互助主義
市場機制	⟷	社會責任
私有財產	⟷	共同擁有制度
無政府主義式的資本主義	⟷	無政府主義式的共產主義

事實上，根據無政府主義式的資本主義之立場，以營利為主的私人保全機構，應可以提供比警察更好的服務。因為，市場競爭會迫使他們供應更廉價、有效率及回應迅速的服務。同理，私人法庭如果能提供公正的服務，也可以吸引要解決爭端的人前來。最重要的是，由這些民間機構所訂的約定都是自願性的，完全由市場決定。雖然這些想法很新奇，但是私有化在許多西方國家，早已大步向前發展。在美國，某些州已有私人監獄，也在實驗私人法庭及仲裁機制。在英國，私人監獄及保全早就普遍，而鄰里的「守望相助」，已經使得維護公共安全的責任，從警察移轉到民間。

無政府主義的未來

大家都認為無政府主義的前景是有限的。歷史上做無政府主義的實驗很少見，而且都以短命告終——在1918到1921年的馬克諾維亞（烏克蘭內戰）時，以及在1936年的加泰隆尼亞（西班牙內戰）時。因此，很多人視無政府主義在重要性上無法與自由主義、社會主義、保守主義或法西斯主義相比，因此它註定在政治上要處於邊緣角色了。有時候，它可以顛覆傳統政治，或是挑戰（其實可能是啓發）其他的意識形態，但是無法得到權力，至少在國家層級是如此。因此批評它的人就認為，這是因為有兩個主要的缺點。第一也是最嚴重的一點，就是無政府主義以推翻國家與任何形式的政治權威為目標，這是不可行的，根本就是無法實現的夢想。很多無政府主義者的理論被錯誤地簡化成：人性本善，因此可以不需要國家。但這同時也提醒我們注意，若沒有政治秩序，社會和諧有多少可能？當然。在非階層化與平等的傳統社會可能例外，例如非洲南蘇丹的弩爾（Nuer）人，他們就是形成一小群一小群的聚落生活著。

無政府主義未來欲享有影響力的第二個障礙，跟其手段而非目標有關。他們認為，如果國家是邪惡與壓迫性的，則要取得政府權力或是影響政府都是腐敗不健康的，因此無政府主義者就堅決地拒絕代議民主。此外，也認為政治權威總是有壓迫性的，不論經由選票或槍桿子而來都一

樣。因此他們也不喜歡政黨，不論是議會政黨或是革命政黨，因爲他們都是官僚組織與階層化結構。因此，無政府主義的政府、政黨或是政客，都是矛盾的名詞。更糟糕的是，因爲它拒絕傳統取得政權的方法，所以有時候會用恐怖主義策略，因此在一般人心中留下了與暴力連結的惡劣印象。無政府主義的暴力行爲在19世紀末1890年代達於頂峰，另一次則是1970年代，但在兩次期間當中，國家的力量只有更強，而國家機器壓迫的力量也更大。

　　儘管如此，無政府主義不但頑固地拒絕覆滅，而且還可能在未來繼續是重要的意識形態力量。原因之一是，因爲它對於權威的反對毫不妥協，且持續地動員抗議，這種形象讓它對年輕人具有道德吸引力。它的存在證明了反資本主義者常說的一句話：「美好的明天是可能的」。更且，如果只看見它持續失敗就說無政府主義沒有影響力，這就是誤解了無政府主義本身。它激進地對抗政治權力而不是攫取權力的立場，其實塑造了某種社會文化影響力，也在廣泛的議題上產生效應，這部分其實是許多其他意識形態所不及。因此，目前無政府主義不獨在多元歧異的反全球化運動中找到立足點，同時這運動中的無政府主義元素也充滿混合性質。例如，他們重視環境危機，提倡動物權，反對**消費主義**，譴責全球化下的不平等，同時也支持在交通、都市發展、醫藥政策與性別政治上的新思維。總的來說，雖然這麼廣泛的關懷很令人讚嘆，尤其是顯現出它的創新與擴大思考能力，但同時也反映出無政府主義作爲意識形態的雜亂特質，讓人懷疑它是否有融慣性？

> **消費主義（Consumerism）**
> 一種心理與社會現象：人們的快樂等同於其物質消費慾望。

問題討論

- 爲何無政府主義者把國家看成是邪惡及壓迫的？
- 無政府主義如何，以及爲何常與烏托邦主義並稱？
- 無政府主義者如何倡議自然秩序？這努力成功嗎？

- 無政府主義與工會聯盟主義是否相容？
- 是否集體主義式的無政府主義，就是一種極端的社會主義？
- 無政府主義式的共產主義與馬克思主義有何異同？
- 個人主義式的無政府主義者，如何調和自我中心論與無政府這兩種情形？
- 無政府主義的共產主義，是否只是自由市場的自由主義邏輯推演到極致的結果？
- 無政府主義者彼此間對未來的理想社會之想像有很大差異嗎？
- 我們應如何判斷無政府主義的政治成就？
- 爲何無政府主義思想很吸引當代的社會運動者？
- 無政府主義者眞是在緣木求魚嗎？

進階閱讀

Huemer, M. *The Problem of Political Authority* (2013). 對無政府主義哲學與政治的詳細論述，特別是關於無政府資本主義，其他書對此較少觸及。

Kinna, R. (ed.) *The Bloomsbury Companion to Anarchism* (2014). 無政府主義研究文獻的最佳選輯，特別是從非西方觀點來說。

Kinna, R. *The Government of No One: The Theory and Practice of Anarchism* (2020). 對無政府主義抱持同情理解的一個全面性介紹文獻，有關於其主要理論、派別與實踐的回顧。

Marshall, P., *Demanding the Impossible: A History of Anarchism* (2009). 本書對無政府主義之理念及歷史極具權威性的完整介紹。

An Anarchist FAQ https://theanarchistlibrary.org/. 1995年起成立，由大眾共同撰文的網站，包含了極豐富的資訊與涵蓋全球各流派及其歷史。持續更新中。

第六章　民族主義

本章簡介

　　Nation這個字從13世紀開始出現，它源於拉丁文*nasci*，意為誕生。而*natio*這個拉丁字則代表一群血緣或是出生地相同的人，所以民族這個詞的原始涵義是同血緣的族群，但是並無任何政治指涉。然而到了18世紀末，民族一詞開始有了政治上的意義，個人或團體此時也紛紛被歸類為屬於某一個「民族」。第一次公開使用民族主義這個詞的人，是反雅各賓黨的法國教士巴互爾（Augustin Barruel），時為1789年。到了19世紀中葉時，民族主義已被廣泛視為是一種政治上的主張或是一股運動。例如，它是1848年橫掃歐洲的革命風潮中的一股主要成分。

　　民族主義約略來說，可以如此定義：將民族視為是任何政治組織之核心的一種信念。它立基於兩個主要假設：第一，人類天生被劃分為不同民族；第二，最適合組成國家的基本單元是民族。古典的「政治民族主義」因此努力於把國家與民族畫上等號。所以在所謂的民族國家中，公民權與民族血緣就等同了。然而，民族主義是一個高度複雜分歧的意識形態，民族主義不只有政治、文化及種族的不同形態，它的政治涵義更是涵蓋廣泛，甚至有些還互相矛盾。雖然基於民族平等的觀念，民族主義跟民族自決原則息息相關，但是它也被用來為傳統的制度及既成社會秩序辯護，有時更成為戰爭、征服及帝國主義的藉口。民族主義甚至同時可與完全不同的東西連在一起，從自由主義到法西斯主義。

起源及歷史發展

　　民族主義的觀念發源於法國革命時。在此之前，國家只是「王畿領地」、「侯國」或「王國」。國家中的人民是「臣民」，被要求效忠於統治者及王朝，而不一定具備民族意識或是愛國心。然而，在1789年反抗路易十四的革命黨人，卻是以法國民族為號召的。他們深受盧梭（Jean-Jacques Rousseau，見本書第181頁）的著作以及全民主權觀念的影響。此

民族（Nation）

一個由共同價值、傳統、語言、宗教或是歷史所組成的人群，通常也在同一地域生活。

獨立（Independence）

一個民族離開外國統治的過程，通常意味建立一個自主國家。

時，民族主義變成了涵具革命熱情及民主憧憬的思潮，而將「王冠下的臣民」變成「法蘭西公民」。每一**民族**應獨立自主管理自己，成為自己的主人，或是如同法國理性主義思想家勒南（Ernest Renan, 1823-1892）所言，民族一詞代表「一群人日復一日地同意共同生活的價值」。而這樣的思想並不限於法國人才有，在法國大革命及拿破崙戰爭期間（1792-1815），由於法國入侵歐陸大部分國家，使得他們都仇法，並且渴望**獨立**。義大利及德國長久以來都是分崩離析的小邦國所組成之地域，被征服的經驗卻首度促使民族團結之感情油然而生。民族主義的新口號誕生了，但諷刺地卻是仿效自法國。民族主義的觀念在19世紀初時傳到拉丁美洲，當時的革命領袖，也就是「解放者」波力華（Simon Bolivar, 1783-1830），領導推翻西班牙統治的革命。這發生於當時稱為新格拉那達的地方，就是現在的哥倫比亞、委內瑞拉及厄瓜多爾，以及秘魯與玻利維亞。

　　在許多方面，民族主義發展成為最成功也最顯眼的政治信條，在過去兩百年間深深地影響了世界許多地方的歷史。土耳其、奧地利及俄羅斯這些領有巨大幅員的君主國家，一旦在自由主義及民族意識的衝擊下解體，民族主義的浪潮隨即便重畫了19世紀的歐洲地圖。1848年時，源於民族主義的暴亂紛紛在義大利、捷克及匈牙利爆發，而在德國，追求統一的願望可由當時短暫存在的法蘭克福議會看出。19世紀是各民族獨立建國的世

愛國主義（Patriotism）

　　愛國主義（從拉丁文*patria*而來，意爲祖國）是一種情懷，對自己國家的心理上之依附感，故字義上就是「愛自己的國家」之意。民族主義與愛國主義經常被混淆。民族主義通常含有某種理念在內，且它體現了一種民族乃是政治組織核心的信仰。愛國主義則是這種信仰的根基，是任何一種民族主義的基礎。我們很難想像一個要主張獨立的民族，其成員並不具備某種愛國心或是民族意識。但並不是所有愛國者都是民族主義者，因爲並非每一個愛國家的人都認爲政治目標可藉民族主義而達到。

紀。一度被奧國首相梅特涅譏諷爲「只是地理名詞」的義大利，也在1861年建國，而在1870年羅馬被收復時完成了**統一**最後的一步。德國原先由39個邦國組成，也是在1871年於普法戰爭後完成統一。

統一（Unification）

政治上分立，但具共同文化之不同群體，被整合成爲一個國家的過程。

　　儘管如此，我們尚難以認定民族主義在此時是無法抵擋或是風行無阻的浪潮。對其熱情大抵見於中產階級，他們對於民族統一及憲政極感興趣。雖然醞釀在中產階級間的這些民族主義運動，使得國家統一或獨立的夢想得以維繫住，但是僅憑他們的力量是不足以完成建國理想的。在義大利和德國，統一目標的達成乃是由於民族主義藉助了個別邦國的野心而能成功的。例如，德國統一主要是由於普魯士軍隊在1864年擊敗丹麥、1866年擊敗了奧地利，於1870到1871年擊敗了法國，而非自由主義式的民族運動就可使然。

　　雖如是，在19世紀末時民族主義已非常盛行，國歌、國旗、愛國詩歌與文學、公開儀式及國定假日等紛紛出現。也由於教育、識字率及報紙的普遍，民族主義成爲群眾政治的語言。但是，民族主義的性格也轉變了，它先前與自由及進步的力量結合，可是現在逐漸被保守及反動的政客所利用。民族主義代表了社會凝聚、秩序及穩定，特別在面臨社會主義不斷升高的挑戰之際更是如此，因爲後者要帶來的是社會革命與國際工人團結聯

合的訊息。民族主義希望能將日益強大的工人階級整合入民族之中，以保存既有社會結構。靠民主自由已無法再喚起愛國熱忱，現在是要靠回憶過去的民族榮耀與軍事上的勝利才行。這樣的民族主義於是逐漸朝向**沙文主義**以及**恐外症**發展。每一個民族都認為自身是最優秀的，而把其他民族視為敵對的，不能信任且具威脅性。這種激烈的民族主義的氣氛，助長了1870及1880年代達於頂峰的海外殖民拓展，而且在19世紀結束時，全球大部分人口都已在歐洲殖民帝國的勢力控制下。當然這也升高了國際間的仇視競爭及懷疑心態，終致有1914年的第一次世界大戰爆發。

> **沙文主義**
> （Chauvinism）
>
> 無理由或是盲目地對某一種事或是群體所抱持的優越感。例如，民族沙文主義或是男性沙文主義。

> **恐外症**（Xenophobia）
>
> 對外國人的恐懼或是憎恨；一種病態的民族自我中心主義。

　　1918年第一次世界大戰結束時，中歐及東歐國家紛紛完成建國。巴黎和會後，美國總統威爾遜（Woodrow Wilson，見本書第188頁）倡議民族自決。德國、奧匈帝國及俄羅斯都解體，而由此誕生了八個新國家，其中包括芬蘭、匈牙利、捷克、波蘭與南斯拉夫。這些新國家都是依照民族的界線而組成的**民族國家**。然而第一次大戰卻沒有解決當初引爆嚴重民族衝突的問題。事實上，戰敗的經驗及對和約的失望沮喪，對這些國家而言，留下了挫折及痛苦的印記。以德國、義大利及日本為例，法西斯政權透過擴張及**帝國**政策，承諾恢復往昔民族榮耀及自信。因此，民族主義是一個在1914年及1939年都引發戰爭的重要因素。

> **民族國家**
> （Nation-state）
>
> 一個國家經由移民或是經濟主宰，而對外國領土進行控制的行為或是理論。

> **帝國**（Empire）
>
> 將多個不同文化、種族或民族群體置入單一權威統治下的一種政治結構。

　　20世紀時，民族主義從誕生地歐洲傳到了亞洲及非洲，而非洲人民紛紛起來要求獨立。其實殖民主義的過程不只包括了對當地的政治控制與經濟支配，同時也傳入了西方觀念，包括民族主義在內。諷刺的是，後來這個觀念竟被用來對抗殖民統治者。在埃及，民族主義的抗爭於1919年爆發，而後快速地散布到中東地區。英國與阿富

汗的戰爭也在1919年開打，印度、荷屬東印度及中南半島也都發生反抗事件。在1945年後，英國、法國、荷蘭以及葡萄牙等國的殖民帝國，在民族主義浪潮下紛紛崩解，而這些民族主義運動要不是透過協議取得獨立，就是透過武力贏得了「解放戰爭」。蘇聯是世界上最後一個大帝國，在1989到1991年共產主義瓦解之際這個帝國也崩解了，這讓很多人以為民族主義的任務結束了，於是世界變成由許多個別民族國家構成的世界。

然而，21世紀初我們看見了民族主義的復甦，這是從兩方面出現的。第一，它乃是對於全球化所帶來的巨大經濟、政治與文化變遷的反彈。在2007到2009年的全球金融海嘯之後益加明顯，歐洲很多國家都興起了民族主義民粹政黨，2016年英國也經由全國性公投而脫歐（Brexit）。在此過程中，反移民與反文化融合是最主要的因素，這會在第8章討論。第二，冷戰結束後，強權間益形競爭的態勢也導致民族主義興起。例如，中國的民族主義心態伴隨著經濟成長而膨脹，對外設立孔子學院，對內無情鎮壓西藏與新疆的獨立運動。同樣地，在普丁領導的俄羅斯，2014年從烏克蘭併吞了克里米亞。就美國而言，2016年川普當選總統後開始了一波的**經濟民族主義**，這是以平衡中美貿易逆差的「美國優先」口號作為引領。強權間的競爭稍後由於新冠疫情（COVID-19）的爆發而更為尖銳。

> **經濟民族主義**
> （Economic nationalsim）
> 透過使用關稅、非關稅障礙的保護主義來振興國內產業的經濟政策。

主要概念

帝國主義（Imperialism）

廣義來說，帝國主義就是一國欲將統治延伸到國境外，企圖建立一個帝國的行為。早期的帝國主義都是立基於民族主義或種族主義信念，而透過軍事侵略與與占領來達成，因此傳統上都是建立起政治上的殖民統治機制，也就是母國的國家力量經由征服與（可能有）殖民而延伸到他國。但新的帝國主義（亦稱新殖民主義）比較不用政治手段，而是透過經濟與意識形態；所以，通常這是一個在全球化之下不平衡的國際經濟結構中的產物。

政治意識形態在現實中的展現

疫情與民族主義

事件：2019年12月，在中國湖北省武漢地區爆發了不知原因的肺炎群體感染案例。2020年1月底，找出病因爲冠狀病毒COVID-19。雖然以致死率來說，此病毒較先前若干病毒爲低，但是它的傳播速度非常快。這一部分是由於有些感染者不會有症狀，所以他們根本不知道自己已感染  因而未隔離。世界衛生組織在2020年3月11日宣布這種疾病爲大規模流行病（瘟疫），嚴重的受感染地區從東亞轉移到歐洲，又轉到美國、南美、印度與非洲等地。到了2021年1月時，全球已超過200萬人因此傳染病去世。

意義：這次疫情其中一個重要後果，就是刺激了各國民族主義的更強化。因爲疫情前，各國原本就已經有國內優先的自保意識。證明這種看法的，就是疫情期間各個國家政府主導防疫，國際組織幾乎無法扮演角色。在危機升高的情勢下，邊界關閉了，國際旅行受限，防疫設備與藥物禁止出口，這些措施在在都顯示出各國採行孤立主義與排外政策。民族主義的氛圍升高也是由於強權競爭的結果，特別是美中關係的持續惡化。因此，當美國要求中國承擔病毒外洩與疫情擴大責任時（川普總統稱之爲「中國病毒」），中國卻一直宣傳威權體制在應對遏止病毒擴散時的成效。

另外，有人認爲一些民族主義民粹領袖用類似的方式來面對疫情下的公衛危機。在2020年7月時，三個疫情下死亡率最高的國家之領袖，美國的川普、英國的強森與巴西的伯梭那羅都各自在國內建立起「強人」形象。有人認爲，某些民粹領袖趁著疫情嚴峻時擴權並壓制批評者，而有些民粹領袖則宣稱疫情之威脅其實不存在或是被嚴重誇大了。就舉伯梭那羅的例子，他不斷地忽視疫情危機且無視於他的衛生部長對於保持社交距離的呼籲，竟然跑到街上大吃甜甜圈並與支持者群聚。

核心概念

將民族主義視爲一種意識形態將會碰到三個問題。第一，有時民族主義被歸類爲只是一種政治原則，而非完整的意識形態體系。有人認爲自

由主義、保守主義與社會主義都是內含價值、理念甚雜甚廣的思想，而民族主義在其核心只是單純的一種信念——以一個民族組成一個國家最自然不過。這樣的看法，其缺點就是忽略了民族主義有多種，而它只以「古典的」**政治民族主義**爲焦點，忘記了民族主義還有不同形態。例如，**文化民族主義**及**族裔民族主義**。所以，民族主義的核心特色，不只是民族自決或是民族國家，還包括了一切強調民族對政治生活重要性的論述、觀念或是運動。

第二，民族主義經常被描繪成是一種心理狀態——對自己民族的忠誠及對他民族的排斥——而不是一種理論建構。無疑地，民族主義其中的一個特色爲其強烈之情感。但是，若只以這些來看待它，那就是錯將民族主義只當成是一種愛國情懷來看。

第三，民族主義有一種內在精神分裂的政治性格。因爲，某些時候，民族主義同時是前進與反動、民主與極權、理性與非理性、左翼與右翼的。它也被跟所有主要的意識形態傳統相連結。自由主義者、保守主義者、社會主義者、法西斯主義者，甚至共產主義者都被民族主義吸引。也許，只有無政府主義者例外，因爲他們完全反對國家。雖然民族主義很奇怪地被完全不同的政治運動所利用，被相反的政治立場所引用，但是我們還是可以找到它內部理念的一些不變的因子。最重要者有以下數端：

- ◆ 民族（the nation）
- ◆ 有機社群（organic community）
- ◆ 民族自決（self-determination）
- ◆ 文化主義（culturalism）

> **政治民族主義**
> （Political nationalism）
>
> 民族主義的一種，視民族爲一個自然的政治體，而經常以民族自決爲其口號。

> **文化民族主義**
> （Cultural nationalism）
>
> 民族主義的一種，致力於恢復民族文化光榮，而非追求民族自決。

> **族裔民族主義**
> （Ethnic nationalism）
>
> 民族主義的一種，由尖銳的種族意識所鼓舞，並且極欲保存此族裔的獨特性與優越感。

民族

　　民族主義最基本的信念是民族應該成為國家，國家應該由同一民族所組成。但是，民族到底是什麼，卻還有很多問題待解答。在日常用語上，「民族」、「國家」，甚至「種族」等語都常被混淆。許多政治上的紛爭，其實都源於是否應把某一個民族視為是一個國家，使它擁有一般作為國家所有的權利及地位。例如，西藏、庫德族、巴勒斯坦及塔米爾等。

　　基本上，民族是以文化為基礎的團體，它是一群人擁有共同的價值及傳統而形成的，特別是在同一個地理區內又有共同的語言、宗教及歷史。若由此觀之，民族之形成是有「客觀的」因素：有共同文化因素的一群人可被歸類為民族；反之則是他民族。然而，要是說共同的文化即是形成民族的主要原因，這樣也太過簡單化。雖然說語言、宗教、**族裔**血緣、歷史及傳統，可能是民族形成的重要指標。其實，我們是沒有藍圖或是確定的標準可以定義民族的。

> **族裔（Ethnicity）**
> 對於特定群體或是地域的向心力或是忠誠感，它是文化而非血緣的。

　　語言常被認為是民族形成中最清楚不過的要素。語言包含了人類欲做表達時，使用的特殊態度、價值及形式。因此，使用者之間會有一種親切及歸屬感。例如，德意志民族主義傳統上都是立基於共同文化之上，而這文化又是反映在德語的純粹及延續之上。然而，還是有一種情況，就是某些人群有共同的語言，但是卻沒有共同民族意識。例如，美國人、澳洲人及紐西蘭人都說英語，但是他們並沒有歸屬於一個共同群體之感。另外的情況是，有些人群有共同的民族情感，但是他們的語言卻不同。例如瑞士人，他們並沒有共同的瑞士語，而且國境內有三種主要語言：法語、德語及義大利語。

　　宗教是構成民族的另一要素，宗教顯現共同的道德價值及精神信仰。在北愛爾蘭，大家有共同的語言，但是信仰卻不同。基督徒認為自己是聯英派，希望維持現狀與英國在一起，可是天主教的社群中有許多人卻認為，北愛爾蘭應該脫離英國，整個愛爾蘭應該統一。在北非及中東，伊斯

蘭是形成民族認同的重要因素。但是另一方面，同一宗教信仰卻不必然形成民族情感。英國國內新教徒與天主教徒之間的分歧，並沒有讓他們喪失身爲同一民族的認同；其次，美國多元的宗教信仰，也並未讓這個國家分裂爲不同民族。同時，如波蘭、義大利、巴西與菲律賓都是天主教國家，但這也並未讓他們覺得有緊密地屬於一個群體之感。

　　民族也立基於**血緣族裔**。在納粹德國時期，血緣成爲特別明顯的要素。然而，大多數時候民族主義的基礎是文化，而非血緣。它也許是由同一族裔所構成的社群，但是共同價值及文化信念經常是更重要的。美國黑人的民族主義其實來自於共同的歷史、文化，更勝於他們都是來自非洲不同地區的黑色人種。因此，我們應把民族看成是共享**歷史與傳統**的一群人。不難想像，民族意識是由對於過去的光榮、民族的獨立、民族領袖生平或是重要戰役勝利等的共同記憶所組成。美國人慶祝獨立紀念日及感恩節、法國人紀念巴士底監獄革命日、英國人至今持續慶祝二戰停火日的來到。但是，有時民族主義的情懷也很可能立基於對未來的期待，多於對過去的緬懷。例如，對進入美國這個移民國度的移民們，五月花號及獨立戰爭可能對他們意義不大，因爲他們祖先來時，這些事已發生許久了。

　　所以，可能形成民族主義的文化共通處，其實很難精確地指認出。它可能是一連串因素的組合，而不是某一個原因獨立促成。因此，最後說來，所謂民族只能由組成者「主觀地」界定，而不是由某些外在因素逕行定義。由此看，民族實爲一種心理／政治共同體。也就是說，只要一群人認定他們自己形成一個自然的政治社群，成員具有忠誠、向心力及愛國心即可。如果這群人堅定的認爲，他們是一個民族，則某些客觀的障礙，如沒有國土、人數少，或是缺乏經濟資源，都不是問題。例如拉脫維亞，雖然只有260萬人（其中又不到一半是眞正拉脫維亞人），沒有石油而且只有很少的天然資源，在1991年取得了獨立。同樣地，中東地區的庫德族人雖然從來沒有政治組織，也分散在土耳其、伊拉克、伊朗及敘利亞，但卻一心想要建國。

各家看民族

自由主義者：從「公民」觀點看民族，所以會把重點同等地放在政治認同及文化關聯上。他們把民族看成是道德實體，因為民族享有權利，尤其是自決的權利。

保守主義者：視民族主要為有機實體，由共同血緣及歷史所組成的社群。民族是社會凝聚及集體認同的緣由，所以民族可謂是政治上最重要的社會群組。

社會主義者：將民族看成是人為性地對人類全體做的區隔，目的是要掩飾社會不公，以及支撐現有權力秩序。所以，任何政治運動及個人效忠對象都應是普世、而非民族性的。

無政府主義者：一般都認為，民族與國家密切連結，所以也跟壓迫脫離不了關係。認為民族其實是迷思，是為了讓百姓服從效忠統治菁英而設計出的。

法西斯主義者：認為民族是有機形成的整體，通常由族裔所構成，在此之中，個人的存在得以有意義。然而，民族通常互相競爭求求生存，只有最適者能成功，而得以掌握資源領導世界。

宗教基本教義主義者：把民族視為宗教實體單元，是一群「信仰者」的集合。但是，由於宗教很少與民族疆界重疊，所以他們構思出跨國宗教社群。例如，伊斯蘭民族。

世襲論（Primordialism）
認為民族是由久遠的血緣、文化等因素構成，它的形成是古老而根深蒂固的。

公民民族主義（Civic nationalism）
由平等的公民組成一個政治體，而所有公民不分種族、文化等差異，皆以此政治體為效忠對象的一種信念。

由於民族是由一些主客觀因素所構成，因此對民族的定義很分歧。所有的民族主義者都同意民族是文化及一種心理／政治共同體，但是他們卻對於這兩種因素以如何比例組成，看法非常不同。一方面，強調「特有性」的人會著重血緣及歷史。他們視民族意識為天生而成的，不會改變且不能改變，也因此把民族看成是具有共同血緣的一群人，如此也就不加區別民族與種族了。於是，民族就是由一些**世襲**的紐帶（primordial bonds）所構成，他們是附著在語言、宗教、生活傳統或是鄉土的一種強有力的、自然的情感所構成的聯繫。保守主義者及法西斯主義者在不同程度上持這種觀點。但在另一方面，「包容性」的概念則見諸**公民民族主義**，

強調公民意識及忠誠。他們認為，民族當然可以是多族裔、多種族及多宗教等的。這樣一來，民族跟國家、甚至國籍或公民權的界線似乎就泯除了。自由派跟社會主義者通常比較會採取此立場。圖6.1是各家對民族看法之立場的比較。

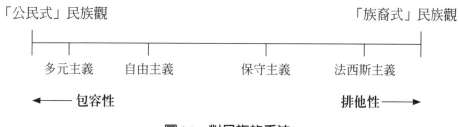

圖6.1　對民族的看法

有機社群

　　雖然民族主義者之間對於民族的定義看法不盡相同，但是，他們至少都相信民族是有機的群體。換句話說，人類被自然地劃分為不同的民族，每一個民族都有其特色及個別的認同感。所以民族主義者認為，這就是為什麼人類最高的「忠誠」及政治情感通常是交付給民族，而不是其他層級的團體。當然，階級、性別、宗教或是語言，在某些特殊場合或是特定社會都很重要。但是，血緣所組成的民族卻有更基本的重要性。對於民族的紐帶情感及忠誠，在每一個社會皆然，歷久不變，且是本能、與生俱來的。很多人試圖對此解釋，其中最重要的有三種理論：世襲論（primordialism）、現代化論（modernism）及建構論（constructivism）三種。

　　世襲論者認為，民族認同是自然形成於歷史中：民族是共同文化及語言所形成，這些遠在組成國家之前就有。因此，它像血緣關係一般，會令人有很深的情感依附。例如，史密斯（Anthony Smith, 1986）就強調世襲論來說明，前現代民族群體構成了許多現代國家，他稱之為「族國」（ethnies）。也就是說，族裔及國家間沒有差別，當代國家只不過是古老民族的現代版本。

　　對照之下，**現代化論者**就認為民族認同是對於不同環境及歷史變遷的心理反應。蓋爾納（Ernest Gellner, 1983）因此強調，民族主義的興起與現代化，尤其是與工業化過程有關。他強調，前現代農業社會是由封建義務及忠誠所規範。但是，工業社會則是注重社會流動、個人努力及競爭等特質，因此，在文化上需要有新的凝聚力量。於是，民族主義適時提供了這需要。由於蓋爾納的理論認為，民族是因應社會環境變化凝聚而成，但因民族社群的觀念已深入人心，所以此理論也意味，我們難以回復到以往前現代式的忠誠與認同方式。安德森（Benedict Anderson, 1983）也將當今的民族視為社經結構變化下的產物。他強調，這是資本主義的興起與大眾傳播媒體的出現〔他名之為「印刷—資本主義」（print-capitalism）〕兩者共同產生的結果。在他看來，民族只是一種「想像的共同體」（imagined community）。因為在同一民族之內，個人往往只能親身接觸到其周遭一小部分所謂「屬於共同民族」之人，所以這種民族認同的出現，其實是被「引導、描繪」出來的。

　　民族是「想像的」而非自然、「有機的」社群這樣的看法，被某些反對民族主義的人拿來作文章。持**建構論**觀點的人就認為，所謂民族認同感只不過是一種意識形態，它的出現通常對掌權的群體有利。馬克思派的歷史學家霍布斯邦（Eric Hobsbawm, 1983）特別強調，民族這個概念很大程度是被創發出來的。他指出，相信民族由歷史延續性及文化純粹性構成，這完全是迷思，而且是一個由民族主義創造出來的迷思。**建構論**認為，民族主義創造出民族，而非反之。馬克思主義認為，民族主義乃是統治階級用來抗拒社會革命的工具，因為民族情感總是較共同階級意識來得強，所以可以使得勞動階級支持他們國家中既有的權力結構。

> **建構論**
> **（Constructivism）**
> 意指我們可以用信念與假設加諸於外在世界，現實其實是一種社會建構。

> **主權（Sovereignty）**
> 經由法律權威或是政治權力所展現的一種絕對或無限的權力。

民族自決

　　民族主義作為一種政治意識形態，當然要等到民族這個觀念與全民**主權**的觀念相會之後

才會出現。這在法國大革命時出現，而且深受被視爲近代民族主義之父的盧梭著作的影響。雖然，盧梭並未特別對民族此一議題做探討，但是他強調的由**全意志**所代表的全民主權概念，卻是與民族主義有關概念滋生的種子。從波蘭爭取獨立於俄國之後，盧梭相信民族主義

> **全意志（General will）**
>
> 一個群體的真正利益所在，相同於「共善」的觀念。而當每一個成員都能以全體利益爲考量時，它也就是集體意志的意思。

是享有共同文化的群體所具有的。全意志是社會集體的利益所在，它是大家共同的意志的結合，只要每個人不存私心即可。盧梭認爲，政府不應立基於君王個人的權力之上，而是由整個社群中個人所集結成的集體意志爲其主導。在法國大革命時，這樣的信念獲得了表達：法國人民每個人都是具有天賦人權的「公民」，而非國王的「臣民」。所謂國家主權存在於整個「法國民族」之中，所以法國大革命所呈現的民族主義，其形式乃是以全民或民族自我統治爲基礎。換句話說，民族不只是一個自然社群，它實爲一個自然的政治社群。

重要人物

盧梭（Jean-Jacques Rousseau, 1712-1778）

出生於日內瓦的法國道德及政治哲學家，一般被視爲是政治民族主義的創建者，但他也影響了自由主義、社會主義與無政府主義，甚至有人認爲也含法西斯主義。在1762年的《社會契約論》（*The Social Contract*）中，盧梭認爲「自然人」已被社會文明腐化、剝削及支配。如要擺脫這些而恢復人的道德自主，則只能靠建構一種以「全意志」爲依歸的激進型民主。於是，他的理想政治將個人置於集體之下，以便最後都能獲取自由及平等。

在民族主義的傳統之下，民族與國家是密不可分的。對於民族意識最終極的測試，就是維持政治自主的慾望，這通常展現在民族自決的原則中。所以，民族主義的目標就是民族國家的建立。迄今，有兩種方式可以

達成。第一，即是統一。例如，德國在歷史中有多次統一的紀錄，從查理大帝到神聖羅馬帝國、從19世紀到俾斯麥，以及從兩德分立到1990年的統一。第二，民族國家也可以經由獨立的方式建立。例如，波蘭曾經不斷地試圖從外人的統治中脫離而獨立。在1793年波蘭被奧地利、俄羅斯及普魯士瓜分，1919年凡爾賽合約之後，波蘭於1918年的獨立受到承認而成為一個單獨完整的國家。然而，1939年納粹與蘇聯簽訂協約後，波蘭又被入侵占領而瓜分，分屬於蘇聯及德國。雖然，在1945年二戰後波蘭獨立，但是卻是在蘇聯掌控之下。直到1989年非共產政黨執政後，波蘭才進一步邁向獨立自主，免於受外國控制。

　　對於民族主義者而言，民族國家是一個民族最終極，也是最可欲的政治形式。因為，它代表了文化的凝聚及政治上的統一。當一個享有文化及族裔上共同認同感的群體能夠自治時，所謂族裔歸屬與公民身分就重疊一致了。更且，民族主義可以正當化政府的權威。在民族國家內，政治主權在全體人民身上。因此，民族主義代表了全民政府的概念，政治由人民決定，施政也是為了人民與民族整體的福祉。這也說明了為何民族主義者認為，世界上出現獨立民族國家的浪潮是自然且無法抵擋的。沒有任何其他社群可以組成具有同樣意義的政治社群。民族國家，乃是唯一可行的政治單元。

　　然而應注意的是，民族主義並非必然跟民族國家連結，或是跟民族自決相提並論。舉例來說，有些民族可能只需要政治上的自主，但並未要求建國或是完全的獨立出來。英國威爾斯的民族主義及法國布列塔尼與巴斯克民族主義就是這樣。所以，我們看見民族主義並非必然跟**分離主義**相牽扯，因為它也可藉由聯邦主義，或是**地方分權**獲得彰顯。不過，聯邦主義或是地方分權，能不能充分滿足民族主義者的需求，尚是未知之天。

> **分離主義（Separatism）**
> 從一個較大的政治體中分離出來，意欲建立一個獨立國家。

> **地方分權（Devolution）**
> 從中央政府把權力分散到區域或地方政府，而不犧牲中央的主權。

文化主義

　　雖然「古典的」民族主義都有某種政治目標——最常見的就是追求獨立建國——但是，其他種類的民族主義卻跟其文化訴求有關。所謂文化民族主義與種族民族主義是最好的例子。文化民族主義重視捍衛或是強化文化傳統與認同，甚於提出政治性要求。它的主要訴求是將民族視爲是一個文化體而振興之，反而將國家這個政治體看成較不重要。相對於政治民族主義的「理性」性格及有確切追尋的基本原則，文化民族主義較爲「神祕」。因爲，它是建立在相信民族是一個有特定歷史傳統的、有機的社群這樣一種浪漫情懷上。通常文化民族主義是「由下而上」建構的，因爲它立基於許多民俗儀節、傳統與傳奇故事等素材，而非菁英文化之成分。此外，它雖然經常有反現代的性格，但同時卻也可以成爲現代化的推手，透過它使得一個民族進行「自我改造」。

　　如果說法國的盧梭是政治民族主義之父，則德國的赫德（Johann Herder）就是文化民族主義的建構者。赫德與費希特（Johann Fichte, 1762-1814）及楊恩（Friedrich Jahn, 1778-1852）共同描繪出德意志文化的獨特及優越性，並以此對比了法國大革命傳播出的文化影響。赫德相信每一個民族都有其**民族精神**，通常可見於其歌謠、神話及民間傳奇故事中，而它成爲這個民族創造力的根源。赫德的民族主義觀點於是成爲一種**文化主義**。在此觀念下，民族主義的目的，是要催生出人民對於其文化

> **民族精神（Volksgeist）**
>
> 從德文字義看，就是人民的精神。它也就是一個民族在其文化、尤其是語言上所顯現出的自我認同。

> **文化主義（Culturalism）**
>
> 認爲人類乃是由文化所塑造的生物，文化乃是個人及社群建立認同時最主要的基礎。

傳統與集體記憶的緬懷與認同，而不是要幫助他們建立起一個強大國家。由文化復興所代表的民族主義，在19世紀的德國特別明顯。民俗傳統被振興，而神話、民間傳奇故事等紛紛被重新發掘。例如，格林兄弟蒐集並出版了許多德國民間故事，而作曲家華格納（Richard Wagner, 1813-1883）也根據一些古代的傳說，來編寫他著名的歌劇。

赫德（Johann Gottfried Herder, 1744-1803）

　　德國詩人，評論家及哲學家，被視為是文化民族主義之父。他反對啓蒙運動，並且強調民族是由特殊的語言、文化及「民族精神」構成的有機體，這種看法創建了後來的所謂文化史學，以及以民族文化爲核心價值的一種民族主義。其主要著作爲《人類歷史之哲學反思》（*Reflections on the Philosophy of the History of Mankind*, 1784-1791）。

　　雖然文化民族主義最初是在歐洲出現，例如早期的德國民族主義被看成是其典型，但是在世界的其他地方也是有的。例如，美國的黑人民族主義，由賈維（Marcus Garvey）代表，或是由一些黑人團體如「黑豹」（Black Panthers）或是「黑人穆斯林」（Black Muslims，之後的伊斯蘭國）代表。同樣地，印度也有。例如，印度民族主義要建立一個以印度文明爲核心象徵的印度，這就是自2014年以來在莫迪領導執政下的印度人民黨的主要訴求（見本書第362頁）。當代中國亦然，共產黨與國家領導者不斷強調，所謂的「中國式」特色的道德價值或文化傳統。

　　然而，純然只將民族視爲文化體而非政治體，也引起一些爭議。一方面，文化民族主義一般被認爲較能含融前衛的政治目標，如此一來，雖然文化與族裔這兩個詞涵義重疊，但它明顯與族裔民族主義不同。族裔性（ethnicity）是指對於某一個人口群體、文化群體或是居住地區的認同。這個詞涵義很複雜，因爲它其實兼有文化及族裔的涵義。同一個族裔的人被認爲由同一祖先而來，這當然可能正確，也可能不正確。但是，他們因此被認爲是血緣團體，由同一血統聯繫。另一個族裔歸屬的指標是自古所居地域，一個「故土」（homeland），像猶太「錫安主義」（Zionism）就是例子（見本書第363頁）。

　　所以，通常外人（除通婚外）很難平白就能「加入」到另一個族裔之內。因此，族裔民族主義明顯地是排他性的，而且易與種族主義重疊（見本書第220頁）。另一方面，文化與族裔的民族主義常被視爲密切關聯，

甚至是一體的兩面，所以常被稱為「族裔文化民族主義」（ethnocultural nationalism）。如依此邏輯，則我們可以區分出「開放式」的政治民族主義與「封閉式」的文化民族主義。也就是說，文化民族主義常會公開或是暗中有沙文主義的傾向，而敵視其他民族或是境內少數族裔等，這可能是源自於既自傲又害怕的心態。只要是文化民族主義中存有同化其他族裔或是文化「純淨」的心態，它就會與多元文化主義相衝突（這兩者的關係會在第11章中深入討論）。

重要人物

賈維（Marcus Garvey, 1887-1940）

　　牙買加政治思想家及政治運動者。他是黑人民族主義的倡導人，創立了「黑人權益促進協會」（Universal Negro Improvement Association）。他強調要提升黑人的自尊自信心，並提出「非洲祖國」、「泛非洲原鄉」的說法，來整合黑人民權運動。雖然很少人響應他提出的返回非洲「解救」原鄉受歐洲殖民壓迫之呼籲，但是他的觀點已成為日後「黑色力量」（Black Power movement）及黑人彌賽亞宗教（Rastafarianism，以衣索比亞為猶太人十二支派之一並為聖經所指聖地的信仰）的源頭。

民族主義內部的緊張關係（I）

公民民族主義		族裔文化民族主義
政治性民族	⟷	文化歷史性民族
包容性	⟷	排他性
普遍主義	⟷	個別主義
民族平等	⟷	民族獨特性
理性／原則	⟷	神祕／情感
國民主權	⟷	民族「精神」

公民民族主義		族裔文化民族主義
志願性組成	⟷	有機式形成
以公民身分爲基礎	⟷	以血緣爲基礎
公民忠誠	⟷	效忠族裔
文化多元	⟷	文化統一

民族主義的類型

　　政治民族主義是高度複雜的現象，充滿了含混、矛盾，而不是由簡單的一組價值觀或是目標可以定義清楚。例如，民族主義同時是具解放色彩及壓迫性格的：它帶來民族自治及自由，但是也帶來征服或是臣屬。民族主義同時是進步與退卻的：它憧憬未來的民族獨立或是榮耀，但是它也沈醉在既往的榮耀，以及過度執迷於民族意識與認同之情懷中。民族主義兼具理性與非理性：它訴諸有組織的信仰，如民族自決，但是也承受不理性的情感及心理，例如，久遠以來的恐懼及憎恨。這種意識形態上的飄忽無定性格有數個原因，例如，民族主義是從多樣的歷史脈絡中所生出；被不同的文化傳統所形塑；也被用在許多政治企圖與目的上。然而，其實這種性格也反映出民族主義與其他政治信念結合的可能性，因此產生了許多互相對立的民族主義傳統。最重要的有以下幾種：

- ◆ 自由派民族主義（liberal nationalism）
- ◆ 保守派民族主義（conservative nationalism）
- ◆ 擴張性民族主義（expansionist nationalism）
- ◆ 反殖民與後殖民式的民族主義（anti-colonial and postcolonial nationalism）

自由派民族主義

　　自由派民族主義是民族主義中歷史最久遠的，從法國大革命開始即有，而且擁抱了民族主義運動中的許多價值。這種民族主義的理念快速在歐洲散布，其中以馬志尼（Giuseppe Mazzini）表達的最清楚，他被認為是義大利統一運動中的「先知」。此外，這些理念也影響波力華（Simon Bolivar），他是19世紀拉丁美洲獨立運動的重要推手，把西班牙人逐出大部分的拉丁美洲地區。美國的威爾遜總統（Woodrow Wilson）為了處理一戰之後歐洲局面所提的「十四點建議」，其實也是基於自由派的民族主義觀點。更且，許多20世紀反殖民運動的領袖，都受到自由主義的影響，例如1911年中國革命的領導人之一孫逸仙（1866-1925）及印度的第一任總理尼赫魯（Jawaharlal Nehru, 1889-1964）。

重要人物

馬志尼（Guiseppe Mazzini, 1805-1872）

　　義大利民族主義者，經常被視為是引導義大利統一的「先知」。他相信自由民族主義，這是將民族視為是一個特別的語言與文化群體的想法與自由的共和主義結合之產品。因此對他而言，所謂民族乃是一群啟蒙的個人被賦予自治的權利，而所有民族都可有這種權利。他也是最早認為民族主義可通向「永久和平」的理論家。

　　自由派民族主義之理念，清楚地表達在盧梭的全民主權理論中，特別是「全意志」觀念上。隨著19世紀逐漸進展，全民政府的理念也慢慢地與自由派之政治原則逐漸融合為一。這種融合是基於一項事實：通常跨國殖民的帝國本身也是專制及壓迫的政權。馬志尼希望義大利各邦國可以統一，但是這是必須以排除在專制下的奧國之影響為前提。對19世紀中葉許多歐洲的革命分子而言，自由主義及民族主義是無法區隔的。事實上，他們的民族主義信條均是輾轉從自由主義而來，而自由主義當初是針對個

人、對國家以及國際社會之情況所發展出來的理念。

　　自由主義立基於對個人自由的捍衛，而傳統上以權利的語言做表達。民族主義者相信，民族是一個主權體，得享自由，同時也擁有權利，尤其是民族自決的權利。自由派的民族主義因此在兩個意義上成為一股解放的力量：第一，它反對一切的形式的異族統治或壓迫；第二，它代表立基於憲政主義及代議制度的自治。威爾遜期待出現一個由許多民族國家組成的歐洲，而同時也是民主而非專制的歐洲。對他而言，只有像美國一般的民主共和國，才是真正的民族國家。

重要人物

威爾遜（Woodrow Wilson, 1856-1924）

　　美國歷史學家及政治科學家，之後成為政治人物。他是美國第28屆總統（1913-1921）。他在第一次世界大戰之後的1918年提出謀求未來和平的「十四點原則」，包括了以民族自決原則重建歐洲、禁止祕密外交、成立國際聯盟的機制來擴大貿易與追求安全。所謂威爾遜式的自由主義就是：如果世界都像美國一樣，由許多民主的政治體組成，則和平可確保。

　　而且，自由派的民族主義者相信民族與個人一樣，都是平等的，至少他們同樣都享有自決的權利。因此，自由派的民族主義，最終的目標在於建立起一個由獨立民族國家組成的世界，而不只是見到某一個特定民族的統一而已。彌爾把此稱為「所有的政府的界線應與民族的界線合一」。馬志尼曾經成立了一個外圍組織叫做「青年義大利」，希望藉此推廣義大利統一運動，但同時他也成立「青年歐洲」組織來散布民族主義的理念。在巴黎和會中，威爾遜總統提出民族自決原則的原因，不只是因為歐洲殖民帝國的崩解有利於美國，而且是因為他相信波蘭人、捷克人及匈牙利人都與美國人一樣，有政治獨立的權利。

　　自由派們相信均衡及和諧原則不但適用個人，也適用於國家間。如果

能達成民族自決，也就有助於達成建立和平及穩定的國際秩序。威爾遜相信第一次大戰是由專制及黷武的殖民帝國所構成的「舊秩序」所引發的。民主化的民族國家，通常會尊重他們的鄰邦，不會輕易啓動戰爭來征服他人。對自由派而言，民族主義並不意味將民族彼此區隔開，造成互不信任、對立，甚或是戰爭。民族主義是一種對內可以促進團結，對外可以因爲互相尊重對方權利及特色，因而能維繫住和平的力量。在其核心，自由主義是超越民族範疇而嚮往普世主義、國際主義的。

主要概念

國際主義（Internationalism）

　　國際主義就是致力國際或是全球性合作的一種理論或實踐。它立基於與民族主義相對的人性之假設，就是普世化的人性，而民族主義相信人無法超越民族認同。但是，當國際主義追求民族間的合作，而不是反對個別民族認同時，它與民族主義是相容的。國際主義與普世主義不同，後者要消除對個別民族的效忠，而要求人對全人類認同。「弱」的國際主義認爲，民族界線不若政治立場重要。例如，女性主義、種族主義跟宗教基本教義主義；而「強」的國際主義則包括普世的自由主義與社會主義。

　　自由派國際主義建立在對於國際間可能會出現「自然狀態」的恐懼。自由主義者通常都認爲，民族自決是有好有壞的事。它雖然讓民族自我管理免於外來控制，但是最後也造成了一個眾多主權國家各自爲所欲爲的情況。他們在追求自身利益時，就常會以鄰爲壑。自由派民族主義者當然承認，憲政主義及民主會降低窮兵黷武發動戰爭的機會，但是在一個「國際無政府狀態」下，僅靠主權國家們的自我約束，未必是一個實現康德「永久和平」（perpetual peace）理想的方法。所以，自由派們提出了兩個避免國家間訴諸武力的策略。第一是，國家間發展互相依存關係，以互相了解及合作代替對抗。因此，自由派們都一直提倡**自由貿易**：一旦經濟互賴，則國際衝突所付出的經濟代價將太

自由貿易（Free trade）
指國家間不受關稅或其他保護措施阻撓的貿易。

大，因此不太可能發動戰爭。

自由派們的第二個方法是，在本無更高權威存在的國際社會中建立國際組織，以此來遏止某些國家擴張的野心。這可解釋爲何美國威爾遜總統在1919年極力倡議設立第一個世界政府實驗「國際聯盟」，而1945年的舊金山會議也支持設立「聯合國」。自由派們希冀這種作法能以法律建立起國際秩序，因而國際衝突能和平化解。

主要概念

世界主義（Cosmopolitanism）

其字義即是「世界」（*cosmos*）「城邦」（*polis*），也就是全世界爲一個國家。道德性世界主義相信，全人類構成一個單一的道德性社群，意即不論國籍、宗教或是族裔，所有的人都應對其他人的福祉有潛在義務。所有的道德性世界主義都相信，人是平等的，也就是天賦人權的概念。政治性的（有時稱爲法律的或是制度的）世界主義則主張全球性政治機構的出現，最好有一個世界政府。然而，大多數當代的政治世界主義支持者，都贊成全球政府、國家政府與地方政府三個層級政府的分權。

保守派民族主義

在19世紀初，保守主義者視民族主義爲激進危險的一股力量，是對於秩序及政治穩定的威脅。然而，隨著該世紀中葉及末葉的來到，保守主義的政治人物，如英國的迪斯瑞利、德國的俾斯麥，甚至俄國沙皇亞歷山大三世，都開始對民族主義持同情態度，而將之視爲維持社會秩序及捍衛傳統制度的利器。在當代，世界許多地方民族主義，甚至成爲某些保守主義者的信條。

保守派民族主義較常見於已發展的民族國家中，而不是正在尋求建國的群體中。保守主義者較不在乎民族主義中常被高舉的全面性民族自決原則，而是關注民族主義激發出的愛國心對社會凝聚及公共秩序的影響。對保守主義者言，社會是有機的：他們相信民族是從一群有共同價值、習慣

及長相的人，自然聚集而形成的。他們認為，人類是能力有侷限且不完美的生物，在民族性的群體生活中尋求意義及安全。因此，保守的民族主義其主要目標是透過激發愛國心與民族榮耀感來維繫民族團結，特別是當社會主義者宣揚階級團結的理念來「分裂」民族時。事實上，如果能成功地將工人納入民族中，保守主義者常會將民族主義看成是防止社會革命的解藥。1959到1969年的法國總統戴高樂（Charles de Gaulle）最擅長於讓民族主義爲他的保守立場政治目標來服務。戴高樂特別選擇以訴諸民族尊嚴的方法，來立足國際或是建立國內秩序。例如，反美的國防及外交政策，以及對內恢復社會秩序及建立強有力政府。在某些方面，柴契爾主義也算是英國版的戴高樂主義，因爲他們都想在民族主義或是使國家在歐洲具自主地位的基礎上，建立強而有力的政府與領導風格。

　　民族主義中保守的性格是透過對傳統及歷史的重視而呈現的，因此民族主義變成了傳統制度與生活方式的捍衛者。保守的民族主義基本上是懷舊而向後回顧的，他們要挖掘過去的光榮及勝利。所以，常可見到他們將軍事上的勝利用儀式加以特別紀念，進而視之爲民族歷史中最具代表性時刻的作法。同時，他們也會用某些傳統制度來代表民族認同。在英國，或是英吉利民族主義中，我們可見到君主制就是一種表徵；英國國歌是「天佑女王」，而王室在國家慶典上扮演重要角色，例如終戰日及國會開議大典等。

　　通常，當民族認同受到威脅或是恐將流失時，保守的民族主義會特別興盛。大量移民湧入造成多元文化的逐漸明顯，以及**跨國式統治**的興起，都使得許多發達國家中的保守民族主義開始抬頭。保守派對於移民湧入現象的保

> **跨國式統治**
> （Supranationalism）
> 建立起一個用跨國或是全球性管轄權來約束民族國家的主張。

留，源於他們相信文化多元會造成不穩定及衝突。他們認爲，穩定及成功的社會要立基於相同價值及共同文化。所以，應該拒絕從不同宗教文化來的移民，或是讓少數族裔融入本土主流文化中。這當然使得保守派民族主義明顯與多元文化主義相衝突。

　　保守的民族主義者也擔心跨國政治體的出現，如歐盟，會威脅到民族

意識及社會中的文化凝聚力。這樣的觀點在英國保守黨中是不難見的，這就是他們的「歐洲統合懷疑論」（Euroscepticism）。其實，在歐陸當然也有類似主張的極右派團體，如「法國民族陣線」。歐洲統合懷疑論者堅持主張單一國家主權及貨幣，因為他們認為這是民族認同的象徵；他們同時也警告道，歐洲統合是一個致命的錯誤想法，因為多元的民族、語言及文化，是絕無可能打造出一個穩定的政治體。在英國，這種想法最終促成了2016年的全國性「脫離歐洲共同體」公投。主張脫離的一方獲勝，所以英國終於在2020年脫離了歐盟組織。

擴張性民族主義

在許多國家中，民族主義最主要的涵義是從擴張領土及**軍國主義**而來，與有道德意涵的民族自決原則恰恰相反。

> **軍國主義（Militarism）**
> 凡事用軍事手段來解決問題的作法。

民族主義中這種富於侵略性的面貌，在19世紀末最為明顯。此時，歐洲國家紛紛以建立國家榮耀之名，加入瓜分非洲的行列。19世紀末的帝國主義和更早的殖民運動不同處在於，它是由熱烈的民族主義所支持：國家的榮耀似乎建立在海外擴張的成果之上，而每一次向海外的侵略成功，似乎都受到國內普遍的歡迎。在英國，甚至創發了一個新詞，叫做**軍國狂熱**，意指舉國同胞都熱切關注於本國向海外擴張的一種情緒。

> **軍國狂熱（Jingoism）**
> 經由對外征服而掀起的光榮感或是民族主義熱情。

20世紀初，歐洲列強間日益升高的競爭關係，使得歐陸分裂為兩個陣營：一是英法俄，另一是德奧義。這樣的對立，引發軍備競賽與一連串國際危機，所以當1914年第一次世界大戰終於爆發時，歐洲主要城市卻都出現了熱衷於一決勝負的歡呼期待。擴張的民族主義在兩次大戰間達到最高潮，德義日三國的法西斯主義政權肆行軍事侵略與占領，終於導致了1939年二戰的爆發。

這種民族主義與自由派民族主義間的區別，在於前者的沙文主義。沙文主義是由尼可拉斯沙文（Nicolas Chauvin）之名而來，他是法國瘋狂崇拜拿破崙一世的軍人。在這種觀念下，民族是不被平等看待的，有些民族自

視較其他民族來得優秀。歐洲帝國主義者當然很明顯的是以此作爲他們種族或文化優越論的根據。在19世紀的歐洲，大家都相信歐洲及美洲的白種人，在文化上及人格上是比亞非的黑、棕及黃色人種優越。歐洲人甚至把帝國主義視爲白種人的道德責任：被殖民地人民是「白人的負擔」。帝國主義被認爲是將文明、尤其是基督教，帶給了那些「較不開化」的民族。

民族沙文主義中更特別的種類，是一種**泛民族主義**。在俄羅斯，這就是「泛斯拉夫主義」，或是稱爲「狂熱斯拉夫民族主義」，這在19世紀末20世紀初時最強烈。俄羅斯屬斯拉夫人種，與在東歐及東南歐的斯拉夫民族有共同語言及文化。泛斯拉夫主義追求斯拉夫人大團結，而俄羅斯人認爲這是他們的歷史使命。

> **泛民族主義**
> （Pan-nationalism）
>
> 也算是民族主義的一種，經由擴張或是宣揚政治團結的理由，結合起若干民族而在一個大民族口號下。

1914年前，俄國人因此與奧匈帝國之間頻爲巴爾幹民族起衝突。泛斯拉夫主義的沙文性格，在於俄羅斯人自認爲其天生是所有斯拉夫人的領袖，而且斯拉夫人在文化及精神上都較西歐及中歐人優秀。泛斯拉夫主義因此兼具有反西方及反自由主義性格，而某種形式的泛斯拉夫主義，在1991年共產主義及蘇聯瓦解後又重新出現了。這點顯現於俄羅斯的擴張主義領袖普丁的外交政策上，他在2014年從烏克蘭併吞了克里米亞。

民族主義內部的緊張關係（II）

自由派的民族主義		擴張主義的民族主義
民族自決	⟷	民族沙文主義
包容的	⟷	排斥的
自主意願組成的	⟷	天生有機形成的
進步的	⟷	反動的
理性／道德意涵的	⟷	感性／直覺的
人權	⟷	民族利益

自由派的民族主義		擴張主義的民族主義
民族平等	⬌	民族有高下之別
憲政主義	⬌	威權主義
族裔／文化多元	⬌	族裔／文化單一
普世主義	⬌	帝國主義／軍國主義
集體安全	⬌	強權政治
建立跨國主權機制	⬌	國際間無秩序可言

　　傳統上，日耳曼民族主義也是深具沙文性格，它是拿破崙戰爭的產物。費希特跟楊恩強烈反對法國及其革命理念，他們強調德意志文化及語言的獨特性和德意志民族的血緣之純粹。1871年德國統一後，日耳曼民族主義更強化其沙文性格。因爲，某些團體如泛德意志聯盟及海洋聯盟等，都推動與德國同語言的奧地利人建立更緊密的關係，而且也推動建立起一個德意志帝國，使德意志民族在陽光下更耀眼。當然，泛德意志民族主義是一個擴張、侵略性的民族主義，意圖建立一個爲德國所支配的歐洲。德意志沙文主義在納粹種族主義及反猶太主義中表現得最清楚。納粹熱衷於侵略，但是卻用生物而非政治性理由來正當化其行爲。這在第7章論及種族主義時會討論。

　　沙文民族主義來自於強烈，甚至歇斯底里式的民族主義狂熱。以往自由主義中個人被視爲是獨立、理性的個體這種想法，早就在愛國主義熱潮下的追求侵略、擴張與戰爭聲中被拋到九霄雲外。右翼的法國民族主義者莫哈斯（Charles Maurras）稱這種狂熱愛國主義爲「整合性民族主義」：因爲任何個人及團體的存在意義，在偉大的「民族」之下都被解消，「民族」存在的意義，遠超越了單獨的個人。這種強烈的民族主義，通常與軍事侵略合而爲一。

　　軍事上的榮耀與征服乃是民族偉大的最終極證明，而且能夠激發出強烈的爲民族貢獻之情懷。所以事實上，這樣等於是將平民軍事化：老百姓

們被灌輸了絕對忠誠、全然奉獻與自我犧牲的軍人價值。因而當民族的光榮受到挑戰時，值得犧牲百姓的生命去捍衛。在1914年8月第一次世界大戰爆發時，甚至伊斯蘭武裝團體的「聖戰」（其實並不是*Jihad*原文精準的翻譯），它們背後的強烈民族情感力量都是例證。

重要人物

莫哈斯（Charles Maurras, 1868-1952）

　　法國政治思想家以及政治運動「法蘭西行動」（Action Francaise）的領導人。他是法國右翼民族主義的代表人物，也影響了法西斯主義的出現。所主張的「完整民族主義」（integral nationalism）強調民族是一個有機體，著重社會階層化與傳統制度（在法國乃是王制及天主教）而拒斥自由主義與個人主義。他所主張的封閉排外的民族主義，明顯地對新教徒、猶太人、共濟會員與外國人等有敵意。

反殖民與後殖民式的民族主義

　　民族主義雖然源出歐洲，但是卻透過帝國主義得以散布全球。被殖民經驗反而使得亞洲、非洲許多民族產生民族意識，進而渴望民族解放。於是，就形成了很特別的所謂反殖民民族主義。在20世紀裡，全球的政治版圖主要是因為反殖民民族主義而重塑。雖然，《凡爾賽條約》在歐洲主張民族自決，卻在世界其他地方刻意遺忘此精神，於是戰敗國德國的殖民地就直接被英國及法國接管。然而，在兩次大戰之間風起雲湧的獨立運動，逐漸威脅了當時已漸露疲態的英法殖民帝國。歐洲帝國主義最終的崩潰是在二戰之後。有時候，宗主國因為國內的經濟不佳，加上殖民地本身的獨立要求所形成的壓力逐漸升高，就很可能會和平地放棄殖民。例如，英國1947年離開印度及1957年離開馬來西亞。但是，大部分在二戰後的殖民地獨立，都是透過革命，有時候甚至會有延續一段時日的武裝鬥爭。例如，1937到1945年的中國對日本；1954到1962年的阿爾及利亞對法國；1946到

1954年的越南對法國，以及1964到1975年的越南對美國。

其實，歐洲殖民者根本是在自食其惡果，此果即是民族主義。例如，值得注意的，許多獨立運動的領導人都接受西方教育。如此一來，某些反殖民運動採用自由民族主義的口號也不是那麼令人意外了，這使人想起馬志尼及威爾遜。無論如何，新興的亞洲、非洲國家與19世紀及20世紀初的歐洲新誕生國家明顯不同。對這些亞非民族而言，追求獨立與他們自覺經濟落後，以及被歐美殖民統治很有關係。獨立運動在政治及經濟上追求民族解放以期趕上西方，這也就是開發中世界民族主義的特色。

有一些反殖民的民族主義在尋求國族解放時，刻意地與西方政治傳統保持距離。這有多種不同情況。例如，印度的甘地從印度教義中擇取了「非暴力」與「自我犧牲」這些理念，將他們融入印度民族主義中。於是我們看見了「本土式治理」（Rome rule）的口號，它不僅意味政治上排除帝國主義，同時也是一種精神上的堅持，例如甘地的「反工業化」觀念表現在他一直穿著印度本土編織的服飾。相較之下，法農（Frantz Fanon）則強調反殖民鬥爭需藉助武力。他對帝國主義的理解包含了被殖民者在心理上的臣服現象。對法農（Fanon, 1965）來說，殖民不僅僅是政治過程，也是在創造一種「新」的人——臣服後的被殖民者。因此只有靠武力才能讓後者完全擺脫枷鎖「重生」。

重要人物

甘地（Mohandas Karamchand Gandhi, 1869-1948）

印度精神及政治領袖〔被稱為 *Mahatma*，「大靈」（great soul）〕。他致力於印度的獨立運動，最終於1947年成功。他個人的節制儉樸生活，加上宣揚「非暴力抵抗」（*Satyagraha*），給予獨立運動崇高的道德性。其政治哲學乃從印度教而來，認為宇宙由真理（*satya*）所構成，而全人類最終「為一體」。他終身反對印度教與伊斯蘭教中發展狹隘的宗派主義。

　　多數亞非獨立運動的領袖都會被社會主義所吸引，有的時候是印度尼赫魯及甘地那種溫和及和平的類型；有的時候是中國毛澤東、越南胡志明及古巴卡斯楚那種革命馬克思主義。雖然在表面看來，社會主義比較接近國際主義，而不是民族主義。首先，這是因為社會主義強調社會階級，而階級意識應會有跨國界的特質，甚至是「普遍人性」（Common humanity）的憧憬。馬克思就曾在〈共產黨宣言〉中提出「無產階級無國界」的說法。

　　但社會主義的理念，卻對開發中國家的民族主義者很有吸引力。首先，那是因為社會主義擁抱群體及人際間合作的價值，而這與傳統社會的價值觀，不謀而合。更重要的是，社會主義，特別是馬克思主義，是針對不平等及剝削的研究，而這正好提供了對被殖民經驗的深切反省。尤其在1960及1970年代，開發中國家的民族主義者，因為受到殖民主義是階級壓迫的國際性延伸這種信念的影響，都紛紛選擇採行革命馬克思主義。列寧認為帝國主義是一種經濟現象，就是資本主義國家尋求投資機會、廉價勞力、生產原料及穩定的市場等的手段（Lenin, [1916] 1970）。於是，階級鬥爭就變成了被殖民者反剝削及壓迫的鬥爭。也因此，推翻殖民統治不但意味尋求政治上獨立，也意味提供政治及社會解放的一種社會革命。

重要人物

法農（Frantz Fanon, 1925-1961）

　　出生於法屬西印度馬丁尼各島的法國革命理論家，以反殖民鬥爭理論著稱。他的反殖民經典著作《大地上的受苦者》（*The Wretched of the Earth*, 1965），從精神醫學、政治學、社會學及沙特存在主義等觀點，來主張被殖民者只有靠革命及暴力，才能從帝國主義施予的心理及社會性創傷中解放出來。他的其他作品包括《黑皮膚白面具》（*Black Skin, White Masks*, 1952）與《走向非洲革命》（*Towards the African Revolution*, 1964）。

有的時候，某些開發中國家就直接採行馬列主義的一些原則。中國、北韓、越南及高棉斷然地沒收外國資產，而且國有化所有經濟資源。他們仿效蘇聯，建立起一黨專政以及中央規劃的經濟。在其他案例中，非洲及中東國家發展出一種較不意識形態化的民族社會主義。例如，阿爾及利亞、利比亞、尙比亞、伊拉克及南葉門。有些國家所採行的社會主義，是訴諸有關民族之經濟或是社會發展上的利益，這可見諸於「非洲社會主義」中，例如坦尙尼亞、辛巴威與安哥拉。

而後殖民時期的民族主義，卻有非常不同的形態。自從1970年代社會主義——尤其馬列主義——的吸引力劇烈衰退以來，後殖民時期的國族建構工作，不是採用西方式的觀念及文化，而是排斥拒絕他們。西方被視爲是壓迫及剝削的根源，後殖民的民族主義發出反西方的怒吼。在很多開發中國家，這就是對於西方——或根本就是對美國——支配性文化與經濟力量的反彈。其主要的形式是透過宗教基本教義主義，尤其是政治性伊斯蘭教義，這將在第12章討論。

民族主義的未來

沒有一個政治意識形態像民族主義一樣被學術界宣判死亡這麼多次。大家都認爲它內外交迫雙重圍困，內有壓力外有威脅。現代國家內部經常有因族裔、地域與文化差異產生的離心力。對族裔與文化造成分歧的擔憂，在全球化之下更被突顯，因爲此時民族國家愈來愈難提供集體認同與社會歸屬感。既然所有現代國家都會有內部文化歧異問題，族裔認同問題一定會挑戰過去對於何謂民族的看法。特別是20世紀末時，有些人甚至認爲民族主義會被多元文化主義取代。族裔、地域與文化社群跟民族不同，它們本身難以形成政治體，所以如果有必要時，只能靠組成聯邦的形態來代替國族體制。

對民族主義的外在威脅有多種形式。第一就是軍事科技的進步，特別在核武時代，世界和平的維持需靠國際組織。我們已看見先有國際聯盟，後有聯合國的設立。第二，經濟已經全球化。在全球市場中，企業漸漸變

成跨國形態，而資本的移動可在轉瞬間。如果以後各國政府都無法控制其國內經濟了，那民族主義還有未來嗎？第三，民族國家很可能是自然環境的敵人，威脅全球生態。因為民族國家主要關心其本身戰略與經濟利益，不太在意其行動的生態影響。1986年在烏克蘭的車諾比核電廠爆炸事故，估計約50年內會在整個歐洲造成4,000個癌症死因。

但無論如何，民族主義堅拒退出歷史舞臺。每次當我們宣布以一國為邊界的政治要消失時，它馬上就復活。民族主義可以如此頑強地生存原因之一是，它像變色龍一樣可以在任何環境中借用任何意識形態來存活。例如，民族主義幫助了民主化，但也促成獨裁，它激勵了民族解放但也催生擴張侵略，抵抗全球化但也幫助全球化成形，鞏固自由主義也煽動民粹主義。無論如何，民族主義對於那些孤立無助的人提供了安全、自尊與驕傲感。民族主義不只帶來社會／文化的歸屬感，也幫助了區分「彼」與「此」。它對複雜的政治問題提供了最簡單的解決，因此常有不良誘惑力。為了要形成「我們」，因此必須要塑造一個「他者」作為對立或是仇恨的目標，這在民粹主義的詞彙中有時也指涉了「人民」與「菁英」的分立。無論如何，在世界政治中，民族主義能有持續重要性的最牢固基礎應該來自一種社會心理學的現象。那就是，在一個變動、不確定與焦慮的環境裡，人們傾向於將世界分成「自己人」與「外來者」，後者就變成「我方」任何不幸或挫折的代罪羔羊。

問題討論

- ❍ 民族是自然產生、還是人為製造出來的？
- ❍ 為何我們經常會混淆民族與國家？
- ❍ 是否任何一個群體都可有權利自稱為「民族」？
- ❍ 民族主義與種族主義，有何不同？
- ❍ 民族主義如何可與族裔與文化多元共處？
- ❍ 為何自由主義的民族主義含有道德意涵？
- ❍ 為何自由派們把民族主義看成是可防止戰爭的？

- ➲ 所有的保守派都是民族主義者嗎？如果是，爲什麼？
- ➲ 爲何民族主義經常與擴張、侵略與戰爭連在一起？
- ➲ 民族主義有多大程度是回顧過去的一種意識形態？
- ➲ 開發中國家與已開發國家的民族主義有何不同，以及爲何不同？
- ➲ 全球化會使民族主義逐漸消失嗎？

進階閱讀

Bruilly, J. *The Oxford Handbook of the History of Nationalism* (2013). 由各領域著名學者之論文所集合的民族主義研究手冊，涵蓋很廣。

Coakley, J. *Nationalism, Ethnicity and the State* (2012). 對民族主義做了全面性地介紹，也呈現出其在公共與政治生活上的各種影響。

Greenfeld, L. *Nationalism: A Short History* (2019). 對民族主義的發展史與在全球化環境下的面貌做了概要地介紹。

Jones, C. & Vernon, R. *Patriotism* (2018). 探討愛國主義這個概念與其導致之現象，著重它在民族主義中的角色與社會道德意涵。

Ozkirmli, U., *Contemporary Debates on Nationalism: A Critical Engagement* (Basingstoke and New York: Palgrave Macmillan, 2005). 本書對有關古典或現代民族主義之各種辯論，從相當國際化的角度解釋之。

第七章 法西斯主義

本章簡介

　　法西斯一詞是從義大利文（fasces）而來，原是一束中間帶有一柄露出的斧頭的棍棒，是羅馬帝國時執法官吏權威的象徵。到了1890年代時，義大利文（fascia）這個字被用來指稱一群革命的社會主義者。但到了墨索里尼時，才將此字用以指他在一戰後設立的武裝政治黨派。從此，法西斯就有了意識形態上的意義。

　　法西斯思想的主軸是建立起一個緊密凝聚的民族群體，以「團結就是力量」為宗旨。個人並不重要，個人一定要在團體中才會有意義。法西斯的理想是要建立起一種「新人」：一個有責任、榮譽感、自我犧牲精神、隨時願意為國家民族而死，以及服從最高領袖的英雄。在許多方面，法西斯都是西方從法國大革命以來形成的政治價值之反動。義大利法西斯的口號是：「1789年早已死去」。所以，像理性主義、進步、自由及平等都被鬥爭、領袖、權力，以及英雄主義、戰爭等取代了。也就是說，法西斯有強烈的「反」性格，它要反理性、反自由、反保守、反資本主義、反布爾喬亞和反共產主義等。

　　法西斯是一個複雜的歷史現象，而很多人認為它源出於兩種不同的傳統。義大利法西斯基本上是一種極端的國家主義，要求對「極權的」國家絕對效忠；相對地，德國的法西斯，或是叫做納粹，則是立基於將亞利安人視為最優秀人種的種族理論，也同時高唱反猶太主義。但這些傳統都與兩次大戰間的時局有關，而到了1945年以後，他們重新以新法西斯或是新納粹之形態湧現。

起源及歷史發展

　　自由主義、保守主義與社會主義，都是19世紀的產物。法西斯主義卻是誕生於20世紀，有人甚至明確指出其時間點乃在一、二次世界大戰中間。事實上，法西斯主義源於對現代性的反動，反對啓蒙價值及其政治信念。例如，德國的納粹就宣稱，「1789年精神已不合宜」，在義大利法西斯的口號如「信仰、服從、戰鬥」以及「秩序、權威、正義」，取代了法國大革命中，我們熟悉的「自由、平等、博愛」。法西斯思想之出現於當代歐洲，不僅是如歐蘇立文（O'Sullivan, 1983）所說的「晴天霹靂」，它更是企圖把人類政治進行改造翻轉，將傳統的政治思想連根拔起。

　　雖然，法西斯思想的那些主要概念可追溯至19世紀，但它們是在一戰及之後才成形，這是因爲受到了戰爭及革命的衝擊之故。法西斯出現於義大利及德國。在義大利，法西斯政黨於1919年成立，領導人墨索里尼（見本書第212頁）於1922年當上了總理，但是在1926年時，一黨專政的法西斯國家已經成形了。國家社會主義德國工人黨（The National Socialist German Worker' Party），即是納粹，也是於1919年成立，而由希特勒領導，刻意地仿效墨索里尼法西斯黨的特色。在1933年，希特勒被任命爲總理，而他就在短短一年多左右，將原本民主德國變成了納粹獨裁的國家。約略在同一時期，歐洲許多地方的民主都崩解或被推翻，特別是在東歐，往往被右翼黨派或威權法西斯政權所取代。在歐洲以外，與法西斯有關的政權也出現，最主要的是1930年代帝國時期的日本，以及裴隆（見本書第233頁）政權下的阿根廷（1945-1955）。這樣的發展對世界局勢有很大的影響。1936年納粹占領了萊茵河流域後，他們接著就大肆擴張侵略，因而導致1939年二戰爆發。德國與法西斯義大利，加上天皇之下的日本軍國，就形成對抗同盟國的軸心國。

希特勒（Adolf Hitler, 1889-1945）

希特勒是奧地利出生的德國政治人物。在1921年成爲國家社會主義日耳曼勞工黨（或稱納粹）的領袖，而1933-1945年希特勒居總理職位而成爲德國領袖。在《我的奮鬥》（*Mein Kampf; My Struggle*, 1925）一書中，他將擴張性日耳曼民族主義，反猶主義（anti-Semitism）以及不斷鬥爭的信念，融合成爲納粹世界觀，其乃由日耳曼人與猶太人不斷鬥爭的歷史理論爲核心，德國人代表善、猶太人代表惡。納粹在希特勒領導下，追求征服世界的野心，而自1941年起致力於消滅猶太民族。

1945年軸心國戰敗，基本上使得法西斯意識形態在歐洲或其他地方，都失去了吸引力。但是由法西斯所鼓舞或是仿效法西斯主義的一些政治運動卻在戰後興起，雖然其影響力遠不及先前的法西斯。對於這些運動其實找不到適當的名詞稱之，但是大家都視他們爲「**新法西斯**」，同時也有人稱之爲「激進右派」或是「極右派」。他們之中有一些地下團體祕密地採用希特勒或是墨索里尼的革命法西斯策略，多數的新法西斯團體若不是——至少名義上——跟先前的法西斯意識形態切割，就是不承認他們與法西斯有關。新法西斯跟舊法西斯在幾個地方有重大不同。他們通常敵視非歐洲移民，而不是像之前的法西斯一樣仇視共產黨、自由派與猶太人。此外，他們不強調擴張與戰爭，也企圖融入民主政治（此點尚有重大爭議）。被視爲是新法西斯的政黨有「義大利社會運動黨」（Italian Social Movement, MSI），但在1995年時被自命爲「後法西斯」的「民族同盟」（National Alliance, AN）取代；法國的「民族陣線」（National Front，現在改稱爲National Rally），尤其是2011前由勒朋領導時期；從1991年開始由澤林諾夫斯基領導的俄羅斯的「自由民主

> **新法西斯**
> （Neo-fascism）
>
> 1945年之後的政治、經濟與社會狀況所塑造的一種法西斯主義形態。

黨」（Liberal-Democratic Party），還有希臘的「金色黎明黨」（Golden Dawn）（更多極右派的敘述見本書第247頁）。

核心理念

　　法西斯是很難加以分析的一種意識形態，會這麼說至少有兩個理由。第一，很多時候我們甚至懷疑它是不是意識形態。由於它並無系統的及理性的論述核心，歷史學家屈佛柔波（Hugh Trevor-Roper）稱之爲「雜七雜八拼湊起來的一群理念」（Woolf, 1981）。而希特勒喜歡稱他的理念爲一種**世界觀**，而非一種體系性的意識形態。這樣看來，世界觀似乎是一套完整、幾近宗教性的態度，以接近信仰的方式鼓勵人投入，而非靠理性分析及辯論使人接受。某些理念及理論引用法西斯，並非因爲它能理性地幫助解釋社會，而是它能夠激發政治行動。法西斯應該被看成政治運動或政治性信仰，而非意識形態。

> 世界觀
> （*Weltanschauung*）
> 德文，字義爲「世界—看法」。它乃指一個民族了解與感受世界時，所依據的一組獨特預設。

　　第二，它是一個非常複雜的歷史現象，所以很難指出其中的共通性理念或原則。它始自何處，又終於何處？哪些才是眞正的法西斯運動或是政權？很多理論家試圖定義法西斯，例如諾特（Ernst Nolte, 1965）認爲它是「抗拒變遷與超越的理論」；格立果（A. J. Gregor, 1969）認爲它是建立一種「完全的卡里斯瑪型（charismatic）社群」；格里芬（Roger Griffin, 1993）認爲它是「極端民族主義的重生」；伊特維（Roger Eatwell, 2003）認爲它是「民族性與整體性的激進第三條路主義」。這些各自都說中了法西斯的某些特徵，但是對於法西斯這麼無法定型的「意識形態」，要用一句話來定義是很難的。也許最好的方法，是找出一組主題或概念，將他們看成是法西斯的結構核心。這些概念如下：

- ◆ 反理性主義（anti-rationalism）
- ◆ 鬥爭（struggle）

◆ 領袖及菁英主義（leadership and elitism）

◆ 社會主義（socialism）

◆ 極端民族主義（ultranationalism）

政治意識形態在現實中的影響

希臘的金色黎明

事件：金色黎明黨的起源是要讓希臘回復軍事獨裁統治的一個運動。它的名稱來自於1980年代開始由米克羅立阿克斯（Michaloliakos）及支持者所發行的一本雜誌之名。而金色黎明在1993年註冊為政黨，該發行人就成為黨主席。該黨的選票在2012年5月選舉時有了顯著突破，國會獲得21席，占總票數的7%。2015年1月時該黨雖只贏得17席，卻晉升為希臘第三大黨。然而，2019年時該黨選舉大敗，只有3%支持率，因此沒能得到任何一席。

影響：金色黎明是2007到2009年全球金融危機時選票開始有成長的，這個危機使得包括希臘的若干歐盟南部國家經濟嚴重受創。例如，希臘的失業率在2013年時升到28%，而幾乎有60%的年輕人沒有工作。在2010與2012年歐盟與國際貨幣基金對希臘紓困的條件是，希臘須採行勵行節約花費經濟方案。然而，西班牙與葡萄牙一樣歷經經濟危機，但卻沒有產生極右派興起的現象。這表示金色黎明的出現，不完全是因為貧窮與經濟失序，而是當此經濟危機伴隨代議民主的危機一起出現時，雖然情況混亂，但是人們對於金色黎明黨一貫使用暴力對付移民或反對者的行徑反感，在2019年終於造成它的潰敗。

我們應如何在意識形態光譜上定位金色黎明呢？雖然該黨在過去曾使用納粹標誌與用品，但後來一直拒絕被冠上法西斯與納粹標籤，而希望人們稱他們為「希臘民族主義者」。儘管如此，金色黎明不像歐洲其他極右與民粹政黨一樣，他們幾乎擁抱所有的法西斯──尤其納粹──信條，這使得他們應該被歸類為新納粹。他們的核心信念是要讓當代希臘成為接續古希臘的純粹「希臘民族」。他們想用古希臘的神話與英雄主義來振奮民族精神，使得當代希臘的政治分歧能得以化解，而社會上的道德與文化衰退能反轉。這就是他們所想要的希臘民族「情感淨化」（*catharsis*），以此來「洗淨」那些政治異議分子（尤其是共產黨人）對於這個偉大民族的污染。

反理性主義

　　雖然法西斯乃是從一戰後的政治動盪中而生，但是他們的理念卻是自19世紀以來就存在流傳的一些理論。其中，最重要的就是反理性主義及反啟蒙的態度。植基於普遍理性、天生性善及進步，這些信念上的啟蒙運動，誓言要將人類從迷信及不理性的黑暗深淵中解放出來。然而，在19世紀末葉，思想家開始質疑人類理性的極限，並把焦點轉移到某些也許更有力量的人類心靈元素上。

　　例如，尼采（Friedrich Nietzsche，見本書第210頁）就曾提出人類行為，其實是由強烈的感情力量所驅使，由他們的「意志」而非「理性」所支配，而特別是他所謂的「權力意志」。在《論暴力》（*Reflections on Violence*, [1908] 1950）一書中，法國工運理論家索瑞爾（Georges Sorel, 1847-1922）強調「政治迷思」的重要性，特別是「大罷工迷思」。因為，它不是消極的政治現狀的描述，而是牽連到情感及引發行動的「意志表達」。法國哲學家伯格森（Henri Bergson, 1859-1941）提倡

> **生命哲學（Vitalism）**
>
> 認為任何有機生命體，乃由普遍生命力（life force）發展出其特色；生命哲學強調生命的內在與動力，而非智識與理性。

生命哲學，認為人的存在就是要表達生命的力道，而不是鎮日被拘束在冷酷的理性及利益計數當中。

　　雖然反理性主義不必然具有右翼或是親法西斯傾向，但是法西斯的確是提供最激進極端的反啟蒙思想一個政治表達的形式。反理性主義在幾方面影響了法西斯。首先，它使法西斯具有反智識主義的性格，不喜抽象思考而重實踐。例如，墨索里尼最喜歡的口號是：「行動而非空談」、「不積極主動就是坐以待斃」。智識生活被認為是枯燥、冰冷而無生命的東西，因此不被看重，甚至被鄙視。法西斯注重靈魂、感情及本能。它並不具有融貫、嚴謹的理念，但是卻圖謀能發揮神祕的吸引力。它的主要理論家希特勒及墨索里尼，基本上都是宣傳家，他們對於理念的興趣，只在於是否可以激發情感而鼓舞群眾。因此，法西斯乃是一種「意志的政治學」。

其次，反對啓蒙思想讓法西斯有了負面及摧毀性的性格。換句話說，法西斯給人一個印象，就是大家知道它反對什麼，卻不知道它支持什麼。所以它看起來像是一個「反」的哲學，「反」理性、「反」自由、「反」保守、「反」資本主義、「反」布爾喬亞，以及「反」共產主義等。也因此，有些人乾脆認爲法西斯是一種**虛無主義**。納粹，就曾被認爲是「虛無主義的革命」。無論如何，法西斯不僅是反對既成的信仰及原則，它毋寧是要推翻啓蒙思想本身。因此，它可說是代表了西方政治思想傳統中陰暗的一面，但不是將此傳統的主要觀念價值拋棄，而是轉型或是翻轉過來。例如，在法西斯中「自由」代表了無條件的順服，「民主」等同於絕對專制，進步則是不斷衝突及戰爭。更何況，雖然它被認爲邁向虛無主義、戰爭及死亡，但是法西斯自視爲創造性力量，可以藉著「創造性破壞」來建構一個新文明。事實上，將生與死、創造與破壞連結，可看成是法西斯世界觀的一個特色。

> **虛無主義（Nihilism）**
>
> 從字面上來說，就是相信虛無；拒絕相信任何道德與政治原則。

第三，拋棄了普遍理性後，法西斯將其信仰完全放在歷史、文化及社群有機論上。社群不是由一群功利、計數型的人組成，而是由分享共同歷史的人，以忠誠及情感連結所組成。在法西斯中，社群的有機連結說被發揮到極致。民族群體，或是納粹所謂的*Volksgemeinschaft*，被視爲是一個完整的單元，內部所有的敵對與衝突，都被更高的共同目標所消融。民族或是**種族**的力量，反映了它在文化上或感情上團結的程度。這種無盡的社會凝聚性之重要，反映在納粹這一標語上：「團結產生力量」。法西斯的革命是「精神的革命」，希望創造出一種「新人類」。「新人」或是「法西斯人」是一個重責任、榮譽與會自我犧牲的英雄，而且將他自己完全消融在群體中。

> **種族（Race）**
>
> 有共同血緣與遺傳特徵的人群，也因此與其他人群在生理特徵上不同。

鬥爭

英國生物學家達爾文在《物種起源》（*The Origin of Species*, [1859] 1972）一書中發展出的**自然選擇**理論，不但深深影響自然科學，也在19世紀末時對社會及政治思想產生影響。這可由英國思想家史賓賽（Herbert Spencer, 1820-1904）的學說作為最好的例子。

> **自然選擇**
> （Natural selection）
> 認爲有些物種可以透過隨機的變異獲得生存（而且繁榮），有些則會因此滅絕。

他是極端的個人式自由主義的代表人物，也是社會達爾文主義最早的主張者（見第2章）。第一次世界大戰的成因可說是由於國際上逐漸尖銳的競爭所致，而這種競爭背後有一個很吸引人的觀念：世界的本質其實就是各民族間爭取生存與彼此鬥爭的一場競賽。人的存在是立基於競爭及鬥爭的基礎上，這樣的觀念在一個尖銳國際競爭——甚至戰爭——的環境中可能特別有吸引力。社會達爾文主義對興起中的法西斯主義有不小衝擊。首先，法西斯視鬥爭爲個人在社會生活中，及國家在國際社會中自然而無可避免的情況。只有競爭及衝突保證了人類的進步，以及確使最適者生存。希特勒在1944年告訴德國的軍校生說：「勝利只屬於強者，弱者只好被殲滅。」如果人類的生存試驗場中的邏輯是競爭及鬥爭，則最終的檢驗即是戰爭。而希特勒把戰爭稱爲「生命整體中不可改變的法律」。法西斯主義在各種意識形態中極爲特別處在於，它視戰爭本身爲好的，這也就是爲什麼墨索里尼曾說：「戰爭之於男人就如生育之於女人。」

達爾文思想也給了法西斯一些獨特的政治價值，例如將「好」等於力量、「壞」等於懦弱。傳統的人本或宗教價值強調，關懷、同情、熱情等，可是對照起來，法西斯卻是著重非常不同的東西：效忠、責任、服從及犧牲。他們榮耀勝利者，也就是強者，所以崇拜力量及權力；同理，弱者被鄙視，也有必要剷除那些能力不足及柔弱者，犧牲他們才能成就集體利益。正如同物種的整體延續，較個別生命的存亡來得重要。柔弱及障礙不能原

> **優生學**（Eugenics）
> 一種選擇性生育的理論或實踐；鼓勵「合適」者生育，或是防止「不合適」者生育。

諒，他們必須被革除。當時納粹德國的**優生學**計畫，就是最好的例證。精神上及生理上的殘障者，都被迫不得生育，而且甚至在1939到1941年間還被有計畫地處死。從1941年納粹對歐洲猶太人的屠殺，也是一種「種族優生學」。

最後，法西斯視生命爲「無止盡的鬥爭」這樣的看法，使它具有不斷盲動與擴張的性格，也透過衝突來培養民族性，而民族榮光也只有在征服及勝利中展現。希特勒在其自傳《我的奮鬥》（*Mein Kampf*, [1925] 1969）中寫道：「向東發展生存空間」，而最後的願景乃是征服世界。1933年當他掌權後，就開始整軍經武準備擴張。在1938年奧地利首先被兼併，然後捷克在次年，波蘭亦然，同時也對英法宣戰。1941年時，他發動「紅鬍子計畫」入侵蘇聯。即使在1945年遭受重大挫敗後，他還是沒有放棄社會達爾文主義，在垂死掙扎中宣稱，日耳曼民族讓他失望，並下令奮戰至死，至德國滅亡。

領袖及菁英主義

法西斯跟傳統政治思想不同處在於，它反對平等。法西斯是非常菁英主義及偏狹的，它的風格是獨裁式領導及相信菁英主義（見本書第238頁）是自然且有益的。人類天生才具不同，領導者很自然會經由鬥爭而凌駕那些只適合服從的人之上。他們也相信，社會由三種人組成：第一是，至高無上的領袖。第二是，「武士」級菁英，由男性組成，具備英雄氣質、廣大視野及自我犧牲氣概。在德國，就是由納粹祕密警察所代表，他們本來是希特勒的禁衛軍，後來變成一群特殊階級，彷彿形成「國中之國」。第三即是，廣大群眾，他們柔弱、遲疑及無知，天生就只適合服從。

這種對於一般人能力的悲觀看法，使法西斯與自由主義式民主完全對立。雖如此，在「最高領袖」的概念之下，也有一種獨特的法西斯式「民主」原則。尤其是納粹德國，他們看待領袖的方式，很受到尼采「超人」（*Ubermensch*）觀念的影響。所謂超人，即是天賦異秉、能力極強的人。在《查拉圖斯特拉如是說》（*Thus Spoke Zarathustra*, [1884] 1961）一書中，尼采描述超人爲「看透一般道德規約，而能超越群性本能之上的

英雄人物，他可以根據自己的意志及慾望而行。」於是，法西斯把「超人」的理想轉化成「至高領袖」的觀念。法西斯領導人都自命爲超凡「領袖」——墨索里尼自稱爲*Il Duce*，而希特勒也自封*Der Fuhrer*——如此就是爲了要刻意與我們傳統上對領導人之概念做區隔。也因此，領袖個人身上就散發出**卡里斯瑪**式的權威，來形成領導權。韋伯所謂的傳統的或是法治／理性的領導者，在法律架構及規約下領導，但是卡里斯瑪型領袖的權威是無節制的。由於領袖被視爲是天縱英才，其權力成爲無限。在納粹的紐倫堡大集會上，狂熱支持者們大喊「希特勒即是德國，德國即是希特勒」；在義大利，「墨索里尼永遠是對的」也成爲法西斯的教條。

> **卡里斯瑪（Charisma）**
>
> 特殊的個人魅力或力量；能激起他人的忠誠、情感依賴，甚至是奉獻的能力。

重要人物

尼采（Friedrich Nietzsche, 1844-1900）

　　德國哲學家。尼采那些複雜且深具企圖心的作品，不斷強調意志的重要性，特別是權力意志，影響了無政府主義、女性主義，以及法西斯主義。尼采的思想替現代存在主義鋪路，他透過「上帝已死」的説法，來強調人們其實創造了自己的世界以及自己的價值。尼采最爲人知的作品是《查拉圖斯特拉如是説》（*Thus Spoke Zarathustra*, 1883-84），其中他強調不受傳統道德拘束的「超人」這個角色。其餘作品包括《善惡的彼岸》（*Beyond Good and Evil*, 1886）。

　　所謂的「領袖原則」，也就是所有的權威都來自領袖個人，這也成爲法西斯國家的通則。選舉、國會、政黨等機制都要被取消，以免挑戰或是扭曲領袖的個人意志。同時，領袖享有絕對權威這個原則，也因爲大家相信領袖獨具有理念上的智慧而更鞏固。只有領袖，能夠指出人民前途所在，他個人代表了人民的「眞正意志」（real will）與全意志。在此，尼采的領袖理論與盧梭的代表公共利益的全意志理論結合。於是，眞正的

民主變成了絕對獨裁，而全民主權與絕對獨裁
融合後轉變為**極權式民主**（Talmon, 1952）。
領袖的角色是喚醒人民、告知其前途所在，也
把猶疑消極的大眾轉換成一股積極的力量。因
此，法西斯政權都有一種動員與民粹的特色，
而使他們與傳統的獨裁不同。傳統的獨裁都要

> **極權式民主**（Totalitarian democracy）
>
> 一種偽裝成民主的絕對獨裁，極權式民主通常是基於領導者自我宣稱對意識形態的獨具智慧。

將民眾排拒在政治之外，但是極權政體下的獨裁，卻是不斷透過宣傳及政
治煽動，尋求將民眾納編入政權鎖定的價值及目標之中。因此，我們常可
見法西斯政權推動如公民投票、集會及大眾示威等活動。

各家看權威

自由主義者：相信權威必須由被治者「由下而上」的同意而形成。雖然它是社會生活所必須，但在自由派看來，權威還是必須是理性的、有目的的，並且是有限的。因此，他們愛好法治理性式權威，以及責任政治。

保守主義者：將權威視為從自然需求中誕生，權威「由上而下」執行，這是因為人群中經驗、社會地位，以及智慧是不平等的。權威是好的，而且是必須的，因其孕育了尊重與忠誠，並且提升了社會和諧。

社會主義者：通常懷疑權威，將權威視為隱藏性的壓迫，並且將之與強者、特權者的利益連結在一起。然而，社會主義者允許集體權威作為一種對個人主義與貪婪的制衡機制。

無政府主義者：認為不需要任何的權威，權威帶來毀滅；他們並且將權威等同於壓迫與剝削。權威與赤裸裸的權力間無任何差別，所有對權威的制衡，以及所有的責任政治都是虛假之物。

法西斯主義者：視權威為個人領袖風範或卡里斯瑪的表徵，後者乃是個人所擁有的不尋常（即使不是獨特的）領袖天賦。魅力式領袖的權威是——而且也應該是——絕對的與不可質疑的，並且因此很可能帶有極權主義的特色。

社會主義

　　墨索里尼與希特勒有時候會把他們的理念稱為某種「社會主義」。墨
索里尼曾是義大利社會黨中的重要成員，也是其所發行報紙的主編；而納

粹則宣稱其思想爲「國家社會主義」。從某種程度來說，他們都想從都市勞動階級中爭取支持。即使法西斯與社會主義有明顯的意識形態歧異，但法西斯的確與某些社會主義觀念或立場有關聯。首先，「下層中產階級」（lower middle class）之法西斯支持者，深深厭惡大規模資本主義，這可以從他們厭惡大企業及大金融機構看出來。例如，小商店主擔心百貨公司快速發展、小農擔心大規模機械化農場的威脅、小企業擔心被銀行債務壓垮。於是，社會主義或左派思想因而在德國國內於「下層中產階級者」組成的草根組織中蔓延，像是SA——納粹早期的褐衫（Brownshirts）衛隊。第二，法西斯像社會主義一般，都是集體主義，所以必然跟資本主義的布爾喬亞價值觀不合。法西斯把群體置於個人之上，如納粹硬幣上就鑄有「公益大於私利」的字眼。而資本主義因爲追求個人利益，因此被看成是破壞社會或是種族的凝聚。法西斯反對資本主義的物質主義，他們認爲一味追求物質或是利潤，會阻礙法西斯所設定的民族再造，以及征服世界的雄圖。

重要人物

墨索里尼（Benito Mussolini, 1883-1945）

　　義大利政治人物。於1919年創立法西斯黨，從1922年起擔任首相，領導義大利直到1943年。他引用了柏拉圖、索瑞爾（Sorel）、尼采以及義大利學者巴瑞圖（Pareto）的學說，而宣稱自己爲法西斯主義的創建者。一再強調人類的存在，唯有在與社群有緊密連繫時始有意義，而這需要建構一個相信「在國家之外，沒有任何價值可存在或有意義」的極權式國家。

　　第三，法西斯政權經常推動社會主義式的經濟政策，以控制或是規範資本主義。資本主義一定必須臣屬於法西斯的國家總目標之下。英國法西斯聯盟領袖莫斯立（Oswald Mosley, 1896-1980）說：「資本主義乃是資本利用國家圖利，而法西斯則是國家利用資本來成就其目的。」義大利及德國法西斯政權都透過國有化或是管制，以迫使大企業爲國家政策效力。例

如，1939年後，德國資本主義在戈林所提的四年計畫中被重組，而此計畫就是仿效蘇聯的五年計畫。

但是，法西斯的社會主義還是有嚴重的限制。例如，法西斯政權中的「左派」元素，像是德國的SA（褐杉衛隊）及義大利索瑞爾的「革命工聯組織」，在法西斯當權後就立即被邊緣化，以取得大企業的支持。在納粹德國這個情形最明顯，1934年被稱爲「長刀之夜」的恐怖鎮壓中，SA遭到迫害而其領袖羅恩被殺。因此，才會有些馬克思主義者認爲，法西斯只是要挽救資本主義，而不是要對抗它。更何況，法西斯對於管理經濟生活的想法，最多可稱爲是模糊而不一致的。他們的經濟政策常常是以實用爲主，而沒有任何系統性理念支撐。最後，法西斯對於反共產主義較反資本主義更爲明顯。法西斯的主要目標之一，乃是將工人們從馬克思主義及布爾什維克主義中拉出來，因爲，它認爲這兩種立場都主張國際工人團結與合作、平等，這些與法西斯價值不合。法西斯要的是民族團結及整合，以及對種族和民族的忠誠要超過對階級的忠誠。

極端民族主義

法西斯擁抱極端的及沙文、擴張主義式的民族主義。這種立場不將各民族視爲是平等互依的群體，而是競爭、爭取支配權的對手。法西斯式民族主義並不會尊重個別文化及民族傳統，反而是認爲某些民族高於其他之上。納粹公然的種族主義式民族主義，就表現在**亞利安種族至上論**中，也就是認爲日耳曼民族是最優秀的種族。在兩次大戰之間，這種激烈的民族主義，受到德國戰敗後的恥辱及挫折的搧風點火而更形昂揚。

> **亞利安種族至上論**
> （Aryanism）
>
> 認爲亞利安人，或是日耳曼民族應是「支配民族」而適合統治世界的想法。

> **全面狂熱性民族主義**
> （Integral nationalism）
>
> 一種濃烈、甚至歇斯底里式的民族主義情懷；個人對自身的認同經常被湮滅在民族群體中。

法西斯的主張，已超越一般的愛國主義。它要的是建立一種強烈且好戰的國家認同，如同法國的法蘭西行動組織首領穆哈斯（Charles Maurras, 1868-1952）所說的**全面狂熱性民族主義**。法

西斯內含一種彌賽亞式或是狂熱的使命感，他們要致力於民族的改造與榮光的再現。事實上，法西斯很大的吸引力就在於它追求民族榮耀。根據葛立芬（Griffin, 1993）的說法，法西斯的魅力在於結合民族再生的概念與極端民族主義。所有的法西斯運動都強調現代社會中的道德破產及文化退步，因而他們承諾要改造，使得國家能夠像鳳凰般浴火重生於灰燼中。法西斯將光榮的過去此一迷思與對未來重生的願景相結合，創造了一個「新人」或「新民」概念。在義大利，他們企圖恢復古羅馬的榮耀；在德國，納粹要成為日耳曼人的第三帝國，承接查爾曼大帝第一帝國和俾斯麥的第二帝國。

> **自給自足的經濟體**
> **（Autarky）**
>
> 經濟上的自給自足。通常是透過攫取市場與原料資源的擴張主義，或者是退出國際經濟體系來達成此目的。

在現實上，國家的重生意味透過擴張、戰爭及征服來超越、宰制其他民族。因此，在社會達爾文主義及種族優越論的作祟下，法西斯的民族主義必然成為軍事主義及帝國主義。納粹德國想要成為一個「偉大的日耳曼」而侵略蘇聯——就是所謂的生存空間東擴；法西斯的義大利希望在非洲建立起它的帝國，因而於1934年入侵阿比西尼亞；日本於1931年占領滿州，企圖建立「東亞共榮圈」。這些帝國都希望最後能成為**自給自足的經濟體**，有充分資源及人口。在法西斯觀念中，經濟力量是來自其可掌控資源的多寡。征服與擴張是攫取資源與增進國家光榮所必須，民族重生與經濟進步因此與軍事力量密不可分。

法西斯主義的類型

我們雖然可以找出一組有關法西斯的核心價值及原則，但是義大利及納粹德國其實是不同的法西斯主義，也有著各自獨特的、甚至相對立的信念。舉例來說，西班牙佛朗哥政權就接近前者（見圖7.1）。法西斯政權有兩種版本：

◆ 極端的國家主義（extreme statism）
◆ 極端的種族主義（extreme racism）

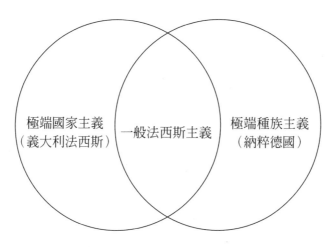

圖7.1　法西斯主義的類型

極端的國家主義

極權國家的理想

　　極權主義本身是一個爭議性的概念，它在冷戰時期最爲流行，被用來強調法西斯及共產政權的相似性，也就是有關於他們都是殘暴的政權這一方面的特質。這樣一來，極權主義這個概念就正好可用來作爲反共的工具，特別是對蘇聯的批判。然而，這個詞原本畢竟是我們分析法西斯的有用工具。廣義的法西斯在三方面可說是極權主義的：第一，它的中心是一種極端的集體主義，目標是要造就出一個「法西斯人」──忠誠、奉獻、順服──而這正好泯除了公與私的分野。民族或是種族作爲一種群體，其重要性遠遠被置於個人之上；群體的自我一定超乎於個體的自我之上。第二，法西斯的「領袖原則」讓領袖有莫大權威，同時也破壞了自由主義中國家與市民社會有區隔的理念。法西斯領袖與他的人民之間這種全面性及完全階層性的關係，激使公民們熱烈參與並完全順服於國家，實際上也

極權主義（Totalitarianism）

　　極權主義是一種無所不包的統治系統，通常依靠無所不在的意識形態操作、公開的恫嚇，以及殘暴手腕來建立。極權主義不同於王治、威權主義，以及傳統獨裁政治之處，在於極權主義透過將社會生活的各種面向加以政治化後，尋求建立一種「完全權力」（total power）。極權主義因此代表了公民社會的激底瓦解，也就是「私領域」的解消。法西斯主義與共產主義有時被視爲右、左翼的極權主義形式。因爲他們同時都反對寬容、多元主義，以及開放社會。但亦有如馬庫色（Marcuse）這樣的激進思想家，曾宣稱自由主義式民主政體，其實也展現了極權主義的特色。

一元論（Monism）

相信只有唯一一種理論或價值。政治上一元論反映在對獨裁式政權的被迫服從，因此它實質上也必是極權主義的。

國家主義（Statism）

國家主義相信國家能解決任何問題，並且是保障經濟與社會發展最合適的途徑。

就是大眾被動員了與政治化了。第三，**一元論**式的價值信仰和狹隘的眞理標準，使得法西斯與多元主義（見本書第333頁）或自由觀不相容。在義大利的法西斯主義中，無所不能的國家是非常重要的概念，所以我們稱其爲極端的**國家主義**。

　　其實義大利法西斯主義的本質，就是一種國家崇拜。墨索里尼就經常重述義大利唯心論哲學家甘第列（Giovanni Gentile）所說的：「一切爲國家，不可違背國家，國家之外一無所有。」因此，個人對國家的政治義務是絕對而全面的。公民應該絕對服從，並且持續奉獻於國家。法西斯的國家理論，有時會被與德國哲學家黑格爾（1770-1831）連結。他視國家爲一倫理概念，是利他主義及公民互助團結的場域。在這樣的觀點下，國家的出現可以鼓舞公民們爲公益而行動，因此黑格爾相信，人類文明會因爲現代國家的存在而向上發展。所以他的政治哲學等於是對國家的一種無保留的崇揚，在現實上就是對當時普魯士君主國家的堅定讚揚。

甘第列（Giovanni Gentile, 1875-1944）

　　義大利唯心論哲學家。是1922到1929年法西斯政府中的要角，有時被稱爲是「法西斯主義哲學大師」。他受黑格爾影響極深，而對個人主義提出激烈批判：經由一種「內在的」辯證，他企圖超越（個人主義哲學觀中）主體與客體、理論與實踐間的差異，而得以擁抱了群體與民族的至高性。

　　對照之下，納粹反而沒有那麼崇揚國家，而是將它看成達成目的的工具。例如，希特勒就將國家看成只是一個「載具」，亦即他認爲力量的泉源，乃是來自日耳曼種族，而非國家。但毫無疑問地，希特勒的政權其實較墨索里尼的更接近極權國家的理想。雖然納粹國家體制中，充滿著制度上及人際間的抗衡對立，但是它在鎮壓反對派，以及控制媒體、藝術、文化、教育及青年組織上都極爲成功。而另一方面，義大利法西斯雖然在表面上較趨近於極權國家，但是它的眞正運作，卻像是傳統的個人獨裁，而不是極權政體。例如，即使在法西斯時代，義大利王室依舊存在。許多地方性政治領袖——尤其在南方——依然掌權；而天主教會也在那時仍然獨立及享有特權。

羅森堡（Alfred Rosenberg, 1895-1946）

　　德國政治人物，二戰期間納粹的領導人之一。他是希特勒及納粹黨的理論大師。在《20世紀之謎》（*The Myth of the Twentieth Century*, 1930）一書中，他發展出「種族魂」（race-soul）這個概念，宣稱「種族」乃是一個民族最終努力的目標與寄託所在。他列出各人種的特色，然後分別其間的高下優劣。最後的結論，一方面是優秀的亞利安種族應該統治世界，而由納粹的擴張來代表此理想的執行；而另一方面則爲希特勒的種族屠殺辯護，因爲猶太人乃是「墮落卑下」的種族；而斯拉夫人、波蘭人及捷克人等也都屬於次級人類。

團合主義

　　雖然法西斯崇揚國家，但並不表示它贊成經濟上採行集體化。法西斯的經濟思想從來沒有系統化過，這表示了法西斯想要轉化的是人的精神，而不是社會結構。但在有關經濟方面，它有一個特色，就是團合主義。墨索里尼認為，這是資本主義及社會主義之外的第三條路，這種想法是法西斯中常見的。例如，英國的莫斯里（Mosley）和阿根廷的裴隆都談及。團合主義對於自由市場及計畫經濟都反對，它認為前者會令個人陷入無止盡的利益追求中，而後者與階級鬥爭結合，不是好理念。反之，團合主義相信企業與勞工都是一個精神上統一的有機體的一部分。這種整體式的觀點，立基於階級間不必然會衝突，而是可以為了民族利益與公益而和諧相處的假設上。這是受了傳統天主教社會思想的影響，它與新教徒強調個人辛勤工作以累積財富不同，因它認為社會階級是由責任與相互義務所構成，而非財富。

主要概念

團合主義（Corporatism）

　　團合主義，廣義的來說，就是將社會各部門（例如，產業或是工會）的利益，納入政治過程中的一種政治經濟制度。團合主義有兩種面貌：威權團合主義（接近義大利法西斯），它是一種意識形態與經濟模式。作為一種意識形態，它不同於資本主義和社會主義，而是基於全體主義（holism）與團體整合來統治的；作為一種經濟模式，它的特色是直接以政治力控制企業與工會。自由主義式的團合主義（新團合主義），則是指在成熟的自由主義式民主政體裡所出現的一種趨勢。在這種趨勢下，某些社會部門之集體利益能夠被重視，甚至這些部門可以參與政策形成的過程。對比威權團合主義，自由主義式團合主義著重團體，而不是政府的利益。

　　企業與勞工間的和諧可以導致道德及經濟重生。但是，階級關係必須由國家來調節，國家要確保民族利益勝於較狹隘的階級利益。在1927年，義大利設立了22家公司，每一家都是由政府、工人及雇主三方面組成，這

些公司監督及指導主要產業的發展。在1939年，義大利作爲團合主義的國家達於頂峰，因爲一個由法西斯及團合主義團體所組成的樞密機構取代了國會。然而，在法西斯義大利，團合主義的經濟理論與實際經濟政策之間，有很明顯的分野。其實，團合主義的國家只不過是口號。實際上，團合主義只是法西斯國家用來控制經濟的工具而已；工人組織被壓制解散，而私人企業動輒被恐嚇威逼。

現代化

對墨索里尼以及義大利法西斯主義者而言，國家很有吸引力，因爲它是現代化的工具。義大利在現代化一事上落後英國、法國及德國等，所以很多法西斯主義者將國家視爲現代化的推動者。義大利較許多歐洲鄰邦，如英國、法國及德國等，現代化程度稍低些，而很多法西斯者視經濟現代化爲民族復興的表徵。所有形式的法西斯主義，都嘗試從往昔的榮光中找回民族自信心。對墨索里尼而言，這就是恢復古羅馬榮光。然而，義大利法西斯主義也同時向前看，頌揚現代科技與工業文明，希望能把國家建設成爲先進的工業國。義大利法西斯的這種傾向與**未來主義**有關，這是由馬里內第（Filippo Marinetti, 1876-1944）所領導的一種運動。他在1922年以後與其他的未來主義者被吸收入法西斯黨派中，因此也把對科技、對進步的追求帶進來，反而是對過去加以排斥。對墨索里尼而言，強大的國家機器之建

> **未來主義（Futurism）**
> 20世紀早期的一種藝術運動，基本上它頌揚工廠、機械生產與工業社會。

立，可以幫助義大利拋棄落後與傳統，而成爲迎向未來的工業強國。

極端種族主義

並非所有形態的法西斯主義都擁抱種族主義；而且，並非所有種族主義者都是法西斯。例如，義大利法西斯是建立在國家先於個人，以及對墨索里尼的個人崇拜上。所以，它是一種**意志論**形態的法西斯。因爲至少在理論上，無論膚色種族或國籍，任何人都可以擁抱法西斯。當墨索里

意志論（Voluntarism）
強調自由意志與個人抉擇的一種理論，否定任何形式的決定論。

尼在1937年通過反猶太法案時，主要是安撫希特勒及德國，而不是他真的信仰這種思想。但是無論如何，法西斯卻經常與種族主義連在一起。事實上，有人認為因為法西斯強調好戰的民族主義，所以即使不是對種族主義特別友善寬容，也會若隱若現地內涵這種思想於其中（Griffin, 1993）。在納粹德國，這種法西斯與種族主義之間的關聯最明顯不過，連官方的意識形態都可謂是激昂與假科學的反猶太主義（見本書第223頁）。

主要概念

種族主義（Racism）

　　廣義來說，種族主義者認為，在政治或社會上，人類亦可由生物學上各種不同的「種族」加以區分。種族主義理論基於兩個假設：第一，人們在遺傳或者種族類別上，有根本性的不同；其次，遺傳的差別會反映在文化、智識，甚至是道德風尚的差異中。而這些差異，在政治或社會層面上，有十分重要的意義。政治種族主義，則是表現在種族隔離（例如南非種族隔離政策），以及「種族優越」或「劣等種族」的原則上（例如亞利安主義或者反猶太主義）。種族主義與種族偏見通常可以交替使用，但後者更適合用以形容由於種族差異而形成的偏見或敵意，無論其是否有任何理論依據。

種族的政治

　　種族一詞，意味人類之間的確有生物／基因上的差異。雖然在法律上，一個人可以歸化成為另一個國家的人，但是其由血緣而來的種族類別，卻是不能改變的事實。種族的標記——膚色、髮色、血緣等——當然是明顯而固定的。19世紀時，當帝國主義的盛行，致使白人入侵棕色、黑色與黃色人種之居住地亞、非洲時，西方就開始流行充滿種族主義的詞彙及觀念。

　　然而，種族差異乃是文化刻板印象式的分類，殊少科學根據。即使最

粗略的種族分類，例如膚色，也會誤導甚至是獨斷任意的。而那些所謂更精緻的納粹種族區分理論，常常會見到例外。最有名的是，希特勒自己就不符合所謂亞利安人的特徵：高大、寬肩、金髮、藍眼。

種族主義的核心假設是，世界上各種族天生的素質不同，因此，我們可以推衍出一些相應的社會及政治結論。基本上，他們認為基因決定政治，如圖7.2所示。種族主義的政治理論，其實源頭在於人種間生物特性的差異。保守派的民族主義與隱性的種族主義有關聯，這是立基於穩定的社會要有共同的文化及價值這一假設之上。例如，1960年代英國的包爾（Enoch Powell），以及1980年代法國的樂潘（Jean-Marie Le Pen），都主張「非白人」移民進入他們國家後，會帶來不好的後果，因為原本特別的白人文化傳統會受到威脅。

更露骨及系統化的種族主義，建立在對不同民族的天性、能力及命運的不同看法上。許多時候，這些假設有宗教上的依據。例如，19世紀的歐洲帝國主義者就自詡為優秀的基督徒，他們依據教義要去統治「異教」的亞非民族。

1948到1993年南非實施**種族隔離**，其支持者及美國內戰後成立的三K黨都認為他們的信念來自聖經。納粹德國也企圖建立起一種看似科學的生物學式種族理論，這種理論和立基於文化的種族理論不同之處，在於它是特別激進與好戰的，因為他們自認為有科學的根據來判斷一個民族的本質。

> **種族隔離（Apartheid）**
> 在南非語言上的意思是「分開」。1948年後，在南非施行的種族隔離制度。

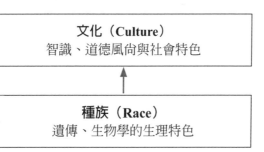

圖7.2 種族歧視的本質

納粹種族理論

　　納粹意識形態是由反猶太主義與社會達爾文主義所構成。反猶太主義從基督教興起後，就一直是歐洲政治上的一股力量，特別是在東歐。它的源頭大抵上是宗教的：猶太人把耶穌處死，而且因為拒絕基督教，無異不承認耶穌是神，也不接受靈魂之拯救。因此，把猶太人跟惡連結，並不是由納粹開始，而是始自中世紀。當時，猶太人普遍被限制居住在「猶太區」（ghetto），而且不被主流社會接受。到了19世紀末葉，反猶太主義變得強烈。當民族主義跟帝國主義在歐洲擴散時，猶太人也在許多城市受到迫害。在法國，發生了1894到1906年的得瑞福事件（Dreyfus affair）；在俄羅斯，亞歷山大三世執行一系列的政策來驅趕及歧視猶太人。

　　在19世紀時，反猶太主義的性質也有所改變，當時興起了一種「種族的科學」，就是把一些偽科學觀念，加諸於社會及政治議題上。因此，猶太人就被認為是一個種族，而非宗教、經濟或文化團體。此後，猶太人就被以髮色、臉部特徵及血緣等生物性因素來定義。反猶太主義也變成一種種族理論，認為猶太人是邪惡及墮落的民族之表徵。第一位企圖發展科學的種族主義理論的人，是法國社會學家古比諾（Joseph-Arthur Gobineau），他主張種族是有優劣之分的，因為各有不同的特質，最高度發展及有創造力的種族是「白人」，他們之中又以亞利安人為最優秀，而

> **重要人物**
>
> ### 古比諾（Joseph Arthur Gobineau, 1816-1882）
>
>
>
> 　　法國社會理論家，被認為是近代種族主義理論的創建者。在他的主要著作《人類種族不平等論》（*Essay on the Inequality of Human Races*, [1853]1970）中，他提出了所謂的「歷史發展的科學論」，認為文明的高下主要取決於其種族構成。白種人——特別是亞利安人——比黑色、棕色、黃色人種優秀，而人種若是彼此通婚混合，則是破壞了原有的秩序，而對優秀文明造成傷害。

猶太人基本上是沒有創造力的。古比諾不像納粹一般，他本人對亞利安人的前景是悲觀的，因爲他認爲由於猶太人與亞利安人日益增加的通婚，亞利安的血統與光輝文化已經被污染，無可修補了。

主要概念

反猶太主義（Anti-Semitism）

　　傳統上，猶太人是指「閃」（Shem，諾亞之子）的後裔，並且包含了絕大多數的中東人民。反猶太主義特別指對猶太人的偏見或者仇恨。早期較具體性的反猶太主義有著宗教特色，反映基督徒對猶太人的敵視，因爲他們合謀殺害耶穌基督，並且拒絕承認耶穌基督是上帝之子。經濟的反猶太主義，則是從中世紀開始發展，表達對於猶太人專事放高利貸或販售物品圖利的反感。19世紀則見證了種族反猶太主義的誕生，特別是在華格納與張伯倫（H. S. Chamberlain）的作品當中，他們譴責猶太人本質上是邪惡的，以及破壞人類文明的民族。這樣的觀念成爲了納粹意識形態的基礎，並且在大屠殺中最清楚地表達出來。

　　反猶太主義透過古比諾的著作進入德國，而且以亞利安主義的形態出現，這也就是相信亞利安人在人種上的優越性。這些理念由德國作曲家華格納和他的英國女婿張伯倫（H. S. Chamberlain）所發揚，而對希特勒及納粹有深遠影響。張伯倫將最高級的種族界定爲「條頓族」（Teutons），很明顯是指日耳曼民族。所有文化的發展都歸功於日耳曼，而猶太人則被描繪成「身體上、精神上及道德上」墮落傾頹的。張伯倫將歷史看成是條頓人與猶太人之間的對抗，也因此爲納粹種族理論鋪好了路，將猶太人看成是日耳曼民族所有不幸與傷痛的原因。納粹將1918年德國的戰敗歸因於猶太人，凡爾賽合約中受到的屈辱也是一樣。大銀行及大企業對中產階級的壓迫，其實背後的黑手是猶太人；而連工人階級的運動與社會革命後面，還是猶太人在操控。在希特勒的想法中，猶太人不單是資本家，也是共產黨人所進行的國際陰謀後面的主謀，其主要目的是要削弱日耳曼民族。

重要人物

張伯倫（Houston Stewart Chamberlain, 1855-1929）

　　英裔德國作家。他在種族理論的興盛及傳播上扮演重要角色，也大大地影響了希特勒及納粹。其著作《19世紀的基礎》（*In Foundations of the Nineteenth Century*, [1899] 1913）一書，基本上以古比諾思想爲宗，用「亞利安民族」來指稱所有歐洲人，而其中並以「條頓人」（也就是德國人）爲最優秀，而猶太人則爲其卑賤的對手。

　　納粹或是國家社會主義，使用僞宗教與僞科學的詞彙，將此世界描繪成日耳曼人與猶太人爭奪主導權的鬥爭，各自代表「善」與「惡」的力量。希特勒自己把世界種族分成三類：

◆ 第一等是亞利安人，也就是「領導民族」（*Herrenvolk*），希特勒認爲他們是「文化的創建者」，而且相信他們創造了藝術、音樂、文學、哲學或政治思想上的光輝。

◆ 第二等是「文化的接受者」，指那些能夠接受與使用日耳曼民族之文化創發的民族，但是他們無法自己創造。

◆ 最底下的一種就是猶太人，希特勒稱他們爲「文化的摧毀者」，竟日在扯高貴與具創造力的亞利安人的後腿。

摩尼教
（Manichaeanism）
3世紀時的波斯宗教，將世界呈現爲光明與黑暗、善與惡二元的永遠對立。

　　希特勒的這種**摩尼教**式二元永遠對抗的世界觀，也就被善與惡的衝突所支配，而用在種族上就變成了日耳曼人與猶太人的種族鬥爭，故最後的結局不是亞利安人支配世界（消滅猶太人），就是猶太人獲勝（日耳曼人毀滅）。

　　這樣的想法，將希特勒與納粹導入極端危險與悲劇性的方向中。首先，相信亞利安人是唯一具創造性的「領袖民族」的亞利安至上主義，必然會走向擴張與戰爭之路。如果日耳曼人是優越的，則其他種族自然就較

差而應該臣服。納粹的意識形態也自然就導致侵略的對外政策，以圖建立起由日耳曼民族所領導的世界帝國。第二，納粹相信只要猶太人存在，德國就永無寧日。猶太人必須被消滅，或是說他們本就應被消滅，因為其代表的是惡。1935年通過的紐倫堡法案，禁止猶太人與日耳曼人通婚，甚至性交。在1938年「砸窗之夜」（*Kristallnacht; The Night of Broken Glass*）後，猶太人已被逐出德國經濟圈，不能從事企業。然而，納粹的種族理論繼續將希特勒的反猶運動推向高峰，從迫害到最後的**種族屠殺**。1941年，即使對外戰爭還未有結果，納粹開始了它所謂的「最後解決」，也就是要把歐洲猶太人透過前所未有的大規模屠殺來整體消滅，而最後的結果是有600萬人遇害。

> **種族屠殺（Genocide）**
> 想要完全或是局部消滅一個民族或宗教群體的殺戮作法。

農民意識形態

義大利跟德國法西斯還有一個差異，那就是納粹有反現代的哲學觀念。義大利法西斯想要將自己塑造為現代化的力量，也想要享受工業及現代科技成果，但是納粹卻視現代文明為墮落及腐敗的，對都市化及工業化兩方面尤其如此。對納粹而言，日耳曼人是農民，應該過儉樸生活並靠著體力勞動，而依附於自然與大地為生。然而，擁擠、窒息與不健康的城市生活，弱化了日耳曼精神，並威脅到整個民族的生機。這種恐懼，顯現在納粹農民領袖達爾（Walter Darré）所發表的「血與土」觀念中。這個觀念揉合了諾曼民族至上的思想與對鄉村生活的浪漫憧憬，而產生出一種成為當代許多環境生態主義前驅的農民哲學（這將會在第10章討論）。這同時也說明了為何納粹崇揚「耕植」（*Kultur*），它體現了日耳曼民間傳統與手工技藝，與西方近世文明產生的空洞產品形成對比。這種農人意識形態對它的外交政策是有影響的，尤其是它助長擴張性傾向，以爭取「生活空間」。因為只有藉由擴大領土，才能讓擁擠的德國之內的每一個人有足夠的空間去從事農業式生活。

　　然而，這樣的政策其實是建立在極大矛盾上的，因為即使上述的農人意識形態是對的，想要從事戰爭及擴張，只會增加對於科技及工業的需求。而當納粹帝國的核心意識形態目標是征服及統治全世界時，這必然會導致工業規模的擴張及戰爭科技的講求。所以，希特勒時代的作為，完全不是將人民送回土地上，反而是德國經歷了快速的工業化，以及納粹原本所不喜歡的大城市的增加，農民意識形態因此只不過是口號。軍事主義同時也帶來了文化變遷，當納粹的藝術不斷地著墨於簡單的小城生活與鄉村的恬靜時；另一方面，政治宣傳卻不斷用納粹發展出的現代科技成果，如深水炸彈、豹型坦克及V-1、V-2火箭，來轟炸百姓的耳朵。

法西斯主義內部的緊張關係

法西斯主義		納粹
國家崇拜	⟷	國家作為器具
沙文民族主義	⟷	極端的種族歧視
意志論	⟷	本質主義
民族偉大	⟷	生物學上的優越性
有機單元	⟷	種族淨化／優生學
實用主義式的反猶太主義	⟷	種族屠殺的反猶太主義
未來主義／現代主義	⟷	農民意識形態
團合主義	⟷	戰爭經濟
殖民擴張主義	⟷	世界統治

法西斯主義的未來

　　有一種對法西斯起源的看法是，它是在一、二次世界大戰間，由很複雜的歷史因素共同作用而成的一個獨特現象。首先，歐洲很多地方的民主政府只是剛剛成立，民主觀念並未扎根而取代舊有的、王權下的政治觀

念。更何況,由利益團體間折衝協調或聯盟而形成的民主政府,在碰到經濟或政治危機時,通常很脆弱,也不穩定。面臨此情境,由具有魅力的個人所帶來的強有力領導,就很有吸引力。第二,歐洲社會本來就被工業化現象所干擾,尤其是「低的中間階層」的小商店主、小企業主、工匠、農人等,他們的社會地位逐漸被位居上面的大企業家,以及在下面而力量漸強的工人與工會所擠壓,於是他們這些低階的中間階級成員,就成了法西斯主義很重要的支持者。從這層意義來看,法西斯其實是「中間階級的極端主義」。它是低階的中間階級對現狀的反抗,這樣也就能夠說明,為何它對於資本主義及共產主義都有敵意。第三,一戰之後世局深受1917年俄國革命影響,而歐洲的有產階級都害怕社會革命會蔓延。法西斯團體的政治及經濟支持都來自於企業,因此,有些馬克思主義的歷史學家,就稱法西斯為一種反革命的形式,是布爾喬亞為了維護現有權力而寄託希望於法西斯獨裁者。最後,1930年代的世界經濟危機,可說是壓垮當時脆弱民主的最後一根稻草。日漸高升的失業率及經濟崩潰,使得社會瀰漫悲觀氛圍及危機感,以至於政治極端分子及煽動家趁勢而起。

以上的分析立基於特殊歷史狀況的交會才產生法西斯,所以它隱含了一個訊息:就是歷史無法複製,所以法西斯再也不會出現來危害歐洲或世界了。它在1945年就隨著軸心國的覆滅而消失了。但另有一些人認為,法西斯一直是個威脅,它的根源是心理學家佛洛姆(Erich Fromm, 1984)所謂的「對自由的恐懼」。當代文明產生個人自由,但是也帶來孤立及不安感。在危機時代,個人也許會選擇逃離自由,臣屬於一個特殊領袖人物或是極權國家之下。這就意味法西斯在遇到危機、充滿不確定性或是失序的情況時,隨時可能復甦,而並不需要以上那些特殊歷史環境與條件的吻合。例如,東歐共產統治的結束,使得長期以來被壓制的民族糾葛及種族仇恨再度浮現,而使得如南斯拉夫的民族問題,有時竟帶有法西斯式的色彩。同樣地,匈牙利的奧班(Victor Orban,見本書第247頁)與巴西的波索納洛(Jai Bolsorano)雖非法西斯主義者,但不時會使用近似法西斯的言詞。

法西斯的未來還有一種可能性,那就是興起一種新形態的法西斯主

義，它保留法西斯原有的核心信念與價值，但卻可與現代政治體系中的各種要求、作法與期待並存。簡言之，法西斯的未來在於隱藏面貌、改換包裝的「新法西斯」。其實從某些角度看，新法西斯未來是很有機會崛起的。首先，在與自由主義民主共存這一點來說，新法西斯主義者已經不受到希特勒與墨索里尼時期那種野蠻主義的羈絆了。此外，若是未來碰到經濟危機或是政治動盪時，新法西斯主義者可以很有立場地提倡有機團結的政治與宣揚社會凝聚的重要。但我們不禁要問：「民主的法西斯主義」——也就是不講求絕對領導、極權主義與種族主義的法西斯，它在意識形態的立場上可成立嗎？對於新法西斯主義的批評者來說，這種民主的法西斯根本是矛盾。如果接受政治多元與選舉民主，新法西斯就沒有標舉法西斯而存在的必要。另一方面，如果它竟然「轉向」民主，那就一定是一個技術性掩護而已，如此一來它就是用民主來摧毀民主，這也說不通。1933年希特勒與納粹其實就是靠選舉贏得政權，然後取消了之後的民主選舉。

問題討論

- 法西斯主義是否只是一、二戰之間特定歷史狀況下的產物？
- 被稱為法西斯有沒有最起碼的條件？如果有，包含哪些特質？
- 反理性主義如何塑造法西斯意識形態？
- 為何法西斯重視鬥爭及戰爭？
- 如何可將法西斯的「領袖原則」看成是民主的？
- 法西斯是否只是一種極端的民族主義？
- 法西斯在什麼意義上，可被視為是一種革命理念？
- 法西斯在何種程度上，可看成是社會主義與民族主義的混合？
- 法西斯如何與為何會和極權主義連在一起？
- 所有法西斯主義者都是種族主義者嗎？或是只有某些是？
- 某些法西斯主義者為何以及如何反對資本主義？
- 當代的「新法西斯主義」可稱得上是真正的法西斯主義嗎？

進階閱讀

Bosworth, R. *The Oxford Handbook of Fascism* (2012). 包含廣泛的研究論文集，特色是討論法西斯主義在不同脈絡下的展現。

Griffin, R. *Fascism* (2018). 對於法西斯主義這個概念與發展歷史做了簡要地回顧，特別著重它與全球化政治間的關聯。

Griffin, R., International Fascism: Theories, Causes and the New Consensus (London: Arnold and New York: Oxford University Press, 1998). 本書討論各種法西斯主義之可能詮釋，它對法西斯的理論解釋，是當代最新穎的。

Kallis, A. *The Fascism Reader* (2003). 蒐集了著名學者對法西斯研究成果的極佳選輯，包含很廣泛的主題。

Mann, M. *Fascists* (2004). 對於六個法西斯政權的詳細分析，處理他們的意識形態、政治、思想與社會特色。

第八章　民粹主義

本章簡介

　　民粹主義（populism）這個字從拉丁文「人民」（*populus*）而來，它最初是指1892年美國「人民黨」（People's Party）的理念與價值。但後來就演變爲包含一些貶義的指稱，例如「操控群眾」或是「暗指政治上不負責任的作爲」。因此，很少政治人物會自稱爲民粹主義者。由於學界對於民粹作爲政治現象的本質沒有共識──它是意識形態，或是一股運動，或只是一種政治風格？對它必然包括的特色看法也不同。因此，要定義「民粹」更加的困難。

　　然而大家似乎又都同意，民粹作爲一種意識形態乃是由兩種立場形成：頌揚「人民」與公然地敵視菁英或是既存建制。所以民粹主義給人的核心印象是，它把社會區分爲兩個對立集團：「純粹的」人民與「腐敗的」菁英。從它的角度看來，人民（眞正的人民）代表政治中的僅存的道德性；他們的本能與期望乃是政治行動的合理指引。因此民粹主義者抱持一種單元論的思想，完全否定多元主義的價值觀，基本上反對自由主義，而特別敵視自由主義民主這種體制。但無論如何，若與其他的「反自由主義」意識形態（例如，法西斯與共產主義）相比，它基本上還是改革的而非革命的。

　　但我們仍須注意，民粹主義中也有不同派別，特別是左翼與右翼之分。左翼民粹主義是用「階級」區分人，而且特別注重社經議題，例如貧窮、不平等與缺乏安全感等。因此，這類的民粹主義與某種社會主義有重疊性；反之，右翼民粹主義則用更狹窄且具族裔的眼光來區分人。他們重視社會文化議題，例如移民、犯罪與貪腐等，因此經常會與社會保守主義重疊。

起源及歷史發展

有人認爲民粹主義的緣起可追溯到法國大革命後期，那時羅伯斯比與雅各賓黨人企圖將盧梭的激進民主想法付諸實行（民粹主義與民主間的爭議性關係本章稍後會討論）。但更常見的說法是，民粹主義是19世紀後半葉，廣大農民受到逐漸工業化的影響而利益受損，爲了自保所發展出的一種運動，這種農民民粹主義在美國與俄羅斯特別明顯。在後者，它跟1870年代初期的「那羅尼基」（*narodniki*）——意指「走向人民」——運動有關。「那羅尼基」是指一批出身良好、受過好教育的都會青年，他們相信俄羅斯的政治與社會改革必須依靠廣大農民的覺醒，於是就下鄉去實踐這種政治信念。當然農民一定會覺得困惑，甚至把他們交給警察，於是這運動只好逐漸轉向地下，而且有一些還變爲恐怖主義。

在美國，民粹主義是1892年由人民黨創建所帶動的。這政黨倡議左派的議題，所以其支持者多是西部與南方的農民或農業勞工，他們對於由工業化的東部之政客所掌控的經濟與社會政策不滿。然而，1892年人民黨的聲勢達到高峰時——那時他們的總統候選人韋弗（James B. Weaver）在1982年的總統選舉中得到超過百萬票——卻開始路線分裂，爭議點是關於與民主黨合作的程度應如何。到了世紀末時，人民黨獨自爭取政治支持的氣數已盡，被吸納入了民主黨中。

到了1930與1940年代，另一波民粹主義興起，這是因爲大蕭條期間的困苦生活所致，在拉丁美洲，情況尤其明顯。雖然那裡的民粹主義有各種不同表徵，但是有兩個主軸：第一是關於經社問題（多半希望加強國家在經濟上扮演的角色）；第二是對強人政治的憧憬，而阿根廷的裴隆（Juan Peron）被廣泛視爲典範。經過一段時期的軍事**獨裁統治**後，拉丁美洲從1980年代起經歷了民粹主義的抬頭。但是此回的民粹主義有兩個鮮明對比的特徵：第一是採行由國際貨幣基金會所鼓勵的市場經濟政策，例如阿根廷的梅南（Carlos Menem）、巴西的梅約（Fernando de Mello）與秘魯的藤

獨裁統治
（dictatorship）

單一個人或群體以凌駕法律或憲法的方式，進行統治的政治形態。

森（Alberto Fujimori）；第二是傾向左派者紛紛當權的「淡紅潮」（pink tide）。這些領袖自認代表窮人與弱勢者，誓言扭轉新自由主義的政策，例如委內瑞拉的查維茲（見本書第250頁）與馬杜洛，波利維亞的莫拉萊斯及厄瓜多爾的科雷亞。

　　民粹主義從21世紀初開始又明顯地湧現，以至於有人稱現在為「民粹主義的時代」。歐洲與北美是最明顯的地區（雖然從澳洲到巴西到泰國到印度都有），而它基本上乃肇因於2007-2009年的全球金融危機引發的大蕭條。這算是一種「對反政治」（anti-politics），有很多且不同性質的案例。包括右翼民族主義政黨興起（如法國的民族聯盟、瑞典民主黨、德國「更佳選項」與奧地利自由黨等）；新形態政治團體或運動的產生（如希臘的「極左聯盟」Syriza、西班牙的「我們能」，以及義大利的「五星運動」）；強人領袖的出現（如匈牙利的奧班、土耳其的艾爾段，以及巴西的波索納洛）。此時，世界上的政治無疑已經走到了一個充滿動盪的新階段，在2016年時美國共和黨的川普擊敗希拉蕊成為總統，英國也透過公投脫離世界最大的貿易集團，也就是歐盟。在這兩個案例中，反**主流政治**的民粹運動顯然是其背後原因，而這樣的狀況在當時確實出乎專家的意料。

> **主流政治**
> **（mainstream poltics）**
> 傳統的政治活動、過程與組織方式，也就是一般從事政治的主要模式。

重要人物

裴隆（Juan Domingo Perón, 1895-1974）

　　阿根廷的軍人與政治人物，他在1943年領導軍事政變取得了政治權力。1946年當選總統，1951年連任。裴隆靠著民族主義與擴大政府支出而獲得首都勞工與中產階級的熱烈支持，當然他妻子艾薇塔‧裴隆（1919-1952）的精彩演講能力也大有助益。裴隆組織了「公義黨」（裴隆黨），這是政策橫跨不同政治光譜、從極左到極右的政黨。但是1955年的一個軍事政變將他放逐出國，然而1973年時他又回國當選總統，可惜於翌年去世。

主要概念

對反政治（Anti-politics）

　　所謂「對反政治」就是鄙視傳統的政治人物或是拒絕傳統進入政治過程模式，尤其是主流政黨或是代議機制。其中一個徵候就是公民遠離政治，而固守在其私人生活中。最明顯的現象就是低投票率與政黨人數或是政治活動銳減。然而，對反政治也可能引發新的政治形態，例如對於既存政治結構的不滿並尋求「真正的」表達方式。這包括了對反政治式政黨（或邊緣式政黨）與民粹領袖的出現，這些黨或是領袖都呈現出政治「局外人」的形象，即使掌權後亦然。

核心概念

　　對於民粹運動的本質為何，一直有不同的看法。因為它不僅在各地的形態不同（因此有人懷疑拉丁美洲的民粹主義與歐洲的是否相同？），而且也有人認為，它乃是一種政治運動或政治異常下的徵候或是政治上的風格，又或僅是一種政治策略而已。例如，作為政治策略，民粹主義一直跟篤信「**對反政治的政黨**」連結在一起，這些政黨充滿戰鬥、甚至造反性格，且拒絕傳統政治下常有的「妥協」與「避開極端」之信念。因此，近年來已經有人將民粹主義的特殊理念視為是意識形態的一種（Mudde and Kaltwasser, 2015 and 2017）。由此看來，我們可由摩尼教那種兩極化的視野來定義民粹主義：這世界是「善」與「惡」的對抗、「我們」與「你們」的對抗、「人民」與「**菁英**」的對抗等。無論如何，民粹主義是一種內容狹窄的價值體系，只有一些簡單的核心理念。這樣一來，它就有足夠空間去吸收其他意識形態的價值，例如說保守主義、民族主義與社會主義等，這些可稱作是「宿主」意識形態（host ideologies）。這不但意味了沒有所謂的「純」民粹主

> **對反政治的政黨**
> （anti-party party）
>
> 其目的是為了顛覆傳統政黨政治模式的政黨，它反對議會中的折衷妥協，而訴諸動員群眾的策略。

> **菁英**（Elite）
>
> 擁有權力、財富或聲望的少數人。

義，這也表示民粹主義可以有各種不同的形態或是政治光譜上的定位。然而，與所有意識形態一樣，民粹主義還是有一些共同理念，主要包括：

- ◆ 人民（the people）
- ◆ 菁英（the elite）
- ◆ 民粹民主（populist democracy）

人民

民粹主義的主要理據是：人民是政治權力的最終來源。既如此，所以他們堅信人民在政治上具有基本重要性。但誰是「人民」呢？這個詞幾乎是政治研究上最模糊與最有爭議性的了。「人們」（People），乃是指包括一切的人在內的群體；但是「人民」（the people）則否，它是較狹窄與具特定指稱的概念。「人們」當中有些是我們現在想要指稱的「人民」，有些則不是。無論如何，有三種方式可以劃定出我們所稱的「人民」是什麼（Canovan, 2005）：

- ◆ 第一，人民是「公民」（citizen），也就是一個政治體中被賦予權利義務者。美國憲法前言中所指的就是這個涵義的人：「我們身為美國的公民……。」由於自由主義民主追求公民權的普及，所以這個「人民」包含極廣，只排除掉外國人與非法移民。
- ◆ 第二，「人民」是指一般人，或大眾，也就是特別包含了地位低、被剝削或邊緣化的人，以有別於那些有財富、有權力與社會位階高的人。
- ◆ 第三，「人民」等同於「民族」。在這層意義上，我們是在用文化或是族裔的角度來定義「人民」，用以區別不具民族認同感的外來者，不管他們是否與我們在同一國家內。

基於人民與菁英在概念上的衝突，如果當民粹主義者拒絕承認具有公民身分的人就必然是「人民」時，他們就會使用後面兩個「人民」的涵義。他們通常都相信這個假設，就是「人民」是「平常」、「單純」，或

「普通的」，在某種意義上說「人民」即屬於弱勢，這樣的觀念自然導致大家會以擁有權力與否來區分「人民」與「菁英」。可是，如果「人民」是指沒有權力與弱勢者，則恐怕應該要包含那些民粹主義者很想要排除在「人民」外的人——移民或是宗教少數群體。更且，若是用社經因素來區分「人民」與「菁英」，則這樣無異於採行「階級」來分析社會，這樣就會接近左派的民粹主義了，但是大多數民粹主義者是希望用「後階級社會」這概念的。同理，如果用「民族」來定義「人民」，則這種「**民族民粹主義**」（有時稱為「文化」或是「恐外」民粹）恐怕又不是其他民粹主義者所樂見。

> **民族民粹主義**
> （National polulism）
>
> 是民粹主義的一支，著重文化與民族的利益，明白地反對國際主義。

各家看人民

自由主義者：採用分散的、原子化的觀點看待人民，因為他們相信個人的重要性凌駕任何社會團體之上。人民因此是一群自主與獨特的個人的組合，其中的「人」擁有平等的法律與政治權利。
保守主義者：傳統上從階層的觀點來看待人民，所以對他們來說，人民就是社會底層的人，且受惠於上層階級的人之領導與支持。如此的觀點，在民主化前的保守主義者身上最常見到。
社會主義者：以社會階級來定義人民，亦即有著類似經社地位的一群人。人民指的就是勞動階級，手工或藍領的勞動者；或是從馬克思主義的觀點言，人民就是靠出賣勞動力來維生的普羅階級。
民族主義者：相信人民等同於整個民族。人民即是由相同價值、傳統、語言宗教與歷史所組成的群體，且通常住同一區域。
法西斯主義者：視人民為有機的整體，由激烈的民族認同所打造成的群體。納粹把民族社群當成是日耳曼民族團結的媒介，這個族群就是他們所謂的「優秀種族」。
民粹主義者：用社會主義或是理性主義的觀點來區分「真正的人民」與一般大眾，前者的願望與本能乃是政治最有正當性的指引。

民粹主義者定義「人民」的方式有兩點很特別。首先，就是他們認為「人民」不是所有人，而只有指那些「純粹」、「真實」的人民，所以只有某些人民才是真正的「人民」（Muller, 2017）。要成為政治社群的一個成員，首先一定要合於「**真實性**」這個標準。「真實性」來自於此群體的自我道德認同，因此使得「民粹主義」具有一種特殊的道德性格。所謂「真實的」人民就是有正義感、純粹與團結一致的人民，他們是純潔與可信賴的內部**同質性**很高的團體。第二，雖然人民整體被認為是政治智慧的唯一可靠來源，但嚴格說來這智慧不是人民政治參與的後果，它反而是經過民粹運動後被啟發的。從此點看，民粹意識形態是受到盧梭「全意志」（general will）概念的影響。這乃是因為民粹主義者認為人民的意志乃是整個群體不可分割的集體意志，它恰好與每一個活生生的人展現的單獨個人意志不同。人民的意志是建構而來而非具體可供觀察到的經驗事實。因此，民粹主義者經常視選舉與投票為不能準確地代表人民意志。例如，在2016年美國總統選舉時，川普一直宣稱如果選輸，他不一定接受選舉結果，因為這結果沒有正當性。

> **真實性（Authenticity）**
> 真正的或是純正的。

> **同質性（Homogeneity）**
> 全體中的每個部分都一樣或類似，所以有高度一致性。

菁英

民粹主義極力批評菁英與**權力結構**。因此，民粹主義與任何形態的菁英主義都極度不合。他們認為菁英同質性高，彼此聯合成一股力量，也分享某些共同特質。而人民是公義與純潔的，菁英卻是完全腐敗與道德卑劣的，因此乃是「人民的敵人」。菁英內心腐敗的根源在於他們一直想要支配、剝削與操縱人民。但民粹主義者總是急於譴責菁英的腐敗，卻沒有指出何故如此。民粹主義者此時與自由主義者都認為權

> **權力結構（Establishemnt）**
> 因為他們在社會中占有權力，所以成為主導社會的一群人。

力帶來腐化，他們卻無法承認菁英是因爲掌權而腐化，因爲這與他們強調需要強有力的領導者正好矛盾。同理，他們也不能接受自由主義者一貫的信念，認爲腐化來自於人類本有的自私，那這樣又會讓人質疑人民在道德上是否必然純淨？

　　雖然民粹主義者是菁英爲一個整體性力量，但菁英主義中有三個元素可被分別檢討，這些是政治的、經濟的與文化的菁英。其中，最爲人知的政治菁英指主流政黨政治中的要角與高級官員（總統、首相、部長、高級文官與法官等）。這類人的作用是用政治權力來替菁英階級謀取利益，而且在此過程中讓人民遠離政府實施管控的權力工具。由大企業與銀行所構成的經濟菁英，他們會支持政治菁英且與其合作。如此一來，政治與財富就合爲一體。至於文化菁英，例如勢力龐大的媒體像是英國BBC、美國紐約時報、法國世界報與義大利共和報，就常被民粹主義者指控爲菁英階層宣傳其理念。無論如何，民粹派從來不認爲媒體本身的傾向、財富或是社會位階會塑造人民的看法。所以，民粹派的主張內部有很多矛盾處。例如，匈牙利的奧班在位掌權很久，但是卻以民粹姿態面世；2016年時，川普奢華的生活與企業帝國絲毫不影響他吸收工業州那些勞動階級的選票而當選總統；美國的大媒體集團福斯新聞與一些小報，以及地方電臺主持人一般，毫不掩飾地表達他們反對檯面上權力人物的立場。

主要概念

菁英主義（Elitism）

　　廣義來說，菁英主義就是應由少數菁英來統治的信念。然而，至少有三種不同類型的菁英主義。古典的菁英主義者，像是巴瑞圖（Vilfredo Pareto, 1884-1923）、莫斯卡（Gaetano Mosca, 1857-1941）與密契爾（Robert Michels, 1876-1936）等都批評平等主義，因爲他們認爲社會本就應該是由菁英來管理的。規範性的菁英主義者強調菁英在個人能力、德行與智能上都較大眾優異，因此菁英實爲社會中的最高位階、最好與最傑出的人。當代的菁英主義者提出了科學的社會理論來分析菁英統治說，而這種分析方式的前提，通常是基於菁英統治可以且應該被推翻。

民粹派還認為，菁英尚有一個特色，就是會不透明的或是祕密地要弄權力。這表示菁英習於操弄他人的認知，隱藏其真正意圖。民粹派指控菁英經常造假，例如散布假消息（也就是惡意的說謊），言行上呈現偽君子、操弄法庭與操弄議會等。民粹派要把人民與菁英對比為真誠與虛假，於是就全面地譴責菁英們所持的理念，有時候是透過散布各種類似種**陰謀論**的說法來達成此目的。這些陰謀論的例子，包括宣稱新冠疫情病毒是由電信5G網路所產生的，或是2020美國總統大選中川普的勝利被計票系統「偷」走了。

> **陰謀論**
> （Conspiracy theory）
> 一種聚焦於現實事件中存在某種陰謀或祕密計畫的說法。

民粹民主

要抓住民粹主義的本質一定要先了解它與民主的關係，但這恐怕是一個既複雜又很具爭議的議題。一方面，大家一向把民粹主義看成是一支民主的力量，它與民主一樣都立足於「**人民主權**」與多數決之上；也有些人認為，民粹主義可以矯正民主的缺失，它可以讓在現實民主運作中被邊緣化或忽視的群體發出聲音。因此民粹派都宣稱，既存的民主體制未能實現民主的理想。但另一方面，民粹主義也經常被看成是對民主的威脅，甚至是民主政治中的病態現象。在此觀點下，民粹派被認為是精於**煽動術**鼓動百姓的假民主人士，更且他們主張的民粹式民主，乃是與任何形式的代議民主都不一致的作法。

> **人民主權**
> （Popular sovereignty）
> 主張人民的集體意志乃是國家最高的權力的一種觀念。

> **煽動術**
> （Demagoguery）
> 意指政治領袖因為人民的無知或是偏見而靠著煽動性言詞，來操控大眾與統治國家。

我們真的很難否認民粹主義與現行主流的、自由主義式的與代議制的民主模式都有嚴重的摩擦。民粹主義認為，人民的本能直覺與期望才是政策正當性唯一的來源。這樣一來，任何違反大眾意願的想法都不應被接受。它的立場是自由主義式民主其實只是場騙局，因此在這一點上它與當

代的菁英主義對民主的批評竟然一致。在《權力菁英》（*The Power Elite*, 1956）這本書中，彌爾斯（C. Wright Mills）形容美國政府決策乃是由「三巨頭」所把持，他們分別是大企業（尤其是與國防相關行業）、軍方與圍繞在總統身邊的政治派系。然而，讓民粹主義敵視自由主義民主的原因是令人側目的：它竟然認為「憲政主義」（constitutionalism）是「真正的」全民政治的敵人。民粹派對自由主義民主制中的若干「自由的」面向會給予「有限的」支持，例如有限政府、對個人與少數權利的保護、三權分立、司法獨立、法治與新聞自由等。但這些並不意味這個制度在「民主的」面向上是及格的，例如最重要的「人民主權」這一點之實踐。2021年1月川普的支持者進占國會大樓，希望國會不要正式宣布總統選舉結果，以便使川普連任，這樣的事件就是民粹派希望以「人民主權」來壓制法治的最戲劇性例證。

主要概念

公投式民主（Plebisciatry Democracy）

公投式民主乃是直接訴諸於人民的公投或複決的一種政治形態，因此人民可以直接對政治議題表達態度。贊成此制度的人認為，它的優點是可以避免代議民主的諸多缺失（包括代議士照顧自己的利益而非大眾利益），同時也避免了人民直接大規模參政的不切實際。但是這種制度也廣受批評，因為它提供了野心政治領袖操弄大眾的空間。事實上，公投式民主有時好像只是為獨裁者擦脂抹粉而已。

這樣看來，如果說民粹主義與反自由主義的民主有關聯，應不為過。自從2014年開始，匈牙利的奧班就企圖在該國打造一個「反自由主義式的國家」（illiberal state），而且當這樣的想法散布到波蘭與其他地方之後，他竟然在2018年宣稱「自由主義民主」的時代已結束。可是，這些「反自由主義式的國家」其模式並不相同。在革命型的反自由主義民主體制中，自由主義民主的價值與政治架構都被取代，變成了法西斯主義或是共產主義。相較之下，民粹主義就是比較溫和與漸進式的反自由主義民主，因為

它只是限縮自由主義民主的若干成分，而不是要完全消滅它。札卡利亞（Fareed Zakaria, 1997）首先對此現象做出了研究，他認為反自由主義式的民主基本上就是透過選舉來決定當權者，但是統治集團卻罔顧憲法對權力的限制與規範，而且不保護公民的基本權利與自由。民粹型統治有以下幾個特色：

◆ 有最起碼的定期選舉，以維持基本的正當性。
◆ 基本上屬於強人統治的模式，威權性國家與弱小的反對黨，制衡機制不彰。
◆ 雖然政府沒有意圖要全面控制人民生活，但是政治與公民權利都被壓縮限制，尤其是新聞自由。
◆ 有多數為主的傾向，因此對於多元主義價值並不包容，而且很可能對於族裔、文化或宗教上的少數群體有敵意。

主要概念

多數決政治（Majoritarianism）

　　如果不含價值判斷，這個詞表示在決策過程中採多數（暫不論絕對或相對多數）意見來作為結論。如果作為含價值判斷的規範性名詞，則指多數意見應該凌駕少數意見，而少數應服從多數。如此一來，多數就代表了「人民」。多數決政治一直被批評為容許多數侵犯少數的權益，而且忽略了在複雜的現代社會中，可能沒有單一的多數、主流群體，而所謂社會只是一群群少數群體的集合而已。

　　最後，拉克勞（Ernesto Laclau, 2005）與慕芙（Chantal Mouffe, 2018）提出了一個關於民粹主義與民主間關係的另類看法。這看法認為，民粹主義先天上就有贊同民主的傾向。他們使用了「**激進民主**」的概念來矯正自由主義民主的缺失，因為民粹派的出現可以讓民主政治中的「民主化」更澈底。實現激進民主的過程中可以重新讓衝突重新回到政治中，因為過去被

激進民主（Radical democracy）

著重於權力分散與鼓勵參與的民主政治形態，謀求將政治權力極度地分散。

忽視的群體現在出來挑戰這些當權者。從這層意涵來看，似乎所有的民主化運動都可看成是民粹主義的。

民粹主義的類型

　　至少有兩個原因，致使民粹主義其實並沒有什麼意識形態的核心立場。第一，通常自由主義因為想要兼容並蓄才會有向中間靠攏的傾向，但是民粹派卻不屑這樣的態度，因為自由主義看重每個人權利的立場與民粹主義將社會看成是菁英與民眾對立二分的立場是截然不同的。第二，在意識形態上的中間立場必須靠妥協與維繫左右平衡來達到，這與民粹派凡事非黑即白的道德態度並不契合。因此，若有所謂「中間立場的民粹主義」的這種說法是沒有意義的。有些人甚至覺得難以把民粹主義放入意識形態光譜中，因為它在某些事情上是左，有些又是右。例如，波蘭的法律與正義黨在一些社會問題上採取保守立場，但是在經濟問題上又有社會主義的主張。而法國的黃背心（*gilets jaunes*）運動對於經濟正義的看法跨越了左派與右派，也吸引了原本支持極右與極左的選民。然而，其他的民粹政黨就在意識形態光譜上較為恆定，跟它所分屬的民粹支派定位一致。

◆　右翼民粹主義（right populism）
◆　左翼民粹主義（left populism）

右翼民粹主義

　　右翼民粹主義在意識形態上的樣貌反映了一般性民粹主義 —— 例如反菁英主義、一元論與道德主義 —— 與保守傾向 —— 鬆散的社會關係網絡亟需要凝聚與整合 —— 的融合。這種融合是通過民族主義或是威權主義而達成的。因此，右翼民粹主義有兩種形態：民族民粹主義與**威權民粹主義**。然而，大多數的右翼民粹主義都同時同情這二者

> **威權民粹主義**
> **（Authoritarian populism）**
>
> 融合強烈的反菁英主義、從上到下的政府統治與堅守傳統道德規範的民粹主義形式。

立場，只是程度不同而已。

民族民粹主義

民族民粹主義的核心特色是它用族裔來定義「人民」，也就是說「人民」只包含「本民族」的人。因此，民粹民族主義特別重視本民族的文化與利益，勝過其他一切考量。他們誓言要讓以往在冷漠的菁英統治下被忽視、甚至鄙視的族裔群體獲得發聲機會（Eatwell and Goodwin, 2018）。這種對於人民的看法通常有歷史與地緣上的意涵。塔加（Paul Taggart, 2000）如此解釋：民粹主義通常來自於一個或隱或顯的「**光輝時代**」概念，這個概念是出於對美好過去的假設性想像。人們會從這個概念裡找到讓他們凝聚團結的價值。「光輝時代」因此蘊含了過去的民族榮光，而民族民粹派們也致力於恢復這榮光。

> **光輝時代（Heartland）**
> *存在於過去的一段歷史，祖先們充滿道德與凝聚力的生活於其中。「地帶」乃是心中神聖回憶之比喻。*

民族民粹主義從1990年代後期逐漸昂揚，這是因為社會快速變遷與開放所致，而保守派與自由派間也開始頻仍不斷的文化論戰。以全球來說，這種民粹主義是最為常見的一種，而其力道以歐洲與美國最為強勁。在2016與2017年，18.4%的歐洲人投票給民族民粹主義政黨，較2000年增加了7%。在波蘭，塞爾維亞，斯洛伐克，義大利與奧地利，民族民粹主義政黨都大有斬獲。這種政黨通常會推行兩種政策，第一是反移民，在歐洲是由於2015年達於頂峰的難民危機，而在美國是由於2016年川普當選。反移民政策主要欲禁止或是積極管制人口移入，或是強迫少數族裔移民在文化上**融入**母國，甚至最極端的可能是強制**遣返**。反移民的民粹主義通常有很強的**本土主義**的性格，而且認為族裔的複雜化不利於

> **融入（Assimilation）**
> *移民團體放棄其原本文化認同而去適應並投入移入地的價值與生活方式。*

> **遣返（Repatriation）**
> *將人或是財產強制或非強制地歸還到其原國家的行為或過程。*

> **本土主義（Nativism）**
> *相對於移民而言，採取重視本地居民（主流族群）的需要與利益的政治立場。*

國家整合與穩定。因此，移民與多元文化主義（參見第11章）被描述成爲「人民」的兩大敵人（此觀點立基於保守民族主義，第7章有討論）。

主要概念

文化戰爭（Culture War）

　　文化戰爭是一種兩方高度對立的政治狀態，其中一方護持自由主義進步派價值，另一方則是支持傳統的保守派二者之間的價值觀衝突。爭議的核心問題經常是墮胎、同性婚、性別平等、族裔平等、移民與環境保護等。1990年代從美國開始出現這種的文化戰爭，它乃是由幾個現象共同引燃：右翼人士對1960與1970年代以來自由價值過度擴張的不滿、左翼思想想要振興自身以及對於1980與1990年代的向中靠攏經濟政策的不滿等。而其他的因素尚有：全球化帶來的社會分裂與社交媒體所渲染與擴大的情緒性與過度天眞化的政治觀點。

政治意識形態在現實中的展現

歐洲難民危機

　　事件：二戰以來歐洲最大的難民危機是2015年時，有超過百萬尋求庇護的戰爭難民進入歐洲。這些人絕大部分經由海路，但也有一些是從土耳其或阿爾巴尼亞循陸路進入歐洲，他們是爲了逃離敘利亞、阿富汗與伊拉克戰爭的平民。不論是爲了活命或是更好的經濟生活而冒險離開家園，其中多數人已有先抵達歐洲的親友。逃難旅程非常危險，在2015年，報導說當他們從土耳其坐船到希臘途中，至少有3,770名難民淹死在地中海，800名死於愛琴海。2015年以後，難民數量減少，據歐盟議會的數據資料，2017年獲得政治庇護的人數比前一年減少了25%。

　　影響：看待難民危機的一個方式，就是將其本質上視爲是人道危機。

例如，2015年德國總理梅克爾聲明德國採行開放政策面對敘利亞難民。然而，歐洲的民族民粹派則表達非常不同的立場。他們認爲，如此大規模的移民是挑戰了各國主權的象徵，也就是邊境管理；另一方面，也威脅了社會的凝聚力，因爲大部分移民都是穆斯林。這種立場逐漸受到支持的證明就是極右派反移民的政黨，例如德國的「德國另類選擇黨」（Alternative for Germany），在2017年首度在國會獲得席次，而2010到2014年持續成長的瑞典民主黨，在2018年成爲瑞典第三大黨。

對移民問題最劇烈的回應，大概可從獲得執政權的民族民粹政黨顯現出來。例如，2015年12月匈牙利的執政黨突然在南部與塞爾維亞、克羅埃西亞與羅馬尼亞邊界設置有刀片的鐵絲網，配上熱感應、照相機與擴音喇叭，甚至還通上電流來嚇阻企圖穿越者。當匈牙利鎮暴警察對偷渡移民發射催淚瓦斯與水柱時，鄰國塞爾維亞的總理稱其行爲「野蠻」與「不合歐洲風度」。當2018年義大利的極右派與五星聯盟合組政府時，當時的總理薩維尼決定遣返50萬偷渡過來的難民，並且阻止地中海上的人道救援行動，有時候就讓這些難民在海上長時間漂流。

民族民粹主義主張的第二個政策，就是對抗國際組織與跨國機制，因爲他們對國際主義有深深的不信任感。民粹派的反國際主義心態有兩個來源：一是國家主權觀念，一是國家認同。他們強調，對於國家主權堅定不移地護持，所以必然地對抗那些國際化力量與跨國菁英的影響力，以確保管理國家一切政策的權力在自己民族手中不會外流。因爲他們強調國家認同，所以民粹派希望能增強國家力量，且抵擋國際化潮流的進逼。民粹主義反國際化的現象在歐洲最明顯，對象當然就是歐盟。很多人對於歐盟設立時的目標「建立更緊密的聯盟關係」開始質疑，波蘭、匈牙利、斯洛伐克與捷克這個四國群組（The Visegrad Four），加上其他有相同想法的國家，如奧地利、克羅埃西亞、保加利亞、羅馬尼亞與義大利等，都開始支持較歐盟鬆散的「主權國歐洲」概念。英國在2016年公投決定離開歐盟，在2020年已執行成功正式脫離，這一般被認爲是民族民粹主義的表現。然而，實際上英國脫歐應看成是非民粹與民粹力量的結合。前者乃是由保守黨官方正式所提出的「票投脫歐」運動所代表（但後來當上黨魁的強森首相本人則是民粹派），主要因爲經濟理由而反對留在歐盟；後者則由非官

方的「離開吧，英國」運動爲代表，主導人是獨立黨與其領導人法拉奇，動機則是反移民。

威權民粹主義

裴隆在阿根廷的獨裁統治，通常被認爲是威權民粹主義的代表，它的特色就是強調服從、秩序與國家團結。而當代右翼的民粹派卻推行不需要獨裁的威權民粹主義。這樣看起來，一種特別的領導風格形態決定了民粹主義與威權之間的關聯。這種領導方式來自於民粹派們雖然以民爲重，但卻不相信人民能夠表達自己的願望。於是單獨一人的領導模式出現，他幫人民發聲，也會讓人民知道他們眞正利益所在。嚴格說來，民粹的領導人不把他們自己看成是「代表」人民，因爲這樣就表示他只是代理人，爲「人民」出來發言，人民與他是分開的兩個部分，人民地位更高。他們反而強調與人民是一體的，有時甚至把他們自己視爲是人民不可分割的一個部分。這樣一來，領袖的功能就是「創造」或「體現」人民。這樣一來，實際的後果就是領袖的權力無限擴大，不需要在意體制或是注意調整與人民之間的差距，例如尊重國會或是地方議會的聲音。

這種形態的極致，就演變成「強人政治」的現象，例如匈牙利的奧班、土耳其的艾爾段與菲律賓的杜特蒂〔強人的英文是strongman，但是這種民粹領袖也有女性，例如阿根廷的裴隆夫人、法國的勒朋（見本書第248頁）、美國的裴林與澳洲的韓森〕。強人領導者在民主與威權的「灰色地帶」間遊走，他們表現強悍的原因，一方面是吸引選民，另一方面則是壓制反對聲音。強人政治最鮮明的意象就是，其領袖有一種塑造內部或外部「敵人」的傾向，以便引發人民的害怕或是仇恨感。他們的「敵人」可能是移民、有錢的菁英、自由派或是西方霸權，這些手段在在使得領袖得以將自己裝扮成敢用堅定與強烈手段來捍衛國家者。很多人相信強人政治的起源是個人野心而最後會趨向於暴政與踐踏傳統政治規範，有些人則認爲它只不過是滿足了大衆要求強力領導風格的願望，與回應了人民對於政治上顧預妥協風氣的不滿。

重要人物

奧班（Viktor Orban, 1963-）

匈牙利政治領袖，他從2010年開始擔任總理，在此之前也在1998到2002年間擔任過總理。1988年創立了匈牙利保守黨（Fidesz），並且從1993年開始一直擔任黨魁，除了2000到2003年間例外。在2014年的一個爭議性演說中，奧班譴責立基於自由價值與問責的「西方」政治體系，而讚揚「東方」的制度——有強大的國家機器、弱勢反對黨以及很有限的制衡機制。他所創發的「全國合作體制」遭致了批評——尤其是被歐盟，因爲它無法保護人民權利與民主制度的精神，但是卻傳布到歐洲其他地方，特別是他用「捍衛基督教」爲理由推出的關於移民問題的鮮明立場，甚有影響力（宗教與意識形態的關聯，請見第12章）。

極右派

右翼的民粹主義透過與威權主義相關聯，而成爲**極右派**（有時也稱爲激進右翼）的一個分支，在政治光譜上居於主流右派（保守主義）與極端右派（法西斯）之間的立場。然而，極右派間也有內部分歧問題，它的各派別並非一定是民粹的。極右政黨例如奧地利與荷蘭的「自由黨」，「義大利聯盟」與「德國另類選擇黨」都基於對於一般大眾的支持而有明顯的民粹風格。但是瑞典的民主黨與法國勒朋的民族陣線卻由於擺脫**極端主義**與戮力於爭取選票而使他們的極右路線更爲壯大。美國的極右是由一些「另類右派」（alternative right）團體所組成，他們自從川普當選與跟尋求種族正義團體公開衝突後，就聲勢壯大。然而這些「另

> **極右派（Far right）**
> 一種右翼的意識形態立場，由族裔民族主義、自由放任資本主義與極端保守或反動的道德觀所構成。

> **極端主義（Extremism）**
> 跨越了一般主流政治認爲合理或可接受範圍的政治立場。

<table>
<tr><td>

白人民族主義
（White nationalism）

謀求建立全白人國家的一種民族主義，有時被視為白人至上主義。

</td></tr>
</table>

類右派」團體，例如「驕傲男孩」（Proud Boys），他們拒斥保守派立場，且宣揚「**白人民族主義**」而執迷於種族主義的目標，使得他們應該被歸類為「新法西斯」或是「新納粹」而不是民粹派。

重要人物

勒朋（Marine Le Pen, 1968-）

　　法國律師及政治人物，從2011年起一直擔任民族陣線（2018年改名民族聯盟）領導人，只有在2017年短暫中斷過。為了擺脫該黨一直以來的種族主義與反猶太形象的污名，她在2015年時將其父親尚—馬里・勒朋（Jean-Marie Le Pen）驅逐出這個黨，該黨乃是由她父親在1972年創立且一直擔任領導人，直到2011年。這個反污名的過程也包括將黨綱現代化，例如接受墮胎、同性婚以及廢除死刑。2017年時，勒朋甚至進到總統大選第二回合，最後敗給馬克宏。

左翼民粹主義

　　雖然，當代大多數的民粹主義都是右翼的（尤其是贏得政權的黨派），但是在民粹主義中還是有歷史久遠的左翼民粹傳統。以拉丁美洲來說，左翼民粹比右翼民粹來得流行。但這兩者之間到底有何差別？第一，左翼民粹在定義「人民」時，不是以族裔而是以階級，因此左翼民粹重視貧窮、不平等、就業等社會經濟問題而非文化問題。所以，所謂「人民」不是指大眾，而是指「勞動階級」——工匠、工廠／農場勞工與農民等——因為他們致力於生產性勞動，使得他們具有道德純潔性與成為正義的源頭。因此，左翼民粹對於人民的看法比右翼來得有包容性。

民粹主義內部的緊張關係

右翼民粹主義	v.	左翼民粹主義
排他性	⟷	包容性
以種族主義來定義人民	⟷	以階級來定義人民
聚焦文化	⟷	聚焦經濟
擔心移民的威脅	⟷	擔心新自由主義的威脅
仇外	⟷	平等主義
「自由主義」的菁英	⟷	「社群性」的菁英
新保守主義	⟷	新社會主義

　　第二，民族主義對右翼民粹來說極為重要，但對左翼而言他們卻希望連結鄰國的勞動階級一起對抗資本家，因此不一定會被國界觀念所綁住。然而他們要對抗的「腐敗的」菁英，其核心乃是一個國際化的資本體系——由跨國公司、IMF與WTO等區域貿易組織所代表，所以左翼民粹的「國際主義」有時也會有所限制，例如呼籲保護國內經濟與抵抗外國影響力。第三，右翼民粹與保守主義，左翼民粹與社會主義間的聯繫，代表了民粹主義內部明顯的矛盾。右翼與傳統、權威與秩序掛勾，左翼則注重平等、社會正義與進步。

　　1980與1990年代新自由主義興起，它對財富階級的減稅與削減社會福利的作法使得所得差距擴大與惡化，這就促成了最近一波的左派民粹主義的出現。這一波首先在拉丁美洲湧現，這裡本來就有市場經濟與普遍的社會福利措施。委瑞內拉的查維茲在1998年當政後，後續又有一連串的左翼民粹領袖當選，例如尼加拉瓜、波利維亞與厄瓜多爾等國。雖然在這些國家領導人推動的社會主義不盡相同，但是增加政府支出、擴大國有化與對貧窮者有利的所得重分配政策都是共同點。

重要人物

查維茲（Hugo Chavez, 1954-2013）

委内瑞拉的軍人與政治人物，查維茲在1999年當選總統且持續在位，直到2013去世，其間只有2002年一次軍事政變短暫中止總統權力。他在位時迅速擴張行政權，1999年他一手主導重新制憲，新憲法給了他極大的權力。他自稱其改革是「玻利瓦式革命」（玻利瓦是南美洲獨立運動英雄），進行了經濟與社會改革，包括主要產業國有化與讓人民可以享受糧食、住宅、醫療與教育的機會，這些都是在所謂「查維茲主義」之下所進行的改革。他也推行「反帝國主義」的外交政策，主要在於減少美國所支持的新自由主義的影響與促進拉丁美洲與加勒比海國家間的合作。

歐洲與美國的左翼民粹興起的原因，乃是自1990年代後許多西方的自由派的左翼與社會主義政黨紛紛向新自由主義理念靠攏，以致於他們接受了市場經濟與全球化。很多時候，社會中弱勢群體選民甚至覺得他們被傳統上代表他們的政黨拋棄了。然而左翼政黨的這種轉向只有在「大蕭條」下才明顯看出。這是在2007到2009年的全球經融危機時發生的現象，特別是在西方國家中，當政府採行**緊縮**政策時，這使得大眾的生活水準下降或停滯不前。因此，民粹的社會主義運動在世界很多地方興起，倡議極左意識形態的政策，其中的核心元素就是抵制「緊縮」

緊縮（Austerity）

縮減開支；它是一種爲了降低赤字而採行的減少公共支出經濟政策，以便讓市場來運作。

政策。其中的例子就是西班牙的「憤怒者」運動與美國的「占領華爾街運動」。就左翼民粹政黨來說，希臘的激進左翼聯盟是最有影響力的，從2015年起成爲希臘國會最大黨。它誓言粉碎財經寡頭，也抗拒歐盟中央銀行及國際貨幣基金會要求希臘政府縮減公共開支的壓力。

民粹主義的未來

　　從歷史看來，民粹主義的特色是它包含有各種不同的形態，而且以後可能還是如此。簡單來說，民粹主義時起時落，它在意識形態的光譜上可能不像自由主義、社會主義、保守主義與民族主義那樣可以持續存在的類型，而是來去不定。歷史上，民粹主義一直無法持久存在一段長期時間。何故？其中一個理由是，不管以什麼形態或是面貌出現，民粹主義必須在兩個策略中選擇其一，然而兩者都有很嚴重弊病。民粹政黨或運動可以選擇標舉一種激進道德目標來鞏固支持者，但這樣一來，它就必須維持激進主義而且一直是政治「局外人」；但他們也可以選擇超越這種激進意象而爭取更多的選票，如此一來，他們必然倒向「實用主義」而且在意「名聲與形象」。第一個策略的缺失是，民粹主義有變成僅是抗議工具的風險，因此支持度會有侷限而且永遠淪落政治邊緣。第二個策略的缺失是，會引發原本用激進道德目標喚起的「人民」的失望，甚至認爲被背叛了，因此它如果爲了要打進主流政治中而改變原本形態，有可能得不償失。

　　民粹主義雖然一直是斷斷續續出現，但是每一波都不同。每一次的出現都肇因於特殊的歷史環境。對當代的民粹主義來說，造成其出現的這些環境因素是什麼，大家一直爭論不休。有一種觀點認爲，當代的民粹主義純粹是文化上對於自由主義價值的反撲，也就是說大規模的社會與文化變遷，使得原本的社會主要群體其社會地位受到打擊（Norris and Inglehart, 2019）。從1960年代開始，展開了所謂的「寧靜革命」，家庭結構改變、女性地位提升、後物質主義的價值出現、對少數族裔的尊重與多元文化的權利等現象，都對某些群體帶來衝擊。這些群體被快速變遷的世界「甩在後面」（left-behind），例如支持川普與脫歐的人，都是中年以上沒有進大學的白人男性，他們原本在社會中有相當的存在感，但是現在彷彿「跟不上時代」了。於是，特別容易受到民粹主義的吸引，尤其是民族民粹主義的氣味。如果從這觀點來看，則「民粹的時代」應該就不會長，因爲它牴觸長期的社會變化趨勢，例如高等教育普及與世代差異的必然性。

　　另一種觀點則認爲，當代民粹主義不但不會消退，而且可能會更興

旺。因爲民粹主義不但是政治—文化現象，同時也有伴隨著全球化而來深厚的經濟上之根源，在已開發國家特別如此。雖然西方國家一直是全球經濟的推動力量，而且也是開放性市場的最主要區域，但弔詭的是：經過一段時間後，西方反而可能成爲「受害者」。近數十年來西歐與美國的經濟成長率一直衰退就是例證，而這也影響到這些國家人民的生活水準。30年來，美國中產階級的「實質」生活水準幾乎沒有增加。更且，從1980年代以來，多數西方國家都出現了所得差距擴大的現象，以致於社會劣勢者一方面對菁英不滿，另一方面也認爲民主政治並沒有保護他們的利益。然而這種狀況幾乎難以改變，因爲這是全球化內在邏輯的結果（例如製造業持續從已開發國家轉到開發中國家），而且即使是最強大的國家現在也難以從全球化的環境中「脫身」了。

問題討論

- 歷史上的民粹主義在何種程度上有共同根源？
- 爲什麼民粹主義可稱爲是意識形態？
- 爲什麼民粹主義中「人民」這個概念是被建構起來的？
- 民粹派認爲菁英如何操控著人民？
- 「非自由主義的民主」是一個矛盾的詞嗎？
- 爲什麼民粹派不喜歡中庸的政治立場？
- 所有的民粹派都是民族主義者嗎？還是只有某些才是？
- 民粹主義與哪種民族主義相契合？
- 民粹主義與威權主義的聯繫基礎在哪裡？
- 民粹主義與極右派的關係何在？
- 左翼與右翼民粹主義有何不同？
- 用經濟或文化因素來解釋當代民粹主義較好？
- 民粹主義如何威脅到自由主義？

進階閱讀

Eatwell, R. and Goodwin, M. *National Populism: The Revolt Against Liberal Democracy* (2018). 對於西方民族民粹主義的興起與影響，做了清晰易懂與有洞見的解釋。

Kaltwasser, C., Taggart, P., Espejo, O. and Ostiguy, P.(eds) *The Oxford Handbook of Populism* (2017). 蒐集了有關民粹主義各方面的最新研究成果文獻。

Moffit, B. *Populism* (2020). 對區分民粹主義類型的各種辯論做了很好的理論介紹，也對它與其他主要意識形態的關係做了討論。

Norris, P. and Inglehart, R. *Cultural Backlash and the Rise of Populism: Trump, Brexit and Authoritarian Populism* (2019). 提出了對自由派與保守派在文化觀點上，爲何兩極化的一般性解釋理論。

Team Populism https://populism.byu.edu. 關於民粹政治的學術網頁，蒐集了很豐富的資料，如出版品、研究著作、資料庫與網站等。

第九章　女性主義

本章簡介

　　「女性主義」（feminism）這個詞開始具有政治涵義是20世紀的事。而它變成我們日常生活中經常可見的字眼，大抵是從1960年代才開始的（feminist這個字在19世紀就有，但是那時是醫學名詞，意指像女人的男人或是像男人的女人）。在當代，這個字只有女權運動的涵義，或與提升女性社會地位有關。

　　女性主義意識形態立基於兩種信念之上：一、女性被歧視；二、這種不公平可以也應該被改變和取消。在此觀念下，女性主義者一貫強調兩性間存有的是一種政治關係：男人具優越地位，且在大多數社會中的女性是臣屬於男人的。女性主義者將「性別區分」（gender）看成是具有「政治的」涵義，因此他們出面挑戰「炒作偏見」（mobilization of bias）這個現象。這個概念是政治思想中經常使用的，現在正由不願意正視兩性平權議題的男性政治思想家所使用，企圖藉此消除女性的抗議聲音，而將女性的角色排除於政治場域外。

　　然而，女性主義內部也有不同觀點及政治立場。例如，女權運動的目標很多元，從爭取選舉權、增加女性政治菁英人數到墮胎合法化，以及終止女性結紮等都有。同時，女性主義者也分激進的與改革的不同政治路線，正如同女性主義理論在引用一般常見之政治理論時，有些採取自由主義，有些則依賴社會主義，而更有所謂的激進女性主義，根本不引用任何傳統的政治理念。其實，女性主義早就不受限於這些「主要」思想傳統的引領了。當代女性主義思想積極地融入了差異政治的氣味，以及最新的對於生理性別（sexuality）與社會性別（gender）的看法，例如「多元交織性」（intersectionality）、跨性別理論（trans theory）與酷兒理論（queer theory）。

起源及歷史發展

　　雖然「女性主義」這個名詞歷史不長，但是其理念與主張，卻可在不同文化中見到，且可上溯自希臘、中國等遠古文明。皮珊（Christine de Pisan）的書《女人城邦》（*Book of the City of Ladies*）於1405年在義大利出版，可以說是當代女性主義理念的先驅。它記載了過去著名婦女的行誼，並倡議婦女受教育和從事政治的權利等。但直到19世紀時，才開始出現有組織的女權運動（婦運）。一般都認為，當代女性主義的第一個文獻，是沃爾史東克芙特（Mary Wollstonecraft）所著的《為女權辯護》（*A Vindication of the Rights of Women*, [1792] 1967），這是在法國大革命時所寫下的。到了19世紀中葉時，女權運動已有了核心焦點：爭取婦女選舉權。他們將此看成是先前男人爭取普遍選舉權運動之合情合理的延伸。這段時期，一般稱之為**第一波婦運**或**自由主義的女性主義**，焦點是爭取與男人一樣的政治及法律權利。婦女選舉權作為主要目標的理由是，大家認為只要能投票，就可以迅速消除各種形式的性別歧視。

> **第一波婦運**
> （First-wave feminism）
>
> 19世紀中葉開始出現的婦運早期形態，主要訴求在爭取政治及法律上兩性的平權，尤其是選舉權。

> **自由主義的女性主義**
> （Liberal feminism）
>
> 認為人的價值不應受性別差異影響，所以提倡男女在公領域上的平權。

　　女權運動在民主國家中較為發達，因為女人要求她們也能享有丈夫及兒子所擁有的權利時，社會較不容易拒絕。在美國，有一支婦運在1840年代湧現，一部分原因是受到解放黑奴運動的鼓舞。1848年著名的辛尼加瀑布大會（Seneca Falls convention）成為美國婦運的起始點，它發布了由史單頓（Elizabeth Cady Stanton, 1815-1902）起草的《我們的感懷》（Declaration of Sentiments）宣言。其中，刻意地採擷《獨立宣言》中的字句及理念，而其主要訴求是婦女選舉權。由史單頓及安東尼（Susan B. Anthony, 1820-1906）領導的「全國婦女爭取選舉權聯盟」於1869年成立，並與較保守的「美國婦女爭取選舉權聯盟」合併。類似的運動在其他西方國家中也可見。在英國，一些婦女於1850年

代，首度成立組織來爭取投票權，但在1867年，下議院否決了婦運第一次提出的婦女投票權議案，這個案子是在彌爾（J. S. Mill）所主張的「第二（選舉權）改革法案」之基礎上，所提出的「附加修正案」（Amendment）。而在1903年，由潘克斯特（Emmeline Pankhurst, 1858-1928）及她女兒所領導的「婦女社會政治聯盟」成立後，英國的婦女選舉權運動就開始走比較強硬激進的路線。他們在巴黎成立了地下組織，潘克斯特母女帶領著「婦女選舉權運動者」（suffragettes），對取得投票權的財產限制等因素提出全面攻擊，並且發動一連串著名的遊行示威活動。

　　「第一波」婦運，在爭取到選舉權後結束。首先取得的勝利，是1893年在紐西蘭的立法成功；接著1920年，美國的第19號憲法修正案給予婦女投票權；1918年，英國婦女可以投票了。但是直到幾年後，她們的一票才真正與男子的一票等值。然而很諷刺地，爭取到投票權後，婦運的力道卻被削弱了，其原因在於，當初爭取投票權這個明確的目標，使得婦運各方團結在一起努力，而許多領導人也認為只要有投票權，婦女就可完全解放。但直到1960年代時，婦女其他的不滿意識，才又催生了「第二波」婦運。

> **第二波婦運（Second-wave feminism）**
>
> 1960及1970年代出現的婦運形態，主要在提倡「婦女解放」，尤其是指個人私生活方面，要挑戰傳統束縛。

　　1963年，傅立丹（Betty Friedan）的《女性的迷思》（*The Feminine Mystique*）一書，重新開啓了女性主義思潮。她討論所謂的「隱身無名」的問題，也就是許多婦女對於女性終其一生只能做個默默無名的家庭主婦這一現實，深感挫折及悲傷。「第二波」女性主義承認，取得了政治及法律上的權利，其實無法解決女性問題。因此，女性主義理念逐漸變得激進，有時也會有革命意味。米勒（Kate Millett）的《性別政治》（*Sexual Politics*, 1970），以及格理爾（Germaine Greer）的《女太監》（*The Female Eunuch*, 1970），都把「政治的」界線大幅放寬，而將女性個人生活上的、心理上的，以及性生活上所受到的壓迫，都視為是兩性平權上的「政治性」議題。所以，「第二波」女性主義的目標，不只是政治權利上的伸張而已，還要求所謂的「解放」，這即是當時開始紛紛出現的「婦女

**激進女性主義
（Radical feminism）**

認為性別差異是所有社會分歧中，最具政治上重要性的。同時，這個差異主要源自於家庭結構當中。

社會性別（Gender）

一種男女性之間在社會與文化上的區隔，與生理上的性（sex）不同，生理上的性意指生物性徵，因而是兩性間根深蒂固的差異。

**後女性主義
（Postfeminism）**

後女性主義有兩種定義：一是認為女性主義的全部或多數目標已完成，因此不再需要；另一則是認為女性已經不再對其支持了。

**社會主義的女性主義
（Socialist feminism）**

將女性的臣屬地位視為是資本主義體系的影響，因此強調女性要解放，首先必須在社會經濟結構上有激進變革。

解放運動」（Women's Liberation Movement）所訴求的理念。當代女性主義者認為，這個目標不是靠政治上的改革或是法律的改變即可達成，而是要靠更廣泛深遠，甚至更革命性的社會變革才有可能實現。

　　自從1960年代末期及1970年代初期，**激進女性主義**已經變成一種成型且獨特的意識形態，連對傳統政治思想中最基本的假設都提出質疑。首先，它已經成功地在當代許多知識學門及領域中，建立起**社會性別**議題或性別觀點，也一直在公共生活中提醒大家性別意識及性別議題的重要。到了1990年代時，婦運團體早就在西方國家及多數開發中國家存在。此時，有三種現象出現：第一乃是婦運逐漸地去激進化，1970年代時的激烈立場已不復存在。所以，「**後女性主義**」一詞也開始出現，其意思是：由於女性主義的目標多已完成，所以這個運動就要開始「超越女性主義」了。

　　而第二就是分隔化的現象：女性主義不願僅止於告別激進就好，其內部開始劇烈地多元歧異化，讓人幾乎無法在女性主義的諸多派別與理論中找出共同點。在核心的女性主義傳統，如自由主義的女性主義、**社會主義的女性主義**，以及激進女性主義之外，我們可以看到如後現代女性主義、心理分析女性主義、黑人女性主義、女同性戀女性主義與**跨性別女性主義**等。第三，與此相關的，就是逐漸承認「多元交織性」（見本書第278頁）的事實，並且正視女性可以有多重的社會認同身分。因此，女性不只是只有單一的「女性」身分，她同時也有種族、社會階級、族裔、年齡、

宗教、國籍與性傾向等因素與她的女性身分重疊。這就表示了女性是受到了這些體系環環相扣的多重的壓迫與歧視，也就是說「**性別歧視**」常跟種族、仇外、反同性戀等交織在一起了。

核心理念

直到1960年代爲止，女性主義本身是否可以說是一種意識形態，還是個問題。女性主義被看成是自由主義或社會主義下的一個分支，也就僅是把這兩種意識形態的價值，應用到性別問題上的一個次領域。然而，激進女性主義的興起改變了這種情況，因爲它把「社會性別區分」（gender divisions）視爲是重要的政治議題，這在往昔的意識形態中前所未見。它認爲傳統的意識形態不足以伸張女性的角色，甚至是爲父權價值來遮掩辯護。因而即將出現的女性主義，其實是一個跨界的意識形態，從一開始即包含三種論述傳統：自由主義的女性主義、社會主義的女性主義，以及激進的女性主義。而這些所謂核心的傳統，其中又分別含有不同甚至相敵對的成分，以致有混合型及複合型的情況（例如試圖將某些馬克思主義的理念混合至激進的女性主義）。而到了1990年代，新的論述形態又紛紛出現。所以，一般人很容易就會認爲，女性主義已經無可救藥地分隔化爲太多不同的訴求，並且已變成內部歧異大於共識的一股思潮。然而，我們還是可以試著找出其內部的一些「共同點」，例如：

- ◆ 重新定義所謂「政治」（redefining 'the political'）
- ◆ 生理性別與社會性別（sex and gender）
- ◆ 對父權體制的抗議（patriarchy）
- ◆ 平等與差異（equality and difference）

> **跨性別女性主義（Transfeminism）**
> 拒絕固定的性別認同，特別提倡生理性別與社會性別兩方面的模糊與無界線觀念。

> **性別歧視（Sexism）**
> 基於性別不同而生的偏見或歧視，特別是對於女性。

重新定義所謂「政治」

　　傳統上，對於到底什麼是「政治」，大抵都是將其置於公領域而非私領域來討論。「政治」一般被認爲是顯現在政府機構、政黨、壓力團體，以及政治辯論這些「公領域」的事務上。家庭生活及人際關係，被認爲是「私領域」的事務，因此自然不是政治的。可是，當代的女性主義者堅持認爲，政治可以發生於、存在於社會的任何群體之中，因此不能被限定在政府或其他公共機構的事務內。只要有社會衝突，政治就無時無刻不存在。米勒（Millett, 1970）就將政治定義爲：「在權力結構之下的人際關係，或是一群人被另外一群人控制的機制與安排。」所以，政府與人民之間的關係當然是政治的，但是一家公司內雇主與員工、家庭內夫妻之間、親子之間的關係也都存在著「政治」。

重要人物

米勒（Kate Millett, 1934-）

　　美國女性主義作家，政治運動者及藝術家。她所發展出的一套對西方父權制社會與文化的完整批判，對激進女性主義有深遠的影響。在1970年的《性別政治》（*Sexual Politics*）一書中，她分析了從勞倫斯（D. H. Lawrence）到梅樂（Norman Mailer）等男性作家的作品，指出他們的作品在性的描寫中貶抑了婦女。她認爲類似的作品反映了普遍存在文化與社會中深層的父權心態，也因此證明父權是長存於歷史與社會之中的。

　　對「什麼是政治」（what is political）做探究，並不只是一個學術上的議題。女性主義者認爲，性別不平等的原因，乃是因爲在社會中性別間勞動分工的不平等，一般都被認爲是「自然的」，而非「政治的」分配。如圖9.1所示，傳統上，像政治、職業性勞動、藝術及文學，這些「公領域」範疇內的事務，都被認爲是男人的專利，而女人不應拋頭露面，故其天地就在家務操勞之中。如果政治只存於公領域，那麼女人的角色及兩

性平權問題，當然就不重要了。女人作為妻子及母親，自然不在政治之內。

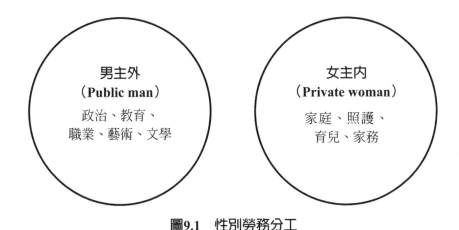

男主外
（**Public man**）
政治、教育、
職業、藝術、文學

女主內
（**Private woman**）
家庭、照護、
育兒、家務

圖9.1　性別勞務分工

　　女性主義就是要挑戰這種「公領域的男人」及「私領域的女人」之區分（Elshtain, 1993）。然而，對於何謂打破區分、如何達成它，以及可以做到什麼程度，大家還是沒有共識。激進的女性主義最反對「出了家門外才有政治」這種說法，他們堅決主張「個人的即是政治的」（the personal is the political）。他們認為，婦女所受到的壓迫，來自於生活中的各方面，而這些常常最後又源自於家庭。因此，激進女性主義者很關注於分析何謂「日常生活中的政治」。這包括了家庭氛圍的維持、家務事分擔以及家庭中的互動與性生活等。對女性主義者而言，將往昔公私分野打破，意味要求國家承擔起部分家庭內，或是私人生活中發生的問題之責任。例如，如果國家提供社會福利，則撫育兒童的重擔可以減輕些；而國家廣設托兒機構，母親就可以安心出外工作。值得注意的是，自由主義的女性主義者，雖然反對像受教育、職場勞動及參與政治這類的公領域活動對女人設限，可是他們很憂心強制將私領域政治化的後果。因為他們相信，那是一塊保留給個人做自由選擇的領域。

生理性別與社會性別

　　最常用來反駁女性主義的理由是：男女先天有別，所以對於性別的角色區分，其實是合乎「自然」的規律。女性能生育這件事，最常被用來作為安排其社會角色的理由，例如哺乳嬰兒與教養兒童，因此女人應該留在家中。換句話說，「生理」決定一切。傳統上，女性主義都是用生理及社會性別的區分，來挑戰「生理決定一切」的說法。生理性別即是男女自然的在生物特性上的差異，所以不可能改變。最重要的生理差異，就是能否生育。而「社會性別」則是一個文化名詞，其涉及社會文化傳統，賦予男人與女人不同的角色。社會文化之差異，通常可藉由對比一般所謂「男性化」及「女性化」概念可知。西蒙波娃（Simone de Beauvoir）指出，「女人是被形塑出的，而不是天生的。」父權思想模糊了生理與社會性別之差異，因為它假設所有男女之社會角色差異，都是由生理不同而起。女性主義者當然對此不表同意，他們強調社會、甚至是政治力量，才是造成男女差異的重要原因。

各家看性別

自由主義者：傳統上認為，兩性的差別完全只有私人的、個人的意義。在公共與政治生活裡，所有人皆為平等的個體，性別如同種族或社會階級一樣，和個人權利義務的享有，毫不相干。從這個觀點來說，個人主義是「性別盲目」（gender-blind）的。

保守主義者：傳統上強調，性別區分在社會與政治上的重要性，他們認為因此而可推論出，兩性間的勞務分工，是自然且無可避免之事。性別乃是使社會成為有機體與造就階層秩序的因素之一。

社會主義者：如同自由派一樣，很少將性別視為屬於重要的政治議題範疇。假如性別差異有任何意義，那是因為它反映了深層的經濟與階級不平等，並且也由於此不平等，而更鞏固了性別差異。

法西斯主義者：將性別視為人類根本性的差異。男人自然地應該領導與決策，而女人適合家庭中的工作，支持並服從男性。

女性主義者：通常視性別為文化或政治所造成的分別，而與無法改變的男女生理差異完全不同。因而，性別區分根本是男性權力的展現。然而，「差異女性主義者」卻相信，男女本就存在不同的生理—心理特質與感知能力，所以自然有性別差異。

宗教基本教義主義者：通常將性別差異視為上天的安排，因而它對社會與政治組織來說非常重要。當然，他們也就認為父權結構與男性領導，是自然且可欲之事。

重要人物

西蒙波娃（Simone De Beauvoir, 1906-1986）

　　法國小說家，劇作家與社會批判者。其著作《第二性》（*The Second Sex*, 1949）影響極大，不但有效地重啓性別政治議題，並預見了稍後出現的激進女性主義思想的一些論點。西蒙波娃認為，是社會而非自然因素決定了女性地位。因此，她發展出一套對父權文化複雜的批判，凡是「男性的」往往被形容為積極正面的；而「女性的」則被賦予一種處於其對立面的地位。這樣的「他者地位」（otherness）根本地限制了女性的自由，並使她們無法完全擁有人性尊嚴。西蒙波娃寄託於理性與批判性分析，視二者為彰顯女性受迫害事實的工具。

　　多數女性主義者都相信，男女生理上的差異並不重要，不足以合理化我們所能見到的明顯巨大的社會性別差異。其實人都是**雌雄同體**的，不論性別，所有的人都有父母親的遺傳，也因此，同時有雌與雄兩種特質存在。這種觀點意味男女本有生理差異，但不足以造就現存

雌雄同體（Androgyny）
同時擁有男性及女性特徵；這就意味人可被看成是無性的。因為，此時性已無關人的社會與政治角色。

的社會、政治及經濟上的不平等。所以，男人及女人不應看其性別，而應平等地被視為「人」，以觀察其個別之差異。女性主義的目標，是追求一個無社會性別差異的「人」的世界，只有「人」與「人」之間能力個性的

差異，而無人為製造出來的「性別差異」橫互其中。這對女性主義理論來說極為重要，因為它不但表示了由社會建構起來的性別認同可以被解構或是改變，也提醒我們注意，女性曾經在一個人為的「形塑」過程中被定型，也因此被壓迫。

> **差異女性主義**
> （Difference feminism）
>
> 差異女性主義認為男性與女性間的差異深刻且無法弭平，這些差異不但有生理的，也有文化與生活經驗上的。

> **本質論（Essentialism）**
>
> 認為生物學上的因素決定了心理與行為特徵的想法。

> **二分法（Binary）**
>
> 包含兩個元素的事物。

雖然，多數的女性主義者視生理／社會性別的區分為有利的武器，但也有人對此區分不滿。基本上，有兩種群體攻擊這種分類：第一是所謂的「**差異女性主義者**」。他們認為，男女本來就有異，這是屬於**本質論**的觀點，也就是認為社會及文化差異，其實只是反映深層的生理差異。第二種攻擊來自於對這種分類本身的不滿。後現代女性主義者就曾質疑，「生理性別」是否是一種良好的區分方式。例如，生理上的「女人」這個類別，並不能適用於所有女人。有些女人不能生育，有些則是對男人毫無吸引力等。如果能有以生理／文化作為兩極的光譜式分類出現，則僅僅使用「女性」與「男性」兩個簡單類型就太獨斷了。而跨性別運動則提出了對於性別區分的另類解決方式。基本上它視性別為一種「自我認同」，這不啻打破了傳統對性別的「**二分法**」，也就是人類世界中就只有男性與女性。這種新出現的想法本章稍後會討論。

反對父權體制

女性主義者常使用**父權體制**來描述兩性之間的權力關係，這個詞在字源上意味「父親統治」（*pater*在拉丁語中是父親之意）。然而，有些

> **父權體制（Patriarchy）**
>
> 字義上即是由父親統治之意，通常用以指稱社會上男尊女卑的性別結構。

女性主義者，只有在描述家庭內的父親或是丈夫的支配性地位時使用此詞。而在描述社會上的兩性關係時，寧可選擇用「男性至上」或「男性支配」的字眼。但不管怎樣，女性主義

者相信，父親在家中的支配性地位，象徵了在其他許多場合中的男性優越現象。因此，許多女性主義者認為，父權制家庭實在是社會中一系列男性支配現象的核心機制。因為，它只是在家庭生活以外的面向，例如教育、職場及政治上，複製再造了男性支配。因此，父權制通常就被用來廣泛地指涉家庭內、外的「男性統治」現象。米勒（Millett, 1970）描述父權式政府就是「半數的人——女性，被另外半數的人——男性，統治。」她認為，父權體制包含兩個原則：「男性支配女性，年長男人支配年輕男人。」因而，父權體制是一個階級社會，內部含有性別及世代的壓迫。

　　然而，父權體制這一概念還是太廣。女性主義者相信，在所有社會中，男人都支配女人，但支配的形態及程度，卻因文化及歷史時段而有差異。至少，在西方國家，20世紀女性的社會地位已經經由投票權、教育、婚姻法律，以及墮胎合法化等權利的取得而獲得改善。可是在開發中國家，父權體制的陰影仍然深深籠罩。在非洲，還是有數以千萬計的婦女被施以陰蒂割除術；印度至今還有殺害非處女新娘之事，並且不時有女嬰被拋棄或被殺害。然而，這類對女性身體的迫害與性暴力，不只有發生在開發中國家，在已發展社會中也有，「我也受害」（Me Too）運動，就是例子。

　　女性主義者內部看待父權體制的角度也各有不同。自由主義的女權運動者，大抵將父權體制視為是一種社會中權利不平等的分配現象。所以，他們強調的父權體制壓迫的圖像，乃是女人在政治、企業及專業或公共生活上，都難以進入高階層的景象。社會主義的女性主義者，則強調經濟的面向。在他們看來，父權體制與資本主義結合，使得階級不平等與性別不平等成為連結起來的受壓迫現象。但是，有某些社會主義的女性主義者並不這樣認為；他們以為性別不平等只是階級體系下的產物，資本主義才是性別壓迫的元兇。激進的女性主義者則非常強調父權體制的影響。他們認為，這是一種源自於家庭內，然後對外延伸的系統性、制度化及遍布各處的男性支配制度。父權體制基本上反映了應把家庭內男性支配、女性臣屬的結構，擴大到社會生活上的一種信念，如圖9.2所示。

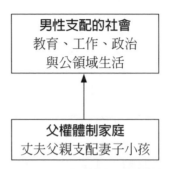

圖9.2　激進女性主義對父權體制的看法

政治意識形態在現實中的影響

「我也受害」運動（Me Too Movement）

事件：2006年，社會運動者與社區組織領導人柏克（Tarana Burke）在社交媒體上首次使用了「我也受害」這個詞，來呼籲受到性暴力的姊妹淘們團結起來，她主要的呼籲對象是低收入、弱勢的黑人女性與其他女性。之後，柏克被認為是這個「我也受害」運動的領導者。然而，直到2017年10月，一直到好萊塢電影大亨哈維溫斯坦的一系列性侵案爆發後，這個運動才在社交媒體以「我也是」的標籤走紅。美國的女演員愛莉莎米蘭諾呼籲所有受害者都在推特上發聲，以便大眾得知到哈維溫斯坦性暴力者到底有多少。終於，他在2020年因強暴罪被起訴而判監禁23年。

影響：女性主義者長年來一直在提倡女性身體自主，並謀求保護女性免於受到如強暴、性騷擾與家暴等性暴力犯罪的傷害。從2010年開始，這方面的訴求更為突顯，因為職場與學校的性騷擾、身體不當接觸、媒體的色情圖片與網路上的厭女情節，在在都引起社會的注意。在這種狀況下，「我也受害」運動一方面提醒大家社會上性暴力有多嚴重；另一方面也引起各方（女性圈與男性圈）持續地討論與辯論——對於如何立法以便在家庭、社會生活中與職場上更加強保護女性免於受侵害。「我也受害」運動的影響這麼顯著，乃是得利於社交媒體的散播，以及媒體會特別關注有知

名人物涉及的案例。

　　然而，在女性主義圈中，「我也受害」運動也引發爭議。其中之一就是，因為一些知名的影視圈女性受害者的現身，使得原本為弱勢女性受害者發聲的運動被轉移焦點。第二點就是關於如何定義性侵犯、性別歧視與如何防制。支持「我也受害」運動的人通常贊成將性騷擾與性侵視為體系性問題，因此只有轉化整個社會，也就是倡議同理心與提升社區凝聚力，才有可能解決。但另一方面，反對這個運動的主要是那些自由主義的女性主義者，他們認為這個運動方向錯誤，它使得女性忘記自己是有道德自主能力的人，女性在某種程度上也要為自己的決定（為何屈從於加害者的要求、引誘或期約？）負責任。如果從此觀點來看，則女性主義的目標並不是轉化、教化社會，而是讓女性自己更能在現實社會中保全自身。

平等與差異

　　雖然，女性主義的目標是推翻父權統治及結束性別壓迫，但有時候，他們在實務上卻並不確定這兩個目標是何所指，以及如何達成。傳統上，女人一直要求與男人平等，以致有時候女性主義甚至被等同於性別平等主義。但是，平等這個議題，卻暴露出女性主義內部的一些問題。他們對於平等的看法不同，有些人認為，著重差異反而比強調平等好。自由主義的女性主義者倡議，在法律及政治上與男人平等。他們支持平權議題，認為它可使女人在公共領域內與男人公平競爭。所以，平等意味著接近公共場域的機會均等。對照之下，社會主義的女性主義者認為，除非女性在社會資源分配上，可以與男人平等，否則政治、法律上的平權毫無意義。所以，平等應包括經濟力量的平等，因此也要考慮女性會面臨的財產擁有制度、薪資結構差異以及有酬與無酬勞力的問題。激進的女性主義者，非常關心家庭生活與個人生活上的平等議題，也就是在照顧小孩、家事分擔、身體自主及情慾表達或追尋上，女性都能與男性平等。

　　即使有內部差異，但爭取平權的婦運成員們團結一致地認為，社會性別上的差異是不好的。**平權女性主義者**將差異視為是父權的影

> **平權女性主義**
> （Equality feminism）
>
> 將男女平權視為目標的女性主義。不論在法律上、資源享用上或是個人權力上。

響，認爲差異乃是壓迫及臣屬的表徵。由此觀之，女權運動似乎可以定義爲：在男女對比上的「消除差異」。但也有某些女性主義者倡議差異，而不是爭取平權。倡議差異的女性主義者認爲，平等的觀念是錯誤或是不需要的。因爲，「想要與男人平等」就表示，女人是「經由男人而得到自我認同」，意味從男人是什麼或男人有什麼，來界定自己應該是或有什麼。因此，爭取平權變成了「模仿男人」。雖然女性主義者要推翻父權，但是若將他們對自身的認同建築於男人身上，則會導致其不知不覺中，也引入了男性社會中常有的競爭及侵略行爲。因此，對於許多婦運者而言，解放意味成就自身作爲女性，亦即是「經由女性得到自我認同」。

倡議差異的女性主義者因此贊同**女性本質**（pro-woman）的立場，也就是不認爲性別差異有重要的政治或社會意義。這就是立基於本質論的立場，承認男女先天在生理及心理上都不同。男人有侵略性及競爭性，女人富創造力及同理心，這些都是生理及基因所造成的，而不是由社會文化造成。若是過度理想化雌雄同體及大家同是「人」的立場，而忽略天生性別差異，那就是錯誤的。女人應該認清女性的天生特質並且以之自豪，她們應該從樂於身爲完全的女人來尋得解放，而不是從尋求做一個無性別的「人」來求解放。在**文化女性主義**中，這就表現在強調女人的手藝、藝術及文學，以及一些女人特有的經驗，像是生產、哺育及月經等。

女性本質的女性主義
（Pro-woman feminism）

視女性特質爲寶貴資產的一種女性主義。強調女性的創造力、愛心及合作天性。

文化女性主義
（Cultural feminism）

著重女性爲中心的文化或是生活方式的女性主義。有別於男性的屬化與侵略性的政治性人際關係。

女性主義內部的緊張關係（I）

平權女性主義		差異女性主義
雌雄同體	⟷	本質主義
平等視為「人」	⟷	姊妹情誼
人權	⟷	婦權
性別平等	⟷	性解放
減少差異	⟷	強調差異
生理／社會性別區分	⟷	生理／社會性別相同
超越生物特質	⟷	接納生物特質
以全人類為念	⟷	以女性為念
男人可被改造	⟷	男人乃是問題
與男人溝通相處	⟷	女性分離主義

女性主義的類型

女性主義中主要的流派如下：

◆ 傳統女性主義理論（traditional feminist theories）
◆ 當代的社會性別與生理性別理論（modern approaches to gender and sexuality）

傳統女性主義理論

直到1990年代初期為止，雖然新的視角已出現約莫10年了，但是女性主義**論述**還是圍繞著第一波與第二波論述的主旨與議題打轉。因此，在女性主義內部的辯論繼續停留在三個

論述（Discourse）

在人際互動與溝通上，論述內容與風格通常反映了權力關係。

「核心」傳統上：

- ◆ 自由主義女性主義（liberal feminism）
- ◆ 社會主義女性主義（socialist feminism）
- ◆ 激進女性主義（radical feminism）

自由主義女性主義

　　早期的女性主義，尤其是「第一波」婦運，深受自由主義影響。女性主義的第一本經典，沃爾史東克芙特的《爲女權辯護》（*A Vindication of the Rights of Women*, [1792] 1967）認爲，既然大家都同爲人類，女人應該跟男人擁有一樣多的權利。她認爲，假如女人可以受教育，且被視爲是理性的，則女人與男人在社會及政治生活中，應該都會有同樣的表現。彌爾與泰勒合著的《論女人的卑屈》（*On the Subjection of Women*, [1869] 1970）一書主張，社會應該依人的「理性」之多寡來分階層，而不是依出生時隨機決定的性別。女人應該享有男人擁有的權利及自由，特別是投票權。

　　「第二波」婦運也明顯受自由主義影響。例如，自由主義的女性主義主導了美國的婦運，傅立丹的書《女性的迷思》（*The Feminine Mystique*），即代表女性主義思想在1960年代的重現。所謂女性的迷思，乃是一種文化上的迷思，認爲女人一直靠著身處家庭中，以及女性化行爲來獲得安全感，所以這種迷思散布的目的，就是不想讓女性進入職場、政治與公共生活中。她特別強調，許多女人的一生被一個「不知該如何描述的問題」所困擾，而陷於失望及極度不快樂中，因爲她們被侷限在家庭內，無法追求事業成就，或是進入政治發揮影響力。在1966年，傅立丹協助創設了「全國婦女聯盟」（National Organization of Women, NOW）並成爲第一任領導人，後來這個組織變成強大的壓力團體，以及世界最大的婦女組織。

　　自由主義的女性主義之哲學基礎是個人主義，這也就是將每一個人視爲是無比重要的，因此所有的人都應該同樣被尊重。個人不應該因爲性

別、種族、膚色及宗教信仰等而受到不同待遇。如果一定要比較，每個人應該由理性的標準來評判。例如人格特質、智慧或道德。自由派們因此主張平權，所有的人應該都可以參與公共生活或政治，用任何形式來歧視女性都是不對的。沃爾史東克芙特就堅持認為，在她那個時代屬於男性專利的教育，應該對女性開放；彌爾也贊成女人應有公民權。事實上，整個爭取選舉權運動幾乎都是基於自由主義的個人主義信念；也就是說，如果女性有了投票權後，她們就可獲得解放。自由主義的婦運者經常假設，男人與女人各有不同天性與能力，因此可能會局部地接受，有時候女人自願、也適合待在家庭中的看法。19世紀的女權運動者就持如此看法，他們認為傳統的家庭結構很自然。但是這樣的看法，竟然也存在當代女性主義者傳立丹的書中。在她的《第二階段》（*The Second Stage*, 1983）一書中，傳立丹討論了婦女爭取工作、政治的權利，以及兒童需要家庭與母親的兩難問題。20年後，她戲劇性地轉而強調女性生活中的家庭角色，引來激進女性主義者的批評，此時她的立場被諷刺為「母性的迷思」。

最後，自由主義的女性主義爭取平權的要求，基本上比較吸引那些受過高等教育及出身較好的女性，因為他們才有條件利用這些機會。例如，19世紀的女性主義者及爭取投票權運動的領導人，她們基本上受過教育、出身中產階級，因此能投票以及能進入公領域，對她們來說有利。平權運動背後的假設是：能投票和能進入公領域，對每一位女性來說，都是很好的機會。但是事實上，有些女人即使有才華或能力，但是她的出身背景及社經條件，都不能讓她在這種平權改變下獲益。如果婦女解放只是意味男女在權利及機會上平等，則容易把婦女受到的其他形式的不公給忽略了。所以有人認為，自由主義的女性主義，只是符合已發展社會中白人中產階級婦女的利益，但是對於勞動階級、有色人種及開發中國家的婦女來說，卻不實際。

社會主義女性主義

雖然有些早期的女性主義者持有社會主義思想，但是社會主義的女性主義直到20世紀後半葉才算成形。相較於自由派的婦運人士，社會主義的

女性主義者並不認爲女人僅是面臨了政治及法律上的不平權，亦無法簡單透過追求男女平等就能獲得改善。社會主義派認爲，在兩性關係上女人的苦痛，眞正來說是因爲社會經濟結構本身；故一定要有深度的社會變遷，甚或社會革命，女人才能獲得解放。

社會主義的女性主義其核心信念是：父權結構其實可以用社會及經濟因素來解釋。這種觀點的最經典敘述是恩格斯的《家庭、私有財產與國家的起源》（*The Origins of the Family, Private Property and the State*, [1884] 1976）一書，他認爲女性在社會中的地位，因爲資本主義及私有財產的出現，已經有了根本的改變。在前資本主義社會，家庭生活是「群體性」的，而且「母權」──即是女性繼承財產及社會地位──是常規。資本主義是建立在男性的私有財產權之上的，因此推翻「母權」，而且帶來了「世界史上的女性覆滅」。正像許多後世的社會主義女性主義者一般，恩格斯相信對女性的壓迫來自於家庭，因爲男人希望把財產傳給兒子，所以「布爾喬亞家庭」對女性來說是充滿父權及壓迫的。透過一夫一妻制，男人取得唯一的父親地位，並且得到財產的繼承。

多數的社會主義女性主義者都同意，如果將女人關在家裡做妻子及母親，是符合資本主義的經濟利益的。有些人認爲，資本主義將女人看成是勞動「後備部隊」，當需要增產時，可以納入生產線；而經濟蕭條時，就可輕易地被趕回家。對雇主及國家言，不用擔心女人反彈或需要安撫失業的負擔。同時，女人好好操持家務，對於經濟是有幫助的；女人生養小孩，就是培養下一代的勞動力。同樣地，女人好好做家庭主婦，則男人就不用做家事，也可專心於工作去賺錢。家庭讓資本主義下的勞動者願意好好工作，因爲他有老婆小孩要養。家庭也使得作爲「薪奴」的男性工作者，在面對工作的挫折及異化之後，能有一個避風港。既然男性的「養家者」在家中享有高的地位，也就不必做家事了。

雖然，社會主義女性主義者都一致認爲，「女性地位問題」並不能與經社生活分開，但是他們對於這兩者如何關聯，看法卻不同。此處，性別區分明顯地與階級交錯，使得社會主義式的女性主義理論，在關於性別與階級的問題上，產生了一些內部的緊張，這對馬克思主義的女性主義者

是不小的挑戰。正統的馬克思主義者認爲，階級政治較性別政治重要。這當然就表示，階級剝削較性別剝削嚴重，同時也表示婦女的解放，應該是社會主義推翻資本主義的社會革命下的副產品。但是，當代的社會主義女性主義者，漸漸難以接受階級戰爭較性別戰爭重要的說法。這一部分是由於在社會主義國家的婦女，對於她們處境失望的結果。社會主義女性主義者之中有很多人服膺馬克思主義，也因而接受一國之內經濟、社會、政治及文化的互動影響。他們因此拒絕單獨從經濟觀點分析婦女問題，反而是注意到父權制的文化及意識形態根源。例如，密契爾（Juliet Mitchell, 1971）就主張女性必須同時在職場、生育、性與下一代的兩性教育，這四個關鍵領域同時解放才行。

激進女性主義

激進女性主義的核心立場乃是，性別壓迫乃是社會中最嚴重問題，而其他問題——階級剝削、種族仇恨等——只是次要。他們把性別問題看成是社會分裂的最深層原因與最具政治意義的事，比階級、種族與族裔問題還重要。他們強調用社會的「父權」本質來看待性別壓迫的主要問題所在，這種傾向在西蒙波娃的著作中很明顯，而且也由早期的激進女性主義者如菲格士（Eva Figes）、格理爾及米勒等人所體現。

菲格士的《父權態度》（*Patriarchal Attitudes*, 1970）的重點並不在指出，婦女在法律或是社會制度上的被歧視，反而是致力於提醒父權價值及信念充斥在文化、哲學、道德，甚至宗教中。女性在各方面都被認爲是不如男人，男人創造出「女性化」這個概念，然後加於女人身上。格理爾在《女太監》（*The Female Eunuch*, 1970）一書中陳述道，女人被迫處於被動的性角色，這使得她們必須壓抑自身眞正的**性本能**，以及有時會有的性方面的積極或冒險慾望。所以事實上，在性事方面由於「女性本分」的刻板觀念，已經使得女性被「閹割」而成爲無性主動權的個體。米勒在《性別政治》（*Sexual Politics*, 1970）中，將父權描述成在古今的政治、社會、經濟

> **性本能（Sexuality）**
> 獲致性感受的能力，通常與性傾向與性偏好有關聯。

結構，以及各種宗教中，都滲透蔓延、普遍存在的「社會常數」。男人與女人角色的不同，源自於「形塑」過程。從小，文化上就會將不同的性別意識之刻板認同模式，灌輸給男孩女孩，而這主要發生在家庭內——這是「父權」主要的場所，然而，文學、藝術、公共生活及經濟上，也會有此現象。因此米勒認為，對抗

建立意識
（Consciousness-raising）

乃指為了重塑自身社會認同，以及挑戰文化劣勢所使用的策略，試圖藉由強調自尊、自我價值與自信心來達成。

父權，首先應該在女性中普遍地對父權之宰制一事「**建立意識**」，這是從1960及1970年代的黑人民權運動中學習而來的。

重要人物

格理爾（Germaine Greer, 1939-）

　　澳洲的學者、作家與媒體人。她在1970年出版的《女太監》（*Female Eunuch*）一書，引發了激進女性主義理論的出現。書的主旨在於指出，男性的主宰地位乃是靠著讓女性屈服於系統性的性壓抑而得來，因此她呼籲女性去重新感受她們對性的慾望與渴求。在1985年的《性與命運》（*Sex and Destiny*）一書中，她提倡女性懷孕與養育小孩的重要性，而在1999年的《完整的女人》（*The Whole Woman*）中，她批評追求某種生活風格的女性主義者，以及她們所謂的「擁有一切」的觀念。

　　對多數激進女性主義者而言，父權制之根源在於家庭結構與家庭內涉及私密生活上的某些問題。因此，婦女的解放就需要發動一個性革命，來根本地推翻這些結構。然而，有一些問題橫亙在激進女性主義者面前，因為男人與女人有一些根本不同之處，是無法改變的。例如，法國及美國有一些「女性為中心」的立場，頌揚懷孕及母性。女人不應跟男人看齊，反而應該認同「姊妹情誼」，而珍視女性之間的連結。因此，這種「女性為中心」的立場，大方地承認男女不同，但是隱含著認為女性有某些特質，

如創造力、敏感性及關懷心，是較男人優秀且男人永不能及的。生態女性主義就是一個例子，我們將在第10章討論。

女性主義內部的緊張關係（II）

自由主義的女性主義		激進女性主義
女性的自覺	⟷	女性解放
性別平等	⟷	父權統治
個人主義	⟷	姊妹情誼
傳統政治	⟷	個人的即政治的
公私領域劃分	⟷	改造私領域
進入公共領域	⟷	性別平等
平等權利／機會	⟷	性別政治
改革／漸進主義	⟷	革命
政治行動	⟷	建立意識

　　由於承認某些男女之不同無法改變，有些人開始發展出文化女性主義，也就是放棄由男人主導之腐化、侵略性的政治世界，而轉向非政治的、以女人為中心的文化式生活模式中。但相反地，另有一些人則轉變為政治上積極，甚至革命性的。如果性別差異是自然的，則父權制的根源在於男性這方，男人在身體及心理上壓迫女人。換句話說，男人是敵人，於是，女人就尋求獨立。男人是「性」上面的壓迫階級，侵犯、支配女人與自命優越；女人在「性」上是被壓迫階級，全面的受害者。布朗米勒（Susan Brownmiller）的書《我們被迫》（*Against Our Will*, 1975）強調，男人透過肢體虐待及性虐待的方式，來達成宰制女人。男人創發了「強暴意識」，它乃是一種自覺的被恐嚇過程，使得女人一直身處於害怕中。

　　所以，有些女性主義者認為，這對女人的普通行為及性行為都會有影響。於是，因為男女間的所有關係都會有壓迫存在，所以性別平等或和諧

根本不可能。異性戀女人因此會傾向建立起「經由男性」的認同，無法實現她們自身真正的本性，而獲致「經由女性」的認同。這就導致「政治上的女同性戀主義」，它因此認為性別偏好，對女性具有重要的政治意義。女人要不就禁慾，要不就行同性戀，否則是不可能獲得「經由女性」而來的認同。艾金森（Ti-Grace Atkinson）有一句口號是這樣的：「女性主義是理論，女同志運動是實踐。」（Charvet, 1982）然而，無論主張女性獨立於男性或是女同志運動，這都已經讓婦運大為分裂。大多數激進女性主義者還是相信有可能建立起不受性別影響、無性別歧視的社會，於其中兩性和睦相處。

當代社會性別與生理性別的理論

自從1990年代起，女性主義理論已經超越了1960與1970年代所提出的議題與要求了。所以用自由主義的、社會主義的及激進的三個類型做區分，來分析女性主義已是愈來愈難。現在不只新形態的女性主義湧現，關於性與別的新思維也挑戰或是充實了女性主義思想。下列就是陸續出現的新主題：

- ◆ 第三波女性主義與多元交織性（'third-wave' thinking and intersectionality）
- ◆ 跨性別理論與女性主義（trans theory and feminism）
- ◆ 酷兒理論（queer theory）

第三波女性主義與多元交織性

「第三波」女性主義一詞，是1990年代開始逐漸流行於新一代的女性主義者的口中。對他們而言，1960與1970年代婦運的議題跟他們目前的生活已無關聯。這一方面由於在婦運中新的議題出現；另一方面由於第二波婦運已經帶來了社會與政治上的改變（Heywood and Drake, 1997）。如果說「第三波」女性主義內部有何共通點，那就是強調「差異」。但不僅僅是女人與男人的差異，更是女人之間的差異。新思想修正了以往過於強

調已發展社會中產階級白人女性的生活經驗與願望的特點，而著重呈現出當代女性主義運動中的多元與混同性格，以及美國學者與婦運者克倫蕭（Kimberle Crenshaw）所稱的「多元交織性」（intersectionality）。這樣一來，包括低收入婦女、開發中社會的婦女及「有色人種」的婦女及LGBTIQ群體等，他們的聲音都可被聽見。這方面黑人女權運動者的聲音特別明顯，他們一直認為，在此之前的婦運，都一致倡議普天下女人同樣受到性別壓迫，但是忽略了種族差異的事實。由婦運理論家胡克斯（bell hooks）（她反男性文化霸權特意小寫名字字首）等人的著作所代表，黑人女權運動在美國特別強大，它認為性別歧視與種族歧視是掛勾的兩種壓迫，而這也特別突顯了「有色人種婦女」廣泛在性別、種族及經濟上所處的劣勢。

> **LGBTIQ**
>
> 女同性戀、男同性戀、雙性戀、跨性別、雙性人與酷兒（Q也可代表性向尚不明，疑問中）。

　　「第三波」女性主義受到**後結構主義**的影響，特別著重「認同」問題的討論，以及「認同」建構或重建的過程。後結構主義特別受到法國哲學家傅科（Michel Foucault, 1926-1984）的影響，使用論述的概念來分析權力與思想體系間的關聯。用最簡單的話來說，這就是意味「知識即權力」。後結構及後現代女性主義者批評，某種固定女性認同的觀念，並且不認為特定女性的經驗可以有代表性。從後結構主義的觀點看，甚至「女性」這個概念都是建構出來的，因為連男人與女人的生理差異在某些重要面向上，都可能是受到性別論述所影響的（例如並非所有女人都能生育，因此不可說男女生理必異）。但是如此一來，後結構或是後現代論述的無限上綱，能否幫助女性主義政治目標的達成，卻是有疑問的。

> **後結構主義（Poststructuralism）**
>
> 跟後現代主義有關的一種知識類型，強調知識及概念都是藉由語言表達，而語言乃是一種權力關係體系。

多元交織性（Intersectionality）

　　它是用來分析個人認同與社會中存在的歧視體系的一種理論架構，強調人同時存在於多個社會關係中，而且人有多重身分。根據此觀念，女性不只是性別中歸屬女性而已，她同時也是種族、階級、族裔、年齡層、宗教、國籍與性傾向等各種分類中的個體，因此，這些都與她的「性別」交織。這種觀念意味著，女性可能同時受到好幾種壓迫與歧視，例如性別歧視交織了種族、仇外與同性戀歧視等。

胡克斯（Bell Hooks, 1952-）

　　文化評論家、女性主義者與作家，華金斯（Gloria Jean Watkins，以筆名 bell hooks為人所熟知）強調，女性主義理論必須考慮到女性身分的「多元交織性」，因此要從性別、種族與階級同時去反省女性被施予的壓迫。在她的經典著作《我是女人》（*Ain't I a Woman*, 1985）中，她審視了黑人女性在美國的歷史。她認為在美國，種族主義比性別歧視需要先正視，所以發出了對於主流女性主義運動的強烈批判。

跨性別理論與女性主義

性別上酷兒
（Genderqueer）

指那些性別認同上與社會主流不同的群體，他們可能跨越性別界線或是在既定範疇中變換。

　　雖然**性別酷兒**與**跨性別**議題從1970年代就開始浮現，那時主要是與文化女性主義或是同志分離主義（指與異性戀）聯繫在一起，而跨性別理論獨立成為一種政治／文化辯論議題乃是1990年代以後的事。跨性別理論的核心是一種對於傳統性別文化的高度批判態度。跨性別理論家特別反對一向以來社會依照生理特色將人類視為男或女的二元作法。根據這種二元分類，人分成男與女是合理而有客觀基礎的。跨性別理

論不是單一性別概念，而它最有影響力的信念在於性與別的含混性，也就是認爲它們呈現光譜狀。跨性別者因此是「不可歸類性別者」，不是男也不是女（Beasley, 2005）。從這種「非二元觀點」，性別不是與生俱來或是由社

> **跨性別（Transgender）**
> 指不願承認與生俱來的生理性別的群體，可能會用醫學來變性。

會所認定的，相反地，它來自於自我認定。人的性別是自己選的，根據他們自己的感覺而定。從這個立場看來，巴特勒（Judith Butler）將性別視爲一種重複性的社會性表現，就是非常有影響力的定義（這種想法將在「酷兒理論」中進一步討論）。

重要人物

巴特勒（Judith Butler, 1956-）

　　美國哲學家與性別理論家，她致力於挑戰女性主義理論中某些在不知不覺中助長性別二分論的思想，這種思想認爲人就只能清楚地分爲男人與女人。同時她也反對性／別的分野代表了生理／文化的分野，她認爲所謂「別」其實是文化與論述所累積成的概念，我們「生理性的本能」（sexed nature）與「天生的生理性」（natural sex）都被此塑造。她因此宣稱不只是「社會性別」，連「生理性別」在某程度上都是「社會表演」。最有名的著作是《社會性別的麻煩》（*Gender Trouble*, [1990] 2006）。

　　跨性別理論與女性主義間的關係，可謂彼此競爭也具高度爭議性。早期女性主義與跨性別運動間的接觸充滿敵意，但後來女性主義者開始願意思考跨性別運動者所提出的議題。這樣一來，女性主義者就得到了對於性別議題更寬廣的與更個人化的討論空間，同時也得以

> **跨性別恐懼（Transphobia）**
> 對不願承認與生俱來的生理性別的群體的恐懼或偏見。

讓人更察覺性別歧視者與**跨性別恐懼**者間的類似心態。與此同時，跨性別

運動的支持者漸漸認知到他們的思維可以適用於所有女性（Scott Dixon, 2006）。這種意識形態力量上的聯盟之作用，最被跨性別女性主義學者與倡議者所體認，當然同情跨性別者的人也有同感。

　　然而，其他派別的女性主義者卻將跨性別理論——以及跨性別女性主義——視為是很有問題的。一部分是因為女性主義者一直在強調應該區分生理性別與社會性別，生理與文化，那如何與拒絕用二元法分類的跨性別主義調和呢？再者，女權與跨性別者權利也有衝突。例如，有些女性主義者指出，如果你自己認為是女性你就是女性，那會不會有些不懷好意的男性刻意混入「女性」的領域，來陰謀攪亂瓦解女性的認同、安全與隱私？而跨性別支持者則辯駁道，這樣的想法只不過反映出女性主義內部的一股反跨性別思維而已，通常稱之為「排斥跨性別的激進女性主義」（TERF），雖然後者自稱只是「對性別持審慎態度」。TERF於2000年左右出現，但從1970年代的激進女性主義圈中汲取理念。因為它基本上反對跨性別這個類屬與概念，所以才會主張把跨性別女性從女人的組織與空間中排除掉。這種立場可以從TERF的核心信念中看出，他們宣稱跨性別女人不是真正的女人，諷刺的是這種立場通常是保守主義者會有的。

酷兒理論

　　「酷兒理論」這個詞是1990年代義大利裔美籍女性主義者德勞瑞提斯（Teresa de Lauretis）所提出。這反映出1980年代時LGBTIQ社群中想要將原本代表對同性戀貶抑的「酷兒」這個詞轉化的傾向，他們想要用這個動作來代表對於傳統性別傾向的激進反抗。「酷兒」與「理論」的結合，主要是使用後結構主義用來分析性別問題的結果，特別是傅柯的著作。在研究人是如何的被建構這個主題時，他視性為一種社會論述下的產物，而不是人類本質與生理特性的產物。因此從酷兒理論的觀點來看，性別並不是一個自然的、固定的與核心的認同，而是流動的、複數的與持續調整的。雖然酷兒理論是建立在女性主義理論的基礎上，特別是女同志女性主義與男同志解放陣線的連結上，現在已有很多酷兒理論思想家相信性別理論應該獨立於女性主義。從這個立場來看，則酷兒理論可說是已經超越了社會

性別，生理性別的認同，現在被認爲比社會性別認同重要。

也許酷兒理論最好的定義乃是，對於「**異性戀常態**」的鮮明反抗。「異性戀常態」認爲在與婚姻、稅制與收養權相關的文化信念、宗教與社會制度安排下，人類最適合的制度就是異性戀一夫一妻制。連「出櫃」這個動作都表示了人類原本應該是異性戀的。因此，異性戀系統性地邊緣化——也就是隱形化了——同性戀者。對異性戀的抗拒特別適合用巴特勒的性別**展演**來解釋（Judith Butler, 2006）。所謂性

> **異性戀常態**
> **（Heteronormality）**
> 指將異性戀視爲常軌的制度或心態，認爲這樣才是人類的自然或應有狀態。

> **展演（Performativity）**
> 指個人的性別乃是透過連串的行動或儀規塑造而成。

別展演意指，我們對於所謂性別的認知與我們對自己與他人性別取向的不同之認知，都是語言與動作不斷的表達之結果。因此，生理性別與社會性別不代表一個人「是」（認同）什麼，而是一個人「做」（社會行動）什麼。酷兒理論的最後一個面向是採用多元交織的觀點來分析性別，也就是說它基本上反對將性別獨立於其他社會結構來討論，它尤其重視性別與種族間的連結關係。

女性主義的未來

把女性主義看成是遇到了困境且不斷退卻，且導致「後女性主義」這個詞彙應運而生流行起來，這樣的看法是錯誤的。女性主義並沒有死——或是被轉變成不是「女性的」——而且它還會繼續生氣蓬勃地存在下去（Walby, 2011）。女性主義現在可見度已經沒有那麼高，也沒那麼引人注目，這可能是由於它影響力已大增而不是即將衰退。這至少可以從兩方面看出：第一，女性主義已不是邊緣者的抗議運動，它已逐漸成爲社會主流現象。例如，改善性別不平等的措施（這本是女性主義最原本的要求，雖然有些措施並非一定以「女性」爲名）已日益成爲公職部門與民間社會各方面的標準作法了。同時，在學術領域中很多學門都有了從女性主義視角

所做的研究。第二，女性主義的意識形態取向已經修改且擴大很多。女性主義一開始聚焦於消除性別不平等、提升女權這個狹窄的目標，但它現在已經開始面對一般性的性別議題了，反思性別如何被塑造與如何可轉化。這種變化使得女性主義者與那些曾被女性主義影響卻不願自稱爲女性主義者的人，展開了對於生理性別與社會性別的廣泛辯論。

可是無疑的，女性主義尙面臨一些持續性的挑戰。其中最主要的一個乃是它的成功反而會減弱婦運的力道，削弱參與者的團結度以及使命感。在20世紀初許多西方國家內，當婦女成功地取得投票權後，婦運就衰退了幾十年，幾乎無聲無息。同樣地，在1960與1970年代，當墮胎合法化、薪資平等、反性別歧視與女性參政、受教育與職場機會提升後，婦運就不再有激進的聲息了。另外一個挑戰就是，反女性主義的力量還是存在，這也意味女性主義將一直處於一個「戰鬥的」狀態中。1980年代保守主義曾經反撲女性主義，而在21世紀初時又再度湧現，這次是與興起的右翼民粹主義聯合。

問題討論

- 女性主義者如何挑戰傳統對政治的定義？
- 爲什麼生理性別與社會性別的區分，對女性主義理論很重要？
- 父權在女性主義理論中，扮演什麼角色？
- 爲何會有女性主義者反對性別平等？
- 女性主義與自由主義，在何種程度上是相容的？
- 爲何說激進女性主義是革命性的？
- 女性主義的社會主義，是否本身乃是矛盾的觀念？
- 女性主義內部的分歧大於共同處嗎？
- 女性主義是否就只能分爲自由的、社會的與激進的三種？
- 女性主義在何種程度上能與差異政治結合？
- 女性主義與跨性別理論可以共存嗎？
- 酷兒理論對我們了解社會性別有何幫助？

進階閱讀

Bryson, V., *Feminist Political Theory: An Introduction*, 3rd edn (2016). 本書對女性主義的發展與理論範疇，做了完整介紹，爲一本易讀的作品。

Disch, L. & Hawkesworth, M. *The Oxford Handbook of Feminist Theory* (2016). 對女性主義學術的權威性蒐羅整理，跨及女性主義理論在社會與政治上的應用。

McCann, H. & Monaghan, W. *Queer Theory Now: From Foundations to Futures* (2020). 對於酷兒理論的發展與其政治上的影響做了入門介紹的教科書。

Tong, R. & Botts, T. *Feminist Thought: A More Comprehensive Introduction*, 5th edn (2018). 對女性主義理論的主要流派的深度討論，特別觸及到最近的一些辯論。

Ms. *Magazine* www.msmagazine.com and the *Feminist Majority* www.feminist.org. 女性雜誌於1971年創立，乃是歷史最久的女性刊物，現在由《女性多數》網誌出版。這兩個網站都蒐集了女性主義新聞、教育資源、評論與媒體上有關女性主義的議題、政治爭議與歷史等。

第十章　環境生態主義

本章簡介

　　「生態學」（ecology）一詞，是由德國動物學家海克爾（Ernst Haeckel）在1866年所創發。這個字的字根是希臘文 *oikos*，它表示家或居所；海克爾用ecology這個字來代表「對於生物與其環境之關係的研究」。從20世紀初開始，生態學就被認為是生物學的一支，目的在研究有機生物與其生存環境間的關係。但是，經由使用場合的變化，慢慢地它轉變成一個政治詞彙，特別是從1960年代環境保護運動興起後。

　　環境生態主義作為一種政治意識形態，它立基於這個特別的信念：自然為一整體，蘊含人類及非人類的生物，甚至是非生物的世界。生態學家採取生態或是生物為中心的世界觀，將自然或是地球看成是最優先的價值，這就與傳統上以人為中心的世界觀不同。然而，在環境生態主義中也是有不同的派別。有些算是主張「淺」的生態學（所以有時被稱為環境主義，而非生態主義），它對環境保存的立場是溫和的與改革式的，希望能將環境調整成最符合人類的需要。但是「深」的生態主義則不然，它完全不承認人類在整個大自然中，它完全不承認人類在整個大自然中，較任何其他物種優秀或更為重要。這種立場也被生態女性主義者所採用。

起源及歷史發展

　　雖然當代的環境政治，直到1960和1970年代後才興起，但生態思想則遠從更早的時候就開始有了。很多人相信，當代的生態主義思想，受到古代若干強調大地之母的原始宗教的影響；另外，也受到東方如印度教、佛教及道教的影響。但無論如何，大致來說，現代生態主義乃是對於工業化過程的反彈。這在19世紀最爲明顯，快速發展的都市化及工業文明，反而催生了對於田園生活的懷舊嚮往，正如同小說家哈定（Thomas Hardy）及英國政治思想家、社會主義者莫里斯（William Morris, 1834-1896），以及俄國的克魯泡特金（Peter Kropotkin）等人之作品所示。這種反彈在歷經快速、劇烈工業化過程的社會中最爲強烈。例如，德國19世紀急遽的工業化，就在政治文化上留下深刻的印記，比如存在著認爲農人生活就是代表純樸與高貴的一種迷思，因此也在德國青年中興起了「回歸自然」的風潮。這種浪漫的**田園主義**，後來在20世紀時，被右翼的政治主張所採用。例如，德國納粹時期的「血與土」口號。

> **田園主義**
> （Pastoralism）
>
> 頌揚田園鄉居生活的好處：簡單、社群感並親近自然；與之相對地，則是都市與工業文明的腐敗影響。

　　1960年代開始發展的生態主義，是由密集的工業化及都市化所激發，在後物質主義的心態中滋長，尤其對年輕人有吸引力。對環境的關懷來自於擔心不斷地成長的經濟，最後會危及人類的生存與我們居住的地球。愈來愈多的文獻，對世人發出這種警告，卡爾森（Rachel Carson）所寫的《寂靜的春天》（*The Silent Spring*, 1962），大概是第一本提出呼籲重視此生態危機的書，其中討論了殺蟲劑及化學劑的大量使用，對於生態及人類所造成的危害。像這種早期就發出警告，希望人類能避免生態危機的重要書籍，還包括爾利西及哈里曼（Ehrlich and Harriman）的《如何存活》（*How to Be a Survivor*, 1971）、柯斯密（Goldsmith）等人的《生存寶典》（*Blueprint for Survival*, 1972），以及一份聯合國非官方的報告《我們只有一個地球》（*Only One Earth*, 1972）與羅馬俱樂部（Club of Rome）所

出版的《成長的極限》（*The Limits to Growth*, 1972）等。

重要人物

卡爾森（Rachel Carson, 1907-1964）

　　美國的海洋生物學家與環保人士，她藉由諸多著作來倡議科學與環保議題，因而對環保運動很有貢獻。她的最有名著作是《寂靜的春天》（*The Silent Spring*, 1962），書中對於美國農業大量使用殺蟲劑對於人類、鳥類、魚類及植物的影響，也反映出農業公司與各州政府的政策對於生態平衡與永續發展的威脅。

　　與此同時，一些新的壓力團體紛紛出現——從「綠色和平」、「地球之友」到各種動物保護組織，以及所謂的「生態戰士」團體等——向世人宣稱污染的危險、石油的耗竭、森林減少的危害和動物實驗的殘忍等。他們與大型組織如「世界自然基金會」等，聯合形成了一股強有力及眾所周知的環保運動風潮。從1980年起，環保議題已被各工業國中的綠黨，有效地推到政治舞臺上引起重視，而這些綠黨大都是仿效德國綠黨而起。

　　21世紀開始，由於大家認知到生態危機已經愈來愈嚴重，所以尋求環境保護的步調就更加有緊迫感。在氣候變遷問題上尤其如此。雖然聯合國已經在1994年正式承認這個問題的嚴重性，也開始協調各國展開合作以便挽救，例如1997年的《京都議定書》與2015年的《巴黎協議》之簽訂，但是扭轉局面的最佳的黃金時機已經過去，這都因為過去幾十年來的拒絕面對問題心態所致。事實上，一方面由於新興工業體如中國與印度劇烈地增加溫室氣體排放量；一方面則因先進國家特別是美國不願意減低溫室氣體排放量，所以從1990年代中期開始，地球經歷了「碳經濟」的黃金時期。這樣一來，在21世紀中整個地球的溫度上升少於攝氏2度的目標就很難達到——這個目標是聯合國所訂。地球升溫超過了攝氏2度之後，則氣候變遷會帶來災難性的後果。

　　2020年以來，COVID-19疫情卻意外帶來一些轉機。許多國家的封城或是限制外出政策，當然造成經濟活動銳減與碳排放的大幅降低，這樣一來，人類就有了展開經濟改造以減少碳排放的機會，甚至大家也許開始想到物質生活是否真的這麼重要。然後，隨著解封的速度增快與大家對於經濟重新活絡的殷切期盼，先前對於疫情帶來生態利益的期待也將很有限。

核心理念

> **環境保護主義**
> （Environmentalism）
>
> 對自然環境的關懷，尤其是致力減少對環境之危害的一種政策立場，但並非如生態主義般，是一種意識形態。

> **人類至上論**
> （Humanism）
>
> 將滿足人類之需求與目的，視為具有道德優先性的一種哲學立場。

　　對環境的種種思考是在綠色環保運動興起後，才完全具備了意識形態的特色。到了1970年代末期，環境生態主義或是綠色思維已經被廣泛視為是一種意識形態，超越了只是致力於**環境保護主義**的壓力團體之層級。生態主義與傳統的政治理念不同處，在於它是由後者所疏忽處開始的：它致力於面對人與其他生物間的關係，或是更廣地說，與整個地球上生命網的關係。綠色理論家認為，傳統的政治意識形態很悲哀，甚至可笑地犯下以人類為一切中心的錯誤。艾倫費德（David Ehrenfeld, 1978）將此稱為**人類至上論**的傲慢（arrogance of humanism）。人類不思保存或是尊重自然及其內的許多物種，反而一心要做洛克所稱的「自然的主人及擁有者」。因此，生態主義者發現了一種新的意識形態領域，它與自由主義、社會主義與保守主義，這類著重「物質資源分配」的傳統意識形態不同；也與1960年代以來湧現的第二波女性主義、多元文化主義與宗教基本教義主義（見本書第340頁），這類屬於「認同政治」（見本書第323頁）的新意識形態不同。

　　讓環境生態主義比其他意識形態更深入人心與更激進之處，在於它是一種「感性的政治」，它讓我們重新審視人類與其環境的關係——人類不再居於舞臺的中心，而被看成是自然的一部分而已。也就是說，環境生

態主義不但改變我們對於生活環境的意識，也從根本上大幅重新定義了我們的道德責任。為了要清楚表達此種看法，綠色思想家只好一方面從科學中尋求新的概念，或是從宗教、神話中找尋古老的理念，來支持他們的立場。環境生態主義的核心理念如下：

- ◆ 生態學（ecology）
- ◆ 系統性思考（systems thinking）
- ◆ 永續發展（sustainability）
- ◆ 環境倫理（environmental ethics）
- ◆ 從占有到存有（from having to being）

生態學

所有綠色思想的共同核心是**生態學**。生態學是生物學的一支，當初乃是由於一個特殊的觀念使它得以獨立出來：生物與非生物共同組成一個自行調節的生態系統，而所有的動植物都在此**系統**下維生。例如，原野、森林，及一個小池塘都可看成是一個生態系統。所有的生態系統都有自然的調節機能使其趨於均衡，生物學家稱此為**自體平衡**。在一個生態系統內，食物及維生資源可以重複循環，而動物、昆蟲及植物的數量，會根據食物的供給量而自然調節。但是，生態系統不是封閉的，或是完全自給自足的，他們彼此間會互相影響。一個湖泊可以形成一個生態系統，然而它也需要從支流注入新鮮的淡水，或是從太陽得到溫暖及能量。同樣地，湖泊也為它周遭沿岸的生物，提供水與食物，包括生活在附近的人類在內。所以說，大自然是由生態系統組成之複雜網絡所構成。當然，其中最大的網

生態學（Ecology）
研究生命有機體與環境間關係的學問。生態學重視維持所有生命形態的關係網絡。

系統（System）
由一個互動網絡所連結起的一組元素或部分，構成一個可行使特定功能的整體。

自體平衡（Homeostasis）
生理系統會自行維持內部均衡的一種傾向，尤其常見於高等動物中。

絡就是地球本身，我們通常稱其爲「生態圈」（ecosphere）或「生物圈」（biosphere）。

　　以科學爲基礎的生態學知識，大大地改變了我們對自然界的了解，以及對人類居所的了解。其實，生態學與我們往昔所抱持的「人類是自然的主宰」之觀念完全衝突；對比之下，它告訴我們某一個人類社群，必定是生活在某一個由複雜精妙網絡所構成的生態系統中 —— 甚至整個人類皆然。但是，我們一向都忽略此事。綠色思想家認爲，人類正面臨生存環境的極大危機，因爲過去人類一味地追求物質財富，因而破壞了「自然中的均衡」，也使得一向支撐人類生活的生態系統飽受威脅。環境生態主義讓我們以不同的角度看待自然，這個新的角度是**生態中心主義**的，而非往昔**人類中心主義**的。綠色或是環保思想家常各自以不同方式使用他們的生態理念，但有時候也得到不同結論。環保運動中最重要的區分，是挪威哲學家奈斯（Arne Naess, 1912-2008）（見本書第307頁）所稱的**淺生態學**及**深生態學**的差異。

　　所謂的「淺」或是「人本位」的立場，乃是說它接受生態學的觀點，但畢竟還是以人的需要及目標去運用這些觀點。換句話說，這個立場是要教導人，爲了人類持續生存的自身利益，我們要保護愛惜自然界。這等於是一種「輕」的或是「較開明」的人類中心主義，這種觀點會反映在某些議題上。例如，節約使用無法再生之自然資源及減少污染等。有人認爲此種立場是「弱生態主義」，有人則把它取名

> **生態中心主義**
> （Ecocentrism）
>
> 優先重視生態平衡的維持，而非滿足人類需要的一種理論取向。

> **人類中心主義**
> （Anthropocentrism）
>
> 相信人類之需求與利益有道德優先性以及哲學重要性。它乃是生態中心主義的反義。

> **淺生態學**
> （Shallow ecology）
>
> 一種會配合人類文明之需求及目標，而面對自然界的綠色意識形態。通常主張永續發展及環境保護。

> **深生態學**
> （Deep ecology）
>
> 一種反對任何人類中心主義的綠色意識形態。它給予自然永續絕對優先性，由生物中心主義平等看待所有生物，注重生物多樣性，以及去中心化的價值。

為環保主義，以與環境生態主義做區別。而「深」的立場推出的是「強」的生態主義，它完全反對人類優於或重要於其他物種，甚至大自然本身的想法。它的基本立場是：人類的存在，是為了幫助維持大自然，並非大自然是為了要支撐人類生活而存在（「深」的生態學將於後續的專節介紹）。

各家看自然

自由主義者：將自然視為能滿足人類需求的資源。因此，鮮少質疑人類對自然資源的擷取與控制。自然本身並無價值，唯有在經由人類勞動轉化後，或者可為人類利用時，自然才有價值。

保守主義者：通常將自然視為是威脅，人要存活必須與殘酷的自然搏鬥。從「大存有鏈」的觀點來看，人類可說是自然的一部分，但是人類的地位是優越的，因為他乃是自然的監管者。

社會主義者：如同自由主義者般，僅僅將自然視為資源。但社會主義內部，亦有個浪漫或田園的傳統，不但讚頌自然的美麗、和諧與豐富，並且希望透過接近大自然而使人性具足。

無政府主義者：通常採取無人工干預的和諧與成長的觀點看待自然。因此，自然是簡單與均衡的最佳代表。人類如果夠聰明，就會用社會生態學的觀點，將此原則應用於社會組織中。

法西斯主義者：對自然有著陰暗與神祕的觀點，強調本能及生命原始的力量；也因此認為，自然能夠淨化人類，去除頹廢的理知主義。殘酷的鬥爭，以及週期性的重生，乃自然的特色。

女性主義者：尤其是生態女權主義者，通常認為自然是具備創造性與友善的。由於女性具備生育能力和哺育的天性，她們通常被認為與自然親近，並且能合於自然的律動；而男性則是文化所建構而成，不能與自然同調，並常與自然有所衝突。

環境生態主義者：特別是那些「深」的生態主義者，將自然視為各部分互連的一個大整體，哺育容納著人類、非人類，甚至所有無生命世界。有時，自然被認為是教導我們知識與正確的生活方式，因此人類生命的完滿，有賴於親近與尊敬自然，而非企圖宰制它。

環境生態主義內部的緊張關係

深生態學		淺生態學
環境生態主義	⟷	環保主義
生態中心論	⟷	「輕」的人類中心論
神祕主義	⟷	科學
自然	⟷	人類
激進的整體主義	⟷	消極的整體主義
自然即是價值	⟷	自然有利用價值
生物中心式平等	⟷	保存非人類之自然物
自然動物權	⟷	動物福利
反開發、反成長	⟷	永續之成長
生態意識	⟷	個人發展

系統性思考

　　傳統的政治意識形態通常假設人是自然的主宰，也因此僅將自然視為提供人類經濟資源之所在。如此來看，則這些意識形態乃是問題的來源，而非解答。在《轉捩點》（*The Turning Point*, 1982）一書中，傅立茲（Fritjof Capra）將這種立場的出現，歸諸於過去的一些科學家及哲學家，如笛卡爾（René Descartes, 1596-1650）與牛頓（Isaac Newton, 1642-1727）。過去人類都將世界視為是有機的，但是這些17世紀的哲學家，卻將它看成是機械式的，我們可以透過科學方法，分析與了解它的每一部分，大自然可被拆解、修復、改善，甚至替代。因此他認為從這觀點看，整個大自然可看成是「牛頓式的世界機器」。科學方法就是先形成假說，然後根據實際現象來測試假說，根據這樣發展出來的正統科學就能夠讓人類知識大幅增長，也打下現代工業與科技的基礎。當然，也由於近代科學的成果豐碩，使得**科學主義**成為知識界的主導力量。但是綠色理論家認

為，這樣的成果代價太大。笛卡爾—牛頓典範所帶來的機械式世界觀不把人類視為自然的一部分，而自視是其主人，這樣一來，就造成人與自然間的關係根本上的不穩定。

> **科學主義（Scientism）**
>
> 相信科學乃是獲得知識的唯一價值之中立與客觀的方法，能應用於任何學習領域中。

在尋找新典範時，生態主義思想家由各方面得到了靈感，包括近代科學或是古代迷思及宗教。但是，橫亙於這些林林總總的觀念背後，乃是**整體論**的思維。所謂整體論，是1926年由南非總理史慕茲（Jan Smuts）所提出的名詞，他用此來描述自然的特質，認為自然只能

> **整體論（Holism）**
>
> 相信整體遠比部分重要。整體主義意味必須透過對部分之間關係的了解，才能獲致對整體的理解。

以一個整體去了解，不能分開成各部分。史慕茲相信，科學犯了化約論的錯誤：它把研究對象化約成分立的部分，然後企圖從研究這些部分去了解全體。相反地，整體論認為，每一個部分都只有在與其他部分關聯時有意義，也必須在整體之下被了解。到了20世紀時，這種整體論觀點開始被稱為「系統式的」（systematic），而其思維方式被稱為「**系統思維**」（有時稱為「網絡式」或「脈絡式」思考）。系統式思考並不聚焦於個別的組成單元，而是系統內的組織方式。因此它會著重分析系統內各單元間的關

> **系統思維（Systems thinking）**
>
> 將所有生命體視為是各自形成一個整體的觀念，因此其中每一個元素都在整體性網絡中密切連結成為一個體系。

係與它們如何被整合起來。在上述生態體系這個概念中，這種情況很明顯。我們也可以把系統理論應用到其他領域，例如用整體論的方式來研究醫學時，就不只關注在病人的身體病痛上，而是將其視為病人整個「體系」失衡的綜合表徵，因此會將其心理、感情、社會與環境狀況都考慮進來。例如，用整體論的方式來研究醫學時，就不只關注病人的身體病痛，而是將病人視為一整體，其心理、感情、社會與環境狀況都會考慮進來。

期待近代科學能提供一個新典範的生態思想家通常會強調20世紀物理學的重要性，特別是「新物理學」。在20世紀時，「新物理學」開始發展，因而這門學問朝向超越牛頓的機械論式與化約論式觀點前進。20世紀

初，德國出生的愛因斯坦（Albert Einstein, 1879-1955）提出了相對論，挑戰了傳統的時間與空間觀念，而海森堡（Verner Heisenberg, 1901-1976）及波爾（Niels Bohr, 1885-1952）的量子理論繼之而起。在這種理論下，物體世界被看成不只是分子、原子等的組合，而是一整個系統。若從系統觀點來看這個世界的話，則注意的焦點不是個別粒子，而是系統內的組織原則。或更準確地說，它會強調系統內的結構間關係，以及許多部分如何結構成一個整體。

另外一種激發系統性思維新觀念的好來源乃是宗教與遠古的迷思。例如，環保運動中的許多人都被東方的神祕主義吸引，認為它不但是表達生態智慧的哲學，也是鼓勵大家熱愛其他人、物種與自然的一種生活態度。在這方面，以印度教、道教與佛教特別受注意，因為他們都強調萬物的合一性。而當代的生態主義者同時也從基督教出現之前的神靈信仰中尋找泉

> **蓋婭理論**
> （Gaia hypothesis）
>
> 蓋婭理論倡議我們將地球視為具生命的物體，因此能夠有自我維持的功能。

源，例如「大地之母」的觀念。這種觀念若透過勒福洛（James Lovelock）的「**蓋婭理論**」來表達就特別有影響力。蓋婭（Gaia）在希臘神話中是大地之母。這個理論的主旨是，地球的生態圈、大氣層、海洋與大地等合起來會展現那每種生物都有的「自我調節管理」特性。所以其意涵乃是，人類必須尊重這個星球的整體生理機制，一定要保護它的美麗與豐富資源，因為這個星球的健康比存活在其上的任何一種生物都重要。

重要人物

勒福洛（James Lovelock, 1919-）

　　英國大氣化學家、發明家及環境理論學者。勒福洛以發明了蓋婭理論聞名，即是將地球描繪為一個複雜、自律，且像是具生命的實體。因此，人類的未來繫於是否能維護好地球的生態系統。他是首先提出大氣中氟氯碳化合物會破壞臭氧層的人，但值得爭議的是，他同時也是核能的擁護者。

永續發展

　　綠色思想家認為，所有傳統的政治理念背後，都有一個各國主流政黨（環保人士稱之為「灰色政黨」）都共同支持的假設，那就是人類可以無窮地發展物質文明，而享受昌盛繁榮。綠色政治思想家習於把資本主義及社會主義一起稱為工業主義。環保運動中曾發展出一個很有力的比喻就是將我們所居的星球看成是「地球號太空船」，最主要的原因是強調地球資源的有限性。布爾丁（Kenneth Boulding, 1966）是首先提出這種比喻的人，他認為人類傳統上以為他們似乎是身處「牛仔經濟」中，也就是像美國西部拓荒時期一般，有著無限資源與機會的一種生活。如果是這樣，則人們容易養成「放肆的、揮霍的及暴力的行為模式。」但是，太空船是一個「封閉的」體系。「開放」體系可以從外部獲取能源，如地球上所有的生態體系──池塘、森林、湖泊及海洋──都從太陽處取得能量。但是，當地球是一個像太空船一般的「封閉的」體系時，就會產生熵的現象。因此，所有「封閉的」體系都會衰退或崩解，因為他們得不到從外界來的持續的支持。

> **熵（Entropy）**
>
> 所有封閉體系都可能發生的衰竭或瓦解傾向。

主要概念

工業主義（Industrialism）

　　環境保護理論家們使用工業主義一詞，來含括資本主義與社會主義、左翼與右翼思想，認為它們合起來成為一種「超意識形態」（super-ideology）。工業主義作為一種經濟系統，其特色是大規模生產、資本積累，以及不間斷地成長；作為一種哲學，它立足於唯物論、功利價值、絕對信仰科學，以及科技崇拜。許多綠色思想家因此將工業主義視為「問題」，但生態社會主義者卻譴責資本主義，而非工業主義（其實，這樣做是忽略了所有制、利潤與市場等重要議題）；但女性生態主義者則認為，工業主義乃是來自於父權制。

共有財的悲歌（Tragedy of the commons）

指地球上的共同資源，無可避免地會受到破壞。因為每一個個人、企業或是國家，都把自身利益置於集體利益之上。

綠色思想家認為，人類不但不了解他們在「封閉生態系統」之生活環境所面臨的侷限，甚至還不斷地濫採資源。哈定（Garrett Hardin, 1968）發展出一種很好的比喻，能夠解釋人類過度開採資源，就是**共有財的悲歌**。它說明了人類的生態環境在大家集體共享、誰都能利用的情況下，遭受無情的摧殘。例如，古時公有土地及河湖的魚群，是可以讓大家自由採集利用的。於是，每個人都竭盡所能地耕獵，以求個人、家庭或是部族溫飽。但是這樣一來，其結果就是資源將很快耗竭。所以，我們看到的本是個人理性的自利行為，但在集體層面上，最終卻導致惡果。哈定認為，這種悲劇只能靠政府管制或是減少人口才能避免。

當然，生態問題不只是關於威脅的警告或認知，也要找到解決之道。熵也許是無可避免的現象，但如果各國政府及人民都能有環保心態，則這個過程可以被減緩或延遲。生態主義者一直認為，只有當人類明白，他們只是複雜生態環境下的一員，絕對需要一個健康的生態環境時，人類才能因改善對環境的破壞，而得以持續生存下來。因此，**永續發展**的政策及行動是不可或缺的，永續發展的觀念，使得人類在追求物質享受時會有所節制，以求儘可能不破壞脆弱的生態環境。永續發展不但需要政府利用管制，或是賦稅政策，來引導正確使用資源，也有必要採行

永續發展（Sustainability）

指一個系統能夠維持其自身健康，而持續存在一段時間的能力。

另類思考的經濟政策，這就是舒馬赫（Schumacher, 1973）所謂的「佛教經濟學」（Buddhist economics）。對他而言，此即意味人類放棄沉迷於追求財富而改聚焦在「正確的生活」，這種轉變乃是由在生活上與工作上更簡約安排的心態而來。

主要概念

舒馬赫（Ernst Friedrich（'FRITZ'）Schumacher, 1911-1977）

德裔英國經濟學家與環境理論家。提倡完全人工的生產規模，並且提倡佛教式經濟學（Buddhist economics，即以人為核心的經濟學）。舒馬赫在第一本著作《小即是美》（Small is Beautiful, 1973）中抨擊了傳統的經濟思維，認為它只是為了成長而追求成長，整個價值觀是與自然分離的。因此，他強調道德與「正確生活」的重要性。

有許多關於「永續發展」在實踐上的涵義之辯論：改革派或是所謂**現代派的生態主義者**支持「弱」永續發展，它贊成永續之下的經濟成長，也就是繼續物質享用的方向，但是速度放慢些。通常這與「**成長極限**」概念結合。然而，包括**社會生態主義者**及「深」生態主義者在內的激進生態主義者，都支持「強」永續發展（即便程度不同），也就是極力地重視對於天然非再生性資源的保存，以及對追求一味發展經濟的批判。如果像激進生態主義者所言，生態危機的源頭，乃是物質主義、消費主義及一味追求經濟成長，則問題的解決必須回到「零成長」，而人們也應建構一個後工業時代的生活，居住在小型的鄉村聚落而靠手工藝維生。這代表了基本性與全面性地拒斥工業及現代化科技，也就是「回歸自然」。這種「**反成長**」的觀念在生態保護圈內日益流行，而成為了批判只顧經濟成長而傷害生態的重要立場。

現代派的生態學（Modernist ecology）

綠色政治中的修正主義路線，企圖調合生態保育與資本主義的重要元素。

成長極限（Limits to growth）

指因為環境或其他因素使得經濟成長到達一個地步後，再也無法增加物質上的繁榮。

社會生態學（Social ecology）

綠色政治中的一種流行傾向，將生態保育與激進社會變革結合，或支持生態無政府主義的觀念，認為人類社會的結構應仿效大自然生態互助共生的平等原則。

反成長（Degrowth）

指因為實際或道德理由，而放棄追求經濟成長的立場。

因為，他們認為經濟成長已經不是非有不可的事情（工業化之前的社會其實沒有什麼經濟成長），而且一味追求利潤與成長，最終都帶來了剝削（Kallis, 2017）。

環境倫理

各種形式的生態主義乃是將環保的道德思維，向不同方面推展之謂。傳統上，倫理學都是以人為中心的，以人的快樂、需要及利益為考量核心。在此情況下，人以外的世界，只有在對人的存在有幫助時，才有討論意義。環境倫理引發的思考新面向可從各界辯論是否該重視年輕人的聲音中看出，也就是「週五罷課救地球」（Fridays for Future）防止氣候變遷運動所引發的迴響。環境倫理的另一種手段，是將人類本身的道德和價值，擴大及於對待其他的生物上。這從**倫理素食主義**的人數成長可以看出來，而且它已經超出了只關心吃素一事。然而，將人類愛心推廣到其他物種方面，最為人所知的例子是所謂的**動物權**。辛格（Peter Singer, 1976）對動物福祉的呼籲，在這方面影響深遠。他認為，因為其他動物也有性靈，也會感知苦痛，因此我們應該設身處地為其著想。辛格指出，其他生物正如人一般，有避開苦痛的直覺及天性，所以我們不應該持**物種主義**心態，把人類的利益置於動物之上。

但無論如何，「深」的生態學主張則大大超越於此，他們認為自然本身就是價值。因此，環境倫理不應從人類的立場出發，好像凡事乃是從人類而及於萬物一般。例如，古登（Goodin, 1992）就企圖發展一種「綠色價值理論」（green theory of value）。他指出，因

倫理素食主義（Ethical veganism）

在可能情況下，拒絕以任何方式讓動物受苦的一種哲學觀。

動物權（Animal rights）

將動物視為具「人格」的非人類生命的一種道德觀。所以他們在某些方面，應像人一般享有某些基本尊嚴。

物種主義（Speciesism）

因為不承認其他物種的重要性，而相信某一物種必定較其他物種來得優越的想法。

爲自然界萬物都從自然過程而來並非人造，它們本身有其自存之價值。從這種價值理論看來，人從自然景觀中，可以更深切認識他們自身、也開始覺得自己渺小。但即使如此，對深的生態主義人士來說，它還是有一點殘存的人本中心主義在的。

學生抗議氣候變遷

事件：2018年8月，瑞典的小學女生童伯格（Greta Tunberg）與伙伴們連續三週每天不上課跑去瑞典國會前靜坐，抗議政府對於氣候變遷危機的消極態度。她在推特與IG上發出的訊息立即引起廣大迴響，並且形成了國際性的3F運動（Fridays for Future or 'FFF'），也就是學生們每週五花若干小時去喚醒大家對於氣候與生態危機的注意。2019年3月時，這個全球性的學生反氣候變遷運動吸引了百萬人參加，在125個國家中共舉行2,200場抗議活動。2019年9月時，在反全球氣候變遷行動週的活動聚集了400萬名的抗議者，其中很多人是小學生，成爲了史上規模最大的反氣候變遷抗議事件。

影響：「週五罷課救地球」運動，其實來自於下一代對於氣候變遷的焦慮，這也意味不同世代對於生態保護的道德義務並沒有平均分擔。基於兩個原因，年輕人與學童的態度值得更加被重視。第一是，氣候變遷的惡果（如更劇烈的颱風、熱浪、海平面上升與冰山融化等）都會主要影響於未來世代，而非現在；第二，與父母或祖父母輩相比，現在的小孩輩在環境保護的失職上並沒有責任。如果這兩點適用於現在的小孩子，那對於尚未出生的「未來世代」言，豈不更適用？

但無論如何，這種所謂跨世代正義的問題，已經遭人質疑。例如，年輕世代並不是一個固定、不變的群體，他們不會永遠是年輕人，今天的學童就是明天的成人。所以，他們的價值觀與信念，也許隨著時間也會不同。因此，如果將氣候變遷問題視爲純然是世代間問題的話，其實就是忽視了某些結構性因素，例如消費性資本主義與把問題過度簡化的化約性思考的影響。最後，關於未來世代問題，因爲我們現在不能確知他們的人數，所以現在世代的犧牲有可能造就更好的未來世代生活，但是如果他們人數太多，也有可能這種犧牲依舊於事無補。

從占有到存有

物質主義 （Materialism） 重視對於物質需要的滿足，常會將快樂與幸福視為由物質消費的水準來決定。

　　環境生態主義不單要恢復傳統道德，也想要重新塑造我們對於所謂幸福與快樂的定義。因此，它特別對**物質主義**與消費主義提出了批判。消費主義乃是一種心理文化現象，把物質性消費等同個人快樂，這也就是德國的社會心理學家佛洛姆（Eric Fromm, 1979）所謂的「擁有」的心態。對綠色理論家而言，「擁有」——也即是從占有、控制獲得滿足——至少在兩方面是有缺陷的。第一，它會減少而非增加我們的幸福感。由於現代的廣告行銷技巧高明，使得消費者陷入物質慾望的漩渦，再怎麼買都覺得不滿足。消費主義並未滿足慾望，而是不斷創造新慾望，使得人一直在渴求中。第二，物質主義與消費主義是造成環境惡化的文化上原因。消費社會鼓勵人們將短期的經濟考量置於長期的生態考量之上，也就等於是將大自然當成一種供消費的商品看待。在這樣的觀點下，我們其實可以把環境生態主義看成是某種後物質主義與反消費主義。

主要概念

後物質主義（Postmaterialism）

　　後物質主義是用經濟發展程度來解釋政治上會有的關懷與價值。它與心理學家馬斯洛（Abraham Maslow, 1908-1970）的人類「需求層次理論」有些許相關。在此理論中，人類對自尊及自我實現的需求是在於物質需求之上的，這意味了當物質資源稀少時，人類會自私地及貪婪地想要攫取物資自保；但是當豐裕繁榮時，人類應該會更注重物質以外或生活品質。通常是指道德、政治及個人自我實現方面的事。一般來說，這常包含了性別平權、世界和平、種族和諧、生態及保護動物等議題。

　　綠色理論家們在尋找新的人類幸福之意義時，通常會強調「生活品質」及關懷，也就是把幸福與物質的擁有分開。生態無政府主義者、生態女性主義者，以及尤其是「深」的生態主義者，最重視此點。他們贊成佛

洛姆的說法，我們應區分「擁有」與「存有」，後者係來自於較無私生活的經驗與分享，它會帶來個人的成長與精神上的覺醒。所謂注重「存有」，乃是一種心靈上的態度。它尋求超越自我，承認每個人其實都與其他生物、甚至整個宇宙相聯繫。澳洲哲學家福克斯（Warwick Fox, 1990）宣稱，他已從「深」生態主義進入到「跨越人本」（transpersonal ecology）的生態主義，意味承認萬物都有其意義，人類及萬物都是一個宇宙體的一部分。對奈斯來說，「自我實現」來自於培養更包容與深刻地「認同他人」之襟懷。這些想法在東方宗教中都很常見，特別是佛教。因此，它本身就一直被視為是一種生態哲學。佛教的其中一個觀念，乃是「無我」，意味所謂「個人」其實是一個迷思或是幻象，而悟道就是認清此事實，而超越個人侷限，體悟萬物本一體。

環境生態主義的類型

環境生態主義中最重要的流派如下：

◆ 溫和的生態主義（reformist ecologism）
◆ 社會主義的生態主義（eco-socialism）
◆ 無政府主義的生態主義（eco-anarchism）
◆ 女性主義的生態主義（eco-feminism）
◆ 「深」的生態主義（deep ecology）

溫和的生態主義

現代性或是溫和派生態主義，乃指大多數環保團體或是主流政黨都採用的生態主義立場。它名為溫和派是因為雖支持採行環保政策，但是卻不放棄資本主義的重要特色，例如追求個人利益、物質主義、經濟成長等。因此，很明顯它是「淺」的或是「人類至上」的生態立場。這種生態觀的主要特色是，它能認清無止盡的成長終將破壞環境。因此，污染、二氧化碳排放、非再生能源耗竭及各種環境的破壞，最終會威脅人類的經濟及繁

榮。這種生態立場的主要概念，即是「永續發展」，或是更精確地說，環境永續下的資本主義。以經濟術語來說，這就是「放慢速度地追求成長」。所以，溫和派的生態主義只願意稍微顧及環境價值與倫理。因此，激進的生態主義者經常批評它是徒勞無功的：因爲它乃是問題的來源，而非解答。

影響這種立場出現的兩個意識形態，乃是自由主義及保守主義。自由主義對於生態主義經常是愛恨交織的。激進生態主義者最常批評自由主義中的個人主義爲「人類中心論」，同時也攻擊古典自由主義的基礎——效用主義，將幸福等同於物質享受。從宏觀看來，自由主義的原子式社會觀可看成是笛卡爾—牛頓典範的政治版（Capra, 1982）。然而，當代自由主義中對自我實現與個人發展的重視，可說是「開明」的人類中心主義，認爲人應該考慮長期而非短期利益，而且不要只在物質慾望上打轉，要向更高層次（例如，對自然的愛好）的快樂發展。彌爾（J. S. Mill）對於過度快速工業化的批判，及對在地居住與國民經濟形態的讚許，就是一個例子。因爲，他認爲浸盈於大自然，是人類自我實現不可少的一部分。

主要概念

永續性發展（Sustainable development）

永續性發展意味「顧及現在的需要，但是也不會影響後代子孫」《布倫特蘭報告》（*Brundtland Report*, 1987）。它包含兩個概念：一、需要的概念，特別是窮人的需要；二、節制的概念，特別是關於如何滿足現在及以後的需求。「弱」的永續發展，意味在支持經濟成長之餘，不要讓生態成本太高以致妨礙永續發展，也因此就是將一部分自然資源代之以人造資源。但是，「強」的永續發展，則是反對「弱」永續發展的傾向經濟成長之立場，而主張全面保護自然資源。

保守主義者基於兩點理由而對環境保護議題表達同情。第一，雖然它並不主張進入所謂「後工業社會」，但是卻憧憬能夠回到以前逍遙的農業生活中。這種意識通常會體現在對天然資源，如森林的保護上，也會對傳統建築及社會傳統加以維護。也就是說，對自然的保護與對傳統價值

或制度的固守合而為一了。其次，保守派們常常想藉由市場機制，來解決環境維護的問題，甚至他們還提出了所謂**綠色資本主義**的觀念。由市場來解決的意思，是藉由徵稅來主導資源的走向，鼓勵或引導企業或個人進行節能或減少污染，以實現如「京都議定書」中的環保目標。綠色資本主義相信有綠色傾向之消費者，會迫使企業生產有環保概念之商品或採用「綠科技」。這樣的思維，是建立在**消費者主權**的觀念上，並且相信對環境「負責任」的消費趨勢，的確有其市場影響。因此企業的長期獲利，實繫於能有一個永續發展的環境。

> **綠色資本主義**
> （Green capitalism）
>
> 相信資本主義市場機制可以幫助達成環保目標，因為市場通常會反映消費者的意向。

> **消費者主權**（Consumer sovereignty）
>
> 競爭性資本主義理論的一個觀念，認為消費者的選擇是市場經濟中，最終的決定因素。

社會主義的生態主義

生態運動中有一股社會主義的流派，其在德國綠黨中特別興盛，而且它的許多領導人都曾是德國的極左翼團體分子。生態社會主義從鄉村社會主義者，如莫理斯（William Morris）那裡得到了貼近自然的小農莊生活理念，但是，它更與馬克思主義連結。巴洛（Rudolph Bahro, 1982）是德國生態社會主義的領導人之一。他認為，基本上生態危機來自於資本主義，自然界被工業化破壞殆盡，而這是資本主義一味追求利潤所導致。根據此觀點，資本主義對環境不友善乃出於幾個原因。其中，包括了私有財產制鼓勵了人是自然之主人的信念；市場經濟把自然也「商品化」，也就是說它把自然看成是可以交易買賣的標的；資本主義體系助長物質主義與消費主義，因此一味地追求經濟成長。從以上來看，所謂「綠色資本主義」根本是個矛盾的名詞。

社會主義的生態主義核心理念是：資本主義為環境的敵人，社會主義是朋友。但是，就如同社會主義的女性主義面臨階級或性別的優先考慮一般，生態社會主義也面臨「紅」或「綠」的優先選擇問題。如果環境危機是資本主義的副產品，則環境問題應該以取消或是壓制資本主義為考量。

因此，所有的環境生態主義者應該團結一致，不應分派，團結在一個社會主義政黨下，以推翻資本主義經濟體系爲唯一目標。但是，確實有時候社會主義又被認爲是傾向於生產的一種意識形態：它主張儘量利用地球資源，以裨於全人類，而非僅是資本家。有許多社會主義政黨其實對於環保政策實行不力，因爲他們在選舉壓力下，被迫要追求經濟成長。因此不太願意爲了環保而犧牲社會主義理想，他們之中有些人甚至已不將生態議題視爲是重要議題了。

無政府主義的生態主義

　　大概所有的意識形態中與環保最相容的，乃是無政府主義。在卡爾森《寂靜的春天》出版前數月，布欽出版了《我們的人工環境》（*Our Synthetic Environment,* [1962] 1975）一書。許多環保人士也承認其理念是受到19世紀無政府主義的共產主義者——特別是克魯泡特金——之影響。而布欽認爲很明顯地，無政府主義與生態主義之間是密切相關的（Bookchin, 1977）。因爲，在社會生態學的概念下，生態的均衡其實是社會穩定的最佳基礎。無政府主義者希望解消國家，而人類的互相尊重及凝聚感，可以形成和諧秩序。社會中的多元及分異，正好是社會內涵豐富的來源。而恰好生態主義者也相信，生態系統會形成自然的和諧均衡。無政府主義者拒絕政府，正如同生態主義者反對人類控制自然一般。布欽因此將無政府主義社群類比爲生態系統，而認爲兩者都鼓勵多元、平衡及和諧。

　　無政府主義者同時也提倡個別分立的社會，各自是由村落及社群組成，這是很多深的生態主義者所期盼的生活方式。在此中的生活是貼近自然的，每一個社群都力求自給自足。這些社群內有不同功能的人，有人生產糧食，有人是手工匠。每一個社群靠著天然環境之賜予，而謀求自給自足，與環境間形成一個有機的關係。在布欽看來，分立的小社會制度，會使我們更懂得好好利用與更珍惜天然資源。這種立場，雖然受到生態運動中極端流派的欣賞，但是卻成爲主流生態主義與無政府主義間的區別。因爲，前者認爲政府與國家機器，乃是推動生態運動所須要藉助的工具。

> **重要人物**
>
> ## 布欽（Murray Bookchin, 1921-2006）
>
>
>
> 　　美國無政府主義的社會哲學家，以及環保思想家，他是社會生態學思想的主要人物。布欽對無政府主義的貢獻在於，他強調在豐裕社會及完全分權體制下，無階層式平等合作的可能性。他強調生態原則可以被應用至社會組織中，並且指出環境危機乃是社會與自然中有機結構的崩壞所致。布欽的主要作品包括《關於自由的生態學》（*Ecology of Freedom*, 1982），以及《重新擁抱人性》（*Re-enchanging Humanity*, 1995）。

女性主義的生態主義

　　許多人非常相信，女性主義可以成為環境保護的良好途徑，而這股力量茁壯到生態女性主義，已經成為環保運動思想中最重要的一支，它主要的理論家包括了華倫（Karen Warren）、施華（Vandana Shiva）與莫岑（Carolyn Merchant）。生態女性主義者的核心理念是生態災難來自於父權體制：自然並非遭受全人類摧殘，而是受到父權下各種機制的威脅而被破壞。採取雌雄同體或無性別觀點看待人性的女性主義認為，父權制扭曲了人天生的本能及感知能力。因為，男人缺乏哺育、持家及人際關係的適當經驗。性別上的勞動分工，使男人想要征服自然與女人，將自己視為是二者之「主宰」。由此觀之，生態女性主義可看成是一種社會生態學，將內部元素平衡。但是，也有一些生態女性主義者持本質論看法，他們認為男人與女人基本上不同，因此不可如此看待此事。

　　達莉（Mary Daly）在《女性生態學》（*Gyn/Ecology*, 1979）一書中就持此看法。她認為，女人如果能發揮女性天性，則可以從父權文化中解放出來。女性與自然二者間的連結，並不是一個新穎的概念。基督教出現前的宗教及許多原始文明，都將大地或是自然視為女性的，這從蓋婭神話中可看出。當代的生態女性主義者，強調女性在生理上接近自然，因為她們懷孕及哺育嬰兒。然而，女性需在自然的節奏及過程中生活，這個事實也

重要人物

莫岑（Carolyn Merchant, 1936- ）

　　美國女性生態主義哲學家與科學史家。她的作品強調性別壓迫與「大自然之死」間的關係。莫岑發展出一套特別的科學史解釋，認為人類由於機械式的自然觀，導致了對自然的壓榨破壞。因此，她主張全球性的生態革命，需要大幅改變兩性關係，不應再存有壓迫關係。主要作品為《大自然之死》（*The Death of Nature*, 1983）、《激進生態學》（*Radical Ecology*, 1992）與《自主的大自然》（*Autonomous Nature*, 2015）。

形塑了她們的政治及文化觀點。傳統的「女性」價值包括互助、合作及撫育，這些都與生態的特性相關。女性應該不會像男性般把攫取自然資源、征服自然，看成是與自然的關係之本質。因為，女性很容易感覺自然是在其體內的，她們直覺上就感覺需要與自然一體，而不是對抗它。因此，把父權推翻，人類社會就可以獲得與自然的嶄新關係。也就是說，生態女性主義與「深」的生態學一樣，都對於生物中心論有很堅定的認同。

深的生態學

　　深生態學這個名詞，有時亦稱為「生物中心主義」或是「生態哲學觀」，是1973年時由奈斯（Arne Naess）所發明的。對他來說，「深」這個字意味著面對人類與生態圈間的一些基本哲學問題，把「為什麼」與「如何」做「更深入」的探究。「深」生態學的基本信念是，人類中心主義（即使是開明的人類中心論）與生態間是完全不相容的；事實上，人類中心論是對於生態原則的破壞。

　　這樣的看法，有深刻的道德及政治意涵。深的生態主義者視自然為德性之源。因此，自然具有的價值，不在於它可以帶給人類利益的這種工具性價值，而是它自身的存在就是價值。李歐波（Aldo Leopold）在他的《沙鄉年鑑》（*Sand County Almanac*, [1948] 1968）中用「土地倫理」

重要人物

奈斯（Arne Naess, 1912-2008）

　　挪威的哲學家、作家與登山家，他被視為「深」的生態主義思想之父。他的哲學稱為「環境哲學T」（Ecosophy T，這個「T」乃是「Tvergastein hut」的簡稱，也就是他獨居在挪威山上的小屋之名稱。）這個環境哲學受到史賓諾莎、甘地（非暴力思想）與道家哲學的影響，他宣稱「地球並不屬於人類」，而所有生物都有權利居住與繁衍其中。

來表達這種深生態學的觀點：「凡能保護生態圈的完整、穩定與美就是對的事物，反之就是錯的。」這樣的道德觀點，我們可稱之為**生物平等論**。奈斯（Naess, 1989）則用**生物多樣性**來表達此理念，也就是說「每個物種都有存活與繁衍的權利」。伴隨著這種生態中心論式的倫理觀點出現的，是一種新的**形上學**，它是思考與了解這個世界的新方法。因此，在面對形上學的問題時，深的生態學在所有的生態立場中，可說是激進的。深的生態學呼籲我們改變想法，尤其是應該建立起「生態自覺」或是「寰宇意識」。而其中核心的觀念，即是設身處地對「自身」與「他者」間的差異的跨越，也就是盡力消除人與自然間的區分。

　　深的生態學也處理有關環境破壞與如何防止其發生的問題。但是它並不將此歸因於某些特定政策或是社會、經濟與政治體系的問題（例如，工業化、資本主義與父權體制等），反而認為最根本的原因，乃是文化及認知上的。從17世紀以來支配西方社會、稍後擴及全球的機械式世界觀乃是核心原因。最重

生物平等論
（Biocentric equality）

認為生態圈中的所有生物都是平等的，每一種都是大自然之美好的一個呈現。

生物多樣性
（Biodiversity）

指在一個生態環境中物種的數目，通常被視為是這個環境是否健康穩定的指標。

形上學（Metaphysics）

哲學的一個分支，通常是關於事物存有之本質的解釋討論。

要的是，這個認知上的典範有雙重涵義：一方面它將世界視為二分的他／我、人／自然、個人／社會、心／物、理性／感情等；而另一方面，也使我們把自然看做是靜態的、本身無意義的，僅提供人類各項滿足之物。在此情況下，則只有一個典範轉變——我們看待世界方式的改變——才能有效改變環境惡化問題。

除了提倡以上這些新的思考外，深的生態主義也呼籲人類朝以下數個目標努力：

> **保護主義**
> （Preservationism）
>
> 面對自然環境的一種態度，通常力求不改變自然，對自然環境不要留下人為的干擾痕跡。

◆ 荒野保護。深的生態主義者希望大自然能夠維持「荒野」與「自由」。因為，他們相信沒有被人類干擾的自然世界是智慧及道德的泉源。如仔細區分的話，**保護主義**跟維護主義（conservationism）是不同的。後者其實對自然的維護，是為了滿足人類長期的需要。深生態學所謂的「荒野行為準則」（wilderness ethics）通常被認為來自梭羅（Henry David Thoreau），他為了追求精神上的境界及自給自足的生活，曾經在大自然獨立生活了兩年，這在他的著作《湖濱散記》（*Walden*, [1854] 1983）中有詳細記載。

◆ 節育。雖然各派的生態主義者，都關心人口快速增加的影響，但是深的生態主義者對此特別重視。因為他們認為，盡量減少人口是保存地球其他生命最好的解決方案。因此，他們之中有些人竟然反對對開發中國家援助，呼籲開發中國家勵行節育措施，或是反對開發中國家人民移民到已開發國家。

◆ 簡單生活。深的生態主義者相信如奈斯所言，人類若非為了生命所需，否則沒有權利影響大自然的豐富及多樣性。這種哲學被稱為「在地球上輕步行走」。這無疑是主張我們應重視生活的品質（存有），而非一味攫取物質（占有），而且跟後物質主義所主張的**自我實現**有關。從另一角度看，就是「內在豐富，外在貧乏」的生活觀。

> **自我實現**
> （Self-actualization）
>
> 透過克服物質慾望及自私心態，而達成的內在精神圓滿。

◆ 生物區主義。主張人類各個社會的邊
界應該與生物區相符，因而每個生物
區就是一個生態圈。**生物區主義**的想
法很明顯與現行的國界衝突。雖然深
的生態主義者沒有明言在生物區中，
人類如何組織成各式單位，但是都公

> **生物區主義**
> （Bioregionalism）
> 認為人類的經濟、政治及
> 社會組織，應將生態區的
> 界線納入考量。

認獨立、自主、自給自足的公社形態是理想的。

環境生態主義的未來

環境生態主義的前景，繫乎於環境危機的程度與人類對於環境問題重
要性的了解程度。生態危機的例證逐漸累積與明顯，例如氣候變遷、污染
造成男性不孕症案例增加、物種滅絕等，在在都促使人類應該更積極擺脫
對於經濟成長與工業發展的沉迷並尋找替代方案。在某些國家中，綠黨聲
望的起起伏伏與致力於某些單一環保問題的團體，其實並未能給予我們解
決環境問題之信念的可靠力量。綠黨面對的其中一個問題是：他們過去最
主要的對手現在已經採行了「生態友善」的立場，這在過去曾是綠黨的專
屬標籤。另一方面，參與環保團體的人數其實並未反映出在社會上也持有
相同理念的群體之規模，同時許多贊成資源回收、有機飲食與素食主義者
也未必在綠黨中。因此，我們可預期在觀念上「轉綠」的人會逐漸增加，
一起參與扭轉往昔帶來破壞生態、遭致危機的政策或是生活習慣。

然而對環境生態主義而言，一些重要的問題等在前方。首先，我們
很難期待它可以成為一個普世的價值觀。對開發中國家言，嚴苛的生態
標準等於限制了他們在物質層面追上西方世界、大規模工業化、竭力開
發有限天然資源與不必在乎污染等的機會了。第二，工業主義與相應的
價值觀，例如競爭式個人主義與消費主義，其實已經深植人心，有一部
分乃是經濟全球化的結果。第三，環境生態主義打出的反經濟成長與降
低成長的目標，其實有其施行困難。因為，要求「零成長」或是「永續
性發展的成長」，對於某些選民來說不具吸引力，因此在政治上無法成

功。COVID-19疫情以來，各國只要公衛危機稍緩，就都戮力於振興經濟與追求成長，即可看出大家對於經濟是多麼執迷。第四，環境生態主義會不會只是都會人的時髦玩意兒，後工業化時代的浪漫想法？這個論點意味著，環保意識可能是年輕世代與有錢人，對於工業化的暫時性反彈而已。最後，也許對生態主義最嚴苛的挑戰在於，它在追求一個太大的改變。它不但呼籲我們在經濟行為上改變，也追求政治權力的重組，更希望人類可以過一種新的生活——對生命存有本身的重新體驗與認知。這不容易！

問題討論

- ⮑ 生態思想如何影響傳統政治模式？
- ⮑ 「開明」的人類中心論，本身是否是個矛盾？
- ⮑ 為何環境生態主義者對科學既愛又恨？
- ⮑ 永續發展的經濟，其特色為何？
- ⮑ 所有的思想都應該是涉及到人類存有與環境的「體系性」的嗎？
- ⮑ 環境生態政治如何振興了傳統道德價值觀？
- ⮑ 我們對未來世代的生存環境有責任嗎？這些責任有多少？
- ⮑ 環境生態主義如何重塑了人類對自我實現的看法？
- ⮑ 哪一種意識形態與環境生態主義最契合？何故？
- ⮑ 環境生態主義的目標，何種程度上只能靠激進社會變革達成？
- ⮑ 深的生態學可以作為綠色政治思想的核心理念嗎？
- ⮑ 環境生態主義的政治立場，對選民有吸引力嗎？

進階閱讀

Carter, N. *The Politics of the Environment: Ideas, Activism, Policy*, 3rd edn (2018). 對環境政治運動與其如何影響政府的一本極佳的入門書籍。

Dobson, A., *Green Political Thought. 4th edn* (2007). 本書對綠色政治之相關觀念，做了簡明有用地介紹。有時被視爲此主體的經典讀本。

Dyzek, J. & Schlosberg, D. *Debating the Earth: The Environmental Politics Reader*, 2nd edn (2005). 廣泛蒐集了環保運動中重要的議題、辯論與觀點的文獻集。

Gabrielson, T. *et al. The Oxford Handbook of Environmental Political Theory* (2016). 關於環保思想或它與其他意識形態對話的最新與最權威的文獻選輯。

Solutions Journal www.thesolutionsjournal.com. 有關環保政策與環保思想並有審查機制的線上期刊。

第十一章　多元文化主義

本章簡介

　　雖然多元文化的社會早就存在——例如，在16世紀末及17世紀初期的奧圖曼土耳其帝國，以及19世紀起的美國——但是「多元文化主義」這個詞，卻是晚近的發明。在1965年時，加拿大首先採用此名詞，來描述他們對於內部文化歧異現象的解決之道。在1971年時，「多元文化主義」被正式用來作爲加拿大處理差異（主要是英、法語區）的國家政策，這就是1988年「多元文化法案」的由來及基礎。澳洲在1970年代正式宣布，多元文化主義爲其國家政策。然而，這個詞一直到1990年代，才成爲政治辯論的焦點。

　　其實多元文化主義與其說是意識形態，不如說是意識形態辯論的一個主題。作爲辯論的標的，它內含對於文化歧異現象日漸升高的各種看法，特別是這種歧異現象要如何與政治統一的目標共存。多元文化主義的立場，隱含了對於文化歧異現象的接納與肯定態度，因爲它認爲不同文化群體有被承認及尊敬的權利。由此看來，其實它是承認：不管個人或是群體，有其自身的信仰、價值及生活方式，對於建立他們的自我肯定是很重要的。任何特殊的文化，特別是當他們明顯是弱勢或是少數時，都值得被保護及強化。但是，多元文化社會卻有不同的存在模式。例如，自由主義式的、多元主義式的以及普世性的，每一種都各自立基於對群體協同與分歧的不同平衡方式。

起源及歷史發展

1960年代及1970年代，許多少數族裔湧現了政治意識，這個現象被稱爲**族裔文化民族主義**。這現象在亞、非、拉丁美洲都出現，但在北美、紐、澳大洋洲以及西歐最爲顯著，因爲在這些自由主義民主體制的地區，尋求文化與族裔的認同較受包容。例如加拿大魁北克法語區、英國的蘇格蘭及威爾斯、西班牙的加泰隆尼亞及巴斯克地區、法國的科西嘉，以及比利時的法蘭德斯最爲明顯。至於美國及加拿大的原住民、澳洲及紐西蘭的原住民毛利人等，也都趨向於伸張自身族群意識。爲了應對這些要求，愈來愈多國家開始採行「官方」的多元文化主義政策，而以1988年的《加拿大多元文化法案》（Canada Multiculturalism Act）最爲經典。這個法案允許加拿大所有族裔保存、增進與分享他們的文化傳統，而且支持所謂的「**雙語主義**」。

> **族裔文化民族主義（Eth-nocultural nationalism）**
>
> 一種由對自身的族群、文化之獨特性體認而產生的民族主義，很注重保存維護此特色。

> **雙語主義（Bilingualism）**
>
> 能說兩種語言的能力，或是社會中普遍能說雙語。

以上所有的民族自覺運動之共同特色，是他們都強調要挑戰現存的經濟及社會上邊緣化情形，有時甚至要挑戰種族的壓迫。這樣看來，種族政治其實是政治解放的工具，爲的是要消除結構上的不利，以及先天因素上的不平等。對美國及西歐的黑人而言，種族認同的建立，提供了他們對抗支配性的白人文化的工具，而白人長久以來一直強調黑人的素質低，因此要求他們順服。

在一些社會中，除了少數民族本身在自我集體意識上的提升外，自1945年以來國際間的移民風潮，也加深了各個社會中的文化歧異，同時更促進了多元文化政治的興起。許多西方社會爲了在戰後重建，大量引入外籍勞工，而移民也趁此機會尋求經濟改善的機會。很多印度、孟加拉與巴基斯坦人到中東，愈來愈多的中國人到非洲。在歐洲國家方面，很多時候，這些勞工其實是來自於各國的前殖民地，例如進入英國的勞工，多是由西印度群島及印度而來；而在法國，則是由阿爾及利亞、摩洛哥及突尼

西亞而來；西德的「候鳥型」外籍勞工，則是從土耳其及南斯拉夫來。後冷戰時期，這個趨勢更為增強，主要是由於開發中國家的內戰、種族衝突、政治動盪等問題，以及全球化帶來的不斷惡化之經濟弱勢。因此，愈來愈多社會經歷了族裔的多元化現象，這表示單一文化的民族國家已經成為例外，而非常態。

到了2000年代初，愈來愈多的西方國家，包括幾乎所有的歐盟成員國，在公共政策上都已採取了多元文化主義。這在比利時、芬蘭、希臘、愛爾蘭、挪威、葡萄牙、西班牙與瑞典，尤其明顯。儘管如此，未來的發展上可能還是會朝反對多元文化主義進行。尤其在歐洲，認為多元文化主義已「走過頭了」或是「失敗了」的看法，現在變得愈來愈流行。這種反對聲音跟民粹的民族主義之興起有關，如第8章所討論。

核心理念

多元文化主義這個詞有多重涵義，包括描述性的及規範性的意義。作為描述性的詞，它意指一個社會中因存在多種民族群體，而有文化上的歧異與各自的群體認同。由此來看，多元文化主義就是代表了因種族、族裔，或是語言所引發的差異。但是，它也可以用來作為政府對應這種現象的政策立場。多元文化主義的公共政策，不管在教育、醫療、住宅，或其他社會政策方面，都承認不同族裔文化各自的主體性、各自之需要與保障其**機會平等**。多元文化主義在制度上的設計，當然是要比理念上來得具體及走在前端，因為它必須要在種族、宗教及其他分歧之下，來做好政府管理工作。基本上，它是採用**協商式民主**的形式，並已在荷蘭、瑞士、比利時，以及北愛爾蘭的議會中，或是波士尼亞－赫塞哥維納聯邦的憲政安排中顯現。

機會平等（Equality of opportunity）

是指生活中各種機會能公平的分配，或是所謂有一個「公平的競技場」的存在。

協商式民主（Consociationalism）

在一群政黨以及政治組織間，透過緊密聯合來一齊分享權力，特別是指在深度分歧的社會中。

作爲規範性概念，則多元文化主義表現爲對於文化歧異的尊重與肯定態度，它認爲不同的文化群體，都有權受到主流社會的認可及尊重。然而，多元文化主義與其說是一種政治意識形態，不如說它提供了一種意識形態的「空間」，它並非要提出某種關於經濟、社會或政治的願景與世界觀，而毋寧是提供一個辯論的舞臺，容許對於多元文化下如何達成政治凝聚之種種看法互相交流。但無論如何，我們還是可以辨識出多元文化主義的某些意識形態上的特色，其中最主要如下：

- ◆ 後殖民主義（postcolonialism）
- ◆ 認同政治（politics of recognition）
- ◆ 文化與認同（culture and identity）
- ◆ 少數族裔權利（minority rights）
- ◆ 在差異中共存（togetherness in difference）

後殖民主義

多元文化主義在政治與文化上的基礎，乃是二戰結束歐洲殖民帝國崩解後興起的後殖民主義奠定的。後殖民主義一開始時是文學與文化研究上的一股風潮，主要是描繪與表現剛從殖民地解放出來的社會之狀態。其目的在於，推翻與解除這些地方的被殖民心態，因爲「心理上」的臣屬狀態，可能在政治上獨立後還延續甚久。後殖民主義的主旨在於，建立非西方甚至反西方政治思想的正當性。因此它企圖給予發展中世界除了自由主義與社會主義這類普世思潮之外的政治可能性（在教育的場域，這意味了逐漸高漲的「教實課程去殖民化」之呼聲。見本書第1章）。

東方主義（Orientalism）
對「東方」或東方文化的刻板印象描述，經常是在刻意扭曲或是貶抑的西方視角下爲之。

薩伊德（Edward Said）著有後殖民主義中最有名的一本書，《東方主義》（*Orientalism*），而「**東方主義**」也成了他創發的概念，用來指涉西方世界對其他地區——特別是近東與遠東——的文化上「霸權」現象，也就是對其他文化塑造出一些引發輕視與醜化的

「刻板印象」。這些「刻板印象」諸如「神祕的東方」、「淫蕩的土耳其人」與「亞洲人深不可測」等。藉由這些例子，薩伊德描繪出「東方主義」論述的形式，因而認定東方主義乃是**歐洲中心論**的表徵。

> **歐洲中心論（Eurocentrism）**
>
> 將歐洲文化中的制度與理論施用到其他文化的心態，代表了一種偏頗的世界觀。

主要概念

殖民主義（Colonialism）

殖民主義乃是尋求控制一個國外的領土而讓它成為「殖民地」。因此，殖民主義是帝國主義的一種特殊形式，它通常表現為殖民占領、剝奪與經濟支配。在非洲與東南亞，殖民統治的形式乃是由母國的人組成一個統治社群。對比之下，「新殖民主義」基本上是一個經濟現象，由先進國家輸出資本到較不發達的國家（例如，美國對拉丁美洲國家的「美元帝國主義」。）

重要人物

薩伊德（Edward Said, 1935-2003）

生於耶路撒冷的美籍學者與文學批評家，以支持巴勒斯坦的建國和後殖民主義理論聞名於世。自1970年代起，他發展出一種藉由揭發與殖民主義的關聯，而對西方啟蒙運動所做的人文主義式批判，特別強調「壓迫敘事」、文化與意識形態的偏頗，這些因素所加諸被殖民者的思想束縛。因此，他譴責「歐洲中心論」企圖強加其價值於世界各地的野心。主要著作有《東方主義》（*Orientalism*, 1978）、《文化與帝國主義》（*Culture and Imperialism*, 1993）。

美國與其他地方的黑人民族主義乃是後殖民主義的最早表現之一。它主要是用來提升黑人的自覺意識，而這可回溯自20世紀初以及賈維（Marcus Garvey）（見本書第6章）所提倡的「回到非洲」運動。美國的黑人自覺政治運動從1960年代以來獲得很大的進展，這得力於溫和派與激進革

命派兩方面同時的運作。在溫和派方面，馬丁路德金恩領導的民權運動獲得全國性的聲望，但是這種非暴力的公民不服從方式卻不爲「黑人力量運動」（Black Power Movement）所接受。這個運動包含了一些鬆散的「分離主義」團體，例如「黑豹」與「黑穆斯林」（現稱爲伊斯蘭族，Nation of Islam），著名人物如土爾〔Kwame Ture，原名斯托克利卡邁克爾（Stokely Carmichael, 1941-1998）〕。而晚近黑人自覺運動受到2013年開始的「黑人性命也重要」（Black Lives Matter）運動的影響而又重振。這個運動剛開始時是針對反種族歧視／警察暴力，但是從2020年以後它已經成爲全球性的組織，致力於文化、教育與社會方面的反殖民化。

認同政治

多元文化主義理論家們認爲，少數文化群體相對於主流群體一定較不利，要矯正這情形唯有對社會中的規則及制度做重大調整。以此來看，多元文化主義與其他許多意識形態（如社會主義與女性主義）一樣，都是爲邊緣、劣勢或被壓迫的團體發聲的。但是，多元文化主義卻採用了一個與傳統不同的新方法來追求社會公平，這包括了權利、重分配與認同三種政治面向（見圖11.1）。

方式	進階之主要障礙	關鍵主題	改革與政策項目
權利政治（共和主義）	法律及政治權利之缺乏	普遍公民權	·制度上平權（法律和政治權利） ·禁止歧視 ·禁止歧視性標定〔標定（profiling）是指預設與犯罪有關〕
重分配政治（社會改革）	劣勢經社地位	機會的平等	·社會權 ·福利與重分配 ·反歧視措施
認同政治（多元文化主義）	文化上的被邊緣化	群體的自信心	·獲得尊敬與認可之權 ·少數族裔之權利 ·群體自決權利

圖11.1　達成社會進階的不同方式

　　所謂「權利的政治」概念是根植於共和主義，許多人認為它與自由主義是高度關聯的。共和主義的關懷是社會中某些人是否能與其他人一樣享受法律與政治權利，而不被排除在外。所以其核心概念是普遍公民權，也就是說社會中每一個人在政治與法律上都要有同樣的權利地位。這種共和主義式想法，反映在第一波女權運動上，那時婦女解放運動所爭取的是投票權及教育、工作與公領域上的平等。也就是說，共和主義的立場是公民間不應有差異：它把「差異」看成是「問題」（因為帶來歧視及不公平待遇），因而需要在公平的目標下被解消或超越。共和主義者相信，**制度上的公平**可以為社會帶來進步。

　　而「重分配的政治」作為社會改革理念，乃是根源於當代自由主義與社會民主思想。它認為僅是普遍**公民權**與制度上的平等，還不能真正消除社會群體間出現臣屬與邊緣化的情形。某些人的劣勢不只來自法律及政治上的不公平，更重要是來自於像貧窮、失業、無住宅與缺少教育機會這樣的社會生活困境。於是社會改革的關鍵理念便是機會均等原則的實現，其意涵是「公平的競爭環境」，即人在社會中地位的升降，應和個人能力與努力意願相關，而非其他因素。這也意味我們的焦點從法律上的平等，轉到社會資源分配上的均等；而後者需要社會向財富平分配的目標去努力，以消滅貧窮及克服弱勢者失能現象。在這樣的觀念下，差異就能夠被指認出，因為它代表了社會不公平現象的存在。然而，這可能是暫時對於差異的承認，因為標定出團體間的不同待遇，僅是為了突顯現行結構或是作法上的不公平，以便將其改善。

　　多元文化主義卻相信，造成邊緣團體的原因其實更為深層。這不是由於政治、法律或是社會資源分配的問題，而是一種文化現象，此現象的成因是價值與刻版印象決定了人們看待彼此的方式。換句話說，普遍公民權與機會均等主義並未能真正解決問題。平權主義在法律及社會行為上的效果有限，甚至是問題的一部分（因為它掩蓋住更深層的文化邊緣化之結構

制度上的公平
（Formal equality）
人在社會中的地位是根據法律及政治上的權利。

公民權（Citizenship）
做一個國家成員的資格：它是一種個人公民與國家間基於權利義務的關係。

問題）。也因此，文化多元主義者乃傾向於強調差異而非平等。這就反映在認同政治上，它代表了對文化差異的正面肯定，甚至是慶幸，它主張幫助邊緣團體重新拾回自信，培養對自身文化的眞正認同感。

主要概念

共和主義（Republicanism）

　　共和主義最簡單的定義就是以共和代替王治。但是「共和」不只意味沒有國王，而且從其拉丁文字源 *res publica* 看來，乃是「公共事務」之意，因此，表示了人民應該管理政治。所以共和政治理論特別關注於一種自由，就是「不受支配的自由」（Pettit, 1999）。這樣一來，也就是爲了避免受暴政或是獨斷的權力所支配，人民應該有參與政治的權利與義務。因此，共和主義的核心價值乃在於公民德行，包括了公益心、榮譽與愛國心等。

文化與認同

文化（Culture）

透過學習，從一代傳至下一代的信仰、價值或生活方式等。文化與天性不同。

社群主義（Communitarianism）

社群主義相信個人經由社群而形成自我，沒有人是「孑然一身、無所承載的自我」。

　　多元文化主義中的認同政治來自一股視文化爲社會、政治認同之基礎的思想系統。從此意義言，多元文化主義就成爲文化自覺自信政治之例。如果一個人以自己的**文化**爲榮，特別是可以公開地宣稱自己的文化認同時，此時就有了社會及歷史的根源感。反之，若不敢表達自己的文化認同，人會變得孤立與迷惑。這種價值若推衍到極致，就是「文化決定論」（culturalism）——如法國哲學家孟德斯鳩（Montesquieu, 1689-1775）及德國文化民族主義者赫德所代表——將人看成是由文化所定義出的生物。在當代，文化政治由兩股力量塑造而成：**社群主義**及認同政治（見本書第323頁）。

　　社群主義對普世化自由主義提出哲學批判，因爲後者認爲，所有社會

與文化中的人都有同樣的「內在」認同。相對地，文化多元主義提倡要從普遍主義轉到特殊主義，也就是不再強調人類的共通性，而是要找出每一群人獨特之處在哪裡。在此意義下，認同將個人與社群連結起來，把個人視為是特殊的文化、社會、制度與意識形態脈絡下的存有。

社群主義認為只有社區與團體才能讓人有真正的認同感與道德歸屬。因在1980及1990年代，社群主義與自由主義兩個陣營對此展開重大辯論。辯論的結果之一，乃是許多自由主義者因此願意承認文化的重要性。這些都使得自由主義更願意被多元文化主義所吸引，而造就了日後**自由主義式多元文化主義**之誕生。

認同政治包含很廣泛的政治傾向與意識形態元素，從種族文化民族主義、宗教基本教義主義、第二波女性主義到**多元主義式的多元文化主義**等。但所有形態的認同政治共同之處在於，他們都批評普世化自由主義。普世化自由主義會邊緣化及打擊那些弱勢民族的自信心，

自由主義式多元文化主義（Liberal multiculturalism）

主張包容與道德領域的選擇自由，特別在文化與宗教方面。

多元主義式的多元文化主義（Pluralist multiculturalism）

主張開放深度歧異，因為不同文化可帶來激盪，且如此開放可避免文化帝國主義。

所以它其實代表一種壓迫，也是一種文化帝國主義。這是由於在普世化的表象後，自由主義社會的文化，其實等同於其中優勢群體的利益與價值：男性的、白人的、富裕階級的等等。弱勢群體與民族不是被刻劃成次等或是卑劣的形象，就是被鼓勵向支配他們的優勢群體看齊（而這些正好是他們的壓迫者）。無論如何，認同政治不僅將文化看成是壓迫的來源，特別當「純粹」或「真正」的認同感形成時，它也可以是解放、培力的來源。擁有這樣的認同感本身就是一種政治行動，一種意向的表達與一種挑戰的形式。這就給予了認同政治常見的戰鬥性格，也讓成員充滿心理／情感動能。所有形態的認同政治都把個人的與政治的相結合。

社群主義（Communitarianism）

　　社群主義是指相信個體來自於群體的一種信念，因為個人乃由他所歸屬的群體所塑造而成，因此有必要時時尊重與念及群體，絕對沒有一個能憑空出現的個人。雖然這立場明顯的與自由主義式的個人主義相違，但社群主義可以經由不同的政治制度來體現。左翼的社群主義認為社群應該讓個人完全自由且平等（例如無政府主義）；中間立場的社群主義則認為群體與個體互有責任義務（如社會民主）；而右翼的則堅持成員尊重權威與傳統價值（如保守主義）。

各家看文化

自由主義者：有時會批評傳統的或「大眾」文化，厭惡其齊一性或對個體性的貶傷。但是「高級」文化，特別是藝術與文學，可能會被視為有助於個人發展或是其表徵。唯有能提升智識發展時，文化才有價值。

保守主義者：特別著重文化，尤其是強調它能增強社會凝聚與政治團結的效用。從這個觀點來看，文化與傳統重疊時效能最高，也連繫住前、後世代。保守主義者支持單一文化社會，他們相信唯有共同文化，能夠孕育出連繫社會的共同價值。

社會主義者：特別是馬克思主義者，將文化視為由意識形態與政治所組成的「上層建構」的一部分，而這些又都是建立在經濟的「下層建構」基礎上。由此觀點看來，文化反映了統治階級的利益，它主要是擔負意識形態的角色。文化讓資本主義階級體系中的臣屬階級，甘於受壓迫而不自覺不公。

法西斯主義者：在理性文化與有機文化間，劃下一條強烈的界線。前者是啟蒙運動下的產品，並且由智識所形成；後者則是體現了一個民族的本質或精神，而通常以血緣為基礎。對後者而言，文化在維繫民族或族群認同上極端重要，同時也是可否創造出共同政治意志的關鍵。法西斯主義者主張，嚴格意義下的單一文化主義。

民粹主義者：特別是右翼民粹主義者，視文化為人民與菁英間衝突的主要戰場，而以「文化戰爭」的概念名之。菁英慣於護持自由與進步價值，而人民較執著於保守與傳統價值，因此常在以下這些議題上產生對立：性別平權、種族平等、同性婚姻與跨性別者權利等。

女性主義者：通常批判文化，並且相信在父權文化結構下，文化只是反應了男性利益與價值，並且協助貶低女性，讓她們甘願受制於性別壓迫。然而，文化的女性主義者，卻將文化作為伸張女性主義的工具，認為在強化鞏固女性特有的價值觀與生活方式後，女性的利益可獲保障。

多元文化主義者：認為文化是個人認同與社會認同的核心，因為它可以給人們處世之方向感，以及強化其文化歸屬感。他們相信不同的文化團體，能夠在同一個社會中和平與和諧共存，因為對文化差異的認知，反而會增強而非破壞社會凝聚。但文化歧異現象，必須不能損及一個社會的政治團結。

主要概念

認同政治（Identity Politics）

　　認同政治是政治及社會理論建構的一種類別，而非一組具體概念組成的一個實質理論。它的目的是透過建立起政治及文化自覺，來重塑一個群體的認同，並以此認同來挑戰及顛覆所受到的既有壓迫。其中含有兩個核心信念。第一，支配性群體經常藉由主導邊緣化團體的自我認知與被他人認知的方式，來建立起對其不利的刻板印象與價值觀。這使得邊緣化團體自覺低劣，甚至羞愧。第二，可藉由重塑群體認同而建立起此劣勢群體的自尊與驕傲（例如「黑（人）就是美」與「同志的驕傲」）。建立起積極正面的社會認同，就是挑戰被邊緣化與解放自我的行為。

少數族裔權利

　　推展多元文化主義與對於少數族裔權利（有時亦稱「少數文化權利」）的承認，是息息相關的。「少數族裔權利」是一種「特別」的權利，因為這只及於特定團體，而每一團體基於不同宗教、傳統及生活方式而有其特別的「認同上之需求」。金利卡（Will Kymlicka, 2000）是系統性地研究少數族裔權利且提倡最力的人。他認為少數族裔權利有三項：

- 自治權（self-government rights）乃是一國之內少數民族（原住民）應有的權利，只要是居住在一起、有共同語言及生活方式的民族群體，都應享此權利。例如，北美印地安人、加拿大依努特

人與美帝斯人都是這樣的例子。在這些例子中，所謂自治權就是指權力應該地方化，讓他們自己形成政治單元管理自己，範圍甚至及於不隸屬切割權及事實上主權獨立等。

◆ 多族裔共存權（polyethnic rights）乃是指移民社會中，因宗教或是血緣相同而形成的少數群體，應有權利維持及保存他們自身的文化特色。這就牽涉到了法律上的特准，例如猶太人及穆斯林因有獻祭儀式，故可以免於被指控屠殺動物，以及穆斯林的女孩在學校中，可以穿著自己的服飾，而不受校規拘束等。

◆ 代表權（representation rights）乃是指在教育或政治的較高階職位上，應該保障弱勢族裔有一定的參與比例。金利卡提出了**優惠性歧視**這個概念，因為唯有如此，少數族裔才能參與主流社會，而公共政策也才能照顧到他們的福祉，而不是只考慮主流族裔群體。

> **優惠性歧視（Positive discrimination）**
>
> 對於某個過去受到歧視待遇，或結構性不平等對待的團體，所進行的特別補償措施。

我們可用以下幾種理由支持少數族裔權利這個概念。第一，它被視為是（特別是自由派的多元文化主義者）對個人自由與自主性的保

重要人物

金利卡（Will Kymlicka, 1962-）

加拿大政治哲學家，也是自由派的多元文化主義理論家。在《多元文化公民》（*Multicultural Citizenship*, [1995] 2000）一書中，他主張某些少數族裔如擁有「集體權利」，是跟自由主義民主的精神符合的。但是他也承認對於少數群體，不能以單一原則適用。因為，例如移民團體就與原住民的需求不同。對他而言，文化認同與少數族裔權利與個人自主性息息相關。在這個主題上，他還寫了《沉浸於多元文化》（*Multicultural Odysseys*, 2007）。

障。因爲在此觀點下，對自身文化的認同是使人活得自在的最佳方法。泰勒（Charles Taylor）認爲，個人的自尊與其文化上的身分認同密切相關。如果人們都是從文化中獲得了自己是誰的了解，則人權觀念毫無疑問應該跟少數族裔權利密切連結。

　　第二，很多時候少數族裔的權利可以幫助對抗壓迫。也即是說，社會如果藐視或是忽視某些人的文化認同，則無異於「傷害」他們——在此，「傷害」意指「拒絕承認」（Taylor, 1994）。國家在中立的表象後，其實經常與主流文化站在一起：使用其語言，教授其歷史，在公共生活中採行其文化與宗教習慣；因此，少數族裔在言行或生活方式上倍覺受脅迫，且其文化岌岌可危。很多爭議圍繞著**冒犯**與「不被冒犯的權利」這些問題，尤其是關於宗教團體的神聖儀式，特別值得受到保護。如果批評或是侮辱、甚至嘲諷其信仰，就等於直接攻擊他們一樣。這在「文化挪用」（cultural appropriation）現象中可看出來。

> **冒犯（Offence）**
>
> 使人感覺受傷害甚至被侮辱。對個人的深層信仰所做的攻擊。

重要人物

泰勒（Charles Taylor, 1931-）

　　加拿大學者及政治哲學家。他從社群主義的觀點建構了一種多元文化主義，視之爲「認同政治」。他強調基於人性，人人有相同尊嚴，而基於建立個人認同的文化背景不同，人人都同樣值得尊敬。他的多元文化主義超越了古典自由主義，同時也反對特殊主義（particularism）及道德相對主義。與本章有關聯的著作是《多元文化主義與認同政治》（*Multiculturalism and The Politics of Recognition*, 1994）。

　　第三，維護少數族裔權利的理由還包括它是對社會不公義的矯正。從這方面來說，多元文化主義可以說是一種矯正社會不公的方式。它最常見的作法，乃是支持所謂的優惠性歧視，這在美國尤其明顯。1960年代以

積極性平權措施
（Affirmative action）
對於劣勢群體或少數群體
（包含女性在內），所進
行的特別輔助或優惠措
施。

來，非洲裔居民——即黑人，其政治地位改善
是由於**積極性平權措施**發揮成效。例如，在加
州大學訴貝克（*Regents of the University of California v. Bakke*, 1978）案中，美國最高法院之
裁定支持「逆歧視」（reverse discrimination）
原則，也就是允許加州大學對於黑人學子的入
學特別降低標準，給予其較一般白人學生更好的機會能進入就讀。

政治意識形態在現實中的影響

文化挪用（Cultural Appropriation）

事件：2020年1月，日本時裝品牌「像
個男孩」（Comme des Garçons）在巴黎時
裝週的表演中，讓1名白人模特兒戴著像玉
米穗黑人般的濃密髮辮，稍後他們嚴肅深
切地為此道歉。雖然他們辯稱這靈感是來
自於古埃及公主的髮型，與黑人無關，但
還是被指控是不當的「文化挪用」。2019

年9月時，加拿大總理杜魯道受到一連串嚴厲的批評，幾乎讓他無法連任
而結束政治生涯，這是因為在他19歲時刻意畫上黑人妝的照片被公開。
其他文化挪用的例子包括，在節慶時開玩笑穿戴美洲原住民頭飾的行為，
英國橄欖球迷仿唱早期美國黑奴靈魂歌曲「輕搖，可愛的馬車」（Swing
Low, Sweet Chariot），以及把印度瑜珈之意象高度商業化的行為等。

　　影響：文化挪用（或文化誤用）通常是指一個（較主流）族裔的人借
用另外一個族裔的習俗或是觀念的行為。很多人認為，這種文化「借用」
是不當且有冒犯意味的，尤其是原住民與弱勢少數族裔。理由是這些一向
被邊緣化的文化會被這些非善意、對其文化或傳統之「刻板印象」化的行
為傷害其自尊；另一方面也會深化大眾的無知與錯覺。在文化挪移的作為
下，這些主流文化視弱勢文化為嘲弄的對象，或是滿足其品嚐「異國風
情」的慾望。如此一來，文化挪移就是支持與擴大了權力的差距。

　　然而，指控某人進行「文化挪移」實屬不該，這樣的作法也遭致批
評。首先，它否認了文化本身乃是互相連結無法各自獨立的，因為文化常
呈現流動、多面向與重疊性。第二，文化挪移有時也可以是正向的，未必
都是不好的。雖然我們認為故意化黑人妝很不禮貌且有侮辱嫌疑，但有時

文化借用可能是基於對其他文化的欣賞與學習的意願。因此，文化挪用的動機比行為本身更重要，也即是說，關鍵在於初衷是否出於尊重。第三，有人認為將他人文化再現的行為，若僅出於對此行為意涵與可能的文化效應上的無知，也應該不至於構成「刻意的社會傷害行為」，因此不能真正算是侮辱挑釁。

最後，像金利卡這些多元文化論者都相信，原住民或是少數民族應該享有較移民族群更多的族裔權利。原住民族經過殖民過程後，原有自主地位被剝奪並被迫臣屬。他們當初並未選擇放棄自身文化或是生活方式，也並未同意加入新形成的國家。在這些狀況下，所謂的少數族裔權利，其實就是原住民「民族」的權利。對比之下，移民者是自願選擇前來（即使因貧窮或是政治迫害），他們可說是有義務接受移入國的核心價值與政治措施，移民應看成是默許接受目標國的制度。

然而，雖然保護原住民族利益看起來與反殖民的民族主義有關聯，但它的政治目標其實是較為溫和的。原住民族不是要建立起主權獨立，只是希望維持傳統的生活方式，以及用他們自己認為合適的方法來參與國家的社會、經濟與政治活動。根據塔利（James Tully）的看法，這就需要修改憲法以保障文化多元性與增進原住民族的權利，特別是關於在特定區域中的狩獵與捕魚權、在多數民族區域內的置產權，及其傳統家庭法律的行使。

重要人物

塔利（James Tully, 1946-）

加拿大政治理論家。他提倡能包容原住民族需求與利益的多元化的政治社會。這是因為他認為，強調主權與一致性的現代的民主憲政主義，其實是一種帝國主義，經常剝奪或漠視了原住民族原本從事政治與獲取土地的方式。他因而提倡尊重多元歧異的「古憲法」（ancient constitution），因為它把傳統價值與習俗都看成是正當的。塔利的著作包括《奇特的多重性》（*Strange Multiplicity*, 1995）、《從新角度看公共哲學》（*Public Philosophy in a New Key*, 2008）。

但是，少數族裔的權利這個問題，其實是有爭議性的，尤其是當涉及其中的弱勢成員，例如女性時。有時候認同政治與尊重少數族裔權利的政策，讓此社群中的傳統輕視女性信念與父權制度得以保存與合理化（對於LGBTQ群體亦然）。這樣一來，造就了「少數群體中的少數群體」現象。這些社群中的文化，例如服裝、家庭結構與社群內的權力階層化等，都有一種性別上的結構性偏頗。因此，多元文化主義有可能造成一個隱性的支撐父權現象。無論如何，當代的自由主義政治哲學家已經致力於解決這種「多元文化照顧弱勢弔詭」，企圖減少在少數族裔與外部社會間的不公平現象之同時，也增進族裔內部成員間的公平性。

在差異中共存

多元文化主義與民族主義有很多共通處，二者都強調文化對社會與政治凝聚的功效，而且二者都企圖以文化差異來關聯政治安排。但是，民族主義者相信，如果族裔跟政治疆界一致，則比較容易有穩定的社會；而多元文化主義者則認為，文化歧異對政治穩定並無妨，甚至有助。後者一直強調，多元歧異與衝突或不穩定無關。所有的多元文化主義者都認為，歧異與團結——或是「在差異中共存」——並不生衝突，他們不互斥。從這點來看，多元文化論者相信，人是可以有多重認同、多重效忠的。例如，他們可以效忠所來自的國家，也效忠所遷居的國家。事實上，多元文化論者認為，每個人都順利取得文化認同，有助於政治穩定。如果人們在自己的文化認同上被肯定，他們就會有安全感，也因而會參與社會。由此看來，壓制個人的文化認同，會引發孤獨與無力感，這就會導致極端主義及仇恨政治。

多元文化論者不只相信歧異是可能的，他們還要推廣它，因為除了能讓個人可以自由發展其文化認同外，多元差異也對社會整體有好處。某些具備多元生活方式、宗教、理念或是文化傳統的社會，其實充滿了朝氣及活力。所以，此時多元文化主義與環境生態主義一致，都強調多樣性對體系之健康的幫助，文化多樣性有助於社會，正如同生物多樣性有利於生態

系統。而文化多樣性的另一個優點是，經由共
居群體間的文化交流，反而會增進跨文化的了
解及**包容**，最後有助於尊重差異心態的建立。
因此，歧異反而是社會分極化與偏見的解藥。

> **包容（Toleration）**
>
> 就是容忍之意。即願意接
> 受與自己不同的觀點或行
> 為。

　　儘管如此，多元文化主義有時候還是被
認為因為追求歧異而犧牲了團結。這可反映在
「**文化交流主義**」（Interculturalism）的逐漸
流行上，它可看成是對於多元文化主義的修正
或是替代方案。「文化交流主義」是希望我們
生存在歧異中且尋求改變它，而非僅是在心態

> **文化交流主義
> （Interculturalism）**
>
> 強調文化間的對話與交
> 流，最終以消除歧異為目
> 標。

上勉強與歧異共存，它有三個主要的假設：第一，它不認為文化是固定不
變的，因此強調文化的流動性與內部的分歧。所以，文化間與文化內部不
同成分間都可以有對話。第二，所有關於文化的辯論與爭議都有幫助，這
表示我們都服從理性。第三，文化之間的共通性比歧異來得重要。但是多
元文化主義者卻認為，所謂「**文化交流主義**」乃是一條死路，因為如果鼓
勵文化交流以及重視互相了解，將會把群體間的認同模糊化，而導致「雜
燴」式、熔爐式的社會出現，在其中人們將只有很「淺」的社會與歷史認
同感。

多元文化主義的類型

　　所有的多元文化主義都懷抱有一種將文化歧異與政治凝聚調和的願
景。但是，多元文化主義內部也有不同派別，各自對於現實應如何操作有
其看法。事實上，多元文化主義正好就是跨界型意識形態的例子，它同時
也汲取了其他各種意識形態或是政治立場的內涵。多元文化主義內部，對
於推動文化歧異的程度看法不一，也對在多元文化下，如何達成政治凝聚
各有定見。簡言之，多元文化主義內部有數支傳統互相競爭，各自都認為
對調和歧異與團結一事，有其妙方。主要的流派如下：

◆ 自由主義式多元文化論（liberal multiculturalism）
◆ 多元主義式多元文化論（pluralist multiculturalism）
◆ 普世主義式多元文化論（cosmopolitan multiculturalism）

自由主義式多元文化論

　　自由主義與多元文化論之間的關係，其實很複雜也很矛盾。有些人認為這兩者是互相敵對的，因為前者強調個人主義選擇自由，而後者則強調集體主義和群體認同。但自從1970年開始，自由主義者們開始嚴肅思考文化歧異的問題，因而發展出了所謂的自由主義式的多元文化論。這有時被視為反映了自由主義內部的轉變，從強調普遍主義轉而強調多元主義（見本書第333頁）。特別是面對與文化或宗教傳統相關的事物之際，它的基石是寬容及選擇的自由。這樣一來，就造成了自由主義在處理公民們的道德、文化及其他各類選擇時，是「中性」的印象。例如，羅爾斯就支持這樣的說法，他認為公民在自由主義的社會中，可以追求自己認為是好的生活，但是這個社會卻不應彰顯或評價特定價值或是道德信念。因此，自由主義是「不在乎差異」（difference-blind）的：它認為文化、種族、宗教或是性別等的差異是無關緊要的，因為所有的人都是有道德自主性的獨立個體。

　　然而，容忍並不表示道德上中立，而只是對於文化多元的有限度支持。特別是包容只及於對象本身也具有包容性的觀點、價值及社會行為，

> **深層差異**
> **（Deep diversity）**
>
> 立基於道德相對主義的歧異，它拒絕承認有所謂客觀或絕對標準。

也就是那些與個人自由及自主性相容的觀念或行為。因此自由派們並不能容忍**深層差異**，即使這些相關族裔一直強調，這是維持他們文化認同的要素。例如，他們始終不願意支持婦女割禮、強迫之婚嫁，或是硬性規定婦女之服裝穿著等。所以自由主義者強力堅持，個人選擇權一定要優先於族群的文化認同問題。

　　自由主義式多元文化論的第二個特色，乃是會區分「公」與「私」的生活。它認為後者完全是自由的領域，每個人應該能自由選擇他對於文

化、宗教及語言的認同，而對前者則要求要有最起碼的共同公民責任的擔負。在此，公民之權利義務與文化認同是區隔的，後者只是私領域的事情。這種立場表明了自由主義式多元文化論，其實與公民民族主義是相融合的。這可以從美國流行使用非洲裔美國人、波蘭裔美國人及德國裔美國人等名詞可看出。在這樣的傳統下，在公領域中，他們強調的是融入，而非歧異多元。例如，歸化取得美國公民權的資格審查，包括了流利的英文與對美國政治史的了解。

　　自由主義式多元文化論的第三項、也是最後一項特色，乃是它堅持自由主義式民主為唯一有正當性的政治體制。這種制度的好處是它確使政府由民意產生，以及保障個人自由並包容異己。自由主義式多元文化論者，當然會反對例如依照回教律法，來建立起一個伊斯蘭國家這樣的作法，也因此會禁止任何團體從事推展此目標的行動。他們認為，只有願意包容尊重他人的人，才能享受被包容尊重的權利。

多元主義式多元文化論

　　多元主義比自由主義更能尊重差異。因為對自由派而言，只有在建立相互容忍與尊重個人自主性的架構下，才會允許多元歧異，也就是容許**淺層差異**。這也就是為什麼有人說自由派的人「絕對化」了自由主義（Parekh, 2005）。英國哲學家柏林（Isaiah Berlin）卻更超越自由主義的包容論，而贊成**價值多元論**的社會狀況。他強調人一定會對人生的終極目標看法不同，所以也無法說，哪一種人生觀較其他的更好。因為價值有衝突，人必然會陷於道德衝突的困境。因此，他認為如尊重個人自

> **淺層差異**
> （Shallow diversity）
> 在接受某些價值與信念為絕對的條件下，所允許的有限度差異。

> **價值多元論**
> （Value pluralism）
> 強調對於什麼是「好的生活」，沒有任何單一強勢的定義，而是應由一系列觀念平等競爭。

由、包容及民主，這些西方及自由主義的信念，並不一定較非西方的價值好。柏林（Berlin, [1958] 1969）的立場就是一種標準的多元文化主義，或是我們稱之為「差異政治」的東西。然而，他還是屬於自由主義的陣營，

因為他畢竟得承認，只有在自由主義社會中，價值多元才能實現；他確實也無法證明，自由及反自由的理念如何能在同一社會共存。然而，只要自由主義接受了道德多元論，原本的自由主義架構就會鬆動。例如葛瑞（John Gray, 1995b）就認為，多元主義其實是一種「後自由主義」的立場，因為在此中，原本自由主義的若干價值、制度及成規，都不再獨霸正當性了（見圖11.2）。

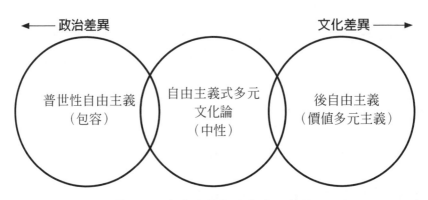

政治差異 ←　　　　　　　　　　　　　　　→ 文化差異

普世性自由主義
（包容）

自由主義式多元
文化論
（中性）

後自由主義
（價值多元主義）

圖11.2　自由主義與文化多元歧異

柏瑞克（Bhikhu Parekh, 2005）則試圖提供多元主義另外一種理論根基。他認為，文化歧異的本質，是反映了人的天性與文化之間的辯證，或是相互影響關係。雖然人是大自然中的動物，有生理及心理結構上的共通性，但是人也同時是文化的產物，因此其態度、行為及生活方式，都受到

重要人物

柏林（Isaiah Berlin, 1909-1997）

　　出生於拉脫維亞的英國思想史家及哲學家。他基於一生對於經驗主義哲學的研究，而發展出一套自由主義多元論。其主要觀念是相信多元價值對人類生活的重要性，而這種立場影響了「後自由主義」對多元文化主義的看法。他猛烈地抨擊集權主義，而提倡消極自由比積極自由來得好，此見於他最有名的作品《自由四論》（*Four Essays on Liberty*, [1958] 1969）。

主要概念

多元主義（Pluralism）

　　多元主義，廣義而言，就是一種對多樣性或多元性價值的信念。作為一個描述性詞彙，多元主義意指黨派競爭的事實（政治多元主義）或是多種道德價值並存（道德或價值多元主義）、多種文化理念的並存（文化多元主義）等。作為一種規範性詞彙，多元主義認為多樣性，才是健康的且可欲的。因為，它保障個人選擇的自由，並且鼓勵爭辯、論述及相互理解。更狹義地說，多元主義是關於政治力量分配的理論。作為這樣的理論，多元主義主張權力在社會中，應廣泛且平均地分布，而非集中在菁英或統治階級的手上。因此，多元主義常被視為「群體政治」的理論，讓大眾能參與政治過程，也就確保了回應民之所欲的民主目標。

　　他所從屬的群體之影響。因此，對於人性如此複雜的體認，以及文化不過是反映人性的方式之一的事實，都催生了差異政治及多元文化論之觀點。其實這種立場超越了自由主義式多元文化主義，因為它認為西方的自由主義只有關注人性中的某些成分而已。

　　在多元主義式多元文化論之外，也有一種「特殊主義式多元文化論」。它指出，文化歧異常常是在權力不均衡的社會中存在，因此往往會有某些族裔的文化獨享優勢的情況發生。這種特殊主義式多元文化論觀點，很明顯是要彌補那些弱勢及邊緣族裔受到的待遇。這些族裔及群體所受到的不公待遇，通常都可由西方文化、價值，以及生活方式等本質上的腐化這一點來加以解釋。也就是說，要歸因於殖民主義、種族主義、物質主義或是放縱心態。在這種背景下，強調自身文化的獨特性，其實就是某種形式的政治反抗，拒絕屈服於壓迫及腐敗。然而，因強調文化「純淨」而甚至拒絕文化交流，這樣可能會引發社會凝聚上的疑慮。也就是說，為了追求歧異與文化自主，可能犧牲團結。所以實際上來說，特殊主義式多元文化論會造成社會分裂，因為，每一個文化社群都致力於發展其內部的統一文化，而與其他群體漸行漸遠了。

> **重要人物**
>
> ## 伯瑞克（Bhikhu Parekh, 1935-）
>
> 　　印度政治理論家，從多元主義的角度發展出一種對文化多元性的著名辯護。在《重新思考多元文化主義》（*Rethinking Multiculturalism*, 2005）一書中，他反對以自由主義作爲普世價值。因爲，何謂合理或是道德的，乃是由個別文化所界定，而文化又幫助其中之人決定如何看待他們的生活及所處世界。因此，他認爲「依情況給予不同考量」的待遇（variegated treatment），包括像是「積極性平權措施」（affirmative action）等，都可以使血緣上、文化上及宗教上的少數群體能與主流群體平等。

多元文化主義內部的緊張關係

自由主義式多元文化論		多元主義式多元文化論
寬容	⟷	差異
有一套基本價值	⟷	價值多元
個人權利	⟷	文化權利
淺的歧異	⟷	深的歧異
文化流動性	⟷	文化固著性
自由主義民主的架構	⟷	多元政治的形態
普世主義	⟷	特殊主義

普世主義式多元文化論

　　普世主義與多元文化主義其實可看成是完全不同、甚至對立的意識形態。普世主義鼓勵人們建立起具有超越民族、種族蕃籬的普遍道德觀，以及在這種道德觀下的全球意識。多元文化論卻是強調各個文化群體與族裔的利益與需要。然而對沃德倫（Jeremy Waldron, 1995）來說，多元文化論

卻可以與普世主義並談。普世主義式多元文化論，雖然支持文化歧異性與認同政治，但是它卻僅將此看成是通往更大的境界前的過渡狀態。於是它的立場乃是：在每一個文化都願意向其他文化學習的前提下，支持文化歧異與多元。而這樣一來，在更廣的文化交流下，也會導致更好的個人自我成長機會。這就被稱爲是「隨意揉合式多元文化論」（pick-and-mix multiculturalism），非常鼓勵文化的交流與混合，也許一個人可以吃著義大利麵、練習瑜珈、聽非洲音樂，然後醉心於某種世界宗教。

重要人物

沃德倫（Jeremy Waldron, 1953-）

　　紐西蘭法律及政治理論家。他提倡一種「普世型」（cosmopolitian）文化多元主義，建立在「交融」（hybridity）這個基礎上。他嘗試挑戰自由主義與社群主義作爲人類自我發展的規範，而想代之以普世主義，因爲後者較合於人類的富於流動性的、多層次的與斷裂變化的天性。這種普世主義反對自由主義那種對何謂自主性生活之「嚴格的」判準，也反對社群主義將人們限制在某一種「實存的」（authentic）文化之下。

	自由主義式 多元文化論	多元主義式 多元文化論	普世主義式 多元文化論
主旨	·社群主義 ·少數族裔權利 ·差異可以增加包容與個人自主	·認同政治 ·根植本族文化 ·差異文化對抗其他族群壓迫	·普世主義 ·文化融合 ·交融
核心目標	在自由主義民主架構內的文化多元	「強」的歧異，同時認可自由主義與非自由主義式的價值	文化認同是流動與複式的，提供了塑造全球公民的基礎

圖11.3　多元文化主義類型

　　由此觀點來看，文化乃是流動的概念，而且會相應於社會環境與個人需要而變遷。就像是先前的特殊主義式多元文化論觀點所同意，文化不應是固定的或受限於歷史；多元文化的社會應是不同理念、價值與傳統的大熔爐，而不是個別分立區隔的宗教或族裔傳統之「文化拼貼」。普世主義的立場，特別支持**交融**這種價值，它認爲在現代世界中，個人的認同不能侷限於單一特定的文化結構中，而應該是由許多不同情感與價值的混同構成。對沃德倫來說，只生存於特定文化中就如同生活在迪士尼世界裡一樣地天眞。如果我們在文化上都是「混種」，那麼多元文化主義就是一種內在的心態，同時也是外在社會的狀態。這種文化多元主義會增加人類對於道德或是政治的意識與敏感性，而最終有裨於「大同世界」的形成。然而，傳統的多元文化論，卻批評此爲強調統一而犧牲歧異與多元，它會使得人在文化的歸屬感上欠缺與失落。

> **交融（Hybridity）**
> 人們可發展出多種認同的社會或文化混合現象。

多元文化主義的未來

　　在許多方面，多元文化論也許可看成是21世紀人類意識形態的代表。全球化其中的一個特色，即是跨國界的遷徙。所以多元文化的情況，在更多國家是無可避免的。不僅單一民族國家漸成爲歷史，即使要透過管制移民、強迫**同化**等措施來回歸單一文化民族國家的作法，也是不切實際的。如果這樣，則恰似民族主義是19及20世紀的政治重心，多元文化論會成爲21世紀的焦點。因此，我們現在及日後無可逃避的議題會是：不同宗教、文化、價值觀的族裔，如何共同生活在一個政治體之內而可免於衝突。多元文化論不僅是針對此問題而生的一種意識形態，也是提供解決的途徑——即使只是暫時的。

> **同化（Assimilation）**
> 移民社群漸失其自身文化特色，而融入移入地之價值及生活方式的過程。

　　無論如何，現在大家已經把多元文化主義看成是即將過去，而非將要來到的價值。它曾經被看好，被認爲是給予弱勢族群尊嚴、發聲機會與政

治舞臺的價值觀，但是有人認爲，因此而付出的代價太大了。由此觀之，文化多元主義的核心缺點，乃是它鼓勵歧異而非團結，贊成分離而不是整合。印度裔的福利經濟學家與哲學家阿馬提亞沈（Amartya Sen, 2006）就認爲，這來自於它內部的「凝聚主義」（Solidaristic）心態，也就是以爲人的認同來自於身爲單一的特定團體之成員。因此他認爲，這會導致把整個世界狹隘化，人只認同單一的母文化而缺少對於其他群體與文化成員的尊重，也因此，文化多元主義就是一種「**高牆閉鎖化**」。對文化多元主義最嚴厲的批評來自於保守主義陣營，他們一直堅持共同的文化與價值乃是建構一個穩定社會之基礎。這種看法的根據是基於人總

> **高牆閉鎖化**
> （Ghettoization）
>
> 在一個由圍牆閉鎖的區域中隔離某一種族，例如歐洲中世紀許多城市中的猶太區。

是跟同類凝聚在一起這樣的信念。因此，對於多元文化主義的批評者來說，人一定會對於陌生人或外來者不信任或有畏懼感，多元文化主義在此情況下的社會注定有大缺陷，也永遠離不開衝突。

問題討論

- ➲ 後殖民主義如何成爲多元文化主義的基礎？
- ➲ 多元文化主義與認同政治有何關係？爲何有關係？
- ➲ 多元文化論是一種社群主義嗎？
- ➲ 少數族裔權利的理由是什麼？
- ➲ 多元文化論與人權理念相合嗎？
- ➲ 爲何多元文化論者相信歧異可以有助於政治穩定？
- ➲ 爲何自由派一向支持歧異，但有時卻認爲歧異超過限度了？
- ➲ 多元主義如何可以不受自由主義影響？
- ➲ 西方文化是否本質上就充斥著殖民主義與種族主義的心態？
- ➲ 多元文化論可否與任何形式的民族主義調和？
- ➲ 文化權利與女性權利在什麼程度上有衝突？
- ➲ 文化多元主義對於分配政治有何影響？
- ➲ 多元文化論會導致普世主義嗎？

進階閱讀

Cordeiro-Rodrigues, L. & Simendic, M. *Philosophies of Multiculturalism: Beyond Liberalism* (2017). 包含對於多元文化主義與其他意識形態互動的諸多評論，特別是在非西方社會中。

Ivison, D. *Ashgate Research Companion to Multiculturalism* (2016). 包含諸多一流學者對於多元文化主義及其哲學與政治影響做討論的論文集。

Murphy, M. *Multiculturalism: A Critical Introduction* (2012). 對多元文化主義作為社會哲學的易讀、一般性介紹。

Parekh, B., *Rethinking Multiculturalism: Cultural Diversity and Political Theory*, 2nd edn (2005). 本書對多元主義式多元文化論提出完整的捍衛，同時也討論多元文化社會中若干實踐上的問題。

Tremblay, A. *Diversity in Decline? The Rise of the Political Right and the Fate of Multiculturalism* (2019). 對多元文化主義在日益右傾的西方社會政治背景下所出現的及時討論。

第十二章　宗教基本教義主義

本章簡介

　　「基本教義主義」（fundamentalism）這個字是由拉丁文 *fundamentum* 而來，意味「根基」。20世紀初美國新教內部辯論時，首先使用此字。在1910及1915年之間，福音派新教徒出版了一系列稱為「基本教義」（*The Fundamentals*）的小冊子，目的是在面對若干「現代化」聖經詮釋挑戰下，維護聖經文義的正確性或字面上的真理。

　　「基本教義主義」這個詞其實很有爭議性，它通常與缺乏變通、教條主義與威權主義，甚至暴力連結在一起。因此，許多被稱為基本教義派的人拒絕接受此名稱，而稱他們自己為「傳統主義者」、「保守主義者」、「福音派」或是「振興派」等。但是，相較於其他指稱，基本教義主義詞有其優點，因為它確實可以代表某種宗教／政治運動，而不只是關於經典的正確性而已（儘管這仍是某些形式的基本教義主義的特徵）。因而，基本教義主義的特色在於它並不區分宗教與政治。政治，實際上等於宗教，它意含了宗教原則並不只有適用於個人或是「私」領域生活，同時也是公共生活中的原則，例如在法律、社會行為、政治及經濟中。因此，我們可以在世界各大宗教無論是基督教、回教、印度教、猶太教、佛教或是錫克教中，找到基本教義的傾向。雖然某些基本教義主義，可以和多元主義共存（例如，美國的基督教基本教義主義與以色列的猶太基本教義主義），因為它們目標特定而較狹窄，其他的基本教義派則是革命性的（特別是伊斯蘭基本教義主義），意圖建立起政教合一政體，也就是國家依據宗教原則來建構，且每個人在政治上的地位乃是依據其在宗教階層上的位置而定。

起源及歷史發展

　　宗教基本教義主義雖然常有復古及反現代化的傾向，但它的確是不折不扣誕生於近代世界。事實上，多數評論者認爲它純然是當代現象，鮮少有歷史上的先例。少數的例外，包括：領導德國農民暴動的再洗禮派牧師孟澤爾（Thomas Muntzer, 1489-1525）；在日內瓦建立神權統治（見本書第342頁）的喀爾文（Jean Calvin, 1509-1564），他個人幾乎控制了這個城市的所有事務；以及17世紀英國的清教徒——他們是17世紀英國革命的主角，同時也爲了實現追尋新政治社會秩序的「入世情懷」，而移民美洲創建新英格蘭。清教徒與「模範新軍」領袖克倫威爾（Oliver Cromwell, 1599-1658）推翻英國王室而創建共和政體，這個共和曾短暫地成爲歐洲改革宗信仰者的憧憬對象。

主要概念

宗教基本教義主義（Religious Fundamentalism）

　　基本教義主義（fundamentalism）這個字是從拉丁文*fundamentum*而來，意即「基礎」。宗教基本教義主義的核心思想乃是：宗教絕不是也不應是「私領域」的活動，它應該與政治動員及社會重整相結合而成就其最高使命。它雖與「照經文逐字奉行」（spiritual literalism）主義有關聯，但是不能相等，因爲所謂的基本教義通常是由那些魅力領袖所「動態」詮釋出來的。宗教基本教義主義也與極端正統教派主義不同，因爲它會依據教義精神而提出一系列對道德與政治的改革方案，而不是從現存腐化的現實社會中退縮到由純粹的虔誠信徒所構成的信仰世界中。

宗教（Religion）

由對彼世或超越性存有的一組信念所構成，可分爲單一神、多神與無神祇的。

　　但是之後，**宗教**基本教義主義開始沒落，特別是在歐洲。因爲，基督教逐漸進入一段長期性的政教分離狀態，這當然是由於所謂

的「**俗世化原則**」。它反映在教士地位與權力
的下降一事上，通常也伴隨以下情況出現：國
家減少或甚至停止支持教會、公立學校不再教
授教義以及法律停止對宗教教規的保護等。隨
著時間演進，許多國家逐漸用憲法或法律來支

> **俗世化原則**
> （Secularization thesis）
>
> 理性主義的或俗世的理念
> 及價值，取代了宗教或神
> 聖的理念與價值。

持俗世化的進展，這股風潮以美國的憲法第一修正案爲首，它明確保障信
仰自由，禁止國家涉及宗教事務。這整個過程在20世紀時達到頂峰，最顯
著的例子是蘇聯與中國等共產國家全面性地禁止任何宗教。

　　然而從20世紀末開始，有明顯的證據顯示宗教的力量開始復甦。同
時，這種宗教復甦，在基本教義主義的包裝下，其實蘊含了某種政治形態
與指向。在伊斯蘭教內，此情況從1970年代明顯開始，尤其是1979年在伊
朗發生的「伊斯蘭革命」，導致了何梅尼主政，也建立了世界第一個伊斯
蘭國。然而，世人慢慢地發現，基本教義運動已不限於伊斯蘭。1980年代
在美國政治中，由類似「道德多數」（Moral Majority）等政治團體所領
導的基督教基本教義主義在公共政策上發揮了很大的影響力，例如反對墮
胎、反對同性戀與主張公立學校的學生進行晨禱。這股力量後來成爲共
和黨內的福音主義支派，與雷根總統（Ronald Reagan, 1981-1989）及川普
總統（Donald Trump, 2017-2021））（見本書第
344頁）的政權都有密切關係。在1980與1990
年代，印度的印度教與錫克教、斯里蘭卡與緬
甸的佛教都有宗教基本教義主義運動湧現。世
人對於基本教義主義的注意無疑地在2001年
911紐約與華盛頓受恐怖攻擊後達於頂峰。而
之後的「反恐戰爭」，很多人認爲是**西方**與伊
斯蘭進行全球性衝突的伊始，這正好與杭亭頓
的「文明衝突論」吻合。

> **西方**（West）
>
> 在文化上，共同以希臘、
> 羅馬與基督教爲根源的地
> 區；在社會經濟上，則是
> 由工業資本主義所支配；
> 在政治上，以自由主義式
> 民主體制爲依歸，這些地
> 區組成了我們所通稱的西
> 方。

主要概念

神權統治（Theocracy）

　　Theocracy字面上的意義即是「神的統治」，意即宗教權力凌駕政治權力之上。這種政教合一體制中，成員的政治職位乃是依其在宗教體系內的職位高低而定，這種體制並非是自由民主的。因為第一是它違反了公／私領域的區分，而以宗教的律法來規範私人生活與政治的行為。第二就是其中的政治權力不受限制，因為它來自宗教性智慧而非人民的同意權，所以當然不受憲法的拘束。純然的政教合一體制應該是一種專制體制，而有限的政教合一體制則可與民主與憲政主義共存。

主要概念

文明衝突（Clash of Civilizations）

　　文明衝突論認為，21世紀的全球秩序將會是以持續增加的緊張與衝突為特色，而這些衝突的本質不是意識形態、政治或經濟的，而是源於文化差異。依照杭亭頓（Huntington, 1996）的說法，全球化削弱了公民對於國家的歸屬感，而後冷戰時期意識形態的重要性也降低，這兩個因素促成了文化差異成為影響世界政治的重要因素。因為不同文明有無法共存的價值與意義體系，所以他們之間必然「衝突」，例如美國與中國、西方與伊斯蘭世界。然而，這種文明衝突論的說法可能低估了文明本身的複雜與變遷的本質，以及他們之間可以和平共存的能力。

核心理念

　　宗教基本教義主義，是一種非常態的政治意識形態。它一方面是從神聖的、精神性的及來世的範疇尋求靈感；另一方面，不管宗教間差異多大，它又幾乎存在於所有的宗教中。如要將宗教基本教義主義視為一個自成一格的現象加以研究，我們只好先將各種宗教間的歧異暫時擱置：無論它們信仰一神、多神或者是無神，無論它們有經典還是只有口頭傳述，以及無論它們各自如何看待道德及社會行為等。更何況，有些基本教義派是與暴力及不合乎民主的政治行為掛勾，但另一些則支持守法並提倡和平。

　　這些差異不禁使我們注意到，宗教基本教義主義很可能只是一種政治思想的形式，而並不是由某些實質政治理念及價值組成。如果我們能辨識出某種宗教基本教義主義的核心理念，這些理念一定是由某些它認為是基本的、不可改變的真理或原則而來，不論其內容為何。這也就意味了此時宗教其實有一個「入世」的氣味，也就是說，它乃是政治本身。因此作為一種依靠宗教原則來改革社會的整體性方案，基本教義主義應該可看成是一種意識形態。然而，我們也難以否認，在有些情況下宗教基本教義主義竟成為某種族裔民族主義（如第6章所述）。雖然如此，但至少在激進的宗教基本教義主義裡，它是超越民族或種族範疇的，特別是伊斯蘭教，有一種明顯超國界的性質。宗教基本教義主義的特點如下：

- ◆ 宗教即是政治（religion as politics）
- ◆ 基本真理不可挑戰（essential truths）
- ◆ 反現代化傾向（anti-modernism）
- ◆ 好戰傾向（militancy）

宗教即是政治

　　基本教義主義的核心理念是拒絕區分宗教與政治。事實上，用伊朗什葉派領袖何梅尼的話來說：「政治即是宗教」。既然宗教可以是政治的基礎，那麼什麼是宗教呢？最普通的定義乃是：它是由一群人在某一「超越現實的」（transcendent）信仰下集結而成，並有一組固定的儀式或實踐方式。至於什麼是「超越現實的」，其實很難定義，它的範圍從可能是一個超自然的存在，一個造物主，到一個個人的感悟解放的經驗——如同佛教所謂的涅槃，也就是「我」的解消。

　　當然，隨著自由主義日漸流布，宗教對政治生活的影響慢慢減少，這在現代化的西方最為明顯。可是，這樣的俗世主義也並不意味它有反宗教傾向，反而也可能想要為宗教保留一個專屬的領域。自由主義的特色，就是所謂的公／私領域的區分，即由法律及政治權威所規範的公領域，與由人的自由意志所主導的私領域間的嚴格劃分。從自由主義觀點而言，這樣

區分的好處是它可以保障個人私領域的生活，不受政府權力的干涉控制。但是，這對宗教而言也有一個很重要的意涵，就是它屬於私領域而政府不能干涉。這就是宗教的私領域化，而把公領域完全地俗世化。因此，俗世化就是把公／私領域的區分，擴大成為政治與宗教的區分。

重要人物

何梅尼（Ayatollah Khomeini, 1900-1989）

　　伊朗教士以及政治領袖，是「伊斯蘭革命」概念的理論家與伊朗執政者（1979-1989）。他的世界觀來自於清楚地區分「被壓迫者」（大抵指開發中國家那些貧窮的人民及被排斥者）與「壓迫者」（「雙撒旦」，指美蘇或是資本主義／共產主義）。在何梅尼的什葉派基本教義主義中，伊斯蘭代表了一個宗教政治振興方案，經由排除外人占領其領域及拒絕西方腐敗影響而達成。

政治意識形態在現實中的影響

川普總統與基督教右派

　　事件：2020年5月25日，1名沒有帶槍的黑人佛洛伊德在明尼亞波利市被警察擊斃，引起了全國甚至國外的大規模示威抗議。7天後，川普總統對此事發表了回應。他發表了一個關於維護法律與秩序的演說後，隨即從白宮走到拉法葉公園（此地的示威者剛被催淚瓦斯與橡膠子彈驅趕走），然後站在前一晚被示威者破壞的聖約翰教堂外。他手拿著一本聖經，沉默地站在攝影機前整整8分鐘。

　　影響：這事件明顯表示川普想要獲得福音派基督徒的支持，這些人與他有共同的意識形態立場。他曾被美國的基督教右派認為是上帝派遣來世間整頓秩序者，有些人甚至視2016年他的當選為值得「狂喜」（Rapture）慶祝的聖跡，是末世將來到基督重回人間帶領聖徒升天堂的徵兆之一。而

川普本人則常會以信仰基督教的程度作爲他任命官職的條件之一。例如，他的內閣中充滿了虔誠的基督徒，例如國務卿龐佩奧與副總統彭斯。川普曾經結過三次婚，蔑視女性且不常去教堂，所以有人說他與福音教會的結盟是荒謬的，但是也有人站出來說：聖經中充滿了罪人實現上帝心意的例證。

　　但我們認爲，川普與福音教派的聯盟應該用現實利益的連結來解釋會比意識形態來得好。對川普言，福音派領袖對他的支持使得他當初問鼎白宮成爲可能。約莫有四分之一的美國選民自認爲是在信仰中獲「重生」的基督徒，而他們的投票率通常很高。81%的白人福音派選民在2016年投給川普，這對他打敗希拉蕊很關鍵。川普當選後就以伸張道德保守主義來回報這些堅定的支持者，例如反墮胎、反同性婚及反跨性別者權利等都是較顯眼的例子。他的作法是任命保守的、反墮胎的大法官與聯邦法官。

各家看宗教

自由主義者：將宗教視爲一種可明顯區分的「私」領域之事物，宗教關乎個人選擇與個人成長。因此，宗教自由乃是公民自由之基本項目，並且只能透過宗教與政治的嚴格分立，或是教會、國家的分離來確保之。

保守主義者：認爲宗教對社會穩定與凝聚有幫助。宗教提供社會一組共同的價值，以及共同文化的基礎；也因此，教會與國家或是宗教與政治間的重疊，常是無可避免且必要之事。

社會主義者：通常用負面詞彙描繪宗教，把宗教形容爲政治鬥爭的轉換場域而已。而最差則是將之視爲統治階級意識形態（在某些國家，社會主義因此採取了無神論作爲官方立場）。但是，畢竟宗教強調愛與同情，所以還是可能提供社會主義一些倫理的基礎。

無政府主義者：通常認爲宗教也是一種制度化的壓迫形式。教會與國家總是聯手起來，而宗教呼籲人們服從俗世統治者，但同時也規範了一套權威的價值體系，因而剝奪個人道德自主的機會。

法西斯主義者：有時基於宗教使人在國家外還有臣屬效忠的對象，或者是因爲宗教教誨人們像是愛與同情這些「頹廢」的價值觀，因而排斥宗教。但法西斯主義卻希望自己能夠成爲一種「政治宗教」，並且吸納宗教常用詞彙內的精神於其運作中，例如奉獻、犧牲、精神、救贖等。

女性主義者：通常視所有宗教爲在根本上是父權的，其存在的目的之一乃是控制女性；其作法就是合理化兩性間明顯的不平等狀況，尤其是經由宣揚「家庭價值」。

> **宗教基本教義主義者**：認爲宗教是由一組「基本的」且不可挑戰的原則所組成；這些原則不僅僅規範個人行爲，並且應引領我們的社會、經濟及政治生活的運作。宗教不能、也不該侷限於私領域，而且其最高的目標應是能達成群眾動員，以及社會重生。

其實我們可以說把公／私領域的區分泯除，大概就是宗教基本教義主義最大的特色。在某一層面上，它簡直就是一種認同政治的表現。公領域乃是用俗世化及理性化的原則來處理事務，但如果這樣的場域不斷擴大出去，就會導致一個社群中傳統社會規範、價值及凝聚感的式微。如同霍布斯邦（Eric Hobsbawn, 1994）所言，人可能變成現代世界中的「孤兒」。然而基本教義主義的熱烈情懷，正好可以給予其中充滿失根感的個人極大的安慰。更重要的是，正因爲宗教基本教義主義不迴避公領域，這就使得它具有意識形態上的獨特條件。如果將宗教視爲是個人私領域的事物，就好像是打開了門邀請邪惡及貪腐進入公領域，由此，縱容、貪欲、腐化、犯罪及敗德等行爲會很快散布。而基本教義派的主張很簡單，就是世界必須改造，現狀必須由另一個完整而立基於宗教原則的制度所取代，因此在法律、政治、社會、文化及經濟上都需要調整。

> **正統教義派**
> （Orthodoxy）
>
> 主張嚴格遵守傳統或戒律的派別，通常都被視爲正統。

通常，俗世公領域之腐敗，可能會激起宗教領域兩種不同反應。第一種是「消極」的基本教義主義，採取退避的途徑，意欲在遠離社會的地方建立起信仰社群。像是美國的阿米許人（Amish），以及以色列的極端**正統教義派**，雖然他們都相信俗世的社會、經濟與政治原則應合於教義，但他們還是選擇了退避隱居——力求個人能遵循這些原則生活，而非致力於循此等原則改造社會。第二種則是「積極」的基本教義主義，它採取戰鬥及對抗「腐敗」的姿態，自然可以被稱得上是意識形態，因爲，它採取了政治的解決方式。但是，它所抱持的政治的概念乃是傳統的；若與女性主義的挑戰公私領域分野相對照，它是僅把政治看成是政府政策與國家行動的。基本教義主義不認爲政治一定是腐敗的場域，所

以它想要掌握現代國家機器，將其視為是進行道德改造的工具。但是卻有批評者認為，這樣泯除公／私區分、打破政教分離的作法，很可能會流為極權主義。將國家的行政立基於宗教的教義上，則掌權者幾乎沒有任何權力的節制可言。在實踐上，每一個基本教義主義會流於極權主義的程度，是因個案而有很大差異的。

基本真理不可挑戰

　　基本教義主義乃是指將教義中的某些原則視為是基本的「真理」，因而不論其內容為何，都具有不可挑戰與至高的權威。也因此，基本教義派間除了這點外很少有共同處：在若干教義原則的指引下，他們的支持者都有高度狂熱且堅定不移。因此，基本教義主義與**相對主義**是對比的；而由此觀點來看，法西斯及共產主義是較接近基本教義主義這端，而自由主義（因為它有崇揚理性及容忍的懷疑論傾向）是接近相對主義這端（見圖12.1）。當然，所有的意識形態都有其基本教義主義的成分。每個意識形態中的基本教義主義，都意欲執守其內部之原始或古典理念，所以我們可以區分出一個意識形態中，哪一些元素是基本教義主義的，而哪一些不是。從這方面看，基本教義主義又與修正主義相對，意圖消滅資本主義的古典馬克思主義。因此，就是一種基本教義式的社會主義，而社會主義式民主，相對的就是修正主義的，因為它不再反對私有財產、市場及經濟誘因等事物。

> **相對主義（Relativism）**
> 認為任何道德或事實的陳述，僅能夠相應於其所處脈絡而判斷，因為沒有任何客觀或「絕對」的標準可言。

相對主義				基本教義主義
後現代主義	自由主義	保守主義	法西斯主義	宗教基本教義主義

圖12.1　相對主義─基本教義主義光譜

照經文逐字奉行
（Scriptural literalism）

把經典每一字句視為神聖的且為神的啟示，必須完全遵照而行。

在宗教基本教義主義內，所謂「基本」，通常乃是從神聖的經文中來的，而這些經文被認為蘊含著真理。事實上，**照經文逐字奉行**，是美國新教中基本教義派的最核心特色。例如，它就明白反對達爾文進化論，因為聖經上記載著上帝創世。這種傾向在源於聖經的三種宗教——基督教、猶太教及伊斯蘭教（回教）——中都有，它們之中都各自有執持某些經文以為宗的信徒。但是，堅信經文的態度與基本教義主義，又不可混為一談。首先，因為所有的神聖經典都包含複雜的理念及教誨。如果要將經典中的某些訓示，作為改造社會的依據，則我們需要將它的「基本」教義找出來。這些就是教義上最清楚、最簡單明白的特徵與認同點。用加維（John Garvey, 1993）的話來說，基本教義主義就是「最核心、簡明易行的教義」。

神權政治的
（Theo-political）

將上帝或神祇視為統治者的一種政體。

第二，與「照經文逐字奉行」而生活的極端正統派比較起來，基本教義主義有時會簡化繁雜的經義，而萃取能在**神權政治**上實施的理念以應用。在伊斯蘭中，這就叫做「動態詮釋」。當然，選擇性採用與動態詮釋，都會碰到經文版本或經義解釋不同之問題。基本教義派經常使用的方法是朝向思考「誰」在詮釋。這時，教內地位高低，或是教內執掌性質為何，就不那麼重要了。最重要的是，「真正」的詮釋者，必須是有深入信仰及道德無瑕的人（總是男性），同時他的信仰，也曾因為經歷實踐上各種外在鬥爭之檢驗而深化過的。這說明了為何宗教基本教義主義，通常都與卡里斯瑪（charismatic）型領袖合而為一，也因此往往會具有威權的性格。

從20世紀末紛紛出現的案例看來，基本教義主義的最大長處在於，它能激發那些虔信者而產生政治動員。基本教義主義其實是從心理及社會兩個層面來操作的。在心理上，它在不確定的世界裡企圖提供確定性。作為宗教，它對人類存有的最深層問題提出解答；而作為基本教義主義，它提出最直接、實際與絕對的解答。在社會層面上，它經常能夠吸引那些受過教育及專業的階層，而對處於經濟及政治邊緣的中下階級，更是有很大的

號召力。在開發中國家，它已經取代社會主義成為提供社會認同、秩序與社會正義的機制。然而，它的弱點乃是太簡單直接，所以難以處理複雜的問題或提供全面的解決方案，從這點看來，它又與民粹主義有類似之處。

反現代化傾向

宗教基本教義主義另一個最大的特色，就是反現代化。在它看來，現代化就是傾頹墮落與缺乏信仰的俗世主義。因此，只有靠重建精神信仰及拾回往昔「黃金時代」的若干傳統，社會才能振興再造。不幸地，這種想法太天真，而且是誤導。宗教基本教義主義是選擇性的傳統主義者，因為它們有時候又接受現代化中的某些東西，所以它對於現代性是愛恨交織的。它的傳統主義最明顯表現在其道德保守主義之上，重視個人及尊重個人追求享樂的西方文明，被它看成是墮落的，放縱、淫亂、娼妓、同性戀及色情圖文，都只是西方道德普遍敗壞的一些例子。在自由主義式個人主義與宗教基本教義主義之間，有一個道德鴻溝：前者鼓勵人們自由做道德選擇，而後者要求人們應服從道德約束。伊斯蘭的基本教義主義，因此要求重新實施古代的**伊斯蘭律法**；而基督教的基本教義派則呼籲對抗放縱及物慾，而回到家庭及宗教價值上。

> ### 伊斯蘭律法（*Shari'a*）
> 阿拉伯文，字義為「道」、「路」。也就是照可蘭經來的神聖的規範。

可是我們不應混淆了基本教義主義與傳統主義或保守主義，雖然基本教義主義與保守主義有很多類似之處，並且經常很容易就建立結盟（例如，美國的共和黨與「道德多數」運動），但兩者的氣味與訴求還是不同。保守主義比較溫和與謹慎，而基本教義主義大步前進而且熱情；保守主義通常傾向捍衛菁英及階層化，但是基本教義派卻有民粹及平等取向；保守主義注重傳統，而基本教義派卻是激進的，甚至是革命性的。基本教義主義與傳統主義相似處其實不多，因為前者常會對經典做出「新奇」的詮釋，而且意圖做全面性社會振興。但是，基本教義主義與右派反動的激進主義間，卻有很近的關係。無論如何，與其說基本教義主義是反動的，不如說它是想做改變的：雖然它有道德傳統主義的色彩，但是它是指向純

淨的未來，而不是美好的過去。基本教義主義內部所會有的民粹主義、卡里斯瑪型領袖及社會心理振興等特質，以致有人認為頗類似法西斯主義。但是，這種說法忽略了基本教義主義背後的最大動力，乃是宗教熱情。

　　基本教義主義者並非只是不識時務的反動派，其明證就是他們對於現代性的某些面向，其實是非常歡迎的。例如，他們善加利用現代傳播科技，如美國的電視福音布道，這就大大與復古派及極端正統教派不同，後者對近代文明嗤之以鼻。但我們應知道，基本教義主義對現代化的接受，並不是虛情假意或只是策略性的。他們使用網路、國家機器，甚至核武，都說明了他們肯定現代化的某些內涵，他們接受「此世」的理性主義，而不是一味掉入「彼世」的神祕主義中。例如，伊朗早期對於「伊斯蘭科學」的興趣，後來終於被西方的科學替代了。同樣地，尋求建立「伊斯蘭經濟」的想法，也被自由主義的市場經濟所替代。最後，基本教義主義對於宗教的看法，其實是現代性的，因為他們藉助於「動態詮釋」，而非僅僅仰賴傳統。如伯瑞克（Parekh, 1994）所說，基本教義「在現代性中重建宗教，但也在宗教中處理現代性問題。」

好戰傾向

> **好戰傾向（Militancy）**
> 心態上是高亢地或者極端的投入某種理念；通常會與鬥爭或戰爭相連結。

　　雖然宗教基本教義主義擁抱傳統的、以國家為中心的政治觀，但是卻用獨特的方式來進行他們的政治行為：激烈、好戰，甚至是暴力的。基本教義派通常樂於表現出好戰模樣，因為**好戰傾向**顯示出他們的熱情及無比的投入感。然而我們要問：這種好戰性格從何而來？它的涵義為何？基本上，他們的好戰性格乃是有多重原因的。首先，只要是和宗教有關的衝突，都會是較強烈的，因為宗教牽涉到人的核心信念。以宗教之名行動的人，經常覺得他們是在上天召喚之下行動，因此，會不顧其他因素勇往直前。這也許能解釋，為何歷史上宗教戰爭如此常見。

　　第二個因素是，因為基本教義主義其實是一種政治認同：它使人們確認自身是誰，而給他們一種集體認同。所有的認同政治，不管是基於社

會的、民族的、倫理的或是宗教的獨特性，都會使人有「你群」、「我群」、「團體內」和「團體外」之區別感。當然，有時宗教基本教義主義會給人威脅「它者」之感，而這反而又會加強他們自己內部的集體認同感與對抗外界的戰鬥性格。被妖魔化的「它者」可以是很多東西，從俗世主義到傾頹、異教、西化、美國、馬克思主義及帝國主義等。第三個因素是，基本教義主義往往懷有摩尼教式世界觀，經常強調光明與黑暗、正義與邪惡間的爭鬥。如果「我們」是上帝的選民，替天行道，則「他們」不僅是與我們不同的人，還必然是顛覆世界的黑暗勢力。因此對基本教義派而言，政治衝突其實是一場戰爭，聖徒對抗不敬者的你死我活戰爭。

好戰性格的其中一個可能結果，就是會嘗試法律外或是不合憲的政治行動。雖說上帝的律法超越人的法律，但是基本教義主義不是一定會無視於後者，例如，美國的新基督教右派就支持法治及秩序。然而，最引人爭議的乃是基本教義派對暴力的看法，我們對他們的印象是只有自殺炸彈及恐怖行動，這的確有點偏頗，因爲他們的遊行抗議，有時完全是和平及合法的。但是，終究說來，他們仍然很難讓人不與**恐怖主義**和暴力產生聯想。例如，伊斯蘭基本教義派在1981年暗殺埃及總統沙達特、錫克族好戰分子在1984

> **恐怖主義（Terrorism）**
> 用恐懼來遂行政治目的之行爲，它通常靠製造恐懼氣氛且激起人的焦慮不安來作爲手段。

年暗殺印度總理英吉拉甘地，以及猶太狂熱派在1995年暗殺以色列總理拉賓等。此外，佛教民族主義者在斯里蘭卡內戰中（1983-2009）對抗「泰米爾之虎」（the Liberation Tigers of Tamil Elam）與緬甸暴力驅趕信伊斯蘭教的羅興雅人（Rohingya Muslims）也都是好戰傾向的例子。

關於使用暴力，這些基本教義派團體最常使用的理由是：他們在執行上帝的旨意。例如，伊斯蘭自殺炸彈客就相信，如果他們爲維護眞主的聖戰而死，就可以立即升天堂。所以說，基本教義主義中對暴力的使用，幾乎是被**千禧年主義**所激勵的。而其他主張使用暴力的

> **千禧年主義（Millenarianism）**
> 相信即將來臨以千年爲期的神之親臨統治。政治千禧年主義，指的是對受苦難及受壓迫者而言，突然間從悲慘及受壓迫狀態獲得解脫。

意識形態，例如法西斯，或是（有時候）無政府主義，都被看成是政治千禧年主義的一種。然而，宗教性的千禧年主義是最激情的，在宗教情懷下，它激發起對**末世論**更熱切的期待與革命狂熱感。

> **末世論（Apocalypticism）**
>
> 相信世界末日即將來到（一如我們所知有末世這件事）。通常此思想伴隨著神將復臨的觀念，也意味最後的救贖與淨化。

基本教義主義的類型

下面三種為常見的基本教義主義形態：

◆ 伊斯蘭主義（Islamism）
◆ 基督教基本教義主義（Christian fundamentalism）
◆ 其他形式的基本教義主義（other fundamentalisms）

伊斯蘭主義

　　一般認為，伊斯蘭及基督新教特別容易形成基本教義派，因為兩者都只依賴一本聖經，而且主張信仰者可以直接面對神而取得感悟，無須透過被認可的祭司階層（Parekh, 1994）。此外，二者都提供了全面振興政治的方法，這對於處在邊緣的或是被壓迫者，特別有號召力。伊斯蘭從來就不只單純地是一個「宗教」而已。它在人的存有的所有層面都提供指引：個人的與社群的、物質的與道德的、法律的與文化的、經濟的與政治的，以及國家的與國際的。對伊斯蘭而言，政治與宗教乃是一體的兩面。但是自從20世紀初伊斯蘭主義興起後，政治與宗教的融合關係開始有了一個激進的、熱烈的本質。如果從伊斯蘭基本教義主義來看，這並不意味對《可蘭經》經文的逐字遵行，因為這作法在伊斯蘭內早已不是問題，即使有時對某些文句解釋可能略有差異。而基本教義主義其實是指，對伊斯蘭信仰的極度堅信，把它當成是個人道德、社會生活與政治上最高的準則。

伊斯蘭主義（Islamism）

伊斯蘭主義（又稱政治伊斯蘭、激進伊斯蘭或伊斯蘭運動）是一種政治宗教意識形態，與純粹的伊斯蘭信仰成對比。雖然這種伊斯蘭主義意識形態並沒有單一的定義方式或是政治形式，但我們可歸納出幾個共同處。第一，應該根據伊斯蘭教義來重新建構社會；第二，應該用「伊斯蘭國」來代替現代俗世化國家，而宗教律法的重要性應該高於俗世政治原則與權威；第三，西方價值是腐敗的，因此要以「聖戰」來對抗它們。然而，遜尼派與什葉派各有其伊斯蘭主義的構想，前者與瓦哈比主義（Wahhabism）有關，而後者與伊朗的「伊斯蘭革命」有關。

當代伊斯蘭主義的興起是在一次大戰後奧圖曼土耳其帝國解體後的環境下開始的。當時中東的發展情況陷於遲滯，於是大家就開始尋求在政治上與伊斯蘭信仰上的新途徑。1928年在埃及的伊斯馬力亞由班納（Hassanal Banna, 1906-1949）成立了伊斯蘭兄弟會，它是世界上最持久與最有影響力的伊斯蘭運動組織，首度創發了一種政治動員的方式（有時充滿好戰氣息），但它也同時與伊斯蘭濟貧精神結合，而這種模式之後就在整個伊斯蘭世界蔓延開。然而，伊斯蘭主義成為一種強有力的政治力量卻是二戰後的事，特別是1980年代後。1979到1989年的阿富汗抗俄戰爭，使得「聖戰士」崛起，這是一種受宗教精神鼓舞而出現的反抗團體，它們之間只有鬆散的連結，而一些新的「聖戰」組織從中誕生，最有名的就是1988年成立的「基地」（al-Qaeda）組織。2003年美國發動的伊拉克戰爭引發了遜尼派與什葉派間的尖銳對抗，這些對抗不但擴及其他地區，也造就了「伊斯蘭國」（ISIS）的出現，這是由於敘利亞內戰而使它聲勢大增。

聖戰（*Jihad*）

阿拉伯文，意為「鬥爭」（struggle），它包含關於靈魂的鬥爭（大聖戰），以及身體、外部的鬥爭，甚至是「戰爭」（小聖戰）。

伊斯蘭主義最主要的特徵，就是堅決地反對西方文化。這並不是由於伊斯蘭對西方的隔閡與不了解，而恰恰是由於伊斯蘭與西方世界的接

觸——許多傷痕累累的接觸經驗。對西方文明的拒斥這樣的觀念是由庫柏（Sayyid Qutb）所首先提出。1948到1950年他留學美國，看到了這個社會的物質主義、敗德行為及性的放縱，因而孕育出他激進的想法。他認為，西方世界其實是在把野蠻及腐敗向世界傳播，因此在生活的每一個部分回復到嚴謹的伊斯蘭教義去生活，才是得救的唯一方法。他認為伊斯蘭與世界其他地區間的關係只有兩條路：「和約或是戰爭」。伊斯蘭與其他地區（不只是西方）間，最終必然要進行文化鬥爭。這樣的觀念，後來被「基地」組織與「伊斯蘭國」所繼受，尤其當1990年代開始，伊斯蘭的敵人已經從「近敵」（不守律法者或**叛教者**）擴大到「遠敵」（美國與整個西方）。

> **叛教者（Apostasy）**
>
> 背棄信仰者，有時亦可指一個理念，一組原則或是一個政黨。

重要人物

庫柏（Sayyid Qutb, 1906-1966）

　　埃及作家與宗教領袖，他被視為現代政治伊斯蘭主義之父。身為伊斯蘭兄弟會之領袖，庫柏對西方道德腐敗及性氾濫深表反感，而不斷警醒穆斯林世界正逐步陷入其誘惑中。面對此情況，庫柏主張將伊斯蘭視為一個全面性的政治社會改革體系，期確保社會正義、杜絕腐化、壓迫與奢華行為。

> **哈里發（Caliphate）**
>
> 照原始伊斯蘭教義，哈里發替代先知穆罕莫德來統治的制度。

伊斯蘭主義的核心關懷是政治，企圖建立一個伊斯蘭國。雖然伊斯蘭國被認為是恢復古代的**哈里發**制度，但是當代伊斯蘭主義所構想的政治秩序與古代傳統還是有重大差異。哈里發享有當初穆罕莫德的權力，但並沒有直達天啟的能力，所以他們必須依靠律法學者的意見，因此被看成是律法的捍衛者。但是，因為伊斯蘭國在回教律法中逐漸的被賦予重要性，所以，久而久之伊斯蘭國竟成為律法所護持與指向的國家體制了。

　　伊斯蘭主義最有爭議性的地方在於，它的好戰與暴力傾向。雖然，大多數的伊斯蘭主義政黨或團體都在民主或是至少選舉活動中運作，而伊斯蘭主義的信仰者大部分也避免暴力行為，但是在整個伊斯蘭主義運動中，好戰的支派還是異常醒目。這些好戰派在教義原理上的支撐乃是「聖戰」（Jihad），它意味「鬥爭」與「努力」；原本用來指涉穆斯林面對宗教義務時需要有的「積極奮鬥」心態。現在，這個詞有兩個對比的意涵。所謂「大聖戰」是指穆斯林應該從事精神上的追求，克服罪性；而「小聖戰」則是指向外部的，意味消滅伊斯蘭的敵人。因此有時Jihad就被「以偏蓋全」地譯成「聖戰」，或是「用刀劍從事的聖戰」。

沙拉菲派（Salafism）

　　沙拉菲主義是伊斯蘭主義中最主要的形式，乃是由最大的遜尼派中所產生的，它與沙烏地阿拉伯的官定伊斯蘭信仰形式瓦哈比主義密切相關，這也是世界第一個基本教義主義的伊斯蘭國。瓦哈比主義在宗教生活上希望回到最原始的伊斯蘭時期，反對後來的任何添加部分。所以它禁絕許許多多的事物，例如圖片、照片、彈奏樂器、唱歌、電影電視、慶祝穆罕莫德的生日與將他視為聖人等。在19世紀後半葉，沙拉菲主義發展成伊斯蘭中的一個學派，這主要是針對歐洲文化的入侵與影響的反彈。它主要的焦點是在揭露造成現代西方文明的根源在哪些地方，然後分別駁斥之。瓦哈比主義代表了伊斯蘭內堅定的保守傾向，而沙拉菲主義卻逐漸朝著政治動員與革命的方向前進。1980年代，阿富汗戰爭將沙拉菲派轉化成反西方的一股力量，於是就有了所謂「聖戰沙拉菲派」或「沙拉菲聖戰派」。最有名的好戰派沙拉菲團體就是「基地」組織、「伊斯蘭國」以及阿富汗的塔利班。然而，沙拉菲主義政黨公開進入政治舞臺是2011年阿拉伯之春以後的事，而他們也成為了北非及其他地方的穆斯林兄弟會相關組織的替代團體。

什葉派伊斯蘭主義（Shia Islamism）

　　什葉派基本教義主義是從與遜尼派很不相同的什葉派所發展出來的。遜尼派認為，伊斯蘭文化是逐漸從當初穆罕默德和他的四個繼承人的時代

所演化而來的。所以，慢慢會有變遷及不同是自然的；但什葉派卻認為天啓快要顯現了，而瑪迪（Mahdi）──上帝的使者，將來臨人間，世界就快要變得美好了。於是，什葉派就把歷史視為是朝向理想社會前進，並不是逐漸遠離。當然這樣的看法，使得什葉派具有千禧年式情懷及熱情，這是與一向較溫和冷靜的遜尼派不同處。傳統上，什葉派比遜尼派對政治更關注，它對貧窮及低下階層的人特別有吸引力。因為天啓的將至，會使得世界變好，將一切不公義打倒，把壓迫消除。什葉派伊斯蘭主義的政治宗教特質在此事件中充分表現：1979年伊朗人民舉行示威推翻國王，並迎接流亡巴黎多年的伊斯蘭精神領袖何梅尼回國，成立了伊斯蘭共和國。

　　伊朗的政治體系很複雜，它是神權政治與民主的混合。最高領袖（現在是Ali Khamenei）透過伊斯蘭革命委員會來統治，這是由15名宗教長老所組成的。雖然伊朗有民選總統（現在是Hassan Rouhani，是個務實的保守派）以及議會，但所有的立法都要經過「憲法保護委員會」的批准，以期一切都合於伊斯蘭律法。在伊朗伊斯蘭律法一直是被嚴格執行的，它不但是法律也是道德規範。伊朗一直與沙烏地阿拉伯爭奪區域領導權，而後者一心想要把中東的伊斯蘭世界劃分成遜尼派／什葉派這樣的態勢；伊朗就與哈瑪斯與賀柏拉（Hezbollah）結盟以增加聲勢，同時也對伊拉克、敘利亞與葉門有些影響力。

溫和或保守的伊斯蘭主義（Moderate or conservative Islamism）

　　最後，我們不應該冒然結論，所有的伊斯蘭主義都是好戰且革命性的。雖然對於何謂「溫和的」（非「激進的」）伊斯蘭主義可能有爭議，但是在伊斯蘭思想中有一派別是一直在尋求伊斯蘭主義與民主選舉與多元主義政黨政治接軌之處。在此，民主是特別要注意的一個主題，因為它將大眾的意志放在上帝意志之先，因此這樣的可能性就誕生了：追求民主的伊斯蘭主義者就會開始認為，伊斯蘭的律法已經被現世的憲法所包含進去了，土耳其就是在現實政治中處理伊斯蘭主義與民主間關係的一個例證。這是因為致力於俗世化原則的軍方與伊斯蘭主義運動間存在著緊張關係。「正義與發展黨」（The Justice and Development Party, AKP）自2003年起

執政，它一直希望調和保守的伊斯蘭主義價值與土耳其的民主體制。然而有些人一直警告，這個AKP黨打算要推翻土耳其現在的俗世化國家，而圖謀透過「伊斯蘭主義化」來建立類似伊朗般的伊斯蘭國。2016年時，執政的AKP領導人艾爾段總統與軍方的摩擦升高，最後導致了一場流產政變。政變後艾爾段政府爲了強化對軍、警、司法、媒體與教育體系的控制，共有4,000多個政府機構被關閉，上萬名政府人員因而被解職。

基督教基本教義主義

雖然所有基督徒都承認聖經的權威性，但是基督徒還是可分成三類：天主教、東正教及新教（改革宗）。羅馬天主教是奉梵諦岡教宗爲領袖的群體，而教宗自從1871年的**教宗永無誤教諭**頒布後，其權威就無可挑戰。東正教是1054年與羅馬天主教分裂的，後來變成獨立的

> **教宗永無誤教諭**
> （Papal infallibility）
> 認爲教宗是上帝在世上的代言人，因此其教誨是不可能會錯的，當然也不能對其質疑。

教會，其中俄國東正教及希臘東正教是最大的派別。新教於16世紀宗教改革與羅馬教會分離後始出現，而在各國有不同形式。雖然新教內部教義分歧，但是他們共同認爲聖經是信仰的依據，而且每個人都可以直接與上帝交往。

自從宗教改革後，基督教在政治上的地位下降。自由憲政主義的精神，其中有一原則就是政教分離，以及全面政治俗世化。在西方，基督教因此逐漸成爲一種只關乎個人層級的信仰，它幫助個人尋求精神救贖功能，遠多於指導社會的政治及道德改革。這情形，當然也就促使20世紀末的基督教基本教義主義誕生。然而基督教的基本教義派，卻樂於在多元及憲政的架構下，推展他們的理念，因爲他們面對的是穩定的社會、經濟及政治結構。他們沒有要建立政教合一體制，而只是要推動道德重整而已。

基督教基本教義主義所掀起的其中一個風潮是族裔民族主義在北愛爾蘭的例子上，這很明顯，因爲新教的福音教派從1969年興起後，就被視爲是「麻煩」的根源，而這個「麻煩」乃是指北愛爾蘭陷入了一個輕度戰爭

狀態，期間從1960年代開始一直到1998年《貝爾法斯特協議》〔亦稱《耶穌受難日協議》（*Good Friday Agreement*）〕爲止。烏斯特（Ulster）基本教義派乃是北愛爾蘭新教領袖派斯里（Ian Paiseley）所領導，經由1951年從原教會分離出的「自由長老教會」表達他們的宗教理念，而「民主工聯黨」則成爲其政治組織上的基礎，他們視愛爾蘭統一運動，爲天主教及羅馬的陰謀。雖然派斯里個人從來不主張暴力，但是他警告，如果統一運動持續，一定會激起新教徒的反抗。派斯里訴諸工人階級的新教徒，以及那些基本教義主義者，成功地建立起烏斯特團結思想，而且阻擋了愛爾蘭統一運動（Bruce, 1993）。但是，派斯里反抗運動的神學基礎是從美國來的，因爲美國是福音教派以及最有影響力的基督教基本教義派──基督教新右派──的誕生之處。

基督教新右派運動

如果要計算實際上教堂的人數，則美國無疑是西方基督教世界中的冠軍。這反映了一個事實，美國這個國家從一開始就是受迫害的宗教信仰者的避難所。19世紀時，美國新教徒的現代派與傳統派之間起了嚴重的衝突，前者對聖經持彈性觀點，而後者（即是之後的基本教義派）則是想要逐字跟隨聖經而行。然而，畢竟這種對宗教不同的態度，大抵還只是侷限於家庭等的私領域中，宗教團體很少介入政治，即使有，也從未成功。然而在1920年到1933年，因宗教介入而迫使美國政府頒布禁酒令，則是一個值得注意的例外。基督教新右派在1970年代後期興起時，其實算是一個嶄新的發展，因爲它尋求連結宗教與政治，而「將美國帶回基督身邊」。

這個「新基督教右派」，其實是一些重視道德及社會議題、意圖振興美國基督教文化的團體之總稱。它的出現有兩個因素：第一，在二戰後的美國，一如其他地方，我們都看見了公領域的擴張現象。例如，在1960年代初，最高法院宣告學校內禱告是違憲的（因爲違反憲法修正案第1條信仰自由），而且，由於詹森總統的「大社會」政策，社會福利、都市發展及其他措施相繼出現。造成的結果是許多「敬畏神」的南方保守派紛紛認爲，他們的傳統價值及生活方式被威脅了，而這都是在華盛頓的那些自由

派人士的錯。第二個因素，是代表黑人、婦女及同性戀的團體，慢慢地在政治上有發言權，而保守派們——特別是鄉村及小城鎮的——認爲這對傳統社會結構有害。當新基督教右派在1970年代興起，呼籲要恢復「傳統家庭價值」時，它對抗的目標，其實也包括保護黑人的反歧視措施及女性主義與同志運動團體。而到了1980及1990年代，這些有關顛覆或捍衛傳統倫理道德的政治鬥爭，就聚焦在反墮胎問題上了。

有很多組織紛紛起來響應，多數是由著名的電視福音布道家所發動，包括了宗教圓桌會議、基督徒之聲、美國傳統價值聯盟，以及最重要的——法威爾（Jerry Falwell）在1979年所發起的「道德多數」聯盟。雖然，天主教徒在墮胎議題上，一貫鮮明地持反對立場，但是基督教新右派團體，卻靠著一些福音派教徒提出的尖銳猛烈攻擊，而成爲反對派的主角。這些人是逐字堅信聖經的信徒，而且經常宣稱曾經有與神交往的神祕經驗，而已獲「重生」。但是福音派之間也不是沒有歧異，如希望自己能與非虔信者區隔開的福音基本教義派，就與魅力派之福音團體不同，後者相信聖靈可以顯現於某些聖徒，而令他們有預言及治病的能力。從1980年以後，「道德多數」聯盟及其他類似團體，就開始做政治捐款或是鼓勵投票的動作，以封殺那些自由派或是贊成墮胎的民主黨人，並且也呼籲共和黨人支持反對墮胎、學校恢復祈禱文的法案。1980年代時雷根總統特別地重視此法案，這意味了新基督教右派已經成爲新共和黨聯盟的重要成分，而且會將道德議題，看成像是經濟及外交政策一樣重要。

自從雷根時代的末期，新基督教右派的聲勢就浮沉不定。他的繼任者，老布希總統，並不屬於這個「圈子」（例如直至1980年爲止，他還是支持墮胎的），而且也違反了不加稅的競選承諾。因此，基督教右派推出了他們自己的總統候選人，但這位福音派牧師羅伯森卻終究未能贏得1992年的共和黨提名。然而在2000年，基督教右派受到了小布希總統當選的激勵。不只其內閣中的一些人，連他自己及副總統錢尼，都是「重生」的基督徒，而且他還指派一個福音派人士的領袖艾希克羅特擔任司法部長。基本教義主義對布希內閣的影響，最明顯的是在外交政策方面，特別是在911恐怖攻擊之後。這可從增加對以色列的援助看出來。對美國右翼的福

音派基督徒而言，以色列的重要性在於它在1948年的建國符合了聖經的預言：猶太人回到聖地預示了耶穌的重回世間（這稱為基督教錫安主義）。然而這種基督教錫安主義的高峰出現於2016年川普當選總統，他支持「大以色列」政策（就是不再認為應該有過去國際間一直努力的「巴勒斯坦與以色列兩國並存」政策）、停止譴責以色列侵占巴勒斯坦而建立屯墾區與承認耶路撒冷為以色列首都等。

重要人物

法威爾（Jerry Falwell, 1933-2007）

　　美國牧師，電視布道者與國會遊說客，他是「道德大眾」（Moral Majority）組織的創辦人與南方浸信會運動（Southern Baptist Movement）的要角。他緊抱聖經文字而在政治上也走極端保守主義路線。例如，反墮胎、護持家庭、道德與愛國主義。在他領導下，「道德大眾」運動與「自由派」在如同志權、女性主義、社會福利、黑人民權運動及反戰等議題展開論戰。

其他形式的基本教義主義

　　而至於其他的基本教義派運動，它們並未推出全盤改造政治的方案，而是較狹隘地集中在澄清或是重新定義民族或族裔認同之上。由此看來，許多基本教義派其實可看成是民族主義的亞種。通常這是對於在種族、宗教，甚至領土變遷後，民族認同發生變化時的一種反彈。相較於民族本身，宗教成為形成政治認同的主要吸引力之原因，是它提供了一個最根本而且穩固的群體感基礎，這也就是為什麼它經常會與封閉性文化連結。愛爾蘭烏斯特基本教義主義——他們是經由宗教提供了民族認同的基礎，就是所謂「身為英國人」——就與美國福音派的基本教義主義很不同，因為後者幾乎與種族沒有關係。而印度教、錫克教、猶太教及佛教的基本教義派，都有某種種族動員的涵義在內。

印度教基本教義主義（**Hindu fundamentalism**）

　　印度教是印度主要的宗教，表面上看來，它比較不會傾向於基本教義主義。其乃是重心明顯在於社會習慣，而非典籍精義的宗教。但是，基本教義主義還是從1947年完成的印度獨立運動過程中產生，只不過後來支持印度國大黨背後的民族主義情懷遠勝於它了。但值得注意的是，從1980年代中期後國大黨衰弱及尼赫魯－甘地王朝崩解以來，它卻不斷地成長，這個過程中有一個關鍵時間點，那就是1992年印度發生的反回教〔摧毀阿約提亞（Ayodhya）的清真寺〕事件。印度教基本教義主義主要的目標是挑戰印度的多文化、多種族現象，而要讓印度教成為民族認同的基礎。但這並不是要驅趕外來宗教及文化，而是要將錫克、堅族（Jain）與尤其是穆斯林等其他少數民族加以印度化。印度教基本教義派中較為激進的「世界印度委員會」（World Hindu Council），不斷推廣「印度教的印度」觀念，而它的上層組織RSS（Rashtriya Swayamsevak Sangh）則想要建立起「大印度」，也即是從緬甸到伊拉克、橫跨中亞的政治地理主宰權。主流印度教民族主義的BJP黨（Bharatiya Janata Party）對新出現的廣大中產階級很有吸引力，因此，在2014贏得選舉後已經是國會最大黨而其領袖莫迪（Narendra Modi）成為總理。在2019年選舉贏得連任後，莫迪政府加強了印度化的政策，例如直接統治印度唯一回教徒居多的喀什米爾邦，以及通過了國籍法，除了穆斯林以外的任何信仰的難民，都可以迅速取得公民權。

重要人物

莫迪（Narendra Modi, 1950-）

　　印度政治人物，生於虔信印度教的古加拉邦中低種階層家庭。他從幼年起就加入印度民族主義的志工組織RSS，21歲時成為其中的全職工作者，且在4年後被指派加入這個組織的政治部門，也就是BJP黨。他領導其政黨贏得印度國會下議院選舉，因而從2001年到2014年擔任古加拉邦的省長，而之後更被推舉為印度總理。莫迪宣揚許多印度傳統，其中他特別注重瑜珈，認為是印度民族精神的象徵，所以在公共場合與社會媒體中不餘遺力地推廣。

錫克基本教義主義（Sikh fundamentalism）

　　錫克基本教義主義卻與印度教不同，因爲它主要是爲了建立一個獨立的民族國家，而不是要矯正或是改變民族認同。所以，它其實與自由主義的民族主義相似，所不同的只是在於，它將民族看成是一個宗教體。錫克民族主義者希望建立一個「卡力斯坦」（Khalistan）國，位於現今的印度旁遮普省，而以錫克教作爲國教，而其政府將以護持錫克教爲務。正如同印度教有反伊斯蘭性格，錫克教也是反印度教的。在1982年時，錫克族激進武裝團體達達米塔沙（Damdami Taksal）在好戰領袖賓德藍威（Bhindranwale）領導下占領印度教的黃金聖殿，2年之後又在攻擊聖殿後，刺殺總理英吉拉甘地。所以在印度半島上，印度教、錫克教及伊斯蘭的基本教義主義的滋生事端，其實是彼此刺激與連動的。他們之間不但陷入互相威脅與仇視的循環，也因爲用狂熱宗教情懷來鼓動民族意識而使得事態倍加嚴重。

重要人物

賓德藍威（Jarnail Singh Bhindranwale, 1947-1984）

　　錫克族激進武裝分子，他是達達米塔沙（Damdami Taksal）宗教團體的領袖，以在1984年占領印度黃金聖殿事件聞名。主張在印度旁遮普建立一個錫克人自己的國家，卡力斯坦（純淨之地）。他致力於錫克文化的復興，建立起自己的社會與文化倫理制度，抗拒印度教及印度的影響。

猶太基本教義主義（Jewish fundamentalism）

　　猶太及佛教基本教義派，也一樣是與逐漸高升的種族衝突有關。極端正統派的猶太人中，有些人不願意承認以色列就是舊約聖經中所說的猶太國度。而猶太基本教義派與他們不同處，在於基本教義派已將猶太建國主義（錫安主義），等同於建立「大以色列」，也就是捍衛以色列人目前在巴勒斯坦區的領土擴張行爲。以色列最有名的基本教義派團體艾穆寧（虔

主要概念

錫安主義（Zionism）

錫安主義（Zion，錫安，是希伯來語中的天堂之國），是指在巴勒斯坦建立猶太人家園的一股運動。此概念最早在1897年由赫茲爾（Theodore Herzl, 1860-1904）在巴賽爾（Basel）的世界錫安會議（World Zionist Congress）上所提出，認為這是保護猶太人免於遭受壓迫的唯一方式。早期的錫安主義者有俗世主義與民族主義的情懷，也常常同情社會主義。自從以色列在1948年建國後，錫安主義轉化成為兩個目標：第一是讓以色列成為全世界猶太人的家園；第二是力謀讓世人同情以色列的處境與保護它免於被侵略。而第二個目標已讓錫安主義成為某種宗教基本教義主義，而且在巴勒斯坦人眼中，它已是具侵略性及反阿拉伯的運動。

信者團契），就一直主張把從1967年六日戰爭中所占領的土地，看成是本應屬於猶太人的囤墾區。其中，更激進的團體卡區（Katch）也宣稱，猶太人跟阿拉伯人絕不能共同生活，因此主張將後者逐出神聖的「應許之地」。值得注意的是，以色列的極端正統派團體雖然小，卻對主要政黨（立庫黨與勞動黨）在贏取足夠執政席次上很有影響力。立庫黨曾在1996年到1999年執政，到了2009年後在黨魁納坦雅胡領導下更一直執政到現在，這都是因為他們得到哈瑞迪基本教義派的堅定支持，後者謹守猶太口傳律法*Halacha*與諸多傳統。

佛教基本教義主義（Buddhist fundamentalism）

斯里蘭卡的佛教民族主義，起因乃因為占多數人口的佛教辛哈族與占少數的塔米爾族（有印度教、基督教及穆斯林）不合。雖然表面上佛教應是所有主要宗教中，最不具基本教義主義色彩的（Dalia Lama, 1996），因為它主張個人責任、宗教寬容及非暴力原則。但是南亞的上座部佛教（又稱南傳佛教、小乘佛教）（Theravada Buddhism），卻支持這種將民族主義與基本教義主義連結在一起之行為。在斯里蘭卡，像「人民解放陣線」這樣的團體，主張建立單一民族認同，而欲將國家「辛哈化」，這就是企圖將佛教變成官方宗教的行為。這種作法，只會招來「塔米爾分離主義」更

激烈的反抗，「塔米爾之虎」從1970年代末，就開始以恐怖行動來抗議，直至2009年被擊潰爲止。

宗教基本教義主義的未來

　　關於宗教基本教義主義的未來這個問題，繫乎於兩個很不同的分析視野。第一個乃是在現代世界中，任何以宗教爲本的政治主張其長遠性都堪慮，所以這是基本教義主義作爲政治意識形態本身的限制。在此觀點下，基本教義派的存在乃是現代化過程中調適不佳的結果，而其最終也是注定失敗，因爲它實在與現代化過程的主要元素不相容。現代化基本上是一個西化的過程，而因爲經濟全球化與自由主義民主的普及，所以西化幾乎是不可避免的潮流。這就意味著宗教只好回復到它「適當的」私領域中，而公共事務都遵循著由俗世政治價值間競爭這個邏輯來走。這種分析意味基本教義主義的核心，也就是政治—文化的價值考量，會逐漸淡化；而宗教團體（如果它們保留任何政治意義）也會逐漸被吸納入目標更廣大的民族主義運動中，後者的主要成分乃是俗世化的價值。公民民族主義的目標是民族自決，它可以有機會持續與茁壯，而立基於宗教之上的好戰派族裔民族主義運動則很難有未來可言。任何形式的基本教義主義如果得以存活下去，它可能最多只不過是成爲一種政治抗議運動而已，因爲本質上它缺乏清晰的政治方略與完整的經濟規劃藍圖。

　　在另一個對立的視野上面，基本教義主義似乎又給予人看向了未來之「後現代」感覺。從這個觀點來看，其實是俗世化主義與自由民主面臨著危機，而不是那些基本教義主義的宗教。前兩者的缺失正由基本教義主義所暴露，這些缺失就是他們無法滿足人類深層的心理需要，也無法提供建構社會秩序之道德根基的權威性價值觀。從本世紀歷史的走向來看，我們的未來世界看起來不像是會變成一個以西方自由主義民主爲模型而逐漸趨同的世界，反倒是會像杭亭頓（Huntington, 1996）所預期的成爲「文明間的衝突」。這時，國家集團間會產生競爭，而宗教則成爲了提供政治—

文化認同背後的主要驅力。若從這觀點來看，基本教義主義藉由掌握現代世界與國際政治的力道來源而展現其適應性，他們不但沒被傳統所綑綁束縛，反而是敏捷巧妙的爲了迎接這個「後現代」世界的挑戰而迅速調整他們的主張。

問題討論

- ❍ 爲何基本教義主義經常被視爲是負面的詞彙？
- ❍ 是否所有的政治意識形態，都具有基本教義主義的傾向？
- ❍ 基本教義主義的主要特色爲何？
- ❍ 是否俗世主義就是反宗教的？
- ❍ 是否宗教基本教義主義的興起，就是「文明衝突」的證據？
- ❍ 基本教義主義必然奠基於聖典經文的神聖性格上嗎？
- ❍ 宗教基本教義主義是否必然反現代性？
- ❍ 基本教義主義是否隱含極權主義性格，而且易流於暴力？
- ❍ 伊斯蘭基本教義主義，有多大的程度是反西方的？
- ❍ 基督教基本教義主義與憲政民主及政治多元主義相容嗎？
- ❍ 基本教義主義與族裔民族主義間的關係如何？
- ❍ 基本教義主義爲何以及何種程度上與民粹主義類似？
- ❍ 基本教義主義有前景嗎？

進階閱讀

Almond, G., Appleby, R.S. & Sivan, E. *Strong Religion: The Rise of Fundamentalisms around the World* (2003). 討論21世紀國際間基本教義主義運動的興起及其與政治、社會間的關係。這是整體「基本教義主義研究計畫」（*Fundamentalism Project*）中很傑出的一部分。

Fox, J. *An Introduction to Religion and Politics: Theory and Practice*, 2nd edn (2018). 對於近代政治中（包括基本教義主義理念）的宗教角色的翔實介紹。

Dowland, S. *Family Values and the Rise of the Christian Right* (2018). 對美國基督教基本教義主義的傑出綜覽，也觸及其對西方政治的影響。

Mandaville, P. *Islam and Politics* (2014). 對政治伊斯蘭主義發展歷史的全面性回顧，兼及其中的不同分支、派別與對當代全球政治的影響。

Political Theology Network www.politicaltheology. com. 是研究宗教與政治關係的優良資訊網站，包含有評論、辯論與各種媒體資訊。

第十三章　政治意識形態爲何重要

本章簡介

　　在結尾的這一章中，我們要回到「政治意識形態之本質」這個問題上。本書第1章是有關這個主題的介紹，我們初步檢視了以下問題：例如，對意識形態一詞涵義的辯論，左派與右派的區分，「新」意識形態的出現，以及是否有意識形態的「終結」等，而在這最終章我們將思考意識形態對於整個政治過程的影響——不論其好壞。政治意識形態爲何重要？

　　因爲數個原因，我們需要政治意識形態。最重要的一點是，他們提供了政治人物、政黨與其他政治行動者一個智識上的架構，以便其藉此來解釋所面對的世界。意識形態並不是「系統性的幻覺」（有許多評論者竟如此認爲），而是對政治現象的不同解釋方式。每一種意識形態都從特定視角看待這個複雜又多層面的現實世界。從這個意義上來說，政治意識形態可作爲一種解釋現狀的「典範」：在我們追求理解的過程中，他們提供了一系列價值、理論與假設以供我們進行探討時使用。當然意識形態還有其他功能：其中包括了它讓政治可以有倫理與感情的層面，這是因爲「實然」總是與「應然」連結；同時它也幫助我們打造出群體的凝聚感或歸屬感，因爲意識形態將個人置入了社會脈絡中。但無論如何，意識形態也會產生反效果。每一種政治意識形態都可能被誤用或濫用。例如，它作爲我們思考上的「典範」時，有可能讓我們陷入固定框架中而看不到其他可能性，甚至會變成「思想監獄」。諸多原因，讓我們通常很難或是無法跳出與超越我們偏愛的意識形態去觀看世界。在某一意識形態視野下，我們難以區分真理與謬誤，因此，最終來說，我們很難「證明」某一政治意識形態優於其他的。總之，當我們在形成群體歸屬感的過程中，政治意識形態通常會立即變出一個讓我們害怕、有敵意的「他者」，因而帶來衝突與對立。

為何我們需要政治意識形態

　　政治意識形態並非靜止不動，而是一直跟隨變動的社會與歷史環境而起伏，我們可說是持續地活在意識形態的時代中，意識形態構成了政治上理論與實踐間之聯繫。但具體而言，我們爲何需要政治意識形態？它們到底扮演什麼角色？其中包括：

◆ 幫助我們理解世界（making sense of the world）
◆ 讓政治可以有道德目標（investing politics with moral purpose）
◆ 打造社群感（forging the collective）

幫助我們理解世界

　　政治意識形態最重要的功能，就是幫助我們擴大及深化視野，並在這過程中更爲了解我們所處的世界。從此意義來說，意識形態彷彿是我們認識世界的「視鏡」，而這個「視鏡」有時也被稱爲「世界觀」。這連結到了政治意識形態的第一個特色：提供我們一個對現存秩序的批判性看法（參見本書圖1.1）。如果我們只從「表象」看這世界——也就是說在沒有意識形態的幫助下——我們只會看到我們想看到的樣子，或是我們認爲我們將會看到的樣子。因此，學習政治意識形態的主要好處是，它會提醒我們注意事物中先前所不知道的一些關係、過程與結構。例如，我們用女性主義的視角來看世界，則不但不會陷入往昔忽略女性在政治、藝術、文學與文化等領域中表現的情況，同時也可以讓我們看到如果重視女權，這個世界可能會有多麼不同。既如此，政治意識形態幫助我們呈現出既有的「隱形」偏頗與成見。所以，它成爲刺激批判性自我反省的機制，也是讓我們發掘出現存體制中那些「想當然爾」的假設與立場的一種方法。在女性主義的例子中，政治意識形態幫助我們了解，原來關於社會與政治事務的主流思考中，竟是充滿著「**性別歧視**」的。

> **性別歧視（Gendered）**
> 思考時將某一性別的經驗、偏見與動機凌駕於另一性別之上；對於自身性別的優越看待方式。

　　在以上的思考方式下，意識形態被當成是庫恩（Thomas Kuhn）在《科學革命的結構》（*The Structure of Scientific Revolutions*,1962）一書中所揭櫫的「典範」（paradigm）概念來看待。他認為，典範是「由一個社群所共享的一組信念、價值與操作方式。」雖然，他當初發展的這個概念是要解釋自然科學的發展過程，但是後來已被廣泛地使用於社會研究當中。知識上的「典範」其價值在於，如果沒有它的幫助，我們難以理解這個複雜的現實世界；它先定義出什麼是重要的問題，什麼是事物發展上的重要趨勢、類型與過程。所以，「典範」幫助我們找出問題所在與研究問題的路線，以及指引我們對於研究成果如何做出解釋。正因為我們追求知識時都在「典範」內運作，所以敵對的「典範」──也就是敵對的政治意識形態間──通常「難以互通」，也就是它們之間是「**不可共量的**」（incommensurable）。所以真正來說，不同的政治意識形態，並不是對同一個世界提出不同的看法。事實上，他們是「看到」不同的世界，也用不同的語彙來描述這些世界。這也就可以解釋為何不同意識形態間的歧異，並不能用簡單地辯論或討論來解決，因為彼此間根本可說是「雞同鴨講」。

> **不可共量性（Incommensurability）**
>
> 在相對立的陳述或是方案間，無法做比較。因為，兩者沒有共同基礎可比較。

主要概念

典範（Paradigm）

　　廣義來說，典範就是透過關照到某些特色，來對現象做分析的一種認知模型。1962年，庫恩（Kuhn）使用它來指包含了一些價值、理論與假設的一種智識架構，藉由它我們從事科學知識的追求。他認為在「常態」科學階段，我們都經由某種「典範」的架構來進行研究與解釋世界；然而在科學革命階段，新的典範就替代了舊典範。庫恩之「典範」理論的激進意涵乃是，「真理」與「錯謬」其實無法決定。所謂科學知識，只是在某一典範下暫定的認知，等到新典範出現就被淘汰。

讓政治可以有道德目標

　　政治意識形態能否久存的另一個因素，不在於它幫我們理解事件或狀態的能力，而在於我們在道德與情感上如何看待它。這就涉及了政治意識形態的第二個特色：它描繪出理想的未來，一個「美好社會」的願景。意識形態是政治上價值與理想的主要來源，它觸及了別的政治活動面向所不能及的部分。沒有意識形態的世界，就是沒有了希望與願景的世界。如果政治人物無法把對權力的追求用意識形態的價值觀包裝起來，他們就會被看成是只追求權力的實用主義者，提出的政策缺乏方向與連貫性。在當代若干宣稱「後意識形態」的政黨中，當左派與右派政黨都離開了他們在意識形態上之根源後，他們要持續吸引黨員與支持者就不太容易了。當政黨的賣點變成某個政治明星或政策，而不是希望與理想時，黨員人數與支持的選民就減少了；而黨的領導人要訴求「願景」時，也會逐漸欲振乏力。拋棄價值觀的「後意識形態」的政治，其實是自取滅亡，因為大家此時反而都會開始要求意識形態與價值。關於此點，2007到2009年的全球金融危機後，左翼與右翼民粹主義的出現，可資證明。因此，政治意識形態可謂註定是不會消失的。

打造社群感

　　政治的意識形態還有另外一個作用，就是它可以讓人覺得歸屬於一個社群是有意義的。這種歸屬感很重要，因為個人的生命意義，只有在一個具體社會歷史脈絡中才會彰顯。這樣一來，政治意識形態的第三個特色就出現了：它可以作為一個社會的凝聚力量，提供社會中的各團體、甚至整個社會共同的信念與價值。某個意識形態經常與某些階級密切相關，就是這特色的表徵。例如，自由主義常與中產階級關聯，保守主義與富人或貴族相連，社會主義與勞工階級密切等。這些意識形態可以反映一個階級的生命經驗、利益與期望，因此能夠幫忙打造出文化歸屬感與凝聚力（請參見本書第6章）。然而，有時候政治意識形態也可以將同一社會的不同群體或利益結合起來。例如，自由主義提供了一系列基本的重要價值，如個

人權利、民主與憲政主義等；而民族主義則催生出愛國心與文化認同。意識形態給予社會共同的政治文化，因而促進秩序與穩定。但是值得注意的是，這些共同的政治理念與價值可能自然的在社會中產生，也可以人為地加諸於社會，使人民服從以便統治。最明顯的例子就是在共產社會與法西斯社會中，所謂「官方」意識形態的出現（請參見本書第4章和第7章）。

意識形態弊大於利嗎？

自政治意識形態有歷史以來——最早可追溯到1789年的法國大革命。政治意識形態一直飽受批評和攻擊，這些批評最後都聚焦在它是否即將消失。然而，大多數評論者與其說是贊同抹除掉意識形態這東西，倒不如說認為它是好壞兼具的。簡言之，政治意識形態有用，但也可能被濫用。下面即是有關政治意識形態的危險：

- ◆ 拘束思考（imprisoning the mind）
- ◆ 扭曲「真理」（distorting 'truth'）
- ◆ 區分「彼」、「此」（pitting 'us' against 'them'）

拘束思考

如果認為意識形態作為一種思考上的「典範」可以有助於吾人理解政治，這樣的想法忽略了他們也可以讓我們的視線受到屏蔽，甚至落入一種思想監獄的可能性。有時候「典範」並不會擴大我們的覺知範疇，反而是只讓我們看見它要讓我們看見之處。意識形態容易讓信念相同者間形成「同溫層」，就好像是一種「政治上的宗教」一般，讓這些服膺相同價值、理論或原則的人迸發出「信仰者」的熱忱，因此不易跳出這個「世界觀」之外去思考。我們還可用一些心理學上的傾向來更深入地解釋此點，例如說，很多人會犯「**成本已投入**」**的**謬誤，這謬誤讓我們（即使在猶豫之

> **成本已投入的謬誤**
> **（Sunk cost fallacy）**
> 基於成本已投入且無法收回，而繼續執行某事情的一種心態。

偏頗性確認
（Confirmation bias）
對於合於自身立場的資訊不斷吸取，而忽略相反的資訊之心態。

自我認知膨脹理論
（Cognitive entrenchment theory）
人們愈了解某事，就愈不易有開放客觀心態。

下）繼續向前，因為若不這麼做就等於承認當初是錯的。通常，我們會在投資行為上受制於這種心理，但有時也會在相信某種觀念、策略或是道德立場時如此。此外，「**偏頗性確認**」是指我們會去尋求、解釋、判斷或是記住有利於我們先前所持立場的資訊。這種心理傾向，解釋了為何人們很少會參考跟我們立場不同的網頁、部落格、書籍與報紙等。「**自我認知膨脹理論**」則認為，一個人對某事物愈熟悉、了解愈多，就愈難有開放心態保持客觀，且不易自我批評。這個理論意味著，我們在心智活動上專業性與彈性包容心態，基本上是互為消長的。

扭曲「真理」

　　政治意識形態的第二個難題是，它幾乎無可避免地會與「真理」產生差距。如果要說意識形態有對與錯之分，那就是忽略了它們乃是一種價值、夢想與期待，而這些東西的本質並非可用科學方式來分析。沒有人可以「證明」某一個正義理論比另外的高明，或是把有關人性的理論拿來做外科手術式的解剖，以便永久論定人是否擁有權利、得享自由，或是人性自私、人有社會性等。我們擁抱意識形態不是因為它們禁得起檢驗或是用邏輯分析，而是因為其幫助個人、群體與社會去面對所處的世界。文森（Andrew Vincent, 2009）曾說：「我們從旅途同行者的角度看意識形態，而非從中立觀察者的角度。」雖如此，意識形態無疑的還是以發掘真理為號召，因此如傅柯（Michel Foucault, 1991）所言，它們是「真理的組構」（regime of truth）。但作為「真理的組構」，意識形態卻總是與權力連結。在這世界中，真理、價值與理論之間總是相互競爭，而意識形態正是要把某些價值置於其他價值之上，以及將某些理論或是意義視為更具有正當性。然而，我們沒有決定真理的客觀準則。雖然，所有的意識形態或多

或少都跟眞理間有差距，但是「遠離眞理」（truth decay）的現象已經愈來愈明顯，尤其當民粹主義興起而強調陰謀論之後。

區分「彼」、「此」

雖然政治意識形態可以爲人們建立社群歸屬感，但這經常是建立在族群間深化衝突與區隔之上。在某些案例上，意識形態造成衝突與區隔是明確可見而令人遺憾的。例如，馬克思主義主張階級鬥爭，而法西斯主義頌揚自身民族的偉大且相信生命是一場「無止盡的鬥爭」。衝突必然與群體連結在一起，這樣悲觀的指涉，恐怕所有的意識形態都免不了。社會心理學家宣稱人類有一種天生傾向，將世界區分爲內（「我們」）跟外（「他們」）；前者指跟我們意識形態一致的人，後者指懷抱敵對意識形態者。於是，慢慢有了「負面的整合」（negative integration）這個現象，也就是「我們」的群體感受到了「他們」的存在而增強了，於是我們開始不信任、害怕與仇視「他們」。很多人認爲，從1990年代後在意識形態上的壁壘分明現象愈來愈明顯，這是因爲「認同」（「我們」是誰？）取代了以往的社經議題，此現象在逐漸增加的「文化戰爭」（cultural wars）中可看出。

選擇意識形態

從上述討論我們可以知道，政治的意識形態是各有優劣的。例如，意識形態固然可以帶領我們認識政治，但也可能遮蔽眞理，爲了維持前述兩者間平衡關係的程度與可能性，每一種意識形態都不同，有些意識形態被證明比較有洞見與可靠，有些則否。這樣說來，可能某些意識形態比較有價值。這可從一些地方看出來：例如，每種意識形態對於其藍圖接近「事實」與合理解釋「現實世界的事件與發展」的程度不一，社會主義就普遍被認爲是不切實際的政治意識形態，因爲從1970年代起「社會階級」的重要性下降了。亦即，意識形態的信念（社會主義相信社會階級乃是歷史向前的動力）與現實間的落差擴大了。

　　然而，我們若要用理論是否「符合事實」作爲衡量意識形態的標準，也會有些問題。因爲，這方法根植於當我們相信所謂「事實」是與價值、假設等不同，而有其「客觀存在」。但是，事實與價值的區分在意識形態思想中並不是必然的，因爲意識形態不只是關於了解這個世界的實況，而是關於了解之後要如何；也就是說，要讓世界變得更好（不管在實踐上其涵義爲何）。因此，當我們在選擇信仰某個政治意識形態時，與其說我們是在貶低對立的意識形態，不如說我們是在選擇一個道德與感情上最合適的介入政治的模式或載具。

問題討論

➲ 政治意識形態爲何可視爲是一種典範？

➲ 用辯論與討論可以處理意識形態間的差異嗎？

➲ 去意識形態化的政黨可以長存嗎？

➲ 政治的意識形態如何（以及多有效）打造社群感？

➲ 爲何意識形態被視爲是一種「政治性宗教」？這有何意涵？

➲ 我們可以避免「偏頗式確認」嗎？該如何做？

➲ 何種程度上可以用科學來分析政治意識形態？

➲ 爲何意識形態間的對抗以文化戰爭的方式表現？如何表現？

➲ 是否某些意識形態較其他的來得可靠且有洞見？

➲ 我們可以用意識形態與現實接近的程度來衡量其優劣嗎？

參考文獻

Acton, Lord (1956) *Essays on Freedom and Power*. London: Meridian.

Adams, I. (1989) *The Logic of Political Belief: A Philosophical Analysis*. London and New York: Harvester Wheatsheaf.

Adib-Moghaddam, A. (ed.) (2014) *Introduction to Khomeini*. New York: Cambridge University Press.

Adonis, A. and Hames, T. (1994) *A Conservative Revolution? The Thatcher– Reagan Decade in Perspective*. Manchester: Manchester University Press.

Adorno, T., Frenkel-Brunswik, E., Levinson, D. and Sandford, R. (1950) *The Authoritarian Personality*. New York: Harper.

Ahmed, R. (2001) *Jihad: The Rise of Militant Islam in Central Asia*. New Haven, CT: Yale University Press.

Ali, T. (2003) *The Clash of Fundamentalism: Crusades, Jihads and Modernity*. London: Verso.

Almond, G., Appleby, R.S. and Sivan, E. (2003) *Strong Religion: The Rise of Fundamentalisms around the World*. Chicago: University of Chicago Press.

Anderson, B. (1983) *Imagined Communities: Reflections on the Origins and Spread of Nationalism*. London: Verso.

Arblaster, A. (1984) *The Rise and Decline of Western Liberalism*. Oxford: Basil Blackwell.

Arendt, H. (1951) *The Origins of Totalitarianism*. London: Allen & Unwin.

Aristotle (1962) *The Politics*, trans. T. Sinclair. Harmondsworth: Penguin (Chicago, IL: University of Chicago Press, 1985).

Aughey, A., Jones, G. and Riches, W. T. M. (1992) *The Conservative Political Tradition in Britain and the United States*. London: Pinter.

Bahro, R. (1982) *Socialism and Survival*. London: Heretic Books.

Bahro, R. (1984) *From Red to Green*. London: Verso/ New Left Books.

Bakunin, M. (1973) *Selected Writings*, ed. A. Lehning. London: Cape.

Bakunin, M. (1977) 'Church and State', in G. Woodcock (ed.), *The Anarchist Reader*. London: Fontana.

Ball, T., Dagger, R. and O'Neill, D. (2016) *Political Ideologies and the Democratic Ideal*. Abingdon and New York: Routledge.

Ball, T., Dagger, R. and O'Neill, D. (2019) *Ideals and Ideologies: A Reader*, 11th edn. New York: Routledge.

Baradat, L. P. (2003) *Political Ideologies: Their Origins and Impact*, 8th edn. Upper Saddle River, NJ: Prentice Hall.

Barber, B. (2003) *Jihad vs. the World: How Globalism and Tribalism Are Reshaping the World*. London: Corgi Books.

Barker, R. (1997) *Political Ideas in Modern Britain: In and After the 20th Century*, 2nd edn. London and New York: Routledge.

Barry, B. (2002) *Culture and Equality*. Cambridge and New York: Polity Press.

Barry, J. (1999) *Rethinking Green Politics*. London and Thousand Oaks, CA: Sage.

Barry, N. (1987) *The New Right*. London: Croom Helm.

Baumann, Z. (1999) *In Search of Politics*. Cambridge and Malden, MA: Polity Press.

Baxter, B. (1999) *Ecologism: An Introduction*. Edinburgh: Edinburgh University Press.

Beasley, C. (1999) *What Is Feminism?* London: Sage.

Beasley, C. (2005) *Gender and Sexuality: Critical Theories and Critical Thinkers*. London and Thousand Oaks, CA: Sage Publications.

Beauvoir, S. de (1968) *The Second Sex*, trans. H. M. Parshley. New York: Bantam.

Beck, U. (1992) *Risk Society: Towards a New Modernity*. London and New York: Sage.

Bell, D. (1960) *The End of Ideology*. Glencoe, IL: Free Press.

Bellamy, R. (1992) *Liberalism and Modern Society: An Historical Argument*. Cambridge: Polity Press.

Benn, T. (1980) *Arguments for Democracy*. Harmondsworth: Penguin.

Bentham, J. (1970) *Introduction to the Principles of Morals and Legislation*, ed. J. Burns and H. L. A. Hart. London: Athlone Press and Glencoe, IL: Free Press.

Berki, R. N. (1975) *Socialism*. London: Dent.

Berlin, I. ([1958] 1969) 'Two Concepts of Liberty', in *Four Essays on Liberty*. London: Oxford University Press.

Berman, P. (2003) *Terror and Liberalism*. New York: W. W. Norton.

Bernstein, E. ([1898] 1962) *Evolutionary Socialism*. New York: Schocken.

Black, A. (2011) *History of Islamic Political Thought: From the Prophet to the Present*. Edinburgh: Edinburgh University Press.

Blakeley, G. and Bryson, V. (eds) (2002) *Contemporary Political Concepts: A Critical Introduction*. London: Pluto Press.

Bobbio, N. (1996) *Left and Right: The Significance of a Political Distinction*. Oxford: Polity Press.

Bobbitt, P. (2002) *The Shield of Achilles*. New York: Knopf and London: Allen Lane.

Bookchin, M. ([1962] 1975) *Our Synthetic Environment*. London: Harper & Row.

Bookchin, M. (1977) 'Anarchism and Ecology', in G. Woodcock (ed.), *The Anarchist Reader*. London: Fontana.

Bosworth, R. (ed.) (2012) *The Oxford Handbook of Fascism*. Oxford: Oxford University Press.

Boulding, K. (1966) 'The Economics of the Coming Spaceship Earth', in H. Jarrett (ed.), *Environmental Quality in a Growing Economy*. Baltimore, MD: Johns Hopkins Press.

Bourne, R. (1977) 'War Is the Health of the State', in G. Woodcock (ed.), *The Anarchist Reader*. London: Fontana.

Bracher, K. D. (1985) *The Age of Ideologies: A History of Political Thought in the Twentieth Century*. London: Methuen.

Bramwell, A. (1989) *Ecology in the Twentieth Century: A History*. New Haven, CT and London: Yale University Press.

Bramwell, A. (1994) *The Fading of the Greens: The Decline of Environmental Politics in the West*. New Haven, CT and London: Yale University Press.

Browers, M. (2015) 'Islamic Political Ideologies', in M. Freeden, L. T. Sargent, and M. Stears (eds), *The Oxford Handbook of Political Ideologies*. Oxford and New York: Oxford University Press.

Brown, D. (2000) *Contemporary Nationalism: Civic, Ethnocultural and Multicultural Politics*. London: Routledge.

Brownmiller, S. (1975) *Against Our Will: Men, Women and Rape*. New York: Simon & Schuster.

Bruce, S. (1993) 'Fundamentalism, Ethnicity and Enclave', in M. Marty and R. S. Appleby (eds), *Fundamentalism and the State*. Chicago, IL and London: Chicago University Press.

Bruce, S. (2008) *Fundamentalism*. Cambridge: Polity Press.

Bruilly, J. (ed.) (2013) *The Oxford Handbook of the History of Nationalism*. Oxford: Oxford University Press.

Bryson, V. (2003) *Feminist Political Theory: An Introduction*, 2nd edn. London: Red Globe Press.

Bryson, V. (2016) *Feminist Political Theory: An Introduction*, 3rd edn. London: Red Globe Press.

Burke, E. ([1790] 1968) *Reflections on the Revolution in France*. Harmondsworth: Penguin.

Burke, E. ([1790] 1975) *On Government, Politics and Society*, ed. B. W. Hill. London: Fontana.

Burnham, J. (1960) *The Managerial Revolution*. Harmondsworth: Penguin and Bloomington, IN: Indiana University Press.

Buruma, I. and Margalit, A. (2004) *Occidentalism: A Short History of Anti-Westernism*. London: Atlantic Books.

Butler, C. (2002) *Postmodernism: A Very Short Introduction*. Oxford and New York: Oxford University Press.

Butler, J. (2006) *Gender Trouble*. Abingdon and New York: Routledge.

Canovan, M. (2005) *The People*. Cambridge: Cambridge University Press.

Capra, F. (1975) *The Tao of Physics*. London: Fontana.

Capra, F. (1982) *The Turning Point*. London: Fontana (Boston, MA: Shambhala, 1983).

Capra, F. (1997) *The Web of Life: A New Synthesis of Mind and Matter*. London: Flamingo.

Carson, R. (1962) *The Silent Spring*. Boston, MA: Houghton Mifflin.

Carter, A. (1971) *The Political Theory of Anarchism*. London: Routledge & Kegan Paul.

Carter, N. (2018) *The Politics of the Environment: Ideas, Activism, Policy*, 3rd edn. Cambridge: Cambridge University Press.

Castells, M. (2000) *The Rise of the Network Society*. Oxford and Malden, MA: Blackwell.

Cecil, H. (1912) *Conservatism*. London and New York: Home University Library.

Chamberlain, H. S. ([1899] 1913) *Foundations of the Nineteenth Century*. New York: John Lane.

Charvet, J. (1982) *Feminism*. London: Dent.

Charvet, J. (2018) *Liberalism: The Basics*. London: Routledge.

Chesterton, G. K. (1908) *Orthodoxy*. London: John Lane, The Bodley Head.

Chomsky, N. (1999) *The New Military Humanism*. Monroe, ME: Common Courage Press.

Chomsky, N. (2003) *Hegemony and Survival: America's Quest for Global Domination.* New York: Henry Holt & Company.

Chomsky, N. (2013) *Anarchism.* New York: The New Press.

Christoyannopoulos, A. (2011) *Religious Anarchism: New Perspectives.* Newcastle upon Tyne: Cambridge Scholars Publishing.

Club of Rome. See Meadows *et al.* (1972).

Coakley, J. (2012) *Nationalism, Ethnicity and the State.* Thousand Oaks, CA: SAGE.

Collins, P. (1993) *Ideology after the Fall of Communism.* London: Bowerdean.

Constant, B. (1988) *Political Writings.* Cambridge: Cambridge University Press.

Conway, D. (1995) *Classical Liberalism: The Unvanquished Ideal.* London and New York: Palgrave Macmillan.

Coole, D. (1993) *Women in Political Theory: From Ancient Misogyny to Contemporary Feminism,* 2nd edn. Hemel Hempstead: Harvester Wheatsheaf.

Cordeiro-Rodrigues, L. and Simendic, M. (2017) *Philosophies of Multiculturalism: Beyond Liberalism.* New York: Routledge.

Costa, M. D. and James, S. (1972) *The Power of Women and the Subordination of the Community.* Bristol: Falling Wall Press.

Crick, B. (1962) *A Defence of Politics.* Harmondsworth: Penguin.

Critchley, T. A. (1970) *The Conquest of Violence.* London: Constable.

Crosland, C. A. R. (1956) *The Future of Socialism.* London: Cape (Des Plaines, IL: Greenwood, 1977).

Curran, G. (ed.) (2007) *21st Century Dissent: Anarchism, Globalization and Environmentalism.* London: Palgrave Macmillan.

Dahl, R. (1961) *Who Governs? Democracy and Power in an American City.* New Haven, CT: Yale University Press.

Dalai Lama (1996) *The Power of Buddhism.* London: Newleaf.

Daly, H. (1974) 'Steady-state Economics vs Growthmania: A Critique of Orthodox Conceptions of Growth, Wants, Scarcity and Efficiency', *Policy Sciences,* vol. 5, pp. 149–67.

Daly, M. (1979) *Gyn/Ecology: The Meta-Ethics of Radical Feminism.* Boston, MA: Beacon Press.

Darwin, C. ([1859] 1972) *On the Origin of Species.* London: Dent.

Dickinson, G. L. (1916) *The European Anarchy.* London: Allen & Unwin.

Disch, L. and Hawkesworth, M. (2016) *The Oxford Handbook of Feminist Theory.* Oxford: Oxford University Press.

Dobson, A. (1991) *The Green Reader.* London: André Deutsch.

Dobson, A. (2007) *Green Political Thought,* 4th edn. London and New York: Routledge.

Dolgoff, D. (1974) *The Anarchist Collective: Workers' Self-Management in the Spanish Revolution, 1936–1939.* Montreal, Quebec: Black Rose Books.

Dowland, S. (2018) *Family Values and the Rise of the Christian Right.* Philadelphia: University of Pennsylvania Press.

Downs, A. (1957) *An Economic Theory of Democracy.* New York: Harper & Row.

Dworkin, A. (1976) *Woman Hating: A Radical Look at Sexuality.* Harmondsworth: Penguin.

Dworkin, A. and K. MacKinnon (1988) *Pornography and Civil Rights.* Minneapolis, MN: Organizing Against Pornography.

Dworkin, R. (2000) *Sovereign Virtue: The Theory and Practice of Equality.* Cambridge, MA: Harvard University Press.

Dyzek, J. and Schlosberg, D. (2005) *Debating the Earth: The Environmental Politics Reader,* 2nd edn. Oxford: Oxford University Press.

Eagleton, T. (1991) *Ideology: An Introduction.* London and New York: Verso.

Eatwell, R. (2003) *Fascism: A History.* London: Vintage.

Eatwell, R. and Goodwin, M. (2018) *National Populism: The Revolt Against Liberal Democracy.* London: Pelican.

Eatwell, R. and O'Sullivan, N. (eds) (1989) *The Nature of the Right: European and American Politics and Political Thought since 1789.* London: Pinter.

Eatwell, R. and Wright, A. (eds) (1999) *Contemporary Political Ideologies,* 2nd edn. London: Pinter.

Eccleshall, R. *et al.* (2003) *Political Ideologies: An Introduction,* 3rd edn. London and New York: Routledge.

Eckersley, R. (1992) *Environmentalism and Political Theory: Towards an Ecocentric Approach.* London: UCL Press.

Edgar, D. (1988) 'The Free or the Good', in R. Levitas (ed.) *The Ideology of the New Right.* Oxford: Polity Press.

Egoumenides, M. (2014) *Philosophical Anarchism and Political Obligation.* London: Bloomsbury.

Ehrenfeld, D. (1978) *The Arrogance of Humanism.* Oxford: Oxford University Press.

Ehrlich, P. and Ehrlich, A. (1970) *Population, Resources and Environment: Issues in Human Ecology*. London: W. H. Freeman.

Ehrlich, P. and Harriman, R. (1971) *How to Be a Survivor*. London: Pan.

Elshtain, J. B. (1993) *Public Man, Private Woman: Women in Social and Political Thought*. Oxford: Martin Robertson and Princeton, NJ: Princeton University Press.

Enayat, H. (1982) *Modern Islamic Political Thought*. London: Macmillan Press.

Engels, F. ([1884] 1976) *The Origins of the Family, Private Property and the State*. London: Lawrence & Wishart (New York: Pathfinder, 1972).

Etzioni, A. (1995) *The Spirit of Community: Rights, Responsibilities and the Communitarian Agenda*. London: Fontana.

Eysenck, H. (1964) *Sense and Nonsense in Psychology*. Harmondsworth: Penguin.

Faludi, S. (1991) *Backlash: The Undeclared War Against American Women*. New York: Crown.

Fanon, F. (1965) *The Wretched of the Earth*. Harmondsworth: Penguin (New York: Grove-Weidenfeld, 1988).

Faure, S. ([1925] 1977) 'Anarchy–Anarchist', in G. Woodcock (ed.), *The Anarchist Reader*. London: Fontana.

Fawcett, E. (2015) *Liberalism: The Life of an Idea*. Princeton, NJ: Princeton University Press.

Fawcett, E. (2018) *Liberalism: The Life of an Idea*, 2nd edn. Princeton, NJ:Princeton, NJ: Princeton University Press.

Fawcett, E. (2020) *Conservatism: The Fight for a Tradition*. Princeton, NJ:Princeton, NJ: Princeton University Press.

Feldman, N. (2012) *The Fall and Rise of the Islamic State*. Princeton, NJ: Princeton University Press.

Festenstein, M. and Kenny, M. (eds) (2005) *Political Ideologies: A Reader and Guide*. Oxford and New York: Oxford University Press.

Figes, E. (1970) *Patriarchal Attitudes*. Greenwich, CT: Fawcett.

Firestone, S. (1972) *The Dialectic of Sex*. New York: Basic Books.

Foley, M. (1991) *American Political Ideas: Tradition and Usages*. Manchester: Manchester University Press.

Foucault, M. (1991) *Discipline and Punishment: The Birth of the Prison*. London: Penguin.

Fox, J. (2018) *An Introduction to Religion and Politics: Theory and Practice,* 2nd edn. London: Routledge.

Fox, W. (1990) *Towards a Transpersonal Ecology: Developing the Foundations for Environmentalism*. Boston, MA: Shambhala.

Freeden, M. (1996) *Ideologies and Political Theory: A Conceptual Approach*. Oxford and New York: Oxford University Press.

Freeden, M. (2001) *Reassessing Political Ideologies: The Durability of Dissent*. London and New York: Routledge.

Freeden, M. (2004) *Ideology: A Very Short Introduction*. Oxford and New York: Oxford University Press.

Freeden, M., Sargent, L. T. and Stears, M. (eds) (2015) *The Oxford Handbook of Political Ideologies*. Oxford: Oxford University Press.

Freedman, J. (2001) *Feminism*. Buckingham and Philadelphia, PA: Open University Press.

Friedan, B. (1963) *The Feminine Mystique*. New York: Norton.

Friedan, B. (1983) *The Second Stage*. London: Abacus (New York: Summit, 1981).

Friedman, D. (1973) *The Machinery of Freedom: Guide to a Radical Capitalism*. New York: Harper & Row.

Friedman, M. (1962) *Capitalism and Freedom*. Chicago, IL: University of Chicago Press.

Friedman, M. and Friedman, R. (1980) *Free to Choose*. Harmondsworth: Penguin (New York: Bantam, 1983).

Friedrich, C. J. and Brzezinski, Z. (1963) *Totalitarian Dictatorships and Autocracy*. New York: Praeger.

Fromm, E. (1979) *To Have or To Be*. London: Abacus.

Fromm, E. (1984) *The Fear of Freedom*. London: Ark.

Fukuyama, F. (1989) 'The End of History?', *National Interest*, Summer.

Fukuyama, F. (1992) *The End of History and the Last Man*, Harmondsworth: Penguin.

Gabrielson, T., Hall, C., Meyer, J. and Schlosberg, D. (2016) *The Oxford Handbook of Environmental Political Theory*. Oxford: Oxford University Press.

Galbraith, J. K. (1992) *The Culture of Contentment*. London: Sinclair Stevenson.

Gallie, W. B. (1955–6) 'Essentially Contested Context', in *Proceedings of the Aristotelian Society*, vol. 56.

Gamble, A. (1994) *The Free Economy and the Strong State*, 2nd edn. London: Red Globe Press.

Gandhi, M. (1971) *Selected Writings of Mahatma Gandhi*, ed. R. Duncan. London: Fontana.

Garvey, J. H. (1993) 'Fundamentalism and Politics', in Martin E. Marty and R. Scott Appleby (eds), *Fundamentalisms and the State*. Chicago, IL and London: University of Chicago Press.

Gasset, J. Ortega y ([1930] 1972) *The Revolt of the Masses*. London: Allen & Unwin.

Gellner, E. (1983) *Nations and Nationalism*. Oxford: Blackwell.

Geoghegan, V. and Wilford, R. (eds) (2014) *Political Ideologies: An Introduction*. Abingdon and New York: Routledge.

Giddens, A. (1994) *Beyond Left and Right: The Future of Radical Politics*. Cambridge: Polity Press.

Giddens, A. (1998) *The Third Way: The Renewal of Social Democracy*. Cambridge: Polity Press.

Giddens, A. (2000) *The Third Way and Its Critics*. Cambridge: Polity Press.

Gillis, S., Howie, G. and Mumford, R. (eds) (2007) *Third Wave Feminism: Critical Exploration*. London and New York: Palgrave Macmillan.

Gilmour, I. (1978) *Inside Right: A Study of Conservatism*. London: Quartet Books.

Gilmour, I. (1992) *Dancing with Dogma: Britain under Thatcherism*. London: Simon & Schuster.

Gobineau, J.-A. (1970) *Gobineau: Selected Political Writings*, ed. M. D. Biddiss. New York: Harper & Row.

Godwin, W. ([1793] 1971) *Enquiry Concerning Political Justice*, ed. K. C. Carter. Oxford: Oxford University Press.

Goldman, E. (1969) *Anarchism and Other Essays*. New York: Dover.

Goldsmith, E. (1988) *The Great U-Turn: De-industrialising Society*. Totnes: Green Books.

Goldsmith, E., Allen, R. and others (eds) (1972) *Blueprint for Survival*. Harmondsworth: Penguin.

Goodhart, D. (2004) 'The Discomfort of Strangers', *Prospect*, February.

Goodhart, D. (2017) *The Road to Somewhere: The New Tribes Shaping British Politics*. London: Penguin.

Goodin, R. E. (1992) *Green Political Theory*. Oxford: Polity Press.

Goodman, P. (1977) 'Normal Politics and the Psychology of Power', in G. Woodcock (ed.), *The Anarchist Reader*. London: Fontana.

Goodwin, B. (1997) *Using Political Ideas*, 4th edn. London: John Wiley & Sons.

Gorz, A. (1982) *Farewell to the Working Class*. London: Plúto Press (Boston, MA: South End Press, 1982).

Gould, B. (1985) *Socialism and Freedom*. London: Macmillan (Wakefield, NH: Longwood, 1986).

Gramsci, A. ([1935] 1971) *Selections from the Prison Notebooks*, ed. Q. Hoare and G. Nowell-Smith. London: Lawrence & Wishart.

Gray, J. (1995a) *Enlightenment's Wake: Politics and Culture at the Close of the Modern Age*. London: Routledge.

Gray, J. (1995b) *Liberalism*, 2nd edn. Milton Keynes: Open University Press.

Gray, J. (1996) *Post-liberalism: Studies in Political Thought*. London: Routledge.

Gray, J. (1997) *Endgames: Questions in Late Modern Political Thought*. Cambridge and Malden, MA: Blackwell.

Gray, J. (2000) *Two Faces of Liberalism*. Cambridge: Polity Press.

Gray, J. and Willetts, D. (1997) *Is Conservatism Dead?* London: Profile Books.

Green, T. H. (1988) *Works*, ed. R. Nettleship. London: Oxford University Press (New York: AMS Press, 1984).

Greenfeld, L. (2019) *Nationalism: A Short History*. Washington, D.C.: Brookings Institution.

Greenleaf, W. H. (1983) *The British Political Tradition: The Ideological Heritage*, Vol. 2. London: Methuen.

Greer, G. (1970) *The Female Eunuch*. New York: McGraw-Hill.

Greer, G. (1985) *Sex and Destiny*. New York: Harper & Row.

Greer, G. (1999) *The Whole Woman*. London: Doubleday.

Gregor, A. J. (1969) *The Ideology of Fascism*. New York: Free Press.

Griffin, R. (1993) *The Nature of Fascism*. London: Routledge.

Griffin, R. (2018) *Fascism*. Cambridge: Polity.

Griffin, R. (ed.) (1995) *Fascism*. Oxford and New York: Oxford University Press.

Griffin, R. (ed.) (1998) *International Fascism: Theories, Causes and the New Consensus*. London: Arnold and New York: Oxford University Press.

Hadden, J. K. and Shupe, A. (eds) (1986) *Prophetic Religions and Politics: Religion and Political Order*. New York: Paragon House.

Hall, J. A. (1988) *Liberalism: Politics, Ideology and the Market*. London: Paladin.

Hall, S. and Jacques, M. (eds) (1983) *The Politics of Thatcherism*. London: Lawrence & Wishart.

Hamid. S. (2016) *Islamic Exceptionalism*. New York: St. Martin's Press.

Hardin, G. (1968) 'The Tragedy of the Commons', *Science*, vol. 162, pp. 1243–8.

Hardt, M. and Negri, A. (2000) *Empire*. Cambridge, MA: Harvard University Press.

Harrington, M. (1993) *Socialism, Past and Future*. London: Pluto Press.

Harvey, D. (2003) *The New Imperialism*. Oxford: Oxford University Press.

Harvey, D. (2005) *A Brief History of Neoliberalism*. Oxford and New York: Oxford University Press.

Hayek, F. A. von (1944) *The Road to Serfdom*. London: Routledge & Kegan Paul (Chicago, IL: University of Chicago Press, 1956, new edn).

Hayek, F. A. von (1960) *The Constitution of Liberty*. London: Routledge & Kegan Paul.

Hayward, T. (1998) *Political Theory and Ecological Values*. Cambridge: Polity Press.

Hearn, J. (2006) *Rethinking Nationalism: A Critical Introduction*. London: Red Globe Press.

Heath, A., Jowell, R. and Curtice, J. (1985) *How Britain Votes*. Oxford: Pergamon.

Heffernan, R. (2001) *New Labour and Thatcherism*. London: Palgrave.

Hegel, G. W. F. (1942) *The Philosophy of Right*, trans. T. M. Knox. Oxford: Clarendon Press.

Heywood, L. and J. Drake (eds) (1997) *Third Wave Agenda: Being Feminist, Doing Feminism*. Minneapolis, MN: University of Minnesota Press.

Hiro, D. (1988) *Islamic Fundamentalism*. London: Paladin.

Hitler, A. ([1925] 1969) *Mein Kampf*. London: Hutchinson (Boston, MA: Houghton Mifflin, 1973).

Hobbes, T. ([1651] 1968) *Leviathan*, ed. C. B. Macpherson. Harmondsworth: Penguin.

Hobhouse, L. T. (1911) *Liberalism*. London: Thornton Butterworth.

Hobsbawm, E. (1983) 'Inventing Tradition', in E. Hobsbawm and T. Ranger (eds), *The Invention of Tradition*. Cambridge: Cambridge University Press.

Hobsbawm, E. (1992) *Nations and Nationalism since 1780: Programme, Myth and Reality*, 2nd edn. Cambridge: Cambridge University Press.

Hobsbawm, E. (1994) *Age of Extremes: The Short Twentieth Century, 1914–1991*. London: Michael Joseph.

Hobsbawm, E. (2011) *How to Change the World: Tales of Marx and Marxism*. London: Little, Brown.

Hobson, J. A. (1902) *Imperialism: A Study*. London: Nisbet.

Hoffman, J. and P. Graham (2006) *Introduction to Political Ideologies*. London: Pearson Education.

Holden, B. (1993) *Understanding Liberal Democracy*, 2nd edn. Hemel Hempstead: Harvester Wheatsheaf.

Holland, T. (2015) 'In Search of the True Prophet', *The Sunday Times*, 31 May.

Honderich, T. (1991) *Conservatism*. Harmondsworth: Penguin.

Honderich, T. (2005) *Conservatism: Burke, Nozick, Bush, Blair?* London and Ann Arbor, MI: Pluto Press.

Honneth, A. (2016) *The Idea of Socialism: Towards a Renewal*. Cambridge: Polity.

Huemer, M. (2013) *The Problem of Political Authority: An Examination of the Right to Coerce and the Duty to Obey*. London: Palgrave Macmillan.

Huntington, S. (1993) 'The Clash of Civilizations', *Foreign Affairs*, vol. 72, no. 3.

Huntington, S. (1996) *The Clash of Civilizations and the Remaking of World Order*. New York: Simon & Schuster.

Hutchinson, J. and Smith, A. D. (eds) (1994) *Nationalism*. Oxford and New York: Oxford University Press.

Hutton, W. (1995) *The State We're In*. London: Jonathan Cape.

Ingersoll, D., Matthews, R. and Davison, A. (2016) *The Philosophic Roots of Modern Ideology*, 5th edn. Cornwall on Hudson, NY: Sloan.

Ivison, D. (ed.) (2016) *The Ashgate Research Companion to Multiculturalism*. Abingdon: Routledge.

Jefferson, T. (1972) *Notes on the State of Virginia*. New York: W. W. Norton.

Jefferson, T. (1979) 'The United States Declaration of Independence', in W. Laqueur and B. Rubin (eds), *The Human Rights Reader*. New York: Meridian.

Jones, C. and Vernon, R. (2018) *Patriotism*. Cambridge: Polity.

Jost, J., Kruglanski, A. and Sulloway, F. (2003) 'Political Conservatism as Motivated Social Cognition', *Psychological Bulletin*, p. 129.

Journal of Political Ideologies. Abingdon, UK and Cambridge, MA: Carfax.

Kallis, A. (ed.) (2003) *The Fascism Reader*. London: Routledge.

Kallis, G. (2017) *Degrowth*. Newcastle upon Tyne: Agenda Publishing Limited.

Kaltwasser, C., Taggart, P., Espejo, O. and Ostiguy, P. (eds) (2017) *The Oxford Handbook of Populism*. Oxford: Oxford University Press.

Kant, I. (1991) *Kant: Political Writings*, ed. Hans Reiss, trans. H. B. Nisbet. Cambridge: Cambridge University Press.

Kautsky, K. (1902) *The Social Revolution*. Chicago: Kerr.

Keddi, N. (1972) *Sayyid Jamal ad-Din 'Al-Afghani'*. Berkeley, CA: California University Press.

Kelly, P. (2005) *Liberalism*. Malden, MA and Cambridge: Polity Press.

Kepel, G. (2006) *Jihad: The Trail of Political Islam*. London: I. B. Tauris.

Keynes, J. M. ([1936] 1963) *The General Theory of Employment, Interest and Money*. London: Palgrave Macmillan (San Diego: Harcourt Brace Jovanovich, 1965).

Kingdom, J. (1992) *No Such Thing as Society? Individualism and Community*. Buckingham, UK and Philadelphia, PA: Open University Press.

Kinna, R. (2009) *Anarchism: A Beginner's Guide*. Oxford: Oneworld Publications.

Kinna, R. (2020) *The Government of No One: The Theory and Practice of Anarchism*. London: Pelican.

Kinna, R. (ed.) (2014) *The Bloomsbury Companion to Anarchism*. New York: Bloomsbury.

Kropotkin, P. ([1902] 1914) *Mutual Aid*. Boston, MA: Porter Sargent.

Kuhn, T. (1962) *The Structure of Scientific Revolutions*. Chicago, IL: Chicago University Press.

Kymlicka, W. (2000) *Multicultural Citizenship*. Oxford: Oxford University Press.

Laclau, E. (2005) *On Populist Reason*. London: Verso.

Laclau, E. and Mouffe, C. (2014) *Hegemony and Socialist Strategy*. London: Verso.

Lamb, P. (2019) *Socialism*. Cambridge: Polity.

Lane, D. (1996) *The Rise and Fall of State Socialism*. Oxford: Polity Press.

Laqueur, W. (ed.) (1979) *Fascism: A Reader's Guide*. Harmondsworth: Penguin.

Larrain, J. (1983) *Marxism and Ideology*. London: Macmillan.

Layard, R. (2011) *Happiness: Lessons from a New Science*. Harmondsworth and New York: Penguin Books.

Leach, R. (2002) *Political Ideology in Britain*. London: Red Globe Press.

Lenin, V. I. ([1902] 1988) *What Is to Be Done?* Harmondsworth and New York: Penguin.

Lenin, V. I. ([1916] 1970) *Imperialism, the Highest Stage of Capitalism*. Moscow: Progress Publishers.

Lenin, V. I. ([1917] 1964) *The State and Revolution*. Peking: People's Publishing House.

Leopold, A. (1968) *Sand County Almanac*. Oxford: Oxford University Press.

Letwin, S. R. (1992) *The Anatomy of Thatcherism*. London: Fontana.

Lewis, B. (2004) *The Crisis of Islam: Holy War and Unholy Terror*. London and New York: Random House.

Lindblom, C. (1977) *Politics and Markets*. New York: Basic Books.

Locke, J. (1962) *Two Treatises of Government*. Cambridge: Cambridge University Press.

Locke, J. (1963) *A Letter Concerning Toleration*. The Hague: Martinus Nijhoff.

Lovelock, J. (1979) *Gaia: A New Look at Life on Earth*. Oxford and New York: Oxford University Press.

Lovelock, J. (1988) 'Man and Gaia', in E. Goldsmith and N. Hilyard (eds), *The Earth Report*. London: Mitchell Beazley.

Lyotard, J.-F. (1984) *The Postmodern Condition: The Power of Knowledge*. Minneapolis, MN: University of Minnesota Press.

MacIntyre, A. (1981) *After Virtue*. London: Duckworth.

Macmillan, H. ([1938] 1966) *The Middle Way*. London: Macmillan.

Macpherson, C. B. (1973) *Democratic Theory: Essays in Retrieval*. Oxford: Clarendon Press.

Maistre, J. de ([1817] 1971) *The Works of Joseph de Maistre*, trans. J. Lively. New York: Schocken.

Mandaville, P. (2014) *Islam and Politics*, 2nd edn. London: Routledge.

Mann, M. (2004). *Fascists*. Cambridge: Cambridge University Press.

Mannheim, K. ([1929] 1960) *Ideology and Utopia*. London: Routledge & Kegan Paul.

Manning, D. (1976) *Liberalism*. London: Dent.

Marcuse, H. (1964) *One Dimensional Man: Studies in the Ideology of Advanced Industrial Society*. Boston, MA: Beacon.

Maritain, J. ([1936] 1996) *Integral Humanism*. Notre Dame, IN: University of Notre Dame Press.

Marquand, D. (1988) *The Unprincipled Society*. London: Fontana.

Marquand, D. (1992) *The Progressive Dilemma*. London: Heinemann.

Marquand, D. and Seldon, A. (1996) *The Ideas that Shaped Post-War Britain*. London: Fontana.

Marshall, P. (1995) *Nature's Web: Rethinking Our Place on Earth*. London: Cassell.

Marshall, P. (2007) *Demanding the Impossible: A History of Anarchism*. London: Fontana.

Marshall, P. (2009) *Demanding the Impossible: A History of Anarchism*. Oakland, CA: PM Press.

Martell, L. (2001) *Social Democracy: Global and National Perspectives*. London and New York: Palgrave Macmillan.

Martin, R. C. and Barzegar, A. (eds) (2009) *Islamism: Contested Perspectives on Political Islam*. Redwood City, CA: Stanford University Press.

Marty, M. E. (1988) 'Fundamentalism as a Social Phenomenon', *Bulletin of the American Academy of Arts and Sciences*, vol. 42, pp. 15–29.

Marty, M. E. and Appleby, R. S. (eds) (1993) *Fundamentalisms and the State: Remaking Polities, Economies, and Militance*. Chicago, IL and London: University of Chicago Press.

Marx, K. and Engels, F. ([1846] 1970) *The German Ideology*. London: Lawrence & Wishart.

Marx, K. and Engels, F. ([1848] 1967) *The Communist Manifesto*. Harmondsworth: Penguin Books.

Marx, K. and Engels, F. (1968) *Selected Works*. London: Lawrence & Wishart.

McCann, H. and Monaghan, W. (2020) *Queer Theory Now: From Foundations to Futures*. London: Red Globe Press.

McLellan, D. (1980) *The Thought of Karl Marx*, 2nd edn. London: Macmillan.

McLellan, D. (1995) *Ideology*, 2nd edn. Milton Keynes: Open University Press.

McLellan, D. (2007) *Marxism after Marx*, 4th edn. London: Palgrave Macmillan.

Mead, W. R. (2006) 'God's Country?', *Foreign Affairs*, vol. 85, no. 5.

Meadows, D. H., Meadows, D. L., Randers, D. and Williams, W. (1972) *The Limits to Growth*. London: Pan (New York: New American Library, 1972).

Michels, R. (1958) *Political Parties*. Glencoe, IL: Free Press.

Miliband, R. (1969) *The State in Capitalist Society*. London: Verso (New York: Basic Books, 1978).

Miliband, R. (1995) *Socialism for a Sceptical Age*. Oxford: Polity Press.

Mill, J. S. ([1859] 1972) *Utilitarianism, On Liberty and Consideration on Representative Government*. London: Dent.

Mill, J. S. ([1869] 1970) *On the Subjection of Women*. London: Dent.

Miller, D. (1984) *Anarchism*. London: Dent.

Millett, K. (1970) *Sexual Politics*. New York: Doubleday.

Mills, C. W. (1956) *The Power Elite*. New York: Oxford University Press.

Mintz, F. (2012) *Workers' Self-Management in Revolutionary Spain*. Oakland, CA and Edinburgh: AK Press.

Mitchell, J. (1971) *Women's Estate*. Harmondsworth: Penguin.

Mitchell, J. (1975) *Psychoanalysis and Feminism*. Harmondsworth: Penguin.

Modood, T. (2013) *Multiculturalism*. Cambridge and Malden, MA: Polity Press.

Moffit, B. (2020) *Populism*. Cambridge: Polity.

Montesquieu, C. de ([1748] 1969) *The Spirit of Laws*. Glencoe, IL: Free Press.

More, T. ([1516] 1965) *Utopia*. Harmondsworth: Penguin (New York: Norton, 1976).

Morland, D. (1997) *Demanding the Impossible: Human Nature and Politics in Nineteenth-Century Social Anarchism*. London and Washington, DC: Cassell.

Mosca, G. (1939) *The Ruling Class*, trans. and ed. A. Livingstone. New York: McGraw-Hill.

Moschonas, G. (2002) *In the Name of Social Democracy – The Great Transformation: 1945 to the Present*. London: Verso.

Mouffe, C. (2018) *For a Left Populism*. London: Verso.

Mudde, C. and Kaltwasser, C. (2015) 'Populism', in M. Freeden, L. T. Sargent and M. Stears (eds) (2015) *The Oxford Handbook of Political Ideologies*. Oxford and New York: Oxford University Press.

Mudde, C. and Kaltwasser, C. (2017) *Populism: A Very Short Introduction*. Oxford and New York: Oxford University Press.

Muller, J. (ed.) (1997) *Conservatism: An Anthology of Social and Political Thought from David Hume to the Present*. Princeton, NJ: Princeton University Press.

Muller, J.-W. (2017) *What is Populism?* London: Penguin.

Murphy, M. (2012) *Multiculturalism: A Critical Introduction*. Abingdon: Routledge.

Murray, C. (1984) *Losing Ground: American Social Policy: 1950–1980*. New York: Basic Books.

Murray, C. and Herrnstein, R. (1995) *The Bell Curve: Intelligence and Class Structure in American Life*. New York: Free Press.

Naess, A. (1973) 'The Shallow and the Deep, Long-range Ecology Movement: A Summary', *Inquiry*, vol. 16.

Naess, A. (1989) *Community and Lifestyle: Outline of an Ecosophy*. Cambridge: Cambridge University Press.

Neocleous, M. (1997) *Fascism*. Milton Keynes: Open University Press.

Newman, M. (2005) *Socialism: A Very Short Introduction*. Oxford and New York: Oxford University Press.

Nietzsche, F. ([1884] 1961) *Thus Spoke Zarathustra*, trans. R. J. Hollingdale. Harmondsworth: Penguin (New York: Random, 1982).

Nolte, E. (1965) *Three Faces of Fascism: Action Française, Italian Fascism and National Socialism*. London: Weidenfeld & Nicolson.

Norris, P. and Inglehart, R. (2019) *Cultural Backlash and the Rise of Populism: Trump, Brexit and the Rise of Authoritarian Populism*. Cambridge and New York: Cambridge University Press.

Nozick, R. (1974) *Anarchy, State and Utopia*. Oxford: Blackwell (New York: Basic Books, 1974).

O'Hara, K. (2011) *Conservatism*. London: Reaktion Books.

O'Sullivan, N. (1976) *Conservatism*. London: Dent and New York: St Martin's Press.

O'Sullivan, N. (1983) *Fascism*. London: Dent.

Oakeshott, M. (1962) *Rationalism in Politics and Other Essays*. London: Methuen (New York: Routledge Chapman & Hall, 1981).

Ohmae, K. (1989) *Borderless World: Power and Strategy in the Interlinked Economy* (London: HarperCollins).

Okin, S. M. (1999) *Is Multiculturalism Bad for Women?* Princeton, NJ: Princeton University Press.

Osman, T. (2016) *Islamism: What it Means for the Middle East and the World*. New Haven, CT and London: Yale University Press.

Özkirimli, U. (2017) *Theories of Nationalism*, 3rd edn. London: Red Globe Press.

Pappas, T. (2019) *Populism and Liberal Democracy: A Comparative and Theoretical Analysis*. Oxford and New York: Oxford University Press.

Parekh, B. (1994) 'The Concept of Fundamentalism', in A. Shtromas (ed.), *The End of 'isms'? Reflections on the Fate of Ideological Politics after Communism's Collapse*. Oxford, UK and Cambridge, MA: Blackwell.

Parekh, B. (2005) *Rethinking Multiculturalism: Cultural Diversity and Political Theory*, 2nd edn. London: Red Globe Press.

Pareto, V. (1935) *The Mind and Society*. London: Cape and New York: AMS Press.

Passmore, K. (2014) *Fascism: A Very Short Introduction*. Oxford and New York: Oxford University Press.

Pettit, P. (1999) *Republicanism: A Theory of Freedom and Government*. Oxford: Oxford University Press.

Pierson, C. (1995) *Socialism After Communism*. Cambridge: Polity Press.

Plato (1955) *The Republic*, trans. H. D. Lee. Harmondsworth: Penguin (New York: Random House, 1983).

Popper, K. (1945) *The Open Society and Its Enemies*. London: Routledge & Kegan Paul.

Popper, K. (1957) *The Poverty of Historicism*. London: Routledge.

Porritt, J. (2005) *Capitalism as if the World Matters*. London: Earthscan.

Poulantzas, N. (1968) *Political Power and Social Class*. London: New Left Books (New York: Routledge Chapman & Hall, 1987).

Proudhon, P.-J. ([1840] 1970) *What Is Property?*, trans. B. R. Tucker. New York: Dover.

Proudhon, P.-J. ([1851] 1923) *General Idea of Revolution in the Nineteenth Century*, trans. J. B. Robinson. London: Freedom Press.

Przeworski, A. (1991) *Democracy and the Market: Political and Economic Reforms in Eastern Europe and Latin America*. Cambridge and New York: Cambridge University Press.

Pugh, J. (ed.) (2009) *What Is Radical Politics Today?* London: Palgrave Macmillan.

Purkis, J. and Bowen, J. (1997) *Twenty-First Century Anarchism: Unorthodox Ideas for a New Millennium*. London: Cassell.

Purkis, J. and Bowen, J. (eds) (2004) *Changing Anarchism: Anarchist Theory and Practice in a Global Age*. Manchester: Manchester University Press.

Qutb, S. ([1962] 2007) *Milestones*. New Delhi: Islamic Book Services.

Ramsay, M. (1997) *What's Wrong with Liberalism? A Radical Critique of Liberal Political Philosophy*. London: Leicester University Press.

Randall, V. (1987) *Women and Politics: An International Perspective*, 2nd edn. London: Red Globe Press.

Rawls, J. (1970) *A Theory of Justice*. Oxford: Oxford University Press (Cambridge, MA: Harvard University Press, 1971).

Rawls, J. (1993) *Political Liberalism*. New York: Colombia University Press.

Regan, T. (1983) *The Case for Animal Rights*. London: Routledge & Kegan Paul.

Robins, A. and Jones, A. (eds) (2009) *Genocide of the Oppressed*. Bloomington, IN: Indiana University Press.

Roemer, J. (ed.) (1986) *Analytical Marxism*. Cambridge: Cambridge University Press.

Rorty, R. (1989) *Contingency, Irony and Solidarity*. Cambridge: Cambridge University Press.

Rothbard, M. (1978) *For a New Liberty*. New York: Macmillan.

Rousseau, J.-J. ([1762] 1913) *The Social Contract and Discourse*, ed. G. D. H. Cole. London: Dent (Glencoe, IL: Free Press, 1969).

Roussopoulos, D. (ed.) (2002) *The Anarchist Papers*. New York and London: Black Rose Books.

Ruthven, M. (2007) *Fundamentalism: A Very Short Introduction*. Oxford and New York: Oxford University Press.

Said, E. ([1978] 2003) *Orientalism*. Harmondsworth: Penguin.

Sandel, M. (1982) *Liberalism and the Limits of Justice*. Cambridge: Cambridge University Press.

Sandel, M. (2020) *The Tyranny of Merit: What's Become of the Common Good?* London and New York: Allen Lane.

Sassoon, D. (2013) *One Hundred Years of Socialism*. London: Fontana.

Schneir, M. (1995) *The Vintage Book of Feminism: The Essential Writings of the Contemporary Women's Movement*. London: Vintage.

Scholte, J. A. (2005) *Globalization: An Introduction*, 2nd edn. London: Red Globe Press.

Schumacher, E. F. (1973) *Small Is Beautiful: A Study of Economics as if People Mattered*. London: Blond & Briggs (New York: Harper & Row, 1989).

Schumpeter, J. (1976) *Capitalism, Socialism and Democracy*. London: Allen & Unwin (Magnolia, MA: Peter Smith, 1983).

Schwarzmantel, J. (1991) *Socialism and the Idea of the Nation*. Hemel Hempstead: Harvester Wheatsheaf.

Schwarzmantel, J. (1998) *The Age of Ideology: Political Ideologies from the American Revolution to Post-Modern Times*. London: Red Globe Press.

Scott-Dixon, K. (ed.) (2006) *Trans/Forming Feminism: Transfeminist Voices Speak Out*. Canadian Scholars' Press: Toronto.

Scruton, R. (2001) *The Meaning of Conservatism*, 3rd edn. London: Palgrave Macmillan.

Scruton, R. (2018) *Conservatism: An Invitation to the Great Tradition*. New York: St. Martin's.

Seabright, P. (2004) *The Company of Strangers*. Princeton, NJ: Princeton University Press.

Sedgewick, M. (2019) *Key Thinkers of the Radical Right: Behind the New Threat to Liberal Democracy*. Oxford: Oxford University Press.

Seliger, M. (1976) *Politics and Ideology*. London: Allen & Unwin (Glencoe, IL: Free Press, 1976).

Sen, A. (1999) *Development as Freedom*. Oxford: Oxford University Press.

Sen, A. (2006) *Identity and Violence*. London: Penguin.

Shachar, A. (2001) *Multicultural Jurisdictions: Cultural Difference and Women's Rights*. Cambridge: Cambridge University Press.

Shtromas, A. (ed.) (1994) *The End of 'isms'? Reflections on the Fate of Ideological Politics after Communism's Collapse*. Oxford and Cambridge, MA: Blackwell.

Sil, R. and Katzenstein, P. J. (2010) *Beyond Paradigms: Analytic Eclecticism in the Study of World Politics*. London: Red Globe Press.

Singer, P. (1976) *Animal Liberation*. New York: Jonathan Cape.

Singer, P. (1993) *Practical Ethics*, 2nd edn. Cambridge: Cambridge University Press.

Smart, B. (1993) *Postmodernity*. London and New York: Routledge.

Smiles, S. ([1859] 1986) *Self-Help*. Harmondsworth: Penguin.

Smith, A. ([1776] 1976) *An Enquiry into the Nature and Causes of the Wealth of Nations*. Chicago, IL: University of Chicago Press.

Smith, A. D. (1986) *The Ethnic Origins of Nations*. Oxford: Blackwell.

Smith, A. D. (1991) *National Identity*. Harmondsworth: Penguin.

Smith, A. D. (2001) *Nationalism: Theory, Ideology, History*. Cambridge and Malden, MA: Polity Press.

Sorel, G. ([1908] 1950) *Reflections on Violence*, trans. T. E. Hulme and J. Roth. New York: Macmillan.

Spencer, H. ([1884] 1940) *The Man versus the State*. London: Watts & Co.

Spencer, H. (1967) *On Social Evolution: Selected Writings*. Chicago, IL: University of Chicago Press.

Spencer, P. and Wollman, H. (2002) *Nationalism: A Critical Introduction*. London and Thousand Oaks, CA: Sage.

Squires, J. (1999) *Gender in Political Theory*. Cambridge, UK and Malden, MA: Polity Press.

Stelzer, I. (ed.) (2004) *Neoconservatism*. London: Atlantic Books.

Stirner, M. ([1845] 1971) *The Ego and His Own*, ed. J. Carroll. London: Cape.

Sumner, W. (1959) *Folkways*. New York: Doubleday.

Surowiecki, J. (2004) *The Wisdom of Crowds*. New York: Doubleday.

Sydie, R. A. (1987) *Natural Women, Cultured Men: A Feminist Perspective on Sociological Theory*. Milton Keynes: Open University Press.

Taggart, P. (2000) *Populism*. Buckingham: Open University Press.

Talmon, J. L. (1952) *The Origins of Totalitarian Democracy*. London: Secker & Warburg.

Tam, H. (1998) *Communitarianism: A New Agenda for Politics and Citizenship*. London: Palgrave Macmillan.

Tawney, R. H. (1921) *The Acquisitive Society*. London: Bell (San Diego: Harcourt Brace Jovanovich, 1955).

Tawney, R. H. (1969) *Equality*. London: Allen & Unwin.

Taylor, C. (1994) *Multiculturalism and 'The Politics of Recognition'*. Princeton, NJ: Princeton University Press.

Taylor, C. (ed.) (1995) *Multiculturalism: Examining the Politics of Recognition*. Princeton, NJ: Princeton University Press.

Thoreau, H. D. ([1854] 1983) *Walden and 'Civil Disobedience'*. Harmondsworth: Penguin.

Thoreau, H. D. (1983) 'Civil Disobedience', in *Walden and Civil Disobedience*. Harmondsworth: Penguin Books.

Tibi, B. (2012) *Islamism and Islam*. New Haven, CT and London: Yale University Press.

Tocqueville, A. de (1968) *Democracy in America*. London: Fontana (New York: McGraw, 1981).

Tong, R. and Botts, T. (2018) *Feminist Thought: A More Comprehensive Introduction*, 5th edn. New York: Routledge.

Traub, J. (2019) *What Was Liberalism? The Past, Present, and Promise of a Noble Idea*. New York: Basic Books.

Tremblay, A. (2019). *Diversity in Decline? The Rise of the Political Right and the Fate of Multiculturalism*. Cham, CH: Palgrave Macmillan.

Vincent, A. (2009) *Modern Political Ideologies*, 2nd edn. Oxford: Blackwell.

Walby, S. (2011) *The Future of Feminism*. Cambridge: Polity Press.

Waldron, J. (1995) 'Minority Cultures and the Cosmopolitan Alternative', in W. Kymlicka (ed.), *The Rights of Minority Cultures*. London and New York: Open University Press.

Wall, S. (ed.) (2015) *The Cambridge Companion to Liberalism*. Cambridge: Cambridge University Press.

Wallerstein, I. (1974) *The Modern World System*. New York: Academic Press.

Wallerstein, I. (1984) *The Politics of the World Economy: States, Movements and Civilizations*. Oxford: Polity Press.

Walter, N. (1999) *The New Feminism*. London: Virago.

Walter, N. (2010) *Living Dolls: The Return of Sexism*. London: Virago.

Walters, M. (2005) *Feminism: A Very Short Introduction*. Oxford and New York: Oxford University Press.

Ward, B. and Dubois, R. (1972) *Only One Earth*. Harmondsworth: Penguin.

Ward, C. (2004) *Anarchism: A Very Short Introduction*. Oxford and New York: Oxford University Press.

Weber, M. ([1904–5] 2011) *The Protestant Ethic and the Spirit of Capitalism*. Oxford and New York: Oxford University Press.

White, S. (ed.) (2001) *New Labour: The Progressive Future?* London and New York: Palgrave Macmillan.

Willetts, D. (1992) *Modern Conservatism*. Harmondsworth: Penguin.

Wolf, N. (1994) *Fire with Fire: The New Female Power and How to Use It*. New York: Fawcett.

Wolff, R. P. (1998) *In Defence of Anarchism*, 2nd edn. Berkeley, CA: University of California Press.

Wollstonecraft, M. ([1792] 1967) *A Vindication of the Rights of Woman*, ed. C. W. Hagelman. New York: Norton.

Woodcock, G. (1992) *Anarchism: A History of Libertarian Ideas and Movements*. Harmondsworth and New York: Penguin.

Woolf, S. J. (1981) (ed.) *European Fascism*. London: Weidenfeld & Nicolson.

Wright, A. (1996) *Socialisms: Theories and Practices*. Oxford and New York: Oxford University Press.

Young, I. (1995) *Justice and the Politics of Difference*. Princeton, NJ: Princeton University Press.

Zakaria, F. (1997) 'The Rise of Illiberal Democracy', *Foreign Affairs*, 76.

國家圖書館出版品預行編目資料

政治的意識形態／海伍德（Andrew Heywood）
著；陳思賢譯. --三版. --臺北市：五南圖書
出版股份有限公司，2023.08
面；　公分
譯自：Political ideologies : an introduction
ISBN 978-626-366-403-6(平裝)

1.CST: 政治理論　2.CST: 政治思想
3.CST: 意識型態

570.11　　　　　　　　　112012374

1P03

政治的意識形態
Political Ideologies: An Introduction

作　　者 ― 海伍德（Andrew Heywood）

譯　　者 ― 陳思賢

發 行 人 ― 楊榮川

總 經 理 ― 楊士清

總 編 輯 ― 楊秀麗

副總編輯 ― 劉靜芬

責任編輯 ― 林佳瑩、許珍珍

封面設計 ― 陳亭瑋

出 版 者 ― 五南圖書出版股份有限公司

地　　址：106台北市大安區和平東路二段339號4樓

電　　話：(02)2705-5066　　傳　　真：(02)2706-6100

網　　址：https://www.wunan.com.tw

電子郵件：wunan@wunan.com.tw

劃撥帳號：01068953

戶　　名：五南圖書出版股份有限公司

法律顧問　林勝安律師

出版日期　2016年 9 月二版一刷
　　　　　2023年 8 月三版一刷

定　　價　新臺幣540元

© Andrew Heywood, 1992, 1998, 2003, 2007, 2012, 2017, 2021
This translation of Political Ideologies, Seventh Edition is published
by arrangement with Bloomsbury Publishing Plc.

經典永恆・名著常在

五十週年的獻禮 —— 經典名著文庫

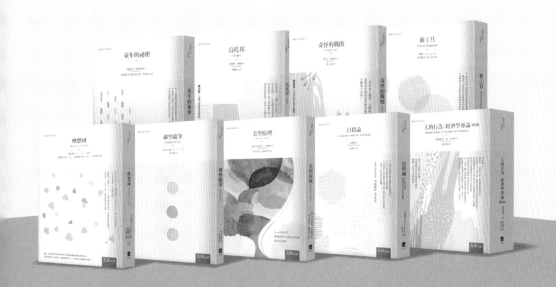

五南，五十年了，半個世紀，人生旅程的一大半，走過來了。

思索著，邁向百年的未來歷程，能為知識界、文化學術界作些什麼？

在速食文化的生態下，有什麼值得讓人雋永品味的？

歷代經典・當今名著，經過時間的洗禮，千錘百鍊，流傳至今，光芒耀人；

不僅使我們能領悟前人的智慧，同時也增深加廣我們思考的深度與視野。

我們決心投入巨資，有計畫的系統梳選，成立「經典名著文庫」，

希望收入古今中外思想性的、充滿睿智與獨見的經典、名著。

這是一項理想性的、永續性的巨大出版工程。

不在意讀者的眾寡，只考慮它的學術價值，力求完整展現先哲思想的軌跡；

為知識界開啟一片智慧之窗，營造一座百花綻放的世界文明公園，

任君遨遊、取菁吸蜜、嘉惠學子！